TET ARNOLD VON BORSIG
GIOVANNI LILLIU · DORA FISCHER

SARDINIEN

HIRMER VERLAG MÜNCHEN

CIP-Kurztitelaufnahme der Deutschen Bibliothek

Borsig, Tet Arnold von
Sardinien / Tet Arnold von Borsig ; Giovanni Lilliu ; Dora Fischer
München : Hirmer, 1977
ISBN 3-7774-2820-5
NE. Lilliu, Giovanni : ; Fischer, Dora :

Farb- und Schwarzweißlithos: Chemigraphia Gebr. Czech, München
Papiere: Papierfabrik Scheufelen, Oberlenningen
Druck des Bildteils: Kastner & Callwey, München · Satz und Druck des Textteils: Kösel, Kempten
Bindearbeiten: Grimm & Bleicher, München
ISBN 3-7774-2820-5

TET ARNOLD VON BORSIG

Ein leichter Dunstschleier verhüllte die Insel Tavolara, als Tet Arnold v. Borsig zum ersten Male Sardinien betrat und von Olbia aus durch die Küstenlandschaft fuhr. Verschwommen waren auch die Konturen des landeinwärts gerichteten Höhenzuges, und seine weißen Hänge schienen entrückt. Weiter im Süden wirkten die Berge der Ostküste durch kaum differenzierte Grautöne und karge Kuppenformen in sich gekehrt und abweisend. Über ihnen lag nicht das klare Licht, das einst den Photoamateur Borsig in der Toskana zum Erfassen von Strukturen der Landschaften und Bauten begeistert hatte. Die Gebirge wurden immer einsamer, fremder. Auf einer kahlen Paßhöhe, von der aus in der Ferne Buchten, akzentuiert durch spanische Wachttürme, zu sehen waren, erblickte Borsig auf einmal im verharrschten Schnee eine blühende Päonienstaude – Unsicherheit und Skepsis waren weggewischt. Jene »dunkle Beziehung zwischen Mensch und Pflanze«, von der Emerson in seiner Hymne auf die Natur spricht, hatten dem Photographen den Zugang zu Sardinien erschlossen.

Nach der Fahrt durch die düsteren Sette Fratelli-Schluchten breitete sich plötzlich eine lebendige Mittelmeerlandschaft aus, in der bereits der Frühling Einzug gehalten hatte: die südliche Küstenebene der Insel mit der Hauptstadt Cagliari.

Von Tag zu Tag war nun Neues zu bestaunen in diesem Reichtum der natürlichen Mittelmeerflora. Wenn die Mittagshitze über der blühenden Macchia brütete und Sukkulenten-Teppiche an den Berghängen erglühten, war jenes Irrisierende, Bukolische der mediterranen Landschaft spürbar, dessen Zauber Ernst Jünger in seinen sardischen Tagebüchern eingefangen hat.

Noch gab es einige Dörfer, in denen Menschen wie lebende Bilder wirkten: Frauen, die gemessenen Schrittes mit schweren Wasserkrügen auf dem Kopf vom Brunnen kamen; alte Männer am Straßenrand, vertieft ins Gespräch; festlich gekleidete junge Mädchen andächtig in der Kirche – keine der Aufnahmen dieses Buches mußte »gestellt« werden. Die Zurückhaltung der Sarden war bei dem offenen, natürlichen Interesse des Photographen an Einzelheiten ihres Alltagslebens schnell dahin. Sie erklärten ihm, wie sie Wildpflanzen als Arbeitsmaterial oder Nahrungsmittel verwerteten, sie zeigten ihm den Gebrauch von Handwerkszeug und öffneten sogar die geschnitzten Truhen, um kostbare alte Gewänder herauszuholen. Völlig verwandelt erschienen darin Frauen und Mädchen während der traditionsreichen Feste. Die wertvollen Trachten verliehen der ganzen Erscheinung, der Haltung und den Bewegungen ihrer Trägerinnen etwas Hoheitsvolles.

Borsigs Plan, das Besondere dieser Mittelmeerinsel in Bildern festzuhalten, solange noch in ihren Bergen alte Lebensformen erhalten waren, entstand auf Anregung des Arztes und Künstlers Heinz Wolff. Die Aufnahmearbeiten wurden gründlich vorbereitet. Geographische und ethnologische Eigenarten der klein gekammerten Inselregionen wurden vorher eingehend studiert, ebenso die Untersuchungen über Ursprung und Bedeutung der geheimnisvollen »Nuraghen«, der mehr als dreitausend Jahre alten, wuchtigen Rundtürme. Theorien über die Herkunft und Wege ihrer Erbauer wurden diskutiert. Auch die Anschauungswelt jener Menschen, die dann im 9. und 8. Jahrhundert v.

Chr. um diese Türme architektonisch vollendete Festungsanlagen bauten, Brunnentempel errichteten und modern anmutende Bronzestatuetten formten, fesselte ihn immer stärker.

Den neuesten Stand über diese Fragen erfährt der Leser von berufener Seite. Giovanni Lilliu ist nicht nur als Ausgräber der Nuraghenfestung und der Nuraghensiedlung Su Nuraxi bei Barumini international bekannt, sondern auch als Erforscher der prähistorischen und frühgeschichtlichen Kulturen in den Randbereichen des Mittelmeerraumes. Außer seinem Spezialgebiet behandelt er hier Bauten und Kunstwerke aus historischer Zeit und skizziert Landschaften, Pflanzen- und Tierwelt seiner Heimatinsel. In seinen Schilderungen von traditionsreichen, eigenständigen Lebensformen der Sarden hält er manches fest, dessen Weiterbestand heute besonders gefährdet ist. Viele Einzelheiten seiner Beiträge erschienen uns Großstädtern des Nordens beim Übersetzen des Manuskripts fremd und unverständlich, so daß wir die Geduld des Autors bei Klärung von Fragen oft in Anspruch nehmen mußten. Mit dem Dank, den ich im Namen von Borsigs Freunden Professor Lilliu für all seine Mühe sagen darf, sei die Bitte um Verständnis für die Raffung von Detaildarstellungen verknüpft.

Den Plan, ein umfassendes und ausgewogenes Bild dieser Insel zu geben, hätte Borsig nicht realisieren können ohne die Hilfe von Prof. Lilliu und einer Reihe anderer Fachwissenschaftler und ohne die Bereitschaft zahlreicher Sarden und Sardinnen zum Mitwirken an den Aufnahmen. Alle seien eingeschlossen in den Dank, den wir dem Zoologen Prof. Renzo Stefani, dem Anthropologen Prof. Carlo Maxia, dem Archäologen Prof. Gennaro Pesce, Frau Patteri-Dorgali und den Mitarbeitern des Ente per il Turismo entgegenbringen.

In Dankbarkeit sei der Gelehrten gedacht, deren Freundschaft Borsig gewann und die inzwischen verstorben sind: Der Geologe Prof. Silvio Vardabasso, damals Rektor der Universität Cagliari, begleitete den Photographen ins Inselinnere, um ihm eigenartige Formationen und Karstquellen zu zeigen. Der Botaniker Prof. F. Boselli widmete ihm aus Freude über seine Aufgeschlossenheit und Wißbegier viel Zeit bei ausgedehnten Fachgesprächen.

Dem Dichter und Schriftsteller Marcello Serra sei ein persönlicher Dank zugerufen. In seinen Büchern findet der Leser das, was dieser Band nicht bringen konnte: die Welt der Sage und Dichtung Sardiniens und auch launige Schilderungen des Alltagslebens wie die Plaudereien über Geschichte und Eigenart sardischer Gerichte und Weine.

Besonderer Dank gebührt dem Hirmer Verlag für die Übernahme der Veröffentlichung und für die Sorgfalt der Bearbeitung dieses Vorhabens, an dessen Durchführung Borsig sehr gelegen war.

Die Auswahl der Bilder aus einigen Tausend Aufnahmen und deren Zusammenstellung wurde noch von dem Photographen besorgt.

In der Rede zur Eröffnung einer Gedächtnisausstellung für Tet Arnold v. Borsig in der Berliner Nationalgalerie hat Werner Haftmann die eigene Art seiner künstlerischen Begabung gewürdigt: »Es gelang ihm, das Detail, das Nahe und Gewöhnliche als Objekt des Staunens zu erkennen und zugleich das Ganze zu gewahren, die großartige Struktur der Ferne.« Die Photographien dieses Buches schärfen uns den Blick für die Stufung im Aufbau der Landschaft – für das Linienspiel der Weingärten von Ussassai, für die Bedeutung eines windgebeugten Baumes im Landschaftsbild der Nurra. Sie weisen auch auf Einfachheit und Geschlossenheit von Strukturen im näheren Bereich hin – auf den Bau eines Korallenzweiges oder auf die Gestalt einer der unzähligen Asphodelospflanzen, die im flachen Licht der Abendsonne an den Berghängen schimmern.

In seiner Freude an Einzelheiten des Skulpturenschmucks von Bauwerken, vor allem an Details romanischer Kunst, scheute Borsig keine Mühe, um uns durch seine Kamera manches zu erschließen, an dem wir achtlos vorübergegangen wären. Borsig war kein »Berufsphotograph«, er war ein Mensch mit offenem Auge für alles Schöne, auch für die Schönheit der Falten in einem zerfurchten Antlitz – »ein Mann, der aus seiner Leidenschaft für's Sehen eine Art Profession machte.«

Seine erste Photoarbeit, das Toskana-Buch, entstand fast zufällig – während seiner Emigrationszeit in der Mitte der dreißiger Jahre. Der Dipl.-Ing. Borsig war »Maschinenbauer«. Er war an der Leitung der Borsig-Werke beteiligt, des von seinem Urgroßvater als Lokomotiven-Fabrik begründeten Unternehmens, für dessen Wiedererrichtung nach dem Zweiten Weltkriege er im stillen Entscheidendes leistete. Technisches Interesse und seine Fachausbildung hatten ihm den Sinn für das konstruktiv Notwendige geschärft. Intensiver als Apparate und Maschinen beschäftigten ihn jedoch seit seiner Studienzeit grundsätzliche Fragen wie das Problem der Diskrepanz zwischen der Steigerung unserer technischen Fähigkeiten und dem Zurückbleiben anderer Kategorien des menschlichen Denkens und Verhaltens.

Bis ans Lebensende war Borsigs Interesse an politischen, sozialen und ökonomischen Entwicklungen unverändert rege. Die erste Ahnung von politischem Geschehen empfing er schon als Kind im Bangen um den Vater, der 1905 bei einem Besuch im Werk Kramatorskaja, heute einem der größten Schwerindustriebetriebe des Donezbeckens, in die Revolutionswirren geraten war. In den Nachkriegsjahren erläuterte er dann unermüdlich den Besuchern seiner Heimatstadt die Probleme Berlins, vor allem jungen Amerikanern – er zeigte ihnen die Mauer, aber auch das Denkmal für die sowjetischen Offiziere, die während des Aufstandes vom 17. Juni 1953 auf die Seite der Berliner Arbeiter übergingen. Dazwischen liegt sein aktiver Einsatz gegen das Hitler-Regime, dessen Verfolgung er sich 1934 durch die Flucht nach Italien, 1938 durch erneute Flucht nach England, dann in die USA entziehen konnte. Für seine politische Haltung ist es bezeichnend, daß er als Emigrant nicht ins antideutsche Lager überwechselte und sich an Hilfsaktionen für Deutschland intensiv beteiligte.

Weniger der Tagespolitik galt Borsigs Interesse als den allgemeinen Fragen der sozialen und wirtschaftlichen Strukturveränderungen. An der »Weichenstellung« während des Umbruchs nach dem Ersten Weltkriege konnte er unmittelbar teilhaben, als er – schwer verwundet – von der Westfront zurückkehrte, an die er noch von der Schulbank aus als Fahnenjunker gegangen war. Sein Vater gründete 1918 mit H. v. Raumer und K. Legien die »Zentralarbeitsgemeinschaft«, in der die Beziehungen zwischen Arbeitgebern und Arbeitnehmern neu geregelt, die Rechte der Gewerkschaften anerkannt und Tarifvertragsbestimmungen festgelegt wurden. Borsig beschäftigte sich mit den geistigen Grundlagen dieser Entwicklung und studierte ihren Fortgang. Mit den Theoretikern des Neoliberalismus, mit Alexander Rüstow und Wilhelm Roepke, verband ihn zeitlebens enge Freundschaft. Während seiner Darmstädter Studienzeit interessierte er sich auch für die Versuche praktischer Lösungen, darunter für die Bemühungen der neugegründeten Akademie der Arbeit. 1926/28 lernte er als Ingenieur die Verhältnisse in Maschinenwerken der USA kennen. Später schuf er sich seinen eigenen Kreis, in dem vor allem soziale und politische Fragen diskutiert wurden. Mancher aus dieser Reihe ist Opfer nationalsozialistischer Willkür geworden – Theodor Haubach, Carlo Mierendorff, Albrecht Haushofer. Mit anderen, die ihr entronnen waren, konnte er diese Gespräche nach dem Kriege fortführen. Dem gleichen Fragenkomplex entstammten oft Diskussionsthemata jener geistig regen Emigrantengruppe, deren zweite Heimat, Vermont, von den Zuckmayers lebendig geschildert wurde. Die leuchtenden Farben dieser an Schlesiens Hügel erinnernden Landschaft hat der Photograph in zahlreichen Bildern festgehalten.

Das, was Borsig von manchen Theoretikern unterschied, war die Bedingungslosigkeit, mit der er sich für die als notwendig erkannten Ziele in der Praxis aktiv einsetzte. Die Art, in der er, völlig mittellos, die zweite Emigrantenzeit in den USA nutzte, um anderen Emigranten zu helfen und künstlerisch weiterzuarbeiten, ist bezeichnend für Hilfsbereitschaft und Selbstdisziplin des Menschen Borsig, zugleich für die Spannweite und Intensität seiner Interessen am kulturellen Leben. Schon während seines Maschinenbaustudiums hatte er, als er in Berlin und Darmstadt die »goldenen« zwanziger Jahre erlebte, Freundschaften mit Künstlern heterogener Art und mit anderen Persönlichkeiten geistiger Strömungen jener Zeit geknüpft. Mit Hermann v. Keyserling hatte er über den Sinngehalt von

Kulturen diskutiert. George Grosz und Hans Schiebelhuth, den George-Anhänger, traf er nun wieder in der Emigration. Schnell gewann er damals in New York Kontakt zu bedeutenden Kunstsammlern, die ihn baten, ihre Schätze zu photographieren. Das Metropolitan Museum übertrug ihm, dem Deutschen, mitten im Kriege interessante Aufgaben. Der effektfreie, klare und sachliche Stil seiner Photographie war durch den Toskana-Band bekannt geworden. Es entstand eine Photoserie von Long Island, einer Landschaft, deren Licht kristallen und härter war als das seiner märkischen Heimat und deren einsam stehende, weit verästelte Bäume er immer wieder photographierte. In der Steinwüste von New York suchte er mit viel Geduld die Strukturen von Blüten und Blättern und die in ihnen verborgenen Kunstformen. Zu den größeren Arbeiten aus der Nachkriegszeit gehören Aufnahmen von romanischen Kapitellen in den Dorfkirchen der Toskana; eine Bildserie über Arbeiter und Arbeitsgänge in den Berliner Borsig-Werken; eine Diasammlung über Südwestafrika; Aufnahmen vom römischen Aquileia; vom byzantinischen Grado und vom romanischen Venedig, aus denen er ein Buch über Entstehung und Frühzeit der Lagunenstadt gestalten wollte.

Borsigs politische Aktivitäten in seinen letzten Lebensjahren galten dem Schutz der Umwelt. Lange, bevor solche Fragen allgemeines Interesse fanden, trat er für diese Gedanken ein. Auch das vorliegende Buch dient jenen Zielen.

Der Kreis der Berliner, der bei der Vorbereitung dieses Bandes geholfen hat, ist so groß, daß ich um Verständnis dafür bitten muß, wenn ich an dieser Stelle nicht jeden einzelnen aufführen kann. Ihnen allen gilt mein Dank, den ich hier zwei Berlinerinnen übermittele: Vera Deuil-Fusco, die von Sardinien aus in Verbindung mit dem Autor unsere Arbeit förderte, und Traute v. Davier.

Dora Fischer

BAUTEN UND KUNSTWERKE SARDINIENS

Vor- und frühgeschichtliche Zeit

Schon in der Antike galten die »Nuraghen« als Sinnbilder Sardiniens. Die wuchtigen konischen Türme übertreffen in Ausmaß, Anzahl und Verbreitung alle anderen Monumente der Insel. Die Zeit ihres Entstehens bildet den Richtpunkt für die Aufteilung der Vor- und Frühgeschichte Sardiniens.

Nach dem gegenwärtigen Wissensstand datiert man den Beginn der prähistorischen Entwicklung auf Sardinien mit der frühen Jungsteinzeit. Als Ende wird das 6. Jahrhundert v. Chr., die Zeit der Eroberung weiter Teile der Insel durch die Karthager, angesetzt. Eine Übersicht über die einzelnen Kulturperioden vor Errichtung der Nuraghen und über die Kulturstufen der »Nuraghenzeit« gibt die Zeittafel auf Seite 122.

Man nimmt heute an, daß im 6. Jahrtausend v. Chr. Menschen von Randgebieten oder anderen Inseln des Mittelmeeres nach Sardinien kamen. Erste Spuren menschlicher Siedlungen aus der frühen und mittleren Jungsteinzeit fand man in Grotten an der Küste und in Küstennähe. Ihre Bewohner waren wahrscheinlich Jäger, Fischer und Sammler. Es gibt auch Hinweise auf Anfänge des Ackerbaus. Außer den Siedlungen entdeckte man Grabanlagen. Aufschlußreich waren Funde in einer Höhle der Insel S. Stefano, südlich der Insel La Maddalena, in der Rifugio-Grotte bei Oliena und in der Schanze Su Carropu bei Sirri, nördlich Carbonia. Die dort geborgenen Gegenstände entsprechen denen anderer Kulturen des westlichen Mediterranbereiches. Es sind grobe schnurkeramische Terrakottaobjekte und Werkzeuge aus Stein, vor allem aus Obsidian. Vorkommen dieses Gesteins am M. Arci (östlich Oristano, Bild 44) waren schon in sehr früher Zeit bekannt. Auch Teile von Tieren fand man im Umkreis der Siedlungen. Es sind Überreste inzwischen ausgestorbener Arten oder solcher, die man heute nur selten antreffen kann, darunter Mollusken wie *Patella ferruginea Gml* und ein Nagetier, *Prolagus sardus*. Vermutlich gehörten diese Tiere zu den Hauptnahrungsmitteln jener Zeit.

Während des 3. Jahrtausends und noch in den ersten Jahrhunderten des 2. Jahrtausends waren nach den heutigen Kenntnissen zwei Kulturkreise auf Sardinien vorherrschend: die Kultur der Gallura, begrenzt auf den Nordosten der Insel, und der weit ausgedehnte Kulturkreis von Ozieri und Bonuighinu. Der Kulturkreis der Gallura wird nach Höhlensiedlungen in Granitfelsen bei Arzachena im Hinterland der Costa Smeralda auch Kultur von Arzachena genannt. Er unterscheidet sich sowohl in der Art der Wohnplätze als auch in der Form der Grabanlagen – Kistengräber (Abb. 1), überdeckt mit runden Hügeln, – von der weit verbreiteten Ozieri-Kultur. Diese wird mitunter nach der Fundstätte besonders typischer Objekte in Nähe des Ortes Ozieri (Landschaft Goceano) als Kultur von S. Michele bezeichnet. Bonuighinu liegt weiter westwärts in einer an prähistorischen Denkmälern reichen Gegend, nördlich von Padria, dem Gurulis Vetus der Punier und Römer. Auch im Innern der Insel, in der Grotte Gonagosula bei Oliena, entdeckte man Gegenstände, die der Ozieri-Kultur zuzurechnen sind. Diese Objekte wurden nach der Radiokarbonmethode auf 2950 ($\pm$ 50) v. Chr. datiert.

Die Ozieri-Kultur entwickelte und festigte sich organisch, sie bestand über eine lange Zeitspanne hin und bildete schließlich in weiten Teilen der Insel eine Einheit. Ihre Elemente stammen von außen, aus dem östlichen Mittelmeerraum, vor allem von Kreta und von den Kykladen. Im 3. Jahrtausend waren

Abb. 1
Grabanlage von Arzachena, Ortsteil Li Muri, 3. Jahrtausend v. Chr. Das rechteckige individuelle Kistengrab ist mit einem runden Hügel überdeckt, der durch aufrecht stehende unbehauene Granitsteine begrenzt ist

die Beziehungen zu diesen Inseln, zum helladischen Kulturkreis und zu Malta recht eng. Anregungen aus dem westlichen Mediterranbereich wurden wahrscheinlich erst in den Endstadien des Entwicklungsprozesses aufgenommen. Man vermutet, daß die Menschen aus der Ägäis auf der Suche nach Kupfer ins westliche Mittelmeer vorstießen. Als sie Sardinien erreichten, drangen sie auf verschiedenen Einzelwegen ins Land vor und breiteten sich allmählich nahezu über die gesamte Insel aus. Es müssen diese Einwanderer gewesen sein, denen Ausdehnung, Vielseitigkeit und schöpferischer Reichtum der Ozieri-Kultur zu verdanken ist. Unter ihrem Einfluß entstanden auf der Basis einer bereits entwickelten Landwirtschaft dörfliche Siedlungsformen, Ansammlungen von Hütten, wie man sie in S. Gemiliano bei Sestu, im Bereich der Tempelanlage am M. d'Accoddi, in Puisteris bei Mogoro und in Cuccuru Arrius bei Cabras findet. In der Nähe einer ganzen Reihe von Siedlungen entdeckte man Grabanlagen. Zu den bedeutendsten zählen: Montessu (bei der heutigen Ortschaft Santadi), Anghelu Ruju (bei Alghero), Riu Mulinu und S. Andria Priu (Bilder 78–80). Auch Tempel waren in dieser Kulturperiode bekannt (Bild und Text 97). Grabanlagen und Tempel gehören zu den wichtigsten Zeugnissen der Ozieri-Kultur und werden genauer beschrieben. Die Kleinkunst, die im Bereich von Grabstätten und Tempeln entdeckt wurde, ist stilistisch dem ägäischen Kulturkreis zuzurechnen. Sie bietet den Nachweis dafür, daß das Kunsthandwerk einen eigenen Gewerbezweig bildete und die Arbeitsteilung bereits existierte.

Wichtigster Wirtschaftszweig war, den Funden nach, die Landwirtschaft. Vermutlich stellte der Bauernstand die Führer der Gemeinwesen. Innerhalb der Stammes- und Familiengemeinschaft scheint aber die Frau eine wichtige Rolle gespielt zu haben, und man nimmt an, daß damals noch eine Art Matriarchat bestand. Sache der Frauen dürfte die Fertigung von Matten, Stoffen und Kleidungsstücken gewesen sein; Frauen formten wahrscheinlich meist die Keramiken und schmückten sie durch Einritzen von geometrischen Mustern, Pflanzenmotiven und stilisierten Menschengestalten.

Ein hervorragendes Zeugnis der kulturellen Entwicklung jener Zeit ist die Architektur der Hypogäen, der unterirdischen Bestattungsanlagen. *Domus de janas* – »Häuser der Feen« werden sie auf Sardinien genannt oder nach ihrer Form auch *forrus* – »Backofen«. Fast über die gesamte Insel verteilt sind diese mehr als tausend künstlichen zellenartigen Höhlen, die während des 3. Jahrtausends und in den ersten Jahrzehnten des 2. Jahrtausends v. Chr. gebaut wurden. Nur in der Gallura im Bereich der Kultur von Arzachena sind sie nicht anzutreffen. Offenbar wurden dort solche Familiengrabstätten und Gemeinschaftsgräber abgelehnt.

In die »Häuser der Feen« gelangt man entweder durch einen senkrechten Schacht oder durch einen in das Gestein waagerecht vorangetriebenen Gang. Die Anlagen sind in ihrer Größe und Gestaltung sehr unterschiedlich. Es gibt sowohl offene Einzelanlagen in alleinstehenden Felsen als auch Hypogäen mit mehr als vierzig Kammern, grob gearbeitet oder auch technisch vollendet. Die Größe einer Begräbnisstätte bietet Hinweise auf Umfang und Bedeutung der Siedlung, zu der sie einst gehörte, und gestattet Rückschlüsse auf das soziale Gefüge und die wirtschaftliche Kapazität dieses Gemeinwesens.

Die Vielfalt der Ozieri-Kultur und die lange Dauer ihres Bestehens förderte die Entwicklung verschiedener Bauformen monumentaler Hypogäen. So existieren im Südwesten Sardiniens, im Sulcis und im Iglesiente, Grabanlagen mit nur einer stark aufgefächerten Kammer, einer Art Gruftkapelle, in einigen Gegenden Nord- und Südsardiniens aber Grabstätten mit mehreren Kammern, zu denen ein langer Gang führt. Neben Grabanlagen, die im Grundriß T-förmig sind, trifft man solche, in denen kleinere Kammern um einen größeren Raum radial angeordnet sind, oder auch rechtwinklige Innenräume, die hinter einem halbrunden Vorraum liegen.

In allen größeren Grabanlagen und in vielen kleineren Kammergräbern ist das Bestreben zu erkennen, die jeweils gerade üblichen Formen des Wohnhauses nachzuahmen. Beispiele hierfür sind noch in der frühen Bronzezeit zu finden. Dieses Bemühen entspricht der Vorstellung von der Fortdauer der menschlichen Existenz nach dem Tode. Einige Grabanlagen zeigen die Form von Rundhütten mit Kegeldach, andere haben rechteckige Räume mit Satteldach. Manche besitzen auch eine vorgelagerte halbkreisförmige, kalottengedeckte Eingangskammer (Abb. 1). Man erkennt das Balkenwerk der Dächer, die Einfassungen von Türen und Fenstern, Sockel und Vorsprünge von Wänden, die Feuerstellen am Fußboden. Alles ist symbolisch vereinfacht und abstrahiert dargestellt, aber auch in dieser Form von hohem dokumentarischem Wert (Bilder 78, 79, 80, 105).

Skulpturen und Malereien dieser Grabanlagen bringen den magisch-religiösen »Sinngehalt« der Bestattung zum Ausdruck, die Funktion des Grabes als Hort des Verstorbenen und gleichzeitig als Stätte seines Wiedererstehens, seines Fortlebens. Auch in Grabanlagen der Landschaften Sulcis, Trexenta, Goceano, im Bereich von Sassari und in den Grabkammern von Anghelu Ruju und Santu Pedru bei Alghero finden sich solche symbolischen Ausschmückungen: Naturalistische und stilisierte Stierköpfe, Stiergehörn, ferner chiffrierte Zeichen für die *dea mater*, auch geometrische Motive, die sich auf sie oder andere mythische Wesen beziehen: konzentrische Ringe, Spiralmäander und Zickzack-Muster. Im Kammergrab Nr. 3 von Mandra Antine bei Thiesi zeigen Malereien an den Wänden Hörnermotive und symbolische Scheiben, an der Decke Spiralen und kometenähnliche Motive (Wende 3./2. Jahrtausend). Wesentlich jünger sind Schemata von kopfstehenden Menschen, Skizzen, die vermutlich Dahingegangene darstellen sollen, im Kammergrab von Sas Concas bei Oniferi in Zentral-Sardinien (1800–1500 v. Chr.). Weitere Hinweise auf die Vorstellungswelt der Menschen dieser Zeitspanne gibt die Ausstattung der im Volksmund *sa tumba de su re* – »Königsgrab« genannten Höhle Sos Forrighesos bei Anela: Die aus dem Fels herausgemeißelte Stirnwand schmücken halbrunde Stelen und eine Reihe kleiner Bätylien (s. Text zu Bild Nr. 66) in Nischen unter einer Abschlußkante mit abstrakten Motiven, darunter Symbolen der Gestirne. Die geräumige Grabkammer, in deren Boden Opferbecken eingelassen sind, enthält mehrere Tierzeichnungen, Bilder von Hirschen und Ochsen.

Eine Fülle von Grabbeigaben aus den Kammergräbern bietet aufschlußreiche Zeugnisse für die kulturelle Entwicklung Sardiniens vor Beginn der Nuraghenzeit: Gegenstände aus Stein, mitunter aus Kupfer oder Silber, in erster Linie aber Keramiken mit einfachen und mit recht fein gearbeiteten Verzierungen, linearen und figürlichen Motiven, in denen Pflanzen und Menschengestalten – vermutlich Gottheiten – skizziert sind.

Götterbildnisse findet man jedoch vorwiegend in der Kleinplastik und in Kultstandbildern. Der Vorstellungswelt einer bäuerlichen Bevölkerung entsprechend, handelt es sich hierbei in erster Linie um Skulpturen von Fruchtbarkeitsgottheiten, um die Darstellung der »Großen Mutter« und ihres »Partners«. Von den rund vierzig bisher bekannten kleineren Plastiken dieser Art sind die meisten dem weit verbreiteten Typus der *dea mater mediterranea* zuzurechnen, während die Anzahl entsprechender Darstellungen männlicher Gottheiten, der Phallussymbole, verhältnismäßig gering ist. Einige der als *dea mater*-Abbilder leicht zu erkennenden Skulpturen werden hier gezeigt und genauer beschrieben: die Basaltstatuette von S'Adde bei Macomer (Bild und Text 88) und die beiden Marmorfiguren von Sa Turriga bei Senorbi (Bild und Text 50) und Porto Ferro bei Alghero (Bild und Text 160). Plastiken gleichen Symbolgehalts sind eine aus Knochen gefertigte Skulptur, die man am M. Meana bei Santadi im Sulcis fand, sowie eine steinerne Statuette von Locci Santus bei S. Giovanni Suergiu im Sulcis. Zu den kleineren phallischen Symbolen des Fruchtbarkeitskultes gehören ein 14,8 cm hoher Trachytpfeiler von

S. Vittoria bei Nuraxinieddu nördlich von Oristano und eine 50 cm hohe Sandsteinskulptur von Sa Mandara bei Samassi. Diese kleine Statuette weist in der Rundung des Kopfes und in der T-Form der Gesichtspartie auf zyprische Skulpturen aus dem 3. Jahrtausend hin, zugleich auf Plastiken aus den Schichten II und III von Troja.

An den ikonographischen und formalen Varianten der *dea mater* läßt sich eine besonders starke Hinneigung zu bestimmten Richtungen der ägäisch-anatolischen Plastik nachweisen, zu helladischen, kykladischen, trojanischen und anderen Skulpturen, ohne daß mit dieser Feststellung die organische und fundamentale Einheit einer gesamt-mediterranen religiösen Basis in Frage gestellt werden soll. Rückstrahlungen von Kunstformen aus dem östlichen Mittelmeerraum, wie sie an den sardischen Statuetten nachzuweisen sind, lassen sich auch durch Plastiken aus Südfrankreich und aus dem Pariser Becken belegen.

Darstellungen der *dea mater* und des Phallos in Form von Stelen und Menhiren werden hier in verschiedenen Bildern gezeigt und in den Bilderläuterungen beschrieben: Die Deckplatte des Kammergrabes von Serra is Araus bei S. Vero Milis und der Menhir von Perda Fitta bei Serramanna (Bilder und Texte 67, 34) zeigen Zeichen des Fruchtbarkeitskultes. Die Brustsymbole sind bei der Deckplatte aus dem Stein herausgearbeitet, bei dem Menhir von Perda Fitta in größerer Zahl in den Stein eingemeißelt. Einzig in seiner Art ist der jüngst entdeckte Menhir von Genna 'e Arrele bei Laconi, ein 1,45 m hoher Trachytblock, der sich in seiner Gesamtform von den spitz zulaufenden, leicht konvexen Menhiren kaum unterscheidet, die auf Sardinien recht häufig anzutreffen sind und für die der Menhir von S. Michele bei Fonni typisch ist. Der Trachytstein von Genna 'e Arrele weist jedoch deutliche Besonderheiten auf: am oberen Ende der Vorderseite sind »menschliche Züge« durch einen Augenbrauenbogen und einen Nasenrücken angedeutet. Unter der Gesichtspartie ist ein kopfstehender Mensch als Flachrelief in einem ähnlichen Schema dargestellt, wie es die Bilder der Menschengruppen im Kammergrab von Sas Concas bei Oniferi zeigen; darunter sind in Taillenhöhe zwei gegeneinander gerichtete Dreiecke zu erkennen, die als Dolchspitzen interpretiert werden. Dieses Motiv ist für Funde aus dem Gräberfeld südöstlich von Brescia, für die Remedello-Kultur, typisch. Vielleicht war der Stein ein Denkmal für einen gefallenen Krieger oder für einen als Helden verehrten Vorfahren. Er böte dann einen Hinweis darauf, daß mit dem Ende der Jungsteinzeit und mit der Einführung der Metallbearbeitung auch für Sardinien eine Zeit kriegerischer Auseinandersetzungen anfangen sollte.

Für die Menhirplastik lassen sich nicht nur Bezüge zu Kulturen Norditaliens, sondern auch zu Steindenkmälern Südfrankreichs – Gard, Aveyron – und der Schweiz herstellen, obwohl die sardischen Menhire in ihrer Eigenart unverwechselbar sind.

Es gibt viele andere und unterschiedliche Anzeichen dafür, daß um das Jahr 2000 v. Chr. mit der Lösung von Einflüssen aus dem östlichen Mediterranbereich eine neue Periode der kulturellen Entwicklung Sardiniens begann: Verbindungen mit den Kulturen des westlichen Mittelmeeres werden geknüpft, später vielleicht auch mit Zentren Mitteleuropas, – Beziehungen, die sich erst nach und nach auswirkten. Eines dieser Anzeichen ist die Veränderung in der Form von Bauanlagen: die Megalith-Kultur übernimmt jetzt eine führende Rolle.

Die Grabbauten im Stil der klassischen Hypogäen wurden allmählich von Anlagen in megalithischen Bauformen abgelöst, die auf Anregungen aus Südfrankreich und Katalonien zurückzuführen sind. Es erscheint möglich, daß einzelne Menschengruppen aus diesen Gebieten den neuen Baustil auf Sardinien einführten. Während dieser Vorgänge blieb jedoch kulturelles und materielles Gut aus der Ozieri-Kultur erhalten und wurde als Erbe übernommen. Unlängst durchgeführte Ausgrabungen bei Pranu-Mutedda unweit Goni, südlich des Lago Mulargia, und bei Maracalagonis, nordöstlich von Cagliari im Bereich von Cuccuru crabau, erbrachten den Beweis, daß Teile einer Grabanlage im Baustil der Dolmen errichtet, andere Teile der gleichen Anlage als Schachtgrab in der Bauweise von Hypogäen in den Fels vorangetrieben wurden. Menhire und andere Steine der Grabstätte von Pranu Mutedda wurden in der Art keltischer Steinkreise, der »Cromlechs«, angeordnet. Winzige Einbuchtungen in einzelnen dieser Steine wären als Abstellplätze für Opfergaben zu deuten, sie könnten aber auch astronomische Zeichen sein, Symbole aus dem alten Götter- und Totenkult.

Eine Tempelanlage Sardiniens, die in ihrer Form im gesamten Mediterranbereich einzigartig ist, der Terrassentempel am M. d'Accoddi, wurde nach einem Verfahren errichtet, das demjenigen megalithischer Profanbauten des westlichen Mittelmeerraumes entspricht. Entstehung und Bestand dieser Anlage, die unter Vorbehalt mit mesopotamischen Zikkurats zu vergleichen ist, werden auf das 3. Jahrtausend und auf die erste Hälfte des 2. Jahrtausends datiert. Der »Große Altar«, wie die Tempelstätte auf Sardinien genannt wird, ist im Text zu Bild 97 ausführlich beschrieben.

Ein weiteres Zeugnis der Megalithkultur in der Übergangsphase zur Nuraghenzeit sind befestigte Anlagen aus aufgeschichteten Steinblöcken, die als »erste Nuraghen« bezeichnet werden: Sa Korona bei Villagreca, ein Rundbau unweit der Autostraße 131 nördlich Nuraminis, ferner Brunku Madugui, eine Festung auf ellipsenförmigem Grundriß am Rande eines Basaltplateaus, der *giara* von Gesturi nördlich Barumini, und S. Giuseppe bei Padria, westlich Bonorva.

Der Bau dieser Anlagen stand wahrscheinlich in Zusammenhang mit dem Vordringen einer der Einwanderergruppen aus Randgebieten des westlichen Mittelmeers, der Träger der »Becher«-Kulturen. Es waren Brachyzephale von kleinem Wuchs, die zu Beginn dieser Übergangsphase zunächst im Nordwesten Sardiniens auftauchten und dann längs der Westküste der Insel die Glockenbecher-Kultur verbreiteten. Ihre Werkzeuge aus Stein und Kupfer entsprechen denen der Pyrenäen-Kultur. Auch Silber wurde damals bearbeitet. Den kämpferischen Geist jener Gruppen bezeugen Funde von Metallwaffen, von Pfeilspitzen und Dolchen und von steinernen Schutzplatten, die den Arm gegen das Zurückprallen der Bogensehne schützten. Gleichzeitig mit diesen Funden entdeckte man Keramiken, die eine Aufteilung der Übergangsphase in einzelne Zeitstufen gestatten:

Die Kultur von Abealzu-Filigosa war noch eng mit der Ozieri-Kultur verbunden. Bei der Gestaltung von Keramiken und auch in der Anlage von Grabstätten wurden Techniken und Formen aus deren Endphase übernommen. Während diese Keramiken unverziert sind und oft plump wirken, gibt es andere, die in Form und Dekor völlig unterschiedlich sind, Schraffungen zeigen oder mit Darstellungen von Tieren, Blüten und Sternsymbol-en geschmückt sind.

Für die Kultur von M. Claro, deren Entstehen auf die frühe Bronzezeit datiert wird, sind eingekehlte Keramiken kennzeichnend, die so stark glänzen, daß man meinen könnte, sie wären bemalt.

Die Kultur von Bonnanaro – auch Bunnannaro – erfaßte anfangs vorwiegend den Norden und Nordwesten Sardiniens. Im Nordosten der Insel, in der Gallura, entwickelte sich in dieser Periode die »galluresische Kultur« weiter und schuf eine eigene Formenwelt. Die Keramiken der Bonnanaro-Kultur sind solide gearbeitet, handlich und ohne Ornamente. Typisch sind Dreifußvasen, von denen Bild 33 ein Beispiel zeigt. Diese Kultur erhielt den Namen nach einer Fundstätte nördlich von Torralba, dem Ausgangsort zu dem »Königs-Nuraghen« (Bilder 82/84). Ihre Datierung erhärtete sich, als die Bauzeit einer Hütte aus dieser Kulturstufe nach der Radiokarbonmethode bestimmt wurde. Die Hütte von Sa Turricula bei Muros, dicht südöstlich Sassari, dürfte um 1510 v. Chr. errichtet worden sein.

Damals wurden Erfahrungen und kulturelles Erbe aus den vorangegangenen Zeitstufen ausgewertet, es entwickelten sich unter dem äußeren Zwang zu Zusammenschluß und gemeinschaftlichem Handeln in verschiedenen Teilen der Insel militärische Hegemonien, und es formte sich auf der Basis bestehender ethischer, religiöser und auch künstlerischer Vorstellungen jenes geistige Klima und politische Bewußtsein, in dem die »Nuraghen-Kultur« entstand. Sie erhielt ihren Namen nach den für Sardinien charakteristischen Baudenkmälern.

Die Kultur der Nuraghenzeit konnte sich um die Mitte des 2. Jahrtausends v. Chr. durchsetzen, weil ihren Schöpfern und Trägern die Übernahme und Aneignung wertvoller kultureller und technischer Errungenschaften aus den verschiedenen Randgebieten des Mittelmeerraumes nach langdauernder Selektion gelungen war. Die Begegnung mit fremden, älteren und zeitgenössischen Kulturformen hatte immer wieder Gelegenheit zum Eklektizismus geboten. In einem ständigen Verschmelzungsprozeß hatte sich eine einheitliche, in sich gefestigte Struktur gebildet, eine Gemeinschaft mit eigener Lebensauffassung und eigenem Weltbild. Aus dieser neuen Geisteshaltung heraus entwickelten sich neue und spezielle Formen des Gemeinwesens, der Wirtschaft- und Sozialordnung, in denen sich die unverfälschte, großartige und einzig dastehende Kultur der Nuraghenzeit manifestierte. Sie konnte sich über lange Zeiten erhalten, trotz der Wechselfälle der Geschichte weiter entfalten und schließlich den höchsten Reifegrad und völlige Unabhängigkeit erreichen, die sie dann verlor. Obwohl immer von neuem berechtigte Ansprüche auf eine solche Selbständigkeit geltend gemacht wurden, konnte sie bisher nicht wiedergewonnen werden.

Sinnfälligster Ausdruck des hohen Niveaus dieser Kultur sind die Nuraghen, sowohl in der Sprache ihrer architektonischen Gestaltung als auch in ihrer Anordnung im Gelände in einer Form des Wach- und Sicherungssystems, das dem vorhandenen Siedlungsnetz optimalen Schutz bot. Die Nuraghen sind – entweder alleinstehend oder als ganze Festungskomplexe – über die gesamte Insel verstreut, man findet sie in verschiedensten Geländepositionen, meist höher gelegen, wenn sie als Wachttürme oder Verteidigungsanlagen dienten, sonst an Punkten, an denen die natürliche Umgebung ihnen andere Aufgaben innerhalb des Alltagslebens stellte.

Nach neueren Berechnungen existieren zur Zeit mehr als 7000 Nuraghen. Ihre räumliche Verteilung ist regional sehr unterschiedlich, die Dichte beträgt im Durchschnitt 0,27/1 km^2, in den Landschaften Trexenta und Marghine 0,90/1 km^2. Sie erreicht Maxima in zwei Landkreisen der Marmilla, im Kreise Siddi 1,453/1 km^2) und im Kreise Sini (1,260/1 km^2).

Vorwiegend findet man Türme, die allein stehen und in der Form einfach sind, wie der Nuraghe Succoronis bei Macomer (Bild 76). Die Einzeltürme wurden durch weitere Nuraghen, durch Seitenflügel oder Umfassungsmauern geschützt, als sich zu Beginn des 1. vorchristlichen Jahrtausends die Gefahren für die Insel vermehrten (Bilder 15, 49, 77, 82–84). In den Bildtexten wird die Entwicklung der Bauweise der Nuraghen im Laufe eines Jahrtausends dargestellt.

Nach der Radiokarbonmethode wurden die Entstehungszeiten einiger Nuraghen ermittelt: Su Nuraxi bei Barumini 1470 ± 200 (Bilder und Text 48/49), Pizzinnu bei Posada 1399 ± 50, Albucciu bei Arzachena 1256 ± 200 v. Chr. Die Mehrzahl der Nuraghen dürfte im 15. und 14. Jahrhundert v. Chr. errichtet worden sein; die jüngsten Einzeltürme stammen vermutlich aus den letzten Jahrhunderten des 2. Jahrtausends v. Chr. Um die Nuraghen und ihre Erbauer rankten sich bereits im Altertum viele Sagen. Im griechischen Schrifttum führte man das Entstehen der Bauten auf die »heroischen Zeiten« der Herakliden zurück und erhob damit den Anspruch, sie seien griechischen Ursprungs.

Es ist ungemein schwierig, Aufschluß darüber zu gewinnen, wann und in welcher Weise die Bauform der Nuraghen von außen her beeinflußt wurde, weil über die Verbindungen der Inselbewohner zu anderen Völkern des Mittelmeerraumes Quellenangaben kaum vorhanden sind und genaue historische Daten völlig fehlen. Die Sarden der Nuraghenzeit kannten keine Schrift. In den schriftlichen Überlieferungen der Hochkulturen des östlichen Mittelmeerraumes wird Sardinien selten erwähnt. Ihren Trägern galt die Insel als »Barbarenland«, eine Bezeichnung, die später von den Römern übernommen wurde und sich bis heute in den Landschaftsnamen der früheren Rückzugsgebiete des Inselinnern erhalten hat. Nachzuweisen sind jedoch Beziehungen des westlichen Mittelmeerraumes zu den Gebieten der minoischen, mykenischen und submykenischen Kulturen, sowohl im Bereich der Architektur – Bauten in Form der Tholoi und Megara – als auch durch Vorkommen von Erzeugnissen dieser Länder, von Bronzeschwertern aus Kreta (Text zu Bild 28) oder Kupferbarren mit Zeichen eines linearen Alphabets aus Zypern (13./12. Jh. v. Chr.).

Die Sarden der Nuraghenzeit hatten ein ausgesprochenes Gefühl für die optische Wirkung ihrer Bauten und eine Vorliebe für kreisförmige Anlagen. Hiervon zeugen außer den Rundtürmen Häuser, Tempel, Grabstätten und Umfassungsmauern, auch Grundrisse von Gehöften und Pläne von Siedlungen: Die einzelnen Rundbauten sind radial um einen zentralen kreisförmigen Hof angeordnet, so daß sie eine geschlossene Einheit bilden (Bilder 48, 126). Diese Abriegelung entspricht einem Charakterzug der Sarden, der sich bis in die Gegenwart bewahrt hat, ihrer Zurückhaltung und Verschlossenheit. Außer den im Bild gezeigten Nuraghendörfern von Su Nuraxi und Serra Orrios fand man Ruinen von Siedlungen bei dem Nuraghen Losa (Text zu 77), andere in den Bergen südlich von Teti »Cuccuru Surbale«, unweit des Brunnenheiligtums von Abini, und im Sulcis nördöstlich von Portoscuso »Serrucci – Gonnesa«.

Obwohl die Stammesverbände – Gemeinschaften in der Art der *civitates* der Römer – durch die einheitliche »Nuraghen-Kultur« miteinander verknüpft waren und in mancher Hinsicht ein Zusammengehörigkeitsgefühl sämtlicher Inselbewohner entstanden war, blieben in den einzelnen Teilen Sardiniens die verschiedenen Gruppen für sich. Sie hatten ihre eigene Verwaltung und entwickelten ihren »Stammespatriotismus«. Sie waren straff organisiert und bewiesen Solidarität und Selbstdisziplin in der Anerkennung der hierarchischen Ordnung, im Verständnis für die ihrem Oberhaupt zustehenden Befugnisse in politischen und sakralen Fragen. Allen Gruppen gemeinsam waren die religiösen Anschauungen, die Regeln des ethisch-sozialen Verhaltens, die Sprache, die Kleidung, die Formen des Ackerbaus und der Weidewirtschaft sowie die Methoden der in einzelnen Gegenden betriebenen Erzgewinnung und Metallverarbeitung. Das Gemeinschaftsgefühl wurde durch religiöse Feste gefördert, zu denen sich die Stammesgruppen an heiligen Stätten zusammenfanden.

Von den Tempelbauten der Nuraghenzeit sind bisher mehr als dreißig bekannt. Nur wenige von ihnen haben die Form eines helladisch-anatolischen Megaron, wie man sie in der Nuraghensiedlung Serra Orrios findet (Bild und Text 126), die meisten sind Brunnentempel. Das Zentrum der vermutlich im 9. Jahrhundert v. Chr. angelegten Kultstätte von S. Vittoria bei Serri zeigt in dem formvollendeten Gefüge des Brunnenschachts aus Basaltsteinen ein Reifestadium der technischen und konstruktiven Beherrschung des Materials, das auf eine lange Entwicklung schließen läßt (Bild und Text 51). Auffallend ist der Unterschied zu den frühen Brunnentempeln, deren Überdachung aus unbehauenen oder wenig bearbeiteten Steinblöcken in der Bauweise der ersten Nuraghen aufgeschichtet war. Ein Beispiel aus der Endphase dieser Bauformen, das hohes Können verrät, ist ein Brunnen, der im Grabungsgebiet von S. Cristina bei Paulilatino, nordöstlich Oristano, gefunden wurde: Erstaunlich ist die Perfektion, mit der hier im Profil des Tempels seine Ausrichtung auf die Öffnung zum Brunnenschacht hin betont wird, mit der die breiten Treppenstufen zum Schacht hinführen und mit der schließlich die Ventilation über dem Brunnen angelegt ist. Vollendet im Rhythmus sind die präzisen zentrischen Ringe des Kuppelgewölbes. Die Sorgfalt der Konstruktion dieses Brunnentempels entsprach dem Rang jener Kultstätte. Zu ihrem Bezirk gehörten die Hütten der Tempeldiener, ein umfriedeter Platz für die Festveranstaltungen, ein Markt und in unmittelbarer Nähe ein Nuraghe mit einer Gruppe von Wohnhütten. Inmitten von Opfergaben aus einheimischen Werkstätten des 10. und 9. Jahrhunderts v. Chr. fand man im Bereich des Heiligtums Bronzestatuetten und Goldschmuck phönikischer Herkunft, vielleicht ein Hinweis darauf, daß auch Fremde den Brunnentempel von S. Cristina aufgesucht haben.

Die Grabstätten der Nuraghen-Kultur zeigen in ähnlicher Weise wie die Bauformen der Brunnentempel eine ständig zunehmende Verfeinerung der Bearbeitung. Die Grundform dieser Gemeinschaftsgräber, auf Sardinien *tombe dei giganti* – »Gigantengräber« genannt, ist über mehrere

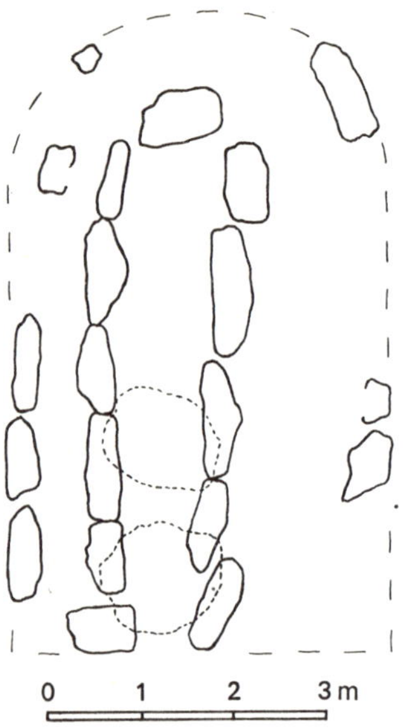

Abb. 2
Galeriegrab, *allée couverte*, von Tanca Sa Marchesa, Birori/Prov. Nuoro, Mitte 2. Jahrtausend v. Chr. Außen 6,6×4 m, Grabkammer 5,2×0,9 m. Der geradlinige Grundriß, der lediglich an der Rückfront einen Bogen zeigt, wie auch die Ausführung geben Hinweise auf die Herkunft von einfachen Dolmen und auf Verbindungen zu den *navetas* (vgl. Abb. 10)

Zeitstufen hin nachweisbar (Abb. 2). Sie leitet sich von den einfachen Dolmen westlicher Bauart her. Über die Zwischenform der »allée couverte«, der Galeriegräber, die vor allem im Innern Frankreichs, später auch in Apulien errichtet wurden, gelangte dieser Megalithbaustil nach Sardinien und erreichte dort einen Höhepunkt. Die ältesten, grob gearbeiteten Gräber stammen aus dem 17. Jahrhundert v. Chr., die jüngsten, mit Seitenmauern aus geglätteten Steinquadern, aus dem Anfang des 1. Jahrtausends v. Chr.

Im Text zu Bild 74, das eine Stele mit einer kleinen Öffnung, dem Zugang zur Grabkammer, zeigt, wird die Anlage eines Gigantengrabes der frühen Phase beschrieben. Die Stele bildet den Mittelteil der gebogenen Fassade einer Exedra. Diese ist der länglichen rechteckigen Grabkammer vorgelagert. Bei jüngeren Grabanlagen ist die Exedramauer aus horizontalen Quaderschichten aufgeführt, die kleine Öffnung wird von einem Rahmen mit Zahnschnitt eingefaßt, und die Mauer der Grabkammer ist aus schräg geschnittenen Steinen – gegeneinander versetzt – aufgeschichtet. Bei diesen Grabstätten besteht die Apsismauer an der Rückseite der Anlage aus Steinlagen, die nach innen vorspringen und in den oberen Reihen aus kleineren Steinen zusammengesetzt sind. Der Grabbau erinnert in der Gesamtform mit seinen steil abfallenden Seitenwänden, dem flach geneigten Dach und dem sich scharf und kielähnlich abzeichnenden First an ein trockengelegtes Schiff (»naus« oder »navetas« der Balearen, speziell Menorcas).

Außer den Gerätschaften, die den Verstorbenen bei der Bestattung mitgegeben wurden, stellte man ihnen auch Beschützer in Form von *Bätylien* auf, Verkörperungen der *dea mater* oder einer männlichen Gottheit. Bild 66 zeigt solche Bätylien, die offenbar als »alles sehende Gottheiten« oder »Göttinnen der Augen« verehrt wurden, Bild 75 einen Stein in Form eines Phallos. Diese Steine wurden unter speziellen Begrüßungszermonien im Rahmen des Fruchtbarkeitsskultes bei der Grablegung angerufen. Sie erfolgte nach dem Ritus der zweifachen Bestattung erst dann, wenn der Verwesungsprozeß des Leichnams an einer Stätte im Freien, an der man ihn zunächst beisetzte, beendet war.

Von der Gestaltungskraft und dem hohen künstlerischen Niveau der Erbauer der Nuraghen zeugen mehr als 500 kleine Bronzefiguren aus der ersten Hälfte des 1. Jahrtausends, gegossen im Verfahren der verlorenen Form. Meisterhaft ist die Umwelt gestaltet, unverfälscht wird die Wirklichkeit in schlichte Statuetten umgesetzt, und noch einmal ersteht vor uns das Sardinien der Nuraghenzeit mit seinen Menschen und ihren Alltagssorgen, mit ihren Tieren und Geräten. Formensprache und Technik sind unterschiedlich, doch in allen Figuren ist die fundamentale Einheit der »Nuraghen-Kultur« zu

Ganz allgemein lassen sich unter diesen kleinen Bronzeplastiken zwei Gruppen unterscheiden. Die Figuren der ersten Gruppe haben gleichsam etwas »Hehres«, »Hoheitsvolles«, in der Form sind sie geometrisch, oft symmetrisch und in zweifacher Weise akzentuiert: bald wird das Körperhafte betont (Bilder 27, 52, 53, 106, 153), bald das Dekorative auf linear-geometrischer Basis (Bilder 46 a/b, 54, 55, 152). Die Statuetten der zweiten Gruppe muten gelöster an, scheinen freier von rationalen Schemavorstellungen und geprägt durch mediterranes Formgefühl. Einige haben offenbar magische Funktionen auszuüben, abschreckend zu wirken oder Unheil abzuwehren (Bilder 26, 142).

Von solchen Abweichungen abgesehen, die auf dem Sinn für Metaphysisches beruhen, sind die figürlichen Darstellungen ausgewogen, maßvoll in der Distanz zu Natur und Abstraktion, i-n der Hinneigung zu realistischer Gestaltung einerseits und zum Umsetzen künstlerischer Phantasien andererseits. Diese Arbeiten von Kunsthandwerkern der Bronzezeit sind echte Kunstwerke, nicht nur ausgeglichen in der Form, sondern auch mit großer Strenge komponiert (Bild 27), klar in der Struktur, gestrafft und auf das Wesentliche reduziert, im Einklang zu dem Intensitäts- und Spannungsgrad eines noch ursprünglichen Empfindens, gelungen auch in der surrealistischen Darstellung mythischer Gestalten (Bild 55).

In der Wahl der Thematik erkennt man irrationale Momente und das Einwirken magisch-religiöser Relikte. Aus kosmogonischen Vorstellungen von dem »alles verbindenden Chaos des Ursprungs« ergab sich die Tendenz, die Möglichkeiten der Natur des Menschen einzuschränken, indem man das Tier in der künstlerischen Gestaltung gleichwertig behandelte. Haustier und Wild gehörten zum täglichen Umgang von Bauern und Hirten, und so bevorzugte man als Objekte der Bronzeplastiken diejenigen Tiere, die besonders nützlich und geschätzt waren: Wildschwein, Mufflon und Ochse (Bilder 46 a–c). Der Ochse diente als Zugtier für Pflug und Gespanne, auch als Reittier wurde er benutzt. Pferde gab es damals auf Sardinien nicht, gleichwohl wurde ein kleines Bronzepferd gefunden, vermutlich die Darstellung eines von Phönikern mitgeführten Pferdes.

Auf das Vordringen der Phöniker weisen zahlreiche Bronzeleuchter in der Form von Schiffen hin. Vielleicht waren es Symbole für die Fahrt ins Jenseits, vielleicht versuchte man aber auch, die Boote einheimischer, vermutlich den Phönikern unterstellter, Seeleute nachzubilden. Die Bronzeschiffchen sind mit Tieren, Tierköpfen, Seitengeländern und anderen Aufbauten geschmückt, man fand sie in Heiligtümern, Nuraghen und Grabanlagen Sardiniens. Sie gelangten wahrscheinlich über den Außenhandel auch nach Etrurien, Latium und Sizilien. Herkunft und Wanderungswege dieser Leuchterform sind im Text zu Bild 106 behandelt.

Das Bronzemodell eines Nuraghen (Bild 14) zeigt, daß man sich nicht scheute, selbst kompakte Bauten in kleinem Format nachzuahmen. Auch diese Skulpturen dienten wahrscheinlich als Votivgaben.

Menschen aus allen Schichten bildeten das Hauptmotiv der alten »Kupferschmiede«. Von Repräsentanten führender Ränge sind außer Stammesfürsten, einer Art von »Hirtenkönigen« (Bild 27), Höhergestellte aus ihrem Umkreis dargestellt: Krieger (Bilder 55, 152) und Priester (Bild 54). Unter den Bronzefiguren von Leuten aus dem Volke findet man Hirten und Bauern bei der Arbeit oder mit ihren Weihegaben auf dem Wege zum Heiligtum, mit ersten Früchten des Feldes im Arm oder mit dem Opfertier über den Schultern – auf die gleiche Weise, auf die noch heute sardische Bauern und Hirten ihr Schaf tragen. Unter den kleinen Bronzegestalten sind auch Tempeldiener und Angehörige anderer Menschengruppen zu erkennen, denen im Leben des einfachen Volkes eine besondere Rolle zukam. Ein Flötenspieler wird mit seiner Launeddas gezeigt, einem Instrument, dessen Klänge kultische Bedeutung hatten und auch in unserer Zeit noch sardische Feste umrahmen (s. Bilder und Text 142/143).

In welcher Weise die Menschen damals Geräte für die Landarbeit und den Haushalt herstellten, zeigen ihre Gußformen (Bilder und Text 56/57). Sardinien war in der Bronzezeit eines der wichtigsten Zentren der Metallgewinnung und -verarbeitung des Mittelmeerraumes. Meist war der gesamte Produktionszyklus an den Ort der Roherzgewinnung gebunden. Mehrere metallverarbeitende Werkstätten konzentrierten sich um das 9. Jahrhundert v. Chr. im Bereich des Nuraghen Gennamaria bei Villanovaforru, nordöstlich Sardara. Außer Gebrauchsgegenständen, Amuletten, Schmuck und Schmuckbehältern (Bilder 107 a/b) wurden Waffen (Bild 28) gefertigt. Es bestanden Verbindungen zu Zentren der Metallgewinnung und -verarbeitung auf Sizilien, Kreta, Zypern und in einigen anderen Teilen Europas.

Im 6. Jahrhundert v. Chr. hatte Sardinien kulturell und technisch einen Entwicklungsstand erreicht, der die Voraussetzungen zum Entstehen einer städtischen Kultur und einer eigenen Staatsform geboten hätte. Das militärische Vordringen der Punier und ihre Kolonisierungsmethoden bereiteten jedoch der »Nuraghen-Kultur« ein Ende.

Phöniker – Punier auf Sardinien

Die Ereignisse des Trojanischen Krieges hatten um 1180 v. Chr. im gesamten Mittelmeerraum eine Krise ausgelöst.* Mit der Umwertung der Seewege und den Veränderungen der Handelsbedingungen im östlichen Mediterranbereich konnten die Phöniker im 11. und 10. Jahrhundert v. Chr. ihre Handelsbeziehungen erweitern und Positionen auf Inseln und in Randgebieten des gesamten Mittelmeeres gewinnen, zumal in Libyen und Spanien keine bedeutenden Machtzentren bestanden. Sie gerieten damit in Wettbewerb zu frühgriechischen Gruppen, vielleicht auch zu Flüchtlingen aus Troja.

Bei ihrem Auftauchen an den Küsten Sardiniens betrieben die Phöniker zunächst friedlich Handel. Aus Inschriften vom 9. Jahrhundert v. Chr. über die Gründung von Nora geht hervor, daß diese Kolonie von Phönikern, die aus Zypern kamen, angelegt wurde. Da die Phöniker auch mit Gold und Kunstgegenständen handelten, beinflußten sie die Formen der sardischen Bronzeplastik der späten Nuraghenzeit, wie die zyprische Form eines Dreifußes vom 9. Jahrhundert v. Chr. aus der Grotte Pirosu bei Santadi beweist. Andere Hafenplätze, an deren Gründung Phöniker aus Tyrus und Sidon beteiligt waren, wurden zu Küstenorten ausgebaut – Caralis, Bithia, Nora, Sulci und Tharros –, sie entwickelten sich später zu Städten, den ersten auf dem Boden Sardiniens. Die einheimische Bevölkerung im Innern lebte weiterhin in Dörfern, weil gerade diese Siedlungsform mit der Art des Gemeinschaftslebens und mit der strukturellen Schichtung der einzelnen Stämme übereinstimmte.

Im 7. Jahrhundert v. Chr. begannen zwischen den Phönikern und den Trägern der »Nuraghen-Kultur« kriegerische Auseinandersetzungen, die sich ein Jahrhundert später verschärften, als Punier, Phöniker aus Karthago, auftauchten, die bei Abgrenzung ihrer Handelsbereiche mit den ionischen Griechen in Streit geraten waren. Von 540 v. Chr. an, nach der Eroberung von Alalia, der Ansiedlung der Phokäer auf Korsika, bauten die Punier ihre Machtstellung auf Sardinien aus. Mit der endgültigen Übernahme der Herrschaft in den alten phönikischen Küstenstädten erreichten die Punier in den ersten Jahrzehnten des 4. Jahrhunderts den Höhepunkt ihrer Macht. Von nun an dienten ihnen die Getreidegebiete und Erzvorkommen Sardiniens als Versorgungsbasis für die Kriegsführung. Am Ende des 1. Punischen Krieges, 241 v. Chr., wurden die Punier von von den Römern aus Sizilien und 238 v. Chr. aus Sardinien verdrängt.

In den fast drei Jahrhunderten punischer Herrschaft hatten sich die Hafenstädte zu Gemeinwesen mit einer Infrastruktur von beträchtlichem Niveau, mit großartigen Bauanlagen, mit bedeutenden Kunstwerken und Nekropolen entwickelt. Nicht nur die Zivilisationsgüter, auch die Verbreitung punischer Kulturformen erleichterten es den Puniern, die im Umkreis lebenden Bewohner der Insel zu assimilieren. Dennoch zog sich ein großer Teil der einheimischen Bevölkerung aus den fruchtbaren Ebenen in die Berge zurück, um die alten Lebensformen beizubehalten. Von nun an bezeichnete man die Menschen dieser Berggebiete, der verschiedenen Teile der »Barbagia«, als »Barbaren«.

Da das Innere der Insel ein ständiger Unruheherd blieb, sicherten die Punier strategisch wichtige Punkte, vor allem Verkehrswege, durch ein gestaffeltes System von Festungsanlagen. Dazu gehörten:

---

* Datierung und Folgen des Trojanischen Krieges heute umstritten. Vgl. Marinatos, Sp., u. a. (Anm. d. Hrsg.)

im Sulcis die Festungen »M. Sirai« nordwestlich Carbonia und »Pani Loriga« bei Santadi; auf dem Plateau der Campeda »San Simeone« bei Bonorva; in der Marmilla zum Schutz der Verbindungslinie durch das Mannu-Tal »Nurachi«, in der Nähe der Kirche von S. Biagio bei Furtei, und »Santu Antini« bei Genoni; in der Planargia im Einzugsbereich des Temo »Torre« oder »Su nuraghi« bei Montresta und »Palattu« bei Padria. Als vorgeschobene Posten des Gürtels zwischen der Küste und den längs der Berghänge gelegenen Türmen dienten Festungen, die isoliert lagen. Verteidigungsstützpunkte hingegen bestanden aus einem Festungskomplex, in dem sich mitunter auch ein kleiner Tempel oder eine Lagerkapelle mit dem Bild einer semitischen Gottheit befand, wie in der Festung am M. Sirai.

Die Befestigungsanlagen von Städten, den Zentren der punischen Macht, waren besonders sorgfältig geplant und erbaut. Die Stadt wurde in der Regel von einem weiten Mauerring umgeben, aus dem lediglich die Nekropole, die *tophet*-Urnenstätte (s. S.20, 59) und die außerstädtischen Heiligtümer ausgeschlossen waren. Die Akropolis im Stadtinnern war durch eine Ringmauer geschützt, welche mit dem äußeren Mauergürtel in Verbindung stand. Einige Grabungen aus jüngster Zeit haben genaueren Aufschluß über den Verlauf von Stadtmauern und Mauervorsprüngen gebracht, z. B. über den ältesten Mauerring von Nora, der aus polygonalen Steinen geschichtet war, oder über den Mauergürtel der Oberstadt von Tharros, der aus Quadersteinen erbaut war und zinnenbekränzte Türme hatte (s. Text zu Bild 42). In den Mauerring der Stadt Sulci war an der höchsten Stelle als Sockel von Türmen eine rechteckige Plattform aus gewaltigen, 4–20 t schweren Trachytblöcken von 13,7 m Länge und 8,7 m Breite einbezogen.

Die meisten der von Phönikern, später von den Puniern gegründeten Küstenorte waren nach einem Schema angelegt, das für ihre Städte typisch war: Kernpunkt war das Hafenviertel mit seinem Marktplatz. An dieses Handelszentrum schloß sich eine lange, fast lückenlos bebaute Straße an, die von eingeschoßigen Häusern gesäumt war. Nur hin und wieder wurde die Straße von kleinen Plätzen unterbrochen. Die meisten punischen Städte lagen an der See oder in Küstennähe: Caralis (Bild 1/2), Nora (Bilder 11, 18, 19), Bithia, Sulci, Neapolis, Othoca, Tharros (Bild 42), Cornus, Bosa (Bild 86) u. a. Im Landesinnern gewann Gurulis Vetus – heute Padria – an Bedeutung.

Die Verwaltung der Städte wurde – spätestens seit dem 4. Jahrhundert v. Chr. – nach dem Vorbild Karthagos von zwei »Suffeten«, die von Jahr zu Jahr wechselten, und von einem Ältestenrat geleitet. Nach den jeweils regierenden Suffeten wurden die Jahre benannt. Es gibt Hinweise darauf, daß in einigen Städten Volksvertretungen existierten, ihre Kompetenzen sind nicht bekannt.

Für die militärische Sicherung der Herrschaft Karthagos über die Insel sorgten Militärkommandanten, für die Verwaltung und für die Einziehung der Steuern waren Beamte zuständig. Die Zentralmacht Karthago wurde durch Diplomaten repräsentiert.

Durch die Punier wurde der Gebrauch von Geld auf Sardinien eingeführt und verbreitet.

Zur Festigung ihrer Herrschaft auf der Insel versuchten die Punier, die Einheimischen zur Übernahme ihrer religiösen Kulte zu veranlassen, vermutlich in zwei Formen: Sie erkannten die auf der Insel traditionelle Verehrung des »Sardus Pater« an, versuchten jedoch, diesen Kult mit dem Glauben an den sidonisch-karthagischen Gott »Sid« zu verschmelzen, dem der Tempel von Antas, südlich Fluminimaggiore gelegen, gewidmet war. Eine noch engere Bindung an die Zentralmacht Karthago und die Stärkung ihrer Autorität sollte dadurch erzielt werden, daß sowohl die Einheimischen als auch die schon länger ansässigen Phöniker anderer Herkunft ihre eigenen Götter abschafften und die punischen Gottheiten übernahmen. Denn mit der Anerkennung des punischen Götterpaares Baal und Astarte waren strenge Kultvorschriften einzuhalten, für deren Durchführung eine besondere Priesterschar zur Verfügung stand. Zu den Kultbestimmungen gehörte die Opferung des Erstgeborenen. Die Opfer wurden der Astarte, die auch Tanit oder Tinnit genannt wurde, dargebracht und dann verbrannt. An einer kleinen umfriedeten Stätte, dem *tophet*, wurden die Urnen auf niedrige Stelen gestellt.

Die Stelen waren meist aus lokalem Gestein, nur in Sulci aus Marmor. Man schmückte sie mit stilisierten Reliefs, oft mit dem Bildnis der Tanit, auch mit Darstellungen des Baal. Hunderte von Urnen und von Stelen wurden auf den *tophet*-Stätten von Caralis, Nora, Sulci, M. Sirai, Tharros und S. Imbenia bei Alghero gefunden. Ihre Formen waren sehr unterschiedlich. Sie wirken ursprünglicher, je weiter entfernt der *tophet* von den Zentren punischer Herrschaft gelegen war. Mit der im Laufe der Zeit sinkenden Macht der Punier setzten sich einheimische Darstellungsweisen immer stärker durch. Die Reliefs aus Spätzeiten sind stärker stilisiert, oft ist das Bildnis von Tanit oder von Baal auf wenige Linien reduziert. Stelen in anthropomorpher Gestalt, in Form von Kanopen oder Bätylien, zeigen weder einheimische noch punische Stilelemente und lassen den Abhängigkeitsgrad von ägyptischen oder griechischen Vorbildern erkennen. Zur Klassifizierung eines vom 7. bis 3. Jahrhundert dauernden künstlerischen Schaffens bieten die *tophet*-Stelen viele Anhaltspunkte.

Aus Tempel-Inschriften ist zu entnehmen, daß die Punier auf Sardinien eine ganze Götter-Pléiade verehrten, unter der Baal und Astarte als höchste Gottheiten galten. Formen der Tempel aus verschiedenen Entstehungsperioden weichen stark voneinander ab. Bei Tempeln aus dem 7. Jahrhundert v. Chr. unterscheidet man turmartig erhöhte Anlagen, wie den Tanit-Hügel in Nora, von kleinen Heiligtümern auf rechteckigem Grundriß, die aus einem Aufgang, einem Vorraum und einem Innenraum mit dem Kultbild bestanden. Eine solche Anlage war der Tempel des Gottes Sid in Antas südlich Fluminimaggiore. Seine kleine rechtwinklige Halle aus Steinquadern war oben mit einem konkaven Gesims geschmückt und am Eingang von zwei Säulen mit dorischen Kapitellen flankiert. Einen anderen Typ verkörpern jüngere Tempel in Tharros und in der Via Malta in Cagliari, beide stammen aus dem 3. Jahrhundert v. Chr. Sie bestanden aus einer Halle mit einem viersäuligen Vorraum, die oberhalb einer *cavea*, eines ansteigenden Halbrundes für die Gläubigen, lag. Der Tempel von Tharros, der auf einem Plateau stand, hatte an den Seiten kannelierte dorische Halbsäulen, an den Ecken Halbpfeiler mit äolisch-zyprischen Kapitellen. Gleichfalls im 3. Jahrhundert v. Chr. wurde das schlichte kleine Heiligtum von Mazzanni bei Villacidro errichtet – auf rechteckigem Grundriß, mit konkavem Dachgesims.

Die Einfachheit der Bauformen, die man bei den Tempeln der Punier feststellt, bemerkt man auch bei ihren Grabanlagen in den ausgedehnten Nekropolen von Caralis, Sulci, M. Sirai, Tharros, Cornus und Pani Loriga. Die meisten sind Schachtgräber oder Kammergräber mit nur einer kleinen Grabhöhle, primitiv und schmucklos. Hin und wieder sieht man einfache Reliefs – als Symbol der Tanit die Sonnenscheibe und die Sichel des aufgehenden Mondes (Schachtgrab von Tuvixeddu/Cagliari), als Hinweis auf die Welt der Toten die Sichel des untergehenden Mondes – ferner einen Dämonenkopf (sämtlich: M. Sirai, 7./6. Jahrhundert v. Chr.) und einen Männerkopf, im Stil ägyptischen Traditionen entsprechend (Sulci, 7. Jahrhundert v. Chr.).

Die Phöniker, später die Punier, kannten Erdbestattungen. Die bisher gefundenen Grabstellen haben zwei Formen. Entweder sind sie mit langen, parallel zueinander gelegten Steinplatten giebelartig abgedeckt und haben an einer Giebelseite eine Nische zum Verbrennen duftender Kräuter (einige Gräber in Tharros), oder sie bilden eine Art senkrecht stehendes Grabmal: drei Steinplatten nebeneinander auf einem Sockel aufrecht angeordnet und durch Halbsäulen voneinander abgehoben; der Mittelstein mit einem Relief von Sonne und Mond und mit einem pyramidenförmigen Aufsatz geschmückt, die Seitensteine oben mit einer konkaven Nische, vermutlich zum Darbringen von Opfergaben.

Weder in der Bauplastik noch in anderen Arten der Bildhauerkunst vollbrachten die Phöniker auf Sardinien außergewöhnliche Leistungen. Zu den relativ seltenen figürlichen Darstellungen gehört die »Astarte von M. Sirai«, eine im Bereich von M. Sirai gefundene Kalkstein-Herme, die Anklänge an archaische Kunstformen Zyperns und Syriens aus dem 7. Jahrhundert v. Chr. zeigt, vielleicht sogar direkt auf diese zurückgeht: ein voluminöses Haupt, Haartracht und Ohren in geometrischen Linien angedeutet, orientalischer Gesichtsschnitt.

Ägyptisch-hellenistische Einflüsse aus jüngerer Zeit, aus dem 3.–2. Jahrhundert v. Chr., weisen manieriert anmutende Abbilder des Gottes Bes auf. Zeichen dieser Einwirkungen sind die dreidimensionale Wiedergabe unförmiger, nur undeutlich zu erkennender Körpermassen und das Wiederaufleben archaischer Linienführung (Sandsteinskulpturen, Fundstätten: Cagliari, Maracalagonis, Bithia, Fordongianus). Das gleiche Kunstempfinden verrät die Bearbeitungsform eines Granitblocks, der eine weibliche Sphinx darstellt. Gesichtspartien, Rückenlinie und Rippen sind von großer Weichheit und Plastizität (Fundstätte: Cagliari, vielleicht von einem Isis-Tempel des alten Caralis). »Hellenisierend« wirkt ein halbaufgerichteter Löwe aus dem Tempelbezirk von Tharros (3. Jahrhundert v. Chr.) in der naturalistischen, allerdings recht simplifizierten Gestaltung von Kopf, Mähne und Rücken. Im Kontrast hierzu steht das geometrische Rund der Lenden, eine Reminiszenz an vergangene Kunstformen.

Kleine Abbilder punischer Gottheiten: Porträts, Statuetten, Räucherschalen mit Götterbildnissen, wurden in Keramik hergestellt.Sie wurden oft serienmäßig produziert. Einzelstücke handgefertigter Keramiken jedoch geben Zeugnis von der Vorstellungswelt der Punier, von der Intensität ihres Lebensgefühls, von ihrer quälenden Angst vor Tod und Jenseits.

Diese Empfindungen und Anschauungen spiegeln sich in den Masken aus Terrakotta wider, die Dämonen abwehren sollen, z. B. in den Masken aus S. Sperate und Tharros, die abschreckend und höhnisch wirken (7.–6. Jahrhundert v. Chr.). Bildnisse auf Opfergaben aus den Heiligtümern von Bithia, S. Andrea Frius und Narbolia vom 3.–2. Jahrhundert v. Chr. bieten Beispiele für eine »mediterrane« schrankenlose Willkür bei der Darstellung von Grimassen, wie sie sich hier auch Semiten – die Punier – zu eigen machten. Die menschlichen Züge werden hemmungslos verzerrt und dadurch völlig deformiert.

Bild 16 zeigt ein punisches Gorgoneion auf einer Oblatenform aus Terrakotta, Bild 17 gibt eine Probe handwerklichen Könnens von Puniern des 4.–3. Jahrhunderts v. Chr.: Masken als Glieder einer punischen Halskette aus polychromer Glasmasse.

Unter den zahlreichen Funden punischen Kunsthandwerks sind nur wenige wertvolle Stücke. Die meisten Gegenstände aus Ton, Glasmasse, Edelsteinen und Elfenbein, auch gold- und silbergefaßte Skarabäen sind Massenware, gefertigt nach ägyptischen und griechischen oder orientalischen Mustern, mitunter sehr schlecht gearbeitet. Einige Goldschmiedeerzeugnisse bilden jedoch eine Ausnahme. Von diesen Schmuckstücken stammen die ältesten aus dem 7.–6. Jahrhundert v. Chr.: Ohrringe, Ketten, Anhänger, Diademe und Armreifen. Sie sind entweder glatt, aus Goldfolie oder mit Filigran verziert. Die Motive ihres Dekors – Isis, Sperber, Palmetten, Lotosblüten oder Skarabäen – sind ägyptisch, zyprisch oder äolisch.

Sardinien zur Römerzeit

Einheimische Formen in Lebensweise und Kunsthandwerk Sardiniens, die sich während der Herrschaft der Punier noch erhalten hatten und sich mit dem Rückgang ihrer Machtstellung wieder durchzusetzen begannen, wurden wesentlich stärker unterdrückt, als die Römer die punischen Machtzentren auf Sardinien im Jahre 238 v. Chr. kampflos in Besitz nahmen. In den langen Jahrhunderten, in denen die Insel als Verwaltungseinheit unterschiedlichen Ranges Bestandteil des Römischen Reiches war, verlor der größte Teil der Einheimischen nach hartnäckigem Widerstand die Reste eigenständiger Daseinsformen. 455 wurde Sardinien von den Wandalen – damals unter Geiserich Herren Karthagos – besetzt, im gleichen Jahre, in dem sie nach Rom vordrangen. Das Innere der Insel, in dessen Bergen und Macchia ein Teil der sardischen Bevölkerung während der Punierzeit seine Unabhängigkeit wahrte, blieb für die Römer ein ständiger Unruheherd. Die Randgebiete wurden zu Weizenkammern Roms, ihre Bevölkerung und ihre Bodenschätze wurden von römischen Statthaltern ausgebeutet, die in den ersten Jahrhunderten römischer Herrschaft den Rang von Konsuln und Prätoren hatten. Der Status der Insel in der Verwaltungshierarchie des Römerreiches verschlechterte sich nach und nach. Unter Augustus wurde Sardinien, das damals eine schwere Wirtschaftskrise erlebte, eine der Mittelmeerprovinzen, die dem Senat unterstellt wurden und in denen von nun an lange Zeit Prokonsuln regierten. Nachdem die Soldaten-Kaiser Bevollmächtigte im Range von Präfekten, später von Präsiden, auf Sardinien eingesetzt hatten, wurde die Insel Ende des 3. Jahrhunderts unter Diokletian Bestandteil der Diözese Italia. Wenige Jahre danach wurde sie zum Verwaltungsbezirk der Präfektur Italia degradiert und einem Statthalter der Stadt Rom, dem »vicarius urbis Romae«, unterstellt. Nun sorgten untergeordnete Beamte für die Eintreibung der Tribute, die Besatzung von Caralis stand unter dem Befehl der in Misenum stationierten Flotte, und in Widerstandsgebieten wie der Barbagia waren Präfekten eingesetzt. Sardinien diente weiterhin als Weizenkammer und Metallieferant. Seine Bergwerke und Gewerbebetriebe gehörten der Krone.

Hauptstützpunkte der Römer waren die Hafenstädte Caralis, Turris und Olbia im Süden, Norden und Nordosten der Insel (s. Text zu den Bildern 1–2, 98, 121). Ein hervorragendes Straßennetz sicherte die Verbindungslinien. Die Brücke über den riu Mannu bei Turris mit ihren fast völlig erhaltenen sieben Bögen aus Kalksteinquadern und andere Römerbrücken bei S. Giusta, Fordongianus und S. Antioco zeugen noch heute von der Baukunst des ersten vor- und des ersten nachchristlichen Jahrhunderts.

Wesentliche Bedeutung bei der Romanisierung Sardiniens hatten Einführung und Verbreitung der lateinischen Sprache.

Aus allen Bauten und anderen Kunstwerken, die aus der Römerzeit auf Sardinien überliefert sind, spricht das niedrige Niveau der kulturellen Entwicklung eines Kolonialgebietes, der Status der Insel als Provinz. Bauformen und Bautechniken sind typisch römisch, mitunter wurden sogar importierte Baustoffe verwendet. Beredte Zeugnisse der Römerherrschaft waren und sind zum Teil noch jetzt Kaiserstatuen und Denkmäler römischer Konsuln, Präfekten oder Prokonsuln, schließlich auch die römischen Meilensteine.

Straßennetz, Wasserleitungen, Kanalisation und andere Anlagen der Infrastruktur konnten die Römer von den Puniern übernehmen und ausbauen. Im Planungsschema der meisten Römersiedlungen entdeckt man den punischen Grundplan, nur in dem der Hafenstadt Turris, Porto Torres, erkennt man in reiner Form das »cardo-decumanus«-Prinzip der Römer, die Nord-Süd- und Ost-West-Achsen der Stadtanlagen (s. Text zu Bild 42). Einige Plätze von Nora, Tharros, Caralis wurden umgestaltet, Caralis erhielt ein Forum mit Capitol, um die neue Herrschaft zu dokumentieren, dazu (im Campo Viale) Atriumhäuser, auf hellenistische Anregungen zurückgehend, eine Form die man auch in Nora hatte. Bis in die Spätzeit des Imperiums war die Römerherrschaft so stark gesichert, daß auf Stadtmauern verzichtet werden konnte. Dann allerdings setzte man punische Stadtmauern wieder instand – in Tharros, in Olbia – und befestigte Caralis im Bereich von La Marina.

Zu den Ruinen größerer Bauanlagen gehören Aquädukte, Thermen, Theater, Tempel und Grabbauten.

Die zur Römerzeit angelegten oder ausgebauten Wasserleitungen waren auf die Bedürfnisse der einzelnen Ansiedlungen zugeschnitten. In Caralis wurden sie im 2. Jahrhundert n. Chr. teils über Stützbögen, teils unterirdisch geführt, in Turris wahrscheinlich im 2.–3. Jahrhundert angelegt und im 4.

Jahrhundert neu konstruiert, in verschiedenen anderen Orten – Nora, Neapolis, Fordongianus, Tharros, Olbia – ohne Verkleidung gebaut.

Beachtlich sind zwei Thermen: die Bäderanlagen von Nora, aus denen Bild 19 ein Bodenmosaik zeigt, und von Turris, der sogenannte »Palast des Barbarenkönigs«, »Palazzo di re Barbaro«. Die erste Form dieser Therme in Porto Torres geht auf das 1. Jahrhundert v. Chr. zurück, in der frühen Kaiserzeit wurde die Anlage bedeutend erweitert und ausgestaltet. In beiden Orten findet man noch Ruinen kleinerer Thermen, ebenso in Cagliari, dem römischen Caralis, in Neapolis und in Tharros, ferner in der Nähe römischer Villen, den Herrensitzen von Latifundien, z. B. in S. Lorenzo bei Ussana, dicht nördlich Cagliari. Die Therme »Predio Ravenna« von Caralis hat Mosaiken aus dem 2. und 3. Jahrhundert n. Chr., die Bäderanlage von Tharros Mosaikarbeiten aus der Kaiserzeit in Schwarzweiß und in Farbe.

Reste römischer Amphitheater fand man bisher nur in Nora und in Cagliari, in Nora einen Bau aus der Zeit Trajans (Bild und Text 18), in Cagliari ein 89×74 m großes Theater. Zwei Drittel dieses Gebäudes des alten Caralis, dessen Arena ein Ausmaß von 46,8×31,2 m hat, sind aus einem Kalksteinfelsen herausgearbeitet (2. Jahrhundert n. Chr.).

Von den Tempeln aus der Römerzeit ist ein Tempel in Antas bei Fluminimaggiore am besten erhalten, über den eine Inschrift aus der Caracalla-Zeit (nach 213 n. Chr.) Auskunft gibt. Nach dieser Inschrift, die an dem punischen Heiligtum für den Gott Sid Baby angebracht ist, war der Tempel dem Sardus Pater Babai gewidmet. In Nora gab es nach alten Zeugnissen Tempel für Juno, Vulkan – Vulcano Mulcibero – und andere Götter, dazu eine dem Orakel des Apollo Clario geweihte Stätte; erhalten blieben Reste eines nicht mehr genau zu datierenden Tempels aus der Kaiserzeit mit vier Säulen, Cella und Kultbild. Andere Anlagen, die nur aus Inschriften bekannt sind, waren ein Äskulap- und ein Mars-Tempel in Caralis, ein Jupiter-, ein Isis- und ein Fortuna-Tempel in Turris, ein Ceres-Tempel in Olbia.

Als größere Grabbauten aus der Römerzeit findet man auf Sardinien entweder Grabanlagen, die in das anstehende Gestein vorgetrieben sind und eine geschmückte Fassade zeigen, oder unterirdische Hypogäen. Zu der ersten Gruppe gehört die Grabstätte von Attilia Pomptilla aus dem 1. Jahrhundert n. Chr., die »Viperngrotte«, *grotta della Vipera*, in Cagliari; ihrer Fassade ist ein kleiner Portikus mit vier Frontsäulen und Architraven vorgelagert, die Giebelfelder sind verziert mit Schlangenfiguren, nach denen die Grabanlage benannt wurde, mit Blumengirlanden und Kultgegenständen; an den Urnenwänden im Innern befinden sich lateinische und griechische Inschriften. Diese Grabstätte blieb als einzige aus einer ganzen Serie von Gräbern erhalten, die am Fuße des Tuvixeddu-Hügels in das Kalkgestein vorgetrieben wurden und sämtlich mit Urnenwänden ausgestattet waren. An einigen Wänden sind Malereien im Linearstil zu erkennen, wie er vom 1. bis 3. Jahrhundert n. Chr. üblich war. Die Nekropole liegt an der Nordseite der Viale S. Avendrace, einer großen Ausfallstraße im Südwesten des modernen Cagliari.

In der Art von Hypogäen angelegt sind Grabkammern in der Ortschaft Tanca di Borgona bei Turris, dem heutigen Porto Torres. Sie sind mit Pfeilern abgestützt und haben polychrome Nischengräber, deren Bogenfelder mit Porträts der Verstorbenen und mit Blumenornamenten ausgemalt sind. Einige Grabstellen sind mit Mosaiken und mit Inschriften aus dem 3. Jahrhundert n. Chr. geschmückt. Diese Grabanlagen dienten vermutlich als Vorbild für die Katakomben von S. Antioco und für die Grabstätten des frühchristlichen Friedhofs am Fuße des Bonaria-Hügels in Cagliari. Das Grab des Munazio Ireneo auf diesem Friedhof ist mit Wandmalereien ausgestattet, die Szenen aus dem Jonas-Zyklus zeigen und eine Datierung auf das 4. Jahrhundert v. Chr. gestatten.

Unter den Skulpturen, die aus römischer Zeit erhalten blieben, verdienen nur wenige Erwähnung: der Marmorkopf eines Unbekannten, vielleicht aus der Zeit des Augustus (Archäologisches Nationalmuseum Cagliari); die Marmorstatuette eines Silen, in Porto Torres gefunden, vermutlich eine Kopie aus dem 1. Jahrhundert n. Chr., jedoch so ausdrucksstark und in der Ausführung so gelungen, daß man meinen könnte, sie wäre ein Original aus dem 3./2. Jahrhundert v. Chr.; schließlich noch eine Germanicus-Statue aus Sulci und ein farbig gefaßtes Nero-Standbild aus Olbia, sensibel im Kolorit – zwei Skulpturen, die sich von der damals üblichen konformistischen und manieristischen Propagandakunst des Machtzentrums Rom abheben.

Erzeugnisse aus Werkstätten in Ostia und Rom, denen die Versorgung der Provinzen oblag, sind die meisten der 80 auf Sardinien erhaltenen römischen Sarkophage, von denen die Mehrzahl in Hafenstädten – Caralis (Cagliari), Turris (Porto Torres), Olbia – gefunden wurde. An verschiedenen sardischen Sarkophagen, die vorwiegend aus dem 3. Jahrhundert n. Chr. aus Küstengebieten stammen, läßt sich ablesen, wie sich diese römische Kunstform im Kolonialgebiet entwickelte und wie sie – ikonographisch, stilistisch, technisch – verändert wurde.

Außerordentlich reich sind Funde von Bronzeskulpturen – Sakral- und Profankunst und auch rein dekorative Gegenstände. Zu den Objekten sakralen Charakters gehören sowohl Weihegaben als auch Skulpturen für die Hausandacht. Im Hafen von Cagliari wurde ein bronzener Löwenschädel geborgen, vermutlich in der Kaiserzeit Schmuckteil eines Schiffes; er hebt sich durch seine guten Proportionen und durch seine Ausdruckskraft von der Masse der Funde ab.

Die Malereien aus römischer Zeit, die auf Sardinien bewahrt blieben, zeigen einen besonders hohen Grad der Anpassung an die Kunst Roms. Themen, Techniken, Stilrichtungen, die man nicht nur im Zentrum, sondern auch sonst in seinem Ausstrahlungsbereich findet, etwa in Eleusis oder in Ptolemaios/Cyrenaica, kehren wieder in den besterhaltenen Wandmalereien Sardiniens in Häusern des Campo Viale in Cagliari. In der nach ihrem ausgemalten Hauptraum benannten »casa del Tablino dipinto« sind im Tablinum, im Gang und im Atrium Fresken auf Stuck so geschickt ausgeführt, daß man eine Täfelung mit farbigen Marmorinkrustationen vor sich zu haben vermeint. In anderen Räumen erkennt man noch Andeutungen einer weiblichen Gestalt, vielleicht der Göttin Tellus, oder – im Mittelfeld der Paneele – auch Weinkrüge, Trauben und allerlei Singvögel. Nach dem Stil der figürlichen Darstellung und nach dem rechteckigen Kompositionsmotiv, der »Streifendekoration«, werden die Malereien auf die Zeit zwischen dem 3. und 4. Jahrhundert n. Chr. datiert.

Einen fernen Ableger der antiken naturalistischen Malerei stellt die Ausschmückung einer unterirdischen Anlage auf der Halbinsel Sinis nordwestlich von Oristano dar. Diese auf das 4. Jahrhundert n. Chr. datierten Wandmalereien des »S. Salvatore Hypogäums« bei Cabras sind unausgewogen in den Proportionen, einfach in der Tönung und arm in den Formen, sie zieren eine kleeblattförmige Cella. In klassischer Tradition sind Götterbilder gezeichnet oder gemalt: Aphrodite, Hermes, Pegasus und Herkules, die wahrscheinlich in ihrer Eigenschaft als Wassergottheiten die heilige Stätte beschützen sollten. Unter ihnen genoß »Herakles Soter« besondere Verehrung. Den Glauben an die Gestalt eines Retters übertrugen die Bewohner jener Gegend nach Annahme des Christentums auf Jesus als »Christus Salvator«, dem dann in der Nähe ein kleines Kirchlein gewidmet wurde. Außer den Gottheiten wurden in den Wandgemälden auch Schiffe und Zirkusszenen dargestellt, Symbole festlicher Zeremonien zu Wasser und zu Lande, die den Charakter des Hypogäums als Stätte ritueller Veranstaltungen bestätigen.

Die Mehrzahl der Bodenmosaiken, die man in Häusern, Thermen und Tempeln entdeckte, gehen auf nordafrikanische Vorbilder zurück. Ältere Mosaiken sind in Schwarzweiß gehalten. Farbige Mosaiken mit geometrischen und figürlichen Motiven, die aus dem 2. und 3. Jahrhundert n. Chr. stammen, fand man in Turris, Olbia, Padria, Fordongianus, Tharros, Sulci, Caralis und in Nora (Bild und Text 19). Um die Mitte des 3. Jahrhunderts n. Chr. dürfte eine Arbeit entstanden sein, die in dieser Kunstform einzigartig ist, ein Mosaik, das Orpheus im Walde – umgeben von Tieren – darstellt. Es zierte den Fußboden des Speisezimmers einer prächtigen römischen Villa im alten Caralis. Die Fundstätte liegt in der Nähe der SS. Annunziata im Westteil Cagliaris. Vermutlich waren es afrikanische Künstler, die hier mit sehr feinem ästhetischem Empfinden und hohem technischem Können im Spiel mit Flächen und

Farben breite Mosaikstreifen so vollendet neben- und gegeneinander anordneten, daß man meinen könnte, ein dichtes, mit dem Pinsel hingeworfenes Gemälde vor sich zu haben.

Unter den Keramik-Funden aus römischer Zeit verdienen zwei Arbeiten Beachtung: Die erste ist eine heute in den Vatikanischen Museen bewahrte Statue einer Göttin – vielleicht der Demeter – aus dem bereits erwähnten Heiligtum an der Via Malta in Cagliari. Die Skulptur aus rotem Ton ist 1,45 m hoch, späthellenistisch im Kunstgeschmack und vermutlich im 1. Jahrhundert n. Chr. angefertigt. Sie zeigt die Göttin hoch aufgerichtet in dem eng-anliegenden Peplon. Die durch das Fließen der Fältelung dieses Kleides betonte Längsrichtung wird durch die Haltung der Hände unterstrichen, die flach an den Schenkeln liegen. Das kurze Haar ist gelockt, in den Augen ein Ausdruck des Schmerzes. Dreihundert Jahre älter ist die andere der beiden Keramiken, die als Votivgabe für den phönikischen Gott Eschmun diente. Man entdeckte die 76,7 cm hohe Skulptur in dem ihm geweihten Heiligtum in Nora. Dargestellt sind zwei unbekleidete schlafende Jünglinge und vier kleine *camilli*-Figuren, Statuetten von Tempeldienern. Eine Schlange windet sich um den Körper des einen Jünglings und erfleht von Eschmun, dem Asklepios der Phöniker, Heilung. – Viele und sehr unterschiedliche Weihegaben der Zeitspanne vom 2. Jahrhundert v. Chr. bis zum 3. Jahrhundert n. Chr. wurden an der Tempelanlage für Sardus Pater bei Antas gefunden.

Zwei Einzelstücke geben Zeugnis von dem hohen Stand der Steinschneide- und Goldschmiedekunst jener Epoche. In Olbia wurde eine als Blatt geformte Henkeltasse aus Achat gefunden, in den zierliche Rosenzweige mit Laub und Knospen eingraviert sind; die Tasse muß um die Mitte des 1. Jahrhunderts n. Chr. angefertigt worden sein. Bei Dolianova entdeckte man in dem Grab eines Römers oder eines Einheimischen aus spätrömischer Zeit ein Paar Ohrringe aus Gold und Emaille. An den Ringen hängen kleine Äpfel und Glöckchen, die Ketten bestehen aus halbmondförmigen Blattgoldgliedern in Filigran.

Vom frühen Mittelalter bis zur Neuzeit

Alljährlich wird auf Sardinien mit großen Festveranstaltungen zweier römischer Feldherren gedacht, die für ihre Bemühungen, das Christentum auf der Insel einzuführen, den Märtyrertod erlitten haben. Als unter Konstantin der christliche Glaube staatliche Anerkennung findet, erfolgt die Christianisierung durch Angehörige verschiedenster Glaubensrichtungen, zunächst durch Arianer, die, ihrer Streitschriften wegen, von den Wandalen aus Nordafrika ausgewiesen und nach Sardinien geschickt werden. Sie fördern den Bau von Kirchen und Klöstern (s. Text zu Bild 12).

Acht Jahrzehnte hindurch sind die Wandalen Herren der Insel, 534 bereitet Byzanz ihrem afrikanischen Reich ein Ende. Mit dem Übergang Sardiniens in den Bestand des oströmischen Reiches nehmen die Bemühungen um Christianisierung der Inselbewohner zu. Basilianer – Mönche, Einsiedler und Gelehrte – predigen in Grotten oder in kleinen Gotteshäusern, die sie auf dem Grundriß eines griechischen Kreuzes errichten und mit Kuppeln in der Art von Trulli überdachen. Manche ihrer religiösen Riten und auch ornamentale Kunstformen, die damals nach Sardinien gelangen, haben sich bis heute erhalten.

Der Wirkungsbereich der byzantinischen Kultur erweitert sich über die Randgebiete hinaus, als Ende des 6. Jahrhunderts, einem Aufruf Gregors des Großen folgend, Missionare ins Innere der Insel vordringen, um die Bewohner der Barbagia zu bekehren.

Seit dem 8. Jahrhundert beginnt die Bevölkerung Sardiniens, sich aus den Küstengebieten zurückzuziehen, um den fortgesetzten Unruhen zu entgehen, die mit den Bemühungen, die Insel in den Machtbereich des Islams einzubeziehen, verbunden sind. Dreihundert Jahre lang scheitern hier diese

Versuche, während sie in Spanien und Sizilien erfolgreich sind, die Omaijaden 756–1030 in Córdoba regieren, die Aghlabiden von 827 an auf Sizilien vordringen und dort eine mehr als 200jährige arabische Herrschaft begründen.

Mit dem Rückgang der politischen Machtstellung von Byzanz läßt auf Sardinien auch der kulturelle Einfluß Ostroms mehr und mehr nach. Beziehungen zum Frankenreich, dem Schutzherrn Korsikas, werden angeknüpft, 815 erscheint eine sardische Abordnung aus Caralis am Hofe Ludwigs des Frommen.

In den frühchristlichen Bauten Sardiniens lassen sich Einflüsse aus Ost und West nachweisen, byzantinische Formen sind zunächst vorherrschend. S. Saturno in Cagliari, im 5. Jahrhundert als Kuppelbau auf quadratischem Grundriß errichtet (Bild 12), wird zum Vorbild für andere Sakralbauten, die zunächst in Küstenorten aus punisch-römischer Zeit entstehen: S. Giovanni in Sinis bei Tharros (Bild 41), S. Antioco in Sulci und S. Efisio in Nora (Text zu den Bildern 10–11). In den folgenden Jahrhunderten werden mehrere Kirchen in gleicher Grundform, jedoch mit geringeren Abmessungen gebaut: S. Salvatore in Iglesias, S. Giovanni in Assemini nordwestlich von Cagliari und in kleineren Ortschaften: S. Elia in Nuxis – weit östlich von Carbonia, S. Teodoro in S. Vero Congius – weit östlich von Oristano, S. Nicolo di Trullas – westlich von Bonorva und S. Maria in Cossoine – nordwestlich dieses Ortes.

Ein klares Zeugnis der byzantinischen Kunst des 10. Jahrhunderts bietet ein aus Greifen und stilisierten Bäumen bestehendes Marmorrelief eines *pluteus*, einer Chorschranke, das man unlängst auf der Insel S. Macario nördlich von Nora fand. Motive dieser Art finden sich noch heute in der sardischen Volkskunst.

Charakteristische Züge der karolingischen Kunst hingegen zeigen Fragmente einer zerstörten Kirche in Perdaxius östlich von Carbonia und Reliefs aus S. Antioco. Eindeutig westgotisch geprägt ist das aus dem 8./9. Jahrhundert stammende Oratorium von Massama, nördlich von Oristano.

Anfang des 11. Jahrhunderts ist die Insel erneut in Gefahr, zum Ausgangspunkt für die Eroberung der italienischen Halbinsel durch den Islam zu werden. 1015/1016 gelingt es den Sarden, unterstützt durch die Flotten Genuas und Pisas, ein großangelegtes Unternehmen von Mudjahid al-Amiri, Fürst von Denia, auch Musat oder Museto genannt, abzuwehren. Nun erlangt Sardinien für eine längere Periode ein gewisses Maß an Unabhängigkeit, und es beginnt eine Zeit freier Entfaltungsmöglichkeiten. Gleichzeitig setzt sich auch die romanische Kunst auf Sardinien durch.

Von der Mitte des 11. Jahrhunderts an ist die Insel administrativ in vier große Judikate aufgeteilt, deren Dauer und deren Beziehungen zu den einzelnen Mächtegruppierungen auf dem »Kontinent« – wie die Sarden die Halbinsel Italien zu bezeichnen pflegen – unterschiedlich sind. Die Judices, die »Richter«, die das Schicksal der Judikate lenken, unterhalten enge Kontakte zu Pisa und Genua. Im Süden der Insel, später auch im Nordosten, im Judikat Gallura, gewinnen führende Familien Pisas ständig an Einfluß. Die Doria und andere Häuser Genuas, die zunächst im Norden und Nordwesten Sardiniens Hafenstädte zu Festungen ausbauen, verdrängen mit dem Erstarken ihrer Machtstellung die Pisaner aus deren Positionen auf Sardinien. Einzelne Episoden aus dieser Zeitspanne sind in den Texten zu den Bildern aus den Hauptstädten der vier Judikate enthalten: Cagliari – Judikat Cagliari, Tharros, später Oristano – Judikat Arborea, Porto Torres/später Ardara – Judikat Torres/Logudoro, Olbia – Judikat Gallura.

Unter der Mitwirkung von Baumeistern, die in der Toskana und in der Lombardei in die Lehre gegangen waren, entfaltet sich die romanische Baukunst auf Sardinien zu hoher Blüte. Sie empfängt außerdem Impulse aus der Provence und aus Burgund.

Im 11. Jahrhundert entstehen großartige Kirchenbauten, die bis in die Gegenwart hinein als die bedeutendsten der Insel gelten. In Nähe eines früheren römischen Hafens an der Westküste errichten Bauleute mit vorwiegend lombardischer Ausbildung die vermutlich erste romanische Kirche Sardiniens, S. Pietro extra muros bei Bosa (Bild 87). Ein bedeutender Architekt aus Pisa leitet an der Nordküste der Insel in Porto Torres die Bauhütte von S. Gavino (Bild 98). Diese große Basilika bietet dann Anregungen für die Gestaltung von S. Simplicio in Olbia, einem im 12. Jahrhundert fertiggestellten Gotteshaus an dem einzigen größeren Hafen der Ostküste (Bild 121). An die Westküste, an den Golf von Oristano, gehen Mitarbeiter von Buscheto aus Pisa, an einer Lagune entsteht dort unter ihrer Leitung S. Giusta (Bild 39), das Vorbild für S. Antioco di Bisarcio (Bilder 112/113).

Noch im gleichen Jahrhundert führen Benediktiner-Mönche der Marseiller Reformabtei Saint-Victor französische Formen der romanischen Baukunst auf Sardinien ein, indem sie den Zentralbau von S. Saturno in Cagliari in eine Basilika umgestalten (Bild 12). Auch S. Antioco in Sulci wird von ihnen im 11. Jahrhundert wieder aufgebaut und erweitert. Im 12. Jahrhundert arbeiten Mönche aus dieser Abtei in kleineren Orten des Südens der Insel. Zu den Kirchen, die sie errichten, zählen S. Platano bei Villaspeciosa, eine zweischiffige Kirche mit Apsiden (Bild 24), und das dreischiffige Kirchlein S. Maria am Ortsrand von Uta, das den Stil der Provence verrät (Bild 25).

Drei der bekanntesten romanischen Kirchen Sardiniens aus dem 12. Jahrhundert liegen im Norden der Insel nur wenige Kilometer voneinander entfernt zwischen Sassari und Ozieri: SS. Trinità di Saccargia, S. Maria del Regno und S. Antioco di Bisarcio (Bilder 110/113). Die älteste von ihnen, gegen Ende des 11. Jahrhunderts errichtet, ist S. Antioco di Bisarcio. Nach einem Brand wird sie Mitte des 12. Jahrhunderts von Baumeistern, die in Pisa geschult waren, wieder aufgebaut, – einige Jahrzehnte später von Burgunder Bauleuten und Steinmetzen mit einer Art Portikus ausgestattet. Die berühmte Abteikirche SS. Trinità entsteht in ihrer ersten Form nach einem Schema, das um jene Zeit in den Bauten europäischer Mönchsorden weite Verbreitung findet. Der Bauplan der Palastkapelle S. Maria del Regno, die am Sitz der Judices von Logudoro in Ardara errichtet wird, inspiriert verschiedene andere Entwürfe. Er dient auch als Vorbild für die kleine, heute im freien Gelände bei Bulzi, nördlich Ardara, gelegene Kirche S. Pietro di Simbranos (Bild 101) und für die Erweiterung der ersten romanischen Kirche Sardiniens, S. Pietro bei Bosa (Bild 87). Der im 2. Jahrzehnt des 12. Jahrhunderts begonnene Umbau von S. Pietro wird erst um die Mitte des 13. Jahrhunderts durch Zisterziensermönche beendet, die bei der Gestaltung der Fassade große französische und italienische Abteibauten nachzuahmen versuchen.

Auch die romanische Malerei und Plastik Sardiniens empfangen ihre entscheidenden Impulse aus Pisa. Ein Freskenzyklus aus der Wende vom 12. zum 13. Jahrhundert in der Apsis der SS. Trinità di Saccargia, die »Passion Christi«, ist das bisher einzig bekannte Zeugnis romanischer Malerei auf Sardinien. Mangelndes handwerkliches Können und Strichführung verraten, daß es sich hierbei um eine lokale Arbeit handelt.

Im Vergleich zu der Bauplastik des 12. und 13. Jahrhunderts sind Skulpturen aus Stein, Metall oder Holz in diesem Zeitraum selten. Die Skulpturen der 1312 aus Pisa nach Cagliari gelangten Marmorkanzel, die Meister Guglielmo (Wilhelm von Innsbruck) Mitte des 12. Jahrhunderts anfertigt, bleiben auf die Entwicklung der sardischen Plastik ohne Einfluß. Nur die Löwen, die ursprünglich die Kanzel stützten und dann einen Platz an der Basis der großen Presbyteriumstreppe erhielten, werden sehr viel später in Holz nachgeahmt, in offensichtlich »barbarischen« Formen. Eine Skulpturengruppe in der Kirche S. Pietro di Simbranos wirkt so pisanisch, daß man annehmen kann, sie sei in Pisa entstanden (Text zu Bild 101). Die Löwenköpfe an einem bronzenen Türklopfer des Doms von Oristano, die von Piacentino 1228 signiert sind, weisen in Kalligraphie und Technik auf eine reife Stufe pisanischer Kunst hin.

In der Baukunst Sardiniens vollzieht sich der Übergang von der Romanik zur Gotik ohne Zäsur. Ein Beispiel hierfür ist die Kirche S. Pantaleo bei Dolianova nördlich von Cagliari, begonnen 1171, vollendet 1289. Sie löst sich bis in die letzte Bauphase hinein nicht von den romanischen Vorbildern S. Giusta und S. Maria del Regno in Ardara, viele Ornamente sind jedoch mozarabisch, und die Groteskenfiguren am Glockenturm, die Blattkapitelle und die als Träger von Kreuzgewölben bestimmten Kreuzpfeiler sind nicht mehr romanisch. Die speziellen süditalienischen Formen der Spätromanik, wie sie unter dem Staufer Friedrich II. geprägt werden, bringt der Franziskanerorden zusammen mit gotischen Elementen nach Sardinien: S. Francesco in Cagliari, heute zerstört, wird 1274 errichtet, zwischen 1284 und 1288 entstehen die Kathedrale und andere Kirchen in Iglesias. Der romanische Dom von Cagliari wird gegen Ende des 13. Jahrhunderts durch gotische Ausbauten erweitert.

Für das Übergangsstadium von der Romanik zur Gotik sind die Bauformen einer Reihe von Festungsanlagen kennzeichnend, deren Türme noch heute Wahrzeichen einiger Städte und kleinerer Ortschaften sind. Diese Bauten werden vorwiegend im Auftrage führender Adelsfamilien, die ihre Machtpositionen zu sichern und zu stärken versuchen, errichtet. Im Süden Sardiniens sind es pisanische Familien, von denen die Anlage oder Erweiterung von Festungen veranlaßt wird – z. B. der Ausbau der Festung von Cagliari (Text zu Bild 1/2) –, im Westen die Malaspina (Text zu den Bildern 86/87) und auch die Judices von Arborea (S. Christoforo-Turm in Oristano, 1291).

Gotische Sakralbauten Sardiniens zeigen in der Mehrzahl Charakteristika der katalanischen Gotik. Der Baustil wird unter der Herrschaft des Hauses Aragón auf der Insel eingeführt und verbreitet. Im 14. Jahrhundert wird auf dem Bonaria-Hügel am Ortsrand des mittelalterlichen Cagliari, der 1324 Ausgangspunkt der Spanier bei der Eroberung Südsardiniens war, eine einschiffige Kirche errichtet, über deren schirmgewölbter Apsis sich ein Glockenturm erhebt – vermutlich das erste Beispiel katalanischer Gotik auf der Insel. 1371 entsteht in einem anderen Stadtteil, in Marina, nach dem Vorbild von Sakralbauten Barcelonas die Kollegienkirche S. Eulalia. Weite Verbreitung findet dann der Bautyp von S. Giacomo in Cagliari (um 1440): der Glockenturm liegt an einer Fassadenseite; eine einschiffige Halle mit Seitenkapellen, die sich mit Spitzbögen zum Kircheninnern öffnen und mit Kreuzgratgewölben überspannt sind; das Presbyterium ist mit ineinander verschlungenen Sterngewölben ausgestattet. Dieses Schema wird nun in Stadt und Land bis ins 17. Jahrhundert beim Bau von Pfarrkirchen angewandt (Text zu Bild 36). Im 15. und 16. Jahrhundert werden Kirchen dieses Typus oft mit Rosetten und Zinnen geschmückt (S. Giorgio, Sestu; S. Mauro, Sorgono; S. Nicola, Guspini; Pfarrkirche Ardauli). Im Norden Sardiniens tritt an die Stelle des rechteckigen Campanile ein achteckiger Glockenturm, fast immer mit Spitzhelm gedeckt (S. Giorgio, Perfugas).

In der profanen Baukunst des 15. Jahrhunderts finden sich verwandte Formelemente in befestigten Baronalpalästen (Villasor, Aymerich/Laconi) und in Wohnhäusern von Adligen und Prälaten (casa Carta, Sorgono).

Das letzte große sakrale Bauvorhaben der katalanischen Gotik auf Sardinien ist der Dom von Alghero, der im 16. Jahrhundert begonnen wurde. Nur der Turm mit seinem pyramidenförmigen Helm und die Apsis mit ihrem geschmückten Portal (Bild 91) können dem Bauplan gemäß aufgeführt werden. Nach einer Unterbrechung des Baus verbieten Philipps II. strenge Vorschriften für das kulturelle Schaffen die Vollendung im geplanten Stil.

Weniger stark als in der Baukunst sind bis ins 15. Jahrhundert hinein die Einflüsse der iberischen Kunstformen in der Plastik und in der Malerei. Die Schule der Pisaner arbeitet nicht nur in dem noch selbständigen Judikat von Arborea weiter, sondern auch in den Gebieten, in denen die Spanier die Herrschaft der Pisaner abgelöst haben. Von dem Fortbestand enger kultureller Beziehungen zu Pisa während des 14. Jahrhunderts zeugen noch heute Werke von Andrea und Nino Pisano in Kirchen Süd-

und Westsardiniens: eine Glocke der Kathedrale von Iglesias, 1337 von Andrea signiert, ein Grabstein für Vannuccia Orlandi in der Kirche S. Francesco in Cagliari (1345) und zwei weitere Arbeiten von Nino, eine farbig gefaßte Holzskulptur der Verkündigung im Dom von Oristano (1368) und eine ursprünglich auch farbig gefaßte Marmorstatue des S. Basilio (1367) in der Kirche S. Francesco in dem gleichen Ort. In dieser Kirche befindet sich die aus späterer Zeit stammende, auf Tafel 37 abgebildete Holzskulptur des Gekreuzigten, deren Herkunft und Datierung noch nicht völlig geklärt sind.

Erste Zeugnisse katalanisch-gotischer Bildhauerkunst auf Sardinien sind Arbeiten aus dem frühen 15. Jahrhundert, die in Oristano bewahrt werden: In der Rimedio-Kapelle des Doms eine Marmorskulptur, die den thronenden Christus und Adorationsfiguren im »internationalen« oder »höfischen« Stil zeigt, wie er die Gemälde von Juan Mates kennzeichnet, und die farbig gefaßte Skulptur der sog. Madonna del Rimedio, ebenfalls Marmor.

Die alte Kirche S. Martino in Oristano beherbergte früher ein Gemälde des Heiligen Martin, das als Werk von Ramon de Mur oder von einem ihm nahestehenden Künstler angesehen wird. Dieses Werk und das Altarbild der Verkündigung von Juan Mates (S. Francesco, Stampace) aus dem frühen 15. Jahrhundert sind die ersten Arbeiten, die den Einfluß der pisanischen Kunst verdrängen. Eines der letzten Zeugnisse des alten Stils, ein von Giotto beeinflußtes Gemälde aus der Mitte des 14. Jahrhunderts, heute in Cagliari, schmückte die imposante pisanische Kirche im Zentrum der Insel, S. Nicolà in Ottana, ein aus dunklem Trachyt aufgeführtes Gotteshaus, das 1160 als Kathedrale geweiht wurde.

Die Malerei des 15. Jahrhunderts hat sich vor allem auf großen Altären erhalten. Malerei, Skulptur und vergoldeter Dekor gehen hier eine enge Verbindung ein. Meist wird der Altaraufsatz als Triptychon mit Predella aufgebaut und läuft oben spitzwinklig zu. Das früheste, noch vollständig erhaltene Beispiel katalanischer Malerei in dieser Form ist ein großer Altar mit Szenen aus dem Leben des S. Bernadino, 1455/1456 geschaffen von dem Katalanen Juan Figuera in Zusammenarbeit mit Rafael Thomas, in denen Anregungen aus der niederländischen und italienischen Kunst mit den spanischen Elementen zu einer Einheit verschmolzen werden. Einige Jahrzehnte später entsteht der »Pestaltar« der Kirche S. Barbara in Olzai, einem Bergdorf der Barbagia Ollolai. Dieses Werk eines unbekannten Meisters verrät Schulung an der Malerei Valencias, gleichzeitig das Vermögen, spontanes Empfinden unmittelbar wiederzugeben und eine gleichsam volkstümliche Komponente zu entwickeln, einen Stil, dessen Fortwirken in den Arbeiten der Malerfamilie Cavaro nachzuweisen ist.

Im Bereich von Alghero und Sassari arbeitet von 1488–1516 der Spanier Juan Barcelo aus Tortosa. In seinen Bildern für einen Altar mit der Heimsuchung im Mittelfeld, der heute in der Pinakothek von Cagliari steht, kommen die flämischen Elemente seiner exaltiert gotischen Formensprache besonders deutlich zum Ausdruck.

Mit dem 16. Jahrhundert beginnt die Zeit der eigentlich sardischen Malerei. Spanische, italienische und lokale Stilelemente werden miteinander verschmolzen. Daraus entsteht ein flächenhafter, dekorativer Stil, der eine eigenständige künstlerische Leistung darstellt und sich in einigen großen Altären vom Ende des 15. und Anfang des 16. Jahrhunderts offenbart. Das Retabel in der Kirche von Castelsardo, die einst den Rang einer Kathedrale hatte, zeigt die Arbeit eines unbekannten Malers, des sog. »Meisters von Castelsardo« (Text zu 103/104). Von gleicher Hand sind das Altarbild der Kirche S. Pietro in Tuili, einer Ortschaft der Marmilla, und die Darstellung der »Predigt des Heiligen Franziskus«, heute in der Pinakothek von Cagliari. Unter dem Einfluß dieses Meisters malt der unbekannte »Meister von Sanluri« den sog. »S. Eligio«-Altar für die Pfarrkirche von Sanluri. Die Bilder des Altars, der heute ebenfalls in Cagliari bewahrt wird, zeigen den Heiligen Franziskus und Nikolaus von Myra, auf den Seitenflügeln Szenen aus ihrem Leben. Für die schwarze Kirche S. Maria del Regno in Ardara malt Giovanni Muru 1515 einen Teil der Altartafeln, während der andere Teil von einem Maler der valencianischen Schule herrührt.

Nördlich von Sanluri steht in der Pfarrkirche von Villamar ein Flügelaltar, der das Werk des aus Cagliari stammenden Pietro Cavaro ist, des Gründers einer sardischen Malerschule. Nach Abschluß seiner in Sardinien durchgeführten Studien bemüht sich Pietro Cavaro in seiner Werkstatt in Stampace, damals einem Vorort von Cagliari, um die Schaffung eines neoflämischen Stils: zarte Zeichnung im Dekor, leuchtende Farben und Schematisierung des Figürlichen. Aus seiner konservativen Einstellung heraus stellt er sich gegen den Naturalismus der zeitgenössischen italienischen Malerei. Das Retabel von Villamar und ein anderes Altarbild von Pietros Hand in der Kirche S. Francesco in Oristano wirken wie ein Manifest seines künstlerischen Programms. Seine Schüler, aus deren Reihe sich sein Sohn Michele durch eine eigene Formensprache deutlich abhebt, übernehmen zwar Bildinhalte, Körperlichkeit und Farbigkeit der italienischen Renaissancemaler, vor allem Raffaels, sie bleiben aber doch den traditionellen Konventionen verhaftet und finden nicht den Anschluß an die Malerei der Neuzeit. Beispiele für dieses Nebeneinander, das künstlerisch nicht gelöst ist, sind das Polyptychon im Palazzo Comunale von Cagliari, das »Die Ratsherren« genannt wird, und das Altarbild der Kirche S. Giorgio in Suelli, zwei Werke, an denen Pietro und Michele Cavaro gemeinsam gearbeitet haben.

Criscuolo, ein Napolitaner, der wenige Jahre vor Pietro Cavaros Tod (1537) in dessen Werkstatt kommt, leitet in der Malerei Sardiniens die Entwicklung des Manierismus ein.

In der handwerklichen Kunst setzen sich auf der Insel die Formen der katalanischen Gotik stärker und schneller durch als in der Plastik und Malerei. Die Goldschmiedekunst und Webkunst Barcelonas wird zum Vorbild sardischer Künstler, wie sakrale Schmuckgegenstände und Meßgewänder in den Sakristeien der Dome von Oristano und Ales beweisen. Später ist die klassizistische Strenge der Spanier ein Leitbild der sardischen Handwerker, und in Cagliari gestaltet Giovanni Mameli um 1570 Ölamphoren, die zum Muster ganzer Lampenserien dieser Stilrichtung werden.

Von der Mitte des 16. Jahrhunderts an vollzieht sich die Entwicklung in den bildenden Künsten Sardiniens als Teil des gesamteuropäischen Kunstschaffens. Sie steht unter dem Einfluß des kulturellen Lebens jener Staaten, aus denen die politischen Führungsschichten auf die Insel entsandt werden. Bis zum Ende des 17. Jahrhunderts wird das kulturelle Leben von Spaniern bestimmt. Mit der Übernahme der Insel durch die Savoyer im 18. Jahrhundert verstärken sich wieder die Einwirkungen vom italienischen Festland her.

Immer aber versuchen die Sarden, zwischen den importierten neuen Kunstrichtungen und den traditionellen und volkstümlich gewordenen Stilelementen einen Kompromiß zu finden. So bemüht man sich zum Beispiel, bei dem Bau ländlicher Pfarrkirchen (Gesturi, Ardauli) durch einheimisch-gotische Formen jene klassizistische Strenge aufzulockern, die spanische Bauten auf Sardinien zeigen, die Festungsanlagen, die Jesuitenkirchen und die Landsitze spanischer Granden.

Bauten und Kunstwerke Sardiniens, die als Zeugnisse späterer Kunstperioden gelten, sind in den Texten zu den Bildern genannt, wie die »Fonte del Rosello«, ein schöner Spätrenaissancebrunnen in Sassari (Text zu 99), oder das von Giuseppe Viana entworfene barocke Portal eines Landgutes (Text zu 59) und Gaetano Cimas neoklassizistischer Ospedale civile in Cagliari (Text zu 1/2).

Heute nehmen die künstlerischen Bemühungen um moderne sardische Kunstformen zu. Sie dokumentieren sich in der großen Anlage der Cittadella d'arte in Cagliari, in den eigenwilligen Werken von Costantino Nivola und Francesco Ciusa, zwei Bildhauern aus der Bergwelt Nuoros, und von Malern, die in Cagliari und Sassari repräsentative Bauten schmücken.

LEBENSFORMEN UND VOLKSÜBERLIEFERUNGEN AUF SARDINIEN

In Volksfesten und Trachten Sardiniens sind noch heute viele alte Überlieferungen lebendig, die nicht minder eindrucksvoll sind als die imposanten Bauwerke der Vorzeit, die Ruinen der Antike oder die herrlichen romanischen Kirchen.

Seit der Zeit der »Nuraghen-Kultur« bis in unsere Tage blieb auf Sardinien eine geistige und kulturelle Eigenständigkeit bewahrt, die in vielen Sitten und Bräuchen zum Ausdruck kommt, vor allem auch in der sardischen Volkskunst. In ihrem Reichtum spiegeln sich Vielfalt und Aktivität des kulturellen Lebens in den verschiedenen Landschaften der Insel. Die Verbreitungsgebiete der einzelnen Ausdrucksformen sind jedoch so unterschiedlich, daß diese Regionen sich überschneiden und kartographisch schwer darstellbar sind. Die Einflußgebiete von Fremdkulturen lassen sich heute kaum noch lokalisieren.

Das »Volk der Sarden« oder die »verschiedenen Stammesgruppen Sardiniens« haben es verstanden, eine spezifisch sardische Kultur zu schaffen. Im Wechsel des historischen Geschehens trafen sie aus all dem fremden Zivilisationsgut, das sich – zeitweise unter dem Zwang der Kolonialherren – auf der Insel verbreitete, eine Auswahl und verschmolzen sie mit dem eigenen Kulturgut. Daher erscheinen Sardinien und die Sarden noch heute »andersartig« im Vergleich zu Italien und den Italienern – »italienfremd«, wie es Pagenstecher 1909 formulierte. Diese Besonderheit, die sich aus den verschiedenen Überschichtungen ergibt, wird verstärkt durch die speziellen Naturverhältnisse der Insel, durch die erdgeschichtlich bedingte Vielfalt und Eigenart ihrer Landschaften, durch ihre Flora und Fauna.

Das Selbstverständnis der Sarden muß sich naturgemäß auf eine breitere Basis stützen als auf geistige Grundlagen und Strukturen eines einzigen, ethnischen Zweiges isoliert lebender Einheimischer. Auch das fremde geistige Eigentum gehört zu diesem Fundament, so beharrlich die Einheimischen auch im Laufe der Geschichte gegen dessen Einflüsse rebellierten. Das sardische Selbstbewußtsein entwickelte sich gerade in den ständigen Auseinandersetzungen mit der Erfahrungswelt der Fremden, auf Grund einer ungewöhnlichen Fähigkeit, das zu übernehmen, was zweckmäßig und für eine sardische Autonomie förderlich erschien. Dem Streben nach Autonomie war bisher noch kein Erfolg beschieden, obwohl ein ganzer Komplex von objektiv nachzuweisenden Faktoren dazu berechtigt, von einer »sardischen Nationalität« oder »Nation« zu sprechen. Dieser Begriff wurde von Historikern – zumindest seit der Zeit, als ihn die Katalanen anwandten – wiederholt benutzt. Heutzutage muß man statt jener Bezeichnung wohl einen Terminus wie »nazione perduta« – »eine verlorene Nation« – gebrauchen oder eher noch den Terminus »nazione proibita« – »ein Volk, dem es nicht gestattet ist, eine Nation zu sein«.

Die Volksüberlieferungen Sardiniens wurden ohne schriftliche Fixierung beibehalten und bewahrten bis in die Gegenwart hinein ihre ursprüngliche Bedeutung – auch wenn jetzt einige traditionelle Feste mitunter den Charakter eines Massenschauspiels anzunehmen scheinen, wie die großen Veranstaltungen des Efisio-Festes in Cagliari (Bilder 3–11), des Kerzenfestes in Sassari und des Erlöser-Festes in Nuoro.

Es ist eine Eigenart der Tradition sardischer Sitten und Bräuche, daß sie noch in allen Schichten der Inselbewohner wirklich lebendig ist und daß Daseinserfahrungen und Lebensvorstellungen, die darin ihren Niederschlag fanden, Gemeingut aller, der Städter, der Bauern und der Hirten, sind. Ein Grund hierfür ist auch die verhältnismäßig ausgeglichene Sozialstruktur Sardiniens. Im vertikalen Gefüge gibt es zwar Gegensätze, jedoch nicht allzu krasse Widersprüche – eine Erscheinung, die historisch bedingt ist und nicht zuletzt darauf beruht, daß die Einheimischen jahrhundertelang keinen Zugang zu leitenden Positionen in Politik und Wirtschaft hatten und die Bildung einer sardischen Führungsschicht unterblieb.

Neben den kulturellen Elementen, die für bestimmte Landschaften Sardiniens typisch sind, gibt es solche, die auf der gesamten Insel verbreitet sind. Hierzu zählt die sardische Sprache, obwohl sich in einzelnen Landesteilen differenzierte Sprachformen entwickelten, z. B. im Campidano, im Logudoro und im Gebiet um Nuoro. Die sardische Sprache steht dem Lateinischen näher als das Italienische. Max Leopold Wagner schrieb 1951: »... Da das Sardische mit keiner anderen Sprache zu vergleichen ist, muß man es als eine eigene Sprache betrachten, wie es heute auch alle Linguisten tun ... Es wird ein archaisches Romanisch mit eigenen, scharf ausgeprägten Charakterzügen gesprochen, mit einem ganz ursprünglichen Wortschatz sowie mit einer Morphologie und einer Syntax, die sich von denen italienischer Dialekte stark unterscheiden.« (Übers. a. d. Ital., Anm. d. Hrsg.)

Unter den sardischen Mundarten gilt die im Gebiet von Nuoro verbreitete Sprache als das reinste Sardisch und als eindeutig archaisch, sie kommt dem gesprochenen Latein am nächsten und besitzt sehr alte Formen, wie sie durch das Altsardische in Dokumenten des 12./14. Jahrhunderts bestätigt werden. Es sind dies Schriften aus der Judikatszeit, in der Sardinien politisch und sozio-ökonomisch eine Scheinautonomie besaß.

Die gesprochene Sprache, der Gesang, nicht die Schriftsprache, diente auf Sardinien zur Weitergabe und Bewahrung überlieferten Kulturgutes. In der Gefühlswelt der ländlichen Bevölkerung bestanden starke Leidenschaften und erhebliche Gegensätze – nicht nur in den Idealen, sondern auch in der Realität. Den Menschen war es daher ein Bedürfnis, ihre Empfindungen in der ihnen eigenen Form auszudrücken: im Gesang. Gedichte und Lieder entstanden und entstehen noch immer spontan und unterscheiden sich von einer anderen Art der Volksdichtung, von der kultivierteren und reflektierenden, gleichsam »volkstümelnden« Poesie. Dichter beider Richtungen sind noch heute überaus produktiv und beeinflussen sich gegenseitig. Die Grenzen zwischen den beiden Formen der Dichtung sind ebenso fließend wie die Trennungslinien zwischen den einzelnen Stufen und Repräsentanten des lokalen kulturellen Lebens.

Die Sarden besitzen eine ausgesprochene Begabung, ihre Gedanken in Gedichte zu fassen. Unter den Hirten und Bauern der Insel genießt der Volksdichter hohes Ansehen. Auch die nicht-bäuerliche Bevölkerung, selbst die moderne Industriegesellschaft Sardiniens bringt ihm Achtung und Verehrung entgegen.

Eine ursprüngliche Form der sardischen Volksdichtung ist ein einstrophiger Vierzeiler, der aus einem Distichonpaar besteht. Das erste Distichon nennt man *s'isterria*, das zweite *sa torrada*. Die Vierzeiler werden meist für Liebeslieder gewählt, für *mutu*, *mutettu* und *bathorina*. Sie sind gekennzeichnet durch einen Kontrast der Aussage in den beiden Disticha, der für die sardische Dichtung typisch ist. Das erste Distichon nimmt ganz allgemein und zeitlos Bezug auf die Umwelt, das zweite, in dem die Gefühle zur Geltung kommen, behandelt den eigentlichen Vorwurf des Gedichtes. Diese unorganische Kombinierung zweier Disticha zu einer »barbarischen« oder »antiklassischen« Ausdrucksform hat eine sehr alte Tradition und wird noch heute oft verwendet.

Eine andere Form der Volksdichtung sind *canthones*, Improvisationen über gestellte Themata, die bei vielen festlichen Veranstaltungen in Dörfern und auch in Städten im Wettstreit vorgetragen werden (s. Kalender der Volksfeste Sardiniens, S. 129ff). Die improvisierenden Sänger fangen mit einigen Routinemotiven an und gehen dazu über, ihre Phantasie spielen zu lassen. Hierbei werden sie – besonders im Logudoro und Goceano – zu wahren Meistern des Verses und Gesanges.

Weitere Varianten der Volksdichtung sind Wiegenlieder, *anninnias*, einfache Kinderreime – im Grunde nur Wortspiele – und Klagelieder, *attitidus*. Für die Darstellung historischer Ereignisse in Form von Epen gibt es bisher nur einige Anzeichen, Erzählungen wie die *storias und is contus* haben den Charakter von Fabeln und reinen Legenden. Religiöse Dichtung ist in zwei Formen überliefert: Lieder sardischen Ursprungs, die sich in ihrem Inhalt eng an die Passion anschließen, und Lobgesänge spanischer Herkunft, *goggius*, von den Gläubigen als Chor gesungen.

Heute entwickelt sich eine neue Art der Dichtung. Ihre Thematik ist politisch, ihre Grundhaltung gegen jeden Konformismus, ihr Ton polemisch, ihre Form, das gesungene Lied, den Traditionen und der realen Situation der Insel angepaßt.

Die Melodien, nach denen die Stegreifdichtungen gesungen werden, sind im allgemeinen lang gezogen, monoton und melancholisch. Nur selten sind sie ein wenig lebhafter und heiterer. Bilder von Liebe und Tod sind oft nah beieinander. Dauernd ist der Schmerz gegenwärtig, und das Gefühl des Unabänderlichen läßt der Hoffnung keinen Raum.

Der Sänger wird gewöhnlich von Musikinstrumenten begleitet, seit dem 18. Jahrhundert von der spanischen Gitarre, seit über hundert Jahren von der Ziehharmonika, *su sonettu, su organittu*, in Ollolai von der Violine, *su violinu*. Er kann auch zusammen mit einem Chor auftreten: *tenore o cuncordu*. Charakteristisch für die sardische Musik ist ferner ein aufeinander abgestimmter Gesang von drei Stimmen, mitunter von vier oder fünf Stimmen: *cuncordu, tenore, goruconcoldu, tasgia*. Hierbei wird die Singstimme, *boghe*, von der unteren Oktave eines Basses, *bashiu*, unterstützt, und gegen diese steht der Contraalt, *contra*. Oft wirken noch eine Halbstimme, *mesu oghe*, mit und manchmal – in der Gallura immer – die Kopfstimme, *falsitu, quinta*. Ein typisch sardisches Instrument ist die *launeddas* (Bilder und Text 142/143). Verschiedene Arten des Horns, *corru*, und das Tritons- oder Muschelhorn, *bucconis*, (s. Text zu 102) sowie ein urtümliches Saiteninstrument, *serragia*, sind überhaupt nicht mehr oder nur noch selten in Gebrauch, ebenso die Querpfeife, *pipaiolu*, und das Tamburin, *tumburinu*. Noch immer spielen die Hirten ihre Rohrpfeife, *su sulittu*.

Auf alte mediterrane Formen gehen wahrscheinlich die sardischen Rundtänze zurück, die auf der Insel verbreitetste Form des Tanzes, bei denen der Launeddas- oder Ziehharmonikaspieler mitten im Kreise der Tänzer steht. Der Rundtanz hatte einst religiöse Bedeutung, davon zeugen Skulpturen und andere Darstellungen, die man in Kirchen aus dem 16. Jahrhundert findet. Je nach Ort und Landschaft variieren Rhythmik und Tanzfiguren. Meist – vor allem im Süden der Insel – setzt der Tanz mit langsamen, fast zeremoniellen Bewegungen ein. Er kann dann, wie es im Innern Sardiniens vorkommt, bis zur Zügellosigkeit ausarten, auch zu akrobatischen Kunststücken. Dies geschieht nur dann, wenn der Tanz von Gesang begleitet ist, *su ballu cantau*. Zu den Tänzen, die nichtsardischer Herkunft sind, gehören der Taschentuchtanz von Quartu S. Elena und der Tanz *s'arrushada* von Samugheo, eine Abart der katalanischen *arruxada*.

Die Feste Sardiniens sind eng mit dem Jahresablauf verknüpft, wie es den Lebensformen einer Gesellschaft von Bauern und Hirten entspricht. Das sardische Kalenderjahr unterscheidet sich von unserem – es geht wahrscheinlich auf das Kalenderjahr der byzantinischen Kirche zurück. Das Jahr beginnt Anfang September, Neujahr heißt *capudannu*. Die Monatsnamen sind verschiedenen

Ursprungs, einige stammen aus dem Lateinischen, andere sind mit zeitlich gebundenen Landarbeiten oder christlichen Riten verknüpft: Juni, *lampadas*, nach dem der Ceres geweihten Lampenfest; – Juli, *treulas* oder *mesi de argiolas*, Tennenmonat, die Zeit des Dreschens; – Oktober, *mesi de ladamini*, Monat des Mistes; – November, *dognissantu* oder *mesi de is mortus*, Allerheiligen- oder Allerseelenmonat; – Dezember, *mes' e idas*.

In engem Zusammenhang mit dem Vegetationszyklus und dem damit verbundenen Jahresablauf des Landlebens stehen zahlreiche religiöse und weltliche Feste. Traditionelle Feste, die noch heute gefeiert werden, sind in einem Verzeichnis aufgeführt (s. S. 129), der Verlauf einiger dieser Feste ist in den Texten zu den Bildern geschildert. Nach altem Brauch werden in Verbindung mit den religiösen Festen Märkte veranstaltet, bei denen vor allem Handwerkserzeugnisse, Holzgeräte, Töpferwaren und andere Gebrauchsgegenstände für Bauern und Hirten, angeboten werden.

Der Verlauf des menschlichen Lebens ist nach der Anschauung von Bauern und Hirten mit dem Vegetationszyklus zu vergleichen. Noch heute werden verschiedene Sitten befolgt und Feste gefeiert, die auf alte Fruchtbarkeitsriten zurückgehen: der Maskenzug der Mamutones in Mamoiada (Bilder und Text 140/141), die Prozession am »Tage der Blumen« in Fonni (Text zu Bild 148), andere magische Kultformen wie das Bitten um Regen – Besprengen von Menschenschädeln mit Wasser in der Zeit des Neumondes –, oder der Brauch des *elme o nenniri* im Logudoro: Auf dem Fensterbrett ließ man im Dunkel eines kleinen Korkbehälters, der mit einer Puppe aus Stoffresten oder Teig verziert war, ein Kraut treiben. Einige Zeit später wurde der Behälter gegen eine Kirchentür geworfen. Wenn er dabei zerfiel, sollte zwischen einem Burschen und einem Mädchen im heiratsfähigen Alter ein kameradschaftlicher Bund in Art einer Gevatternschaft gestiftet werden: *compari di S. Giovanni*.

In der Phantasie der Bauern und Hirten war die Umwelt von Geistern belebt, die personifiziert wurden: Wassergeister waren *maimone, su boe, forrainu*; Erdgeister und Geister prähistorischer Steinbauten waren: *gianas, gigantes, orkus, giorgia, Lughia arrabiosa* und andere. Einige reine Phantasiegebilde aus dieser Vorstellungswelt kennt man noch heute: Riesen, *antigos, gentiles, paladinos, arreyultha*; Hexen, *brushas*; grüne Pferde, *kaddos birdes*; den Teufel, der verschiedene Namen trägt; dazu eine Reihe von Schreckgespenstern und Vampire. Beispiele für die Metamorphose von Menschen in Tiere sind: ein Mann, der sich in einen Ochsen verwandelt und den Tod voraussagt, *l'erkitu*; der Eselmensch, *prummu nida*; der Ochse von S. Giacomo, *boe muliache, mulianu, voe gultu*; schließlich eine besonders wichtige Figur, der Werwolf, *lupu mannaru* oder *prubunaru*. Zu den Ungetümen in der Gestalt von Tieren gehören ein Drache mit todbringendem Atem oder Blick, *s' iskultone*, und eine riesige Fliege, *sa muska macedda*, die, in der Erde versteckt, die Schätze aus alter Zeit bewacht und die Macht besitzt, der Menschheit oder sogar der ganzen Welt ein Ende zu bereiten. Diese animistischen Vorstellungen hat selbst die christliche Kirche bisher nicht ausrotten können.

Auch Ansichten über den Tod und das Jenseits, wie sie auf Sardinien noch verbreitet sind, entsprechen nicht denen des christlichen Glaubens. Man hat große Furcht vor dem Sterben und betrachtet den Tod nicht als Übergang zu einer besseren Welt, sondern eher als Abschluß eines von Schrecken erfüllten Lebens. Diese Angst war früher so ausgeprägt, daß man mit Riten und Hexenzauber die Gemeinschaft der Lebenden vor den Toten zu schützen versuchte. So beruhigte man in weiten Teilen Sardiniens die Verstorbenen, indem ein Gastmahl für sie bereitet wurde und Klageweiber *attittadoras*, in improvisierten Gesängen die Tugenden der Verstorbenen lobten. In entlegenen Gegenden der Insel ist dieser Brauch noch üblich. Um die Dahingegangenen nicht dadurch zu beleidigen, daß man ihre Körper für »verderbt« hielt, wurden die Trauerzeiten mit äußerster Strenge eingehalten. Außerdem ließ man die Toten am Leben der Gemeinschaft teilnehmen: man bereitete ihnen am Todestag und am Vorabend des Johannifestes mittags und abends ein Mahl. Trotz dieser Vorkehrungen fürchtete man oft, daß böse Seelen, *animas malas*, die ruhelos umherirrten, zurückkommen könnten, mit dem Antlitz eines Tieres oder in Gestalt eines Naturelements, als Flamme oder als Sturm, manchmal in Scharen von Larven, wie man sie auch bei Prozessionen tanzen ließ, *reulas* (Bilder und Text 140/141). Besondere Angst hatte man vor *janas*, bösen Seelen von Frauen, die bei der Entbindung gestorben und nun dazu verdammt waren, nachts auf die Erde zurückzukehren, um die blutbefleckte Wäsche oder die Windeln des Säuglings zu reinigen. Ebensosehr fürchtete man Seelen jener unverheirateten Schwangeren, die von ihren Angehörigen ertränkt worden waren.

In der Phantasie des Volkes existiert noch heute das Bild des *traigoldzu*, eines Karrens, der von einem Wesen, halb Pferd, halb Ochse, gezogen wird und in dem der Teufel, böse Seelen und der Tod in Gestalt eines schwarzen Hundes hocken. Dem Karren schwebt ein Geist voran, der ein Fell und schwere Ketten hinter sich herzieht. Wenn der Karren nachts vorfährt, wird jemand am Tage darauf sterben und in die Unterwelt gebracht werden. Diese Vorstellung geht wahrscheinlich auf jene *carri della morte* zurück, die auf prähistorischen Gräbern Sardiniens und auf paläo-etruskischen Stelen dargestellt sind. Es ist nicht verwunderlich, daß die christliche Totenmesse hier zu einer magischen Handlung, *sa missa profunda* oder *sa missa parfunda*, wird. Während man die Feier mit schwarzen Kerzen begeht, müssen anwesende Verstorbene von einer Schar sehr mutiger bewaffneter Männer, deren Zahl festgelegt ist, bewacht werden, damit nichts passiert, und in dem Augenblick, in dem ritusgemäß die Wandlung erfolgt, müssen die Wächter einen Schuß abgeben.

Gerade jene sardischen Menschen, die Trost und Liebe der christlichen Religion entbehren und im Innern geprägt sind durch das Gefühl von der Tragik der Existenz, erfahren besonders oft den krassen Lebenseinschnitt, der mit dem gewaltsamen Tode eines Angehörigen verbunden ist, und dies in einer Welt, die für sie mit Alpträumen und Schrecken angefüllt und von vielen düsteren unheimlichen Schatten beseelt ist.

Nicht nur traditionelle Riten, die mit dem Tode verknüpft sind, auch solche, die mit dem Ereignis der Geburt zusammenhängen, sind auf Sardinien noch zu finden. Vorschriften, denen sich nach dem Aberglauben die Schwangere zu ihrem Schutze und zur Behütung des Kindes zu unterwerfen hat, enden nicht mit der Geburt. Mit magischen Handlungen versucht man, das Geschlecht des Kindes vorauszusagen. Früher kannte man auch die Couvade, die Sitte des Männerkindbettes. Dieses vorgeschichtliche Relikt hatte sich nach römischen Quellen ebenfalls auf Korsika erhalten und soll unter den Basken verbreitet gewesen sein, mit denen die Sarden einst enge Verbindungen hatten, wie ethnische und linguistische Forschungen zeigen. – Taufzeremonien werden nach den Regeln der christlichen Kirche vollzogen (Bild und Text 129).

Auch für die Beziehungen der Geschlechter untereinander gab es feststehende Übereinkünfte. In einigen Teilen der Insel waren voreheliche Kontakte gestattet. Es wurde jedoch vorgezogen, daß die Werbung zunächst aus der Distanz, *su fastigiu*, erfolgte und dann von einem Heiratsvermittler, *su paralimpiu*, ausgesprochen wurde. Die Braut hatte sich bis zur Verlobung zurückzuhalten. Der Ehebund galt als geschlossen, sobald die Verlobung, *accabada de sa coia*, mit der sog. versteckten Braut, *sa sposa cuada*, durch den förmlichen Eintritt des Bräutigams in das Haus der Verlobten ihren sichtbaren Ausdruck gefunden hatte. In einigen Bevölkerungskreisen, die an alten Sitten festhielten, galt dieser Schritt auch als wirtschaftlicher Kontrakt. Die unter den Familien getroffenen Vereinbarungen wurden erheblich höher geachtet als die Bindungen durch offizielle Formalitäten wie kirchliche Trauung und Zivilhochzeit. Die Festsetzung des einzubringenden Gutes, die Aufteilung und Einhaltung der beiderseitigen Verpflichtungen unterstand der Kontrolle durch Familie und Gemeinschaft. Die Braut hatte das leere Haus auszustatten, das von dem Bräutigam gestellt wurde. In einem feierlichen Zuge, dem ein Launeddasspieler voranging und die Brautmutter folgte, wurde die Aussteuer auf Ochsenkarren in das neue Heim gebracht.

Alte Formen des Vertragswesens haben sich in manchen Gegenden Sardiniens auch in Pachtvereinbarungen und in den Abmachungen zur Regelung der Beziehungen zwischen einzelnen Schichten der Landbevölkerung erhalten. Einige gehen sehr weit zurück, sogar bis in die Zeiten vor Einführung des Feudalsystems durch die Spanier. Vorbilder traditioneller Normen von Pachtkontrakten und der *soccida*, der Abmachungen über gemeinschaftlichen Betrieb von Ackerwirtschaften, findet man in der »Carta de Logu«, der von Eleonora von Arborea 1395 eingeführten Landordnung (s. S. 26, 120, 125). Darin sind auch die Bezeichnungen für die Rangstufen der auf dem Lande Tätigen angegeben und die Beziehungen der verschiedenen Gruppen zu dem Pachtherrn, dem Padrone, definiert. Diese Stufenfolge, die Benennungen und Regelungen waren noch nach dem letzten Weltkriege in Getreideanbaugebieten im Gebrauch, wie in der Trexenta und Marmilla. Hier wurden in den Jahresverträgen, die der Padrone abschloß, noch drei Rangstufen der Beschäftigung aufgeführt, dazu die entsprechend abgetuften Lohnhöhen und Ansprüche auf Naturalien, Unterkunft und Verpflegung im Hause des Padrone, *su meri*. Die Angehörigen der oberen Schicht nannte man *su sotzu*, die der mittleren *bastanti mannu, bastanteddu*, und die der unteren Schicht *boinargiu, boinargeddu*. Außerdem gab es männliche und weibliche Tagelöhner, *giorronnaderis*, und Erntearbeiter, die nach dem Akkordsystem, *skarada*, bezahlt wurden. Landwirte, *massaius mannus*, beschäftigten auch Tagelöhner. Kleinbauern, *massaieddus*, unterstützten sich gegenseitig durch Nachbarschaftshilfe, *aggiudu torrau*, und bestellten das Land, das Handwerkern gehörte.

In den letzten Jahren mußten diese Formen, die sich in der Sozialstruktur einiger Agrargebiete Sardiniens so lange Zeit bewahrt hatten, weichen, als sich Anbauweise, Ernte- und Verarbeitungsmethoden grundlegend änderten. Stellenweise wandelten sich durch die Bodenreform auch die Besitzverhältnisse.

Mit der Mechanisierung der Landwirtschaft und einzelner Zweige ihrer Verarbeitungsindustrien verschwand ein großer Teil des überlieferten materiellen Kulturgutes. Zu den alten Formen, die man gelegentlich antrifft, gehört die von einem Esel betriebene Bewässerungsanlage (Bild 158). Vor nicht allzu langer Zeit konnte man sogar noch manchmal im Gelände einen Hakenpflug entdecken, wie er zur Römerzeit benutzt wurde, *aratrum simplex*, oder einen Bauernwagen mit Scheibenrädern, wie ihn Vergil in seiner Georgica, den Gedichten vom Landbau, schilderte. Heute sind Pflug und Wagen Museumsstücke.

Erhalten haben sich einige alte Flächenmaße: *moi* (40 a), *quarra* (20 a), *quartu* (10 a), *miazza, imbudu*.

Im Dasein der sardischen Hirten war der Umbruch in jüngster Zeit weniger kraß als in den Lebensformen der bäuerlichen Bevölkerung. Wie in alten Zeiten bauen sie ihre kegelförmigen Unterkünfte, die *»pinnettas«* und die Gehege für ihre Tiere, indem sie Feldsteine ohne Bindemittel aufschichten und trockenes Strauchwerk zusammenstecken (Bilder 58, 124). Ihre Arbeitsweise und ihre Gerätschaften haben sich kaum geändert. Es gibt noch immer eine Vielfalt von Milchkannen und -eimern aus Blech und Holz oder von Käsebehältern aus Kork, Holz, Rohr- und Weidengeflecht (Bild 93), und ebenso unterschiedlich sind die Käsesorten in Geschmack und Form. Auch die alten Meßbehälter für die Milch, *munsronzhiu*, und ein Holzstock mit eingekerbter Meßskala, *misurai a takkeddas*, werden noch benutzt, dazu die alten Maßeinheiten: *moi* (50 l), *quarra* (25 l), *quartu* (12,5 l), *mesura* (20 l), *mesuredda* (5 l), *imbudu* (3 l).

Wie einst erhalten die Tiere, jedes Schaf und jede Ziege, je nach Farbe, Zeichnung und Temperament, eigene Namen. Allgemein bezeichnet man Schafe als Dickköpfe, *abbettiosa*, Ziegen als Vagabunden, Ausreißer, Leichtfüße, *bajamunda, skamminada, lebiedda*.
Für die Hirten wird auch heutzutage ein besonderes Brot gebacken, das sich monatelang hält (Bild und Text 72/73). Viele Brotsorten, die noch vor zwei Jahrzehnten zu Hause gebacken wurden, findet man

kaum mehr: runde, hoch aufgegangene Brote oder Brote, die in verschiedenen Figuren modelliert sind, oder andere, in deren Kruste Muster eingeritzt werden. Nur bei festlichen Anlässen backen die Frauen heute bestimmte Brotsorten: den *cabude*, den man über dem Kopf des Familienoberhauptes oder eines Neugeborenen bricht, die *affelthas*, die am Neujahrstag der Hausherrin übereicht wird, den »Stecken Gottes«, ein Brot in der Gestalt eines Menschen. Ein Festtagsgebäck mit sakraler Bedeutung ist auch *su cohone de frores*, ein verzierter Kuchen, der in Fonni bei der Prozession am »Tage der Blumen«, am Johannistage, mitgeführt wird (Text zu Bild 148). Beim Brotbacken wurden unterschiedliche Mehlarten verwandt, die man nach dem Trocknen und Verlesen des Mahlguts (Bild 71) in der eigenen Mühle gemahlen hatte. Die alten Eselsmühlen (Bild und Text 23), bis in die jüngste Zeit hinein ein wichtiger Bestandteil des sardischen Bauernhauses, gehören der Vergangenheit an.

Die traditionellen Hausformen sind in den einzelnen Landschaften Sardiniens verschieden. Im Süden haben die Häuser eine Loggia, *lolla*, in der Gegend von Oristano einen Vorraum, *soa manna*, in der Barbagia und besonders im Gebiet um Nuoro eine spezielle Balkonkonstruktion. Von Landschaft zu Landschaft findet man viele Varianten, *stazzi* in der Gallura, *furradroxius* im Sulcis. Einige der alten Haustypen, die immer mehr verschwinden, zeigen die Bilder 70, 127, 134, 138. Bei der Ausgestaltung des Mauerwerks entwickelten ländliche Maurer und Steinmetzen eine reiche Phantasie (Bilder 64 und 65). Mitunter griffen sie auf Motive der sakralen Baukunst zurück und formten sie in volkstümlicher Weise um. Auf diese Art gelangte man hin und wieder sogar bei Entwurf und Errichtung von Gebäuden zu originellen architektonischen Lösungen (Bild 59).

Zur Ausstattung der sardischen Häuser gehörten – und gehören noch jetzt – reich geschnitzte Möbel, meist aus Kastanien- oder Nußbaumholz. Typisch für Sardinien sind Truhen mit Schnitzereien in linearen und figürlichen Mustern. Auch hier finden sich Anklänge an Kunstformen der Hochkulturen, an spätbyzantinische Ornamente oder an manieristische Motive des 16. und 17. Jahrhunderts.

In einigen Orten der Insel versucht man heute, alte Zweige der Volkskunst zu erhalten und deren handwerkliche Traditionen zu bewahren und zu beleben: das Töpfereigewerbe, zu dessen Hauptprodukt noch in den fünfziger Jahren große Wasserkrüge gehörten, die von den Frauen auf dem Kopf getragen wurden (Bilder 32 und 128); die Korkverarbeitung, vor allem im Norden der Insel; die Anfertigung von Korallenschmuck in Alghero, dem Hafen der Korallenfischer (Bilder 94, 95); schließlich die Goldschmiedekunst, speziell in den Werkstätten von Dorgali (Bilder 129–131).

Vom Phantasiereichtum der Sarden zeugen Flechtarbeiten und Webereien, die heute die Museen schmücken. Überlieferte Formen und Muster sind noch immer beliebt, wenn sie auch seltener hergestellt werden. Das Material für die Flechtarbeiten ist in den einzelnen Landschaften unterschiedlich. Außer Asphodelos und Zwergpalme (Bilder 68 und 92) dienen Weidenruten, Schilfrohr, Binsen und Gräser zum Flechten von Matten und Körben aller Art (Bilder 60, 61). Auf Sardinien berühmt sind Körbe und Schalen, die in Castelsardo geflochten werden (Bilder und Text 103/104).

Alte sardische Truhendecken und Teppiche zeigen Motive aus verschiedenen Kunstperioden von byzantinischen Ornamenten bis zu Barockmotiven (Bild 63). Handgewebte Stoffe werden jetzt nur noch selten in Heimarbeit hergestellt (Bilder 62, 125). Zu Hause webt man heute nur besonders feine Gewebe, oft Teile der Festkleidung, und fertigt Stickereien an.

Überraschend reich in Formen und Farbstellungen ist die Festtracht der sardischen Frauen. Sie wird auf vielen Festen oder auch zum Kirchgang getragen. Leuchtende Farben werden bevorzugt, dazu Brokate mit ihren glitzernden Goldfäden. Die Vielfalt und der Reichtum dieser Trachten mag darauf beruhen, daß in den isoliert liegenden Dörfern, im Wettbewerb zwischen den einzelnen Ortschaften, jeweils eigene Formen entworfen wurden. Eine Reihe von Trachten erinnert in Schnittform und Prunk an die spanische Frauenkleidung des Barock. Aus der Fülle dieser farbenfrohen Festtrachten bringen die Bilder 5, 7–9, 72–73, 115, 129, 139, 145–148 eine Auswahl. Neben den großen lokalen Unterschieden der Festkleidung existieren noch Differenzierungen nach Familienstand und Alter. Früher wurden auch Alltagstrachten getragen, die man jetzt nur ganz vereinzelt in wenigen Bergdörfern findet (Bilder 72, 128, 144). Die schwarze Witwenkleidung zeigen die Bilder 61, 71, 125, 147.

Im Gegensatz zu der Festtracht der Frauen weist die der sardischen Männer nur wenige Unterschiede auf. Als typisch sardisch gilt die *berritta*, eine Mütze aus Ziegenwolle (Bild 135), deren »Geschichte« und Gebrauchsweise im Bildtext beschrieben sind. Bei der Festtagstracht der Männer blieb der spanische Einfluß auf Dörfer des Sulcis beschränkt, in denen der Sombrero die *berritta* verdrängte (Bild 6). Alltags tragen Bauern und Hirten Hemden, Hosen und Schirmmützen, wie man sie überall hat. Die Hirten hängen allerdings noch immer an einigen Stücken ihrer herkömmlichen Kleidung, an dem Käppchen mit der schmalen Krempe, an der Lederweste und den Gamaschen und an ihrem Pelz aus zottigem Ziegenfell (Bild 141).

Betrachtet man das dichte Gewebe aus den verschiedenen Volksüberlieferungen als Ganzes von einem gewissen Abstand her, bemerkt man Schichten um Schichten, die im Laufe der Zeit das einheimische Substrat überlagerten. Doch trotz aller Umformungen blieb eine Konstante erhalten, die immer wieder – gleichsam zyklisch – zu einem neuen Selbstverständnis führte und die Sarden befähigte, ihr eigenes Selbst zu verwirklichen. Hüter und Verfechter dieser Eigenständigkeit kamen vor allem aus der Landbevölkerung. Es waren gerade die Hirten, die mit ihrem Führungsinstinkt und durch ihre transhumante Lebensform beim Wechsel zwischen Sommer- und Winterweiden die Verbindungen zwischen den einzelnen Bevölkerungsgruppen stärken konnten und damit die Bewahrung der Einheit förderten. Wenn man heute Sardinien nicht als eine Insel betrachtet, auf der das Leben träge dahinfloß und erstarrte, beruht dies vor allem auf drei Faktoren: auf Eigenarten der Hirtenwelt, ihrer Ethik und ihrem spezifischen Verhaltenskodex, auf den besonderen Wirtschaftsformen, die sich in den kleinen Gemeinwesen herausbildeten, und schließlich auf all den Gegensätzen, die sich aus Widersprüchen zwischen natürlicher Veranlagung, Gewissenszwang und Realitäten ergaben. Das besondere Strukturgefüge der Bevölkerung und ihre Einsatzbereitschaft bieten Voraussetzungen zur Erlangung der Freiheit Sardiniens und zur Beseitigung der politischen und wirtschaftlichen Unterdrückung von außen.

Seit langem schon sind die Sarden – ein Inselvolk – ein »Volk ohne Meer«. Sie hatten sich einst ins Inselinnere zurückgezogen und in den Bergen wie in einem Reservat angesiedelt. Sie drängen aus ihrer Abgeschlossenheit hinaus und wollen den Zugang zum Meer, den sie verloren hatten, nun endlich zurückgewinnen.

In dem Bewußtsein, daß sie ihre Eigenständigkeit zu verwirklichen haben, schauen sie über die Grenzen ihrer Region hinaus in die Welt. Ihrem Stolz auf traditionsreiche Überlieferungen entspricht ein aufgeschlossener Sinn für Veränderungen. Unter Wahrung ihrer Autonomie wollen sie an der Einführung neuer Formen mitwirken. Diese Wende soll ihnen die Möglichkeit geben, zu sich selber zurückzufinden, sich ihrer besonderen Geschichte stärker bewußt zu werden und im Rahmen einer größeren Gemeinschaft Gleichberechtigter ihre eigenen Geschicke völlig selbständig zu lenken.

DIE BILDER

Die Bilder sind nach Landschaften geordnet. Der Weg führt von Cagliari, der Hauptstadt der Autonomen Region Sardinien im Süden der Insel, zu den historischen Stätten in ihrer Umgebung und durch die fruchtbare Ebene des Campidano an die Westküste. Die neue Provinzhauptstadt Oristano – einst Sitz der Judices von Arborea – ist Ausgangspunkt für Abstecher in die östlich an den Campidano grenzenden Landschaften. Über die Hügel- und Nuraghengebiete Westsardiniens wird wieder die Küste erreicht. In einem großen Bogen von Westen nach Norden und dann nach Nordosten ziehend, werden alte Hafenstädte und Kulturzentren im Hinterland gezeigt, heute bevorzugte Ziele der Touristen. Von der Ostküste aus wird die Bergwelt der Barbargia aufgesucht, auch Nuoro, die Heimatstadt der Grazia Deledda. Die Flußtäler entlang geht es zurück zum Meer. In den Küstengebirgen des Ostens und des Südostens endet die Bildfolge.

1 Cagliari. Stadt und Hafen

2 Cagliari. Stadt und Hafen
3 Cagliari. Prozession am Efisio-Fest auf der Via Roma

4 Cagliari. Prozession des S. Efisio auf der Viale La Plaia – 5 Tracht der Bäckerinnen von Cagliari

6 Festtracht von Teulada

7 Junges Mädchen aus Nuoro beim Anziehen der Festtracht

10 Der Polizeipräsident von Cagliari trägt den S. Efisio
11 Prozession des S. Efisio in Nora

12 Cagliari. S. Saturno. Blick in die Kuppel. 5. Jahrhundert
13 Tratalias. S. Maria. Tympanon des Nordportals. 13. Jahrhundert

14 Bronzemodell eines Nuraghen mit fünf Türmen. 8./7. Jahrhundert v. Chr.
15 Sarroch. Eingang des Nuraghen Domu s'Orku

16 Oblatenform. Terrakotta. 3./2. Jahrhundert v. Chr.

17 Glieder einer punischen Halskette mit Masken aus Polychromer Glasmasse. 4/3. Jahrhundert v. Chr.

18 Nora. Römisches Theater. 2./4. Jahrhundert

19 Nora. Bodenmosaik des Frigidariums der Großen Therme. 2./3. Jahrhundert

20/21 Carloforte. Thunfischfang und Transport des Thunfisches in den Lagerraum

22 S. Antioco. Wohnungen in Grabkammern einer punisch-römischen Nekropole
23 Mühle, von einem Esel getrieben

22

23

24 Villaspeciosa. S. Platano. 12. Jahrhundert
25 Uta. S. Maria. 12. Jahrhundert

26/27 Opfernder Hirte
und Stammesfürst. Bronze.
8./7. Jahrhundert v. Chr.

28 Schwertfragmente. Bronze. 10./9. Jahrhundert v. Chr.
29 Südwestküste mit Pan di Zucchero

30 Siesta im Campidano
31 Feigenkaktus- und Mispelhecken, im Hintergrund der Campidano

32 Ländliche Töpferei in Assemini
33 Terrakotta-Vase. 16. Jahrhundert v. Chr.

34 Serramanna. Menhir. *Perda fitta.* Vornuraghisch

35 Guspini. Menhir mit Gesichtszügen eines Menschen. *Perda longa.* Vornuraghisch

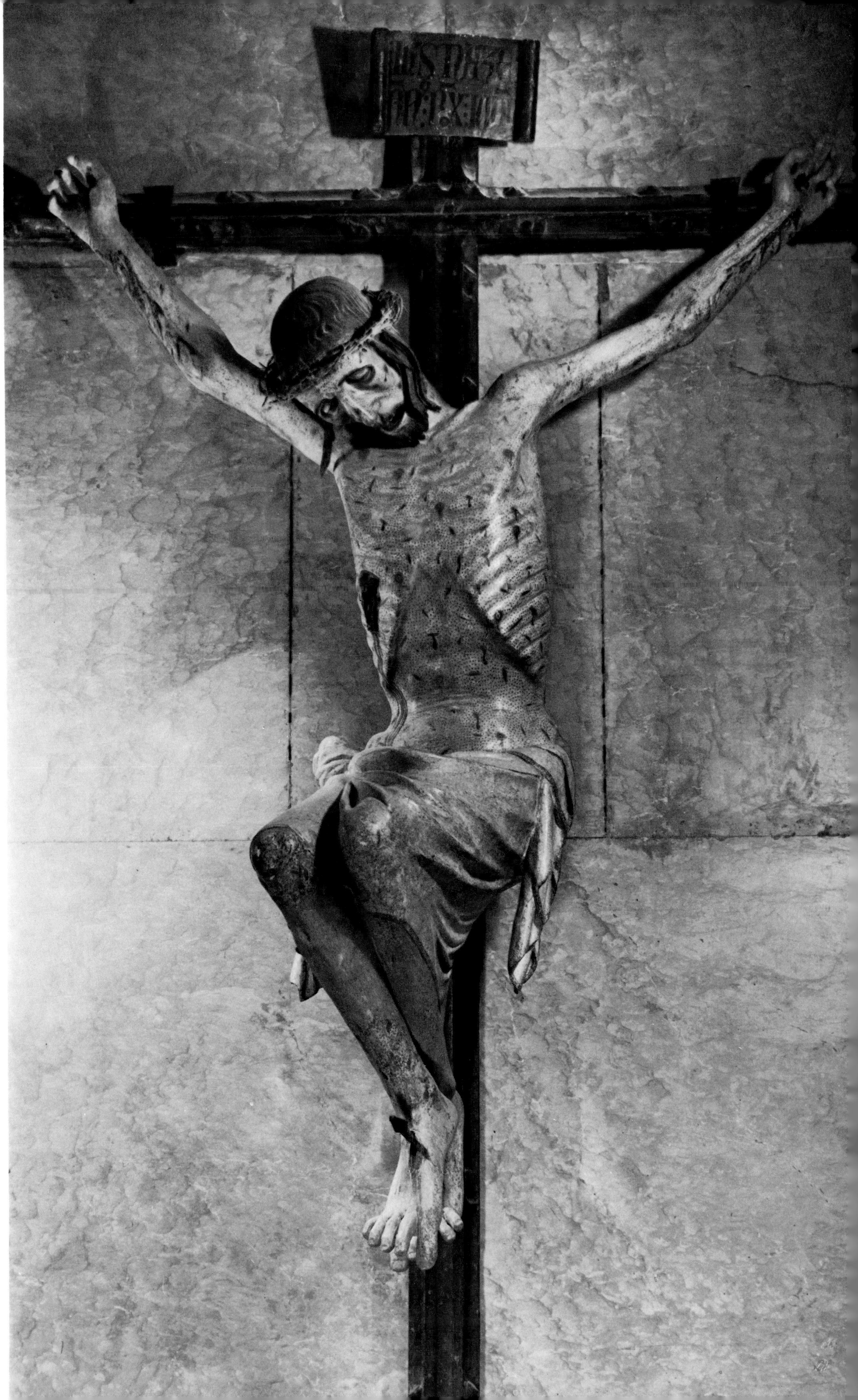

36 Guspini. Fensterrose und Blendwerk des Portals der Pfarrkirche S. Nicola di Mira. 17. Jahrhundert

37 Oristano. S. Francesco, sog. Nikodemus-Kruzifix. 15./16. Jahrhundert

38 unten Oristano. Dom, Rimedio-Kapelle. Marmorrelief an einer Chorschranke. 12. Jahrhundert
38 oben S. Giusta. Kapitell des Hauptportals der Basilika S. Giusta. 12. Jahrhundert
39 S. Giusta. Fassade der Basilika S. Giusta. 12. Jahrhundert

40 Cabras. S. Giovanni in Sinis. Taufbecken. 17. Jahrhundert

41 Cabras. S. Giovanni in Sinis. Rechter Querhausarm und Apsis. 5. Jahrhundert

42 Tharros. Caldarium der Römischen Therme. 2./3. Jahrhundert
43 Anpflanzungen zur Befestigung der Wanderdünen von Serra is arenas

44 Landschaft am M. Arci mit Rinderherde
45 Hügellandschaft von der Punta Sebera aus gesehen, mit Kaolin-Steinbruch

46 Wildschwein, Mufflon und Stier. Bronze. 8./7. Jahrhundert v. Chr.

47 Ein Kind aus der Marmilla: Caterina Lilliu, vier Jahre alt

48/49 Barumini. Nuraghe und Siedlung Su Nuraxi

50 Madre mediterranea. Marmor. Um 2000 v. Chr.
51 Serri. Brunnenheiligtum aus der Nuraghenzeit. 9./6. Jahrhundert v. Chr.

52 Mutter und Sohn.
Bronze.
8./7. Jahrhundert
v. Chr.

53 Mann mit Krücke.
Bronze.
8./7. Jahrhundert
v. Chr.

54 Betender
Priester mit Hut.
Bronze.
8./7. Jahrhundert
v. Chr.

55 Krieger
mit vier Augen
und vier Armen.
Bronze.
9./8. Jahrhundert
v. Chr.

56/57 Gußformen für Bronzewerkzeuge. Nuraghenzeit

58 Ziegen, früher überall in Sardinien in großen Herden gehalten, sieht man oft als weiße Punkte inmitten der grünen Macchia der Berghänge
59 Tor einer Orangenplantage im Campidano. 19. Jahrhundert

60/61 Das Flechten von Matten aus Schilfrohr und von Körben aus Stroh oder Binsen hat in Milis eine alte Tradition

62 Einer der letzten alten Webstühle in S. Vero Milis
63 Truhendecken, sog. *coberibancus*, aus Morgongiori und S. Giusta. 18. Jahrhundert

64

65

◁ 64 Fenster eines Wohnhauses in Zeddiani. Mitte des 17. Jahrhunderts
65 Mauerschmuck eines Wohnhauses in Sedilo

66 Gigantengrab von Perdu-Pes. Ende 2. Jahrtausend v. Chr.
67 Deckplatte eines Grabes in Form einer Stele. 3./2. Jahrtausend v. Chr.

68 Die Asphodeloswiesen der Odyssee findet man oft auf Sardinien
69 Hügellandschaft zwischen Atzara und Sorgono

70 Gasse in Desulo
71 Getreidetrocknen auf einem Dach in Desulo

72 Frauen aus Desulo in Festtracht (oben) und Alltagstracht (unten)
73 Frauen aus Desulo tragen in breiten, flachen Körben ihre frischen Fladenbrote

76 Nuraghe Succoronis bei Macomer
77 Treppe in dem Nuraghen Losa bei Abbasanta

Vorhergehende Tafeln

74 Stele mit kleiner »Tür«. Gigantengrab von Imbertighe. 2. Jahrtausend v. Chr.
75 Bätylien als »Wächter« an der Kirche S. Lorenzo bei Silanus

PINTORE
FRANCESCO

78 Bonorva. S. Andria Priu. Hypogäum. Wand einer Grabkammer vorchristlicher Zeit aus dem 3./2. Jahrtausend und christliche Wandmalerei in der »tomba del capa«, dem Grab des Häuptlings, aus dem 3. Jahrhundert

79 Bonorva. S. Andria Priu. Hypogäum. Eingang zu einer der Grabanlagen und eine der Kammern. 3./2. Jahrtausend v. Chr.

80 Domus de janas – Haus der Feen, künstlich angelegte Grotten am Riu Mulinu bei Bonorva. 3. bis Anfang 2. Jahrtausend v. Chr.

81 Bortigali am Fuße des S. Padre

Nachfolgende Tafeln

82/83 Nuraghe S. Antine bei Torralba. Hauptturm und Innenhof

84 Nuraghe S. Antine. Einer der Gänge im Innern

85 Borutta. S. Pietro di Sorres. 11./12. Jahrhundert

86 Bosa und der Temo

87 Bosa. S. Pietro extra muros. 11./13. Jahrhundert

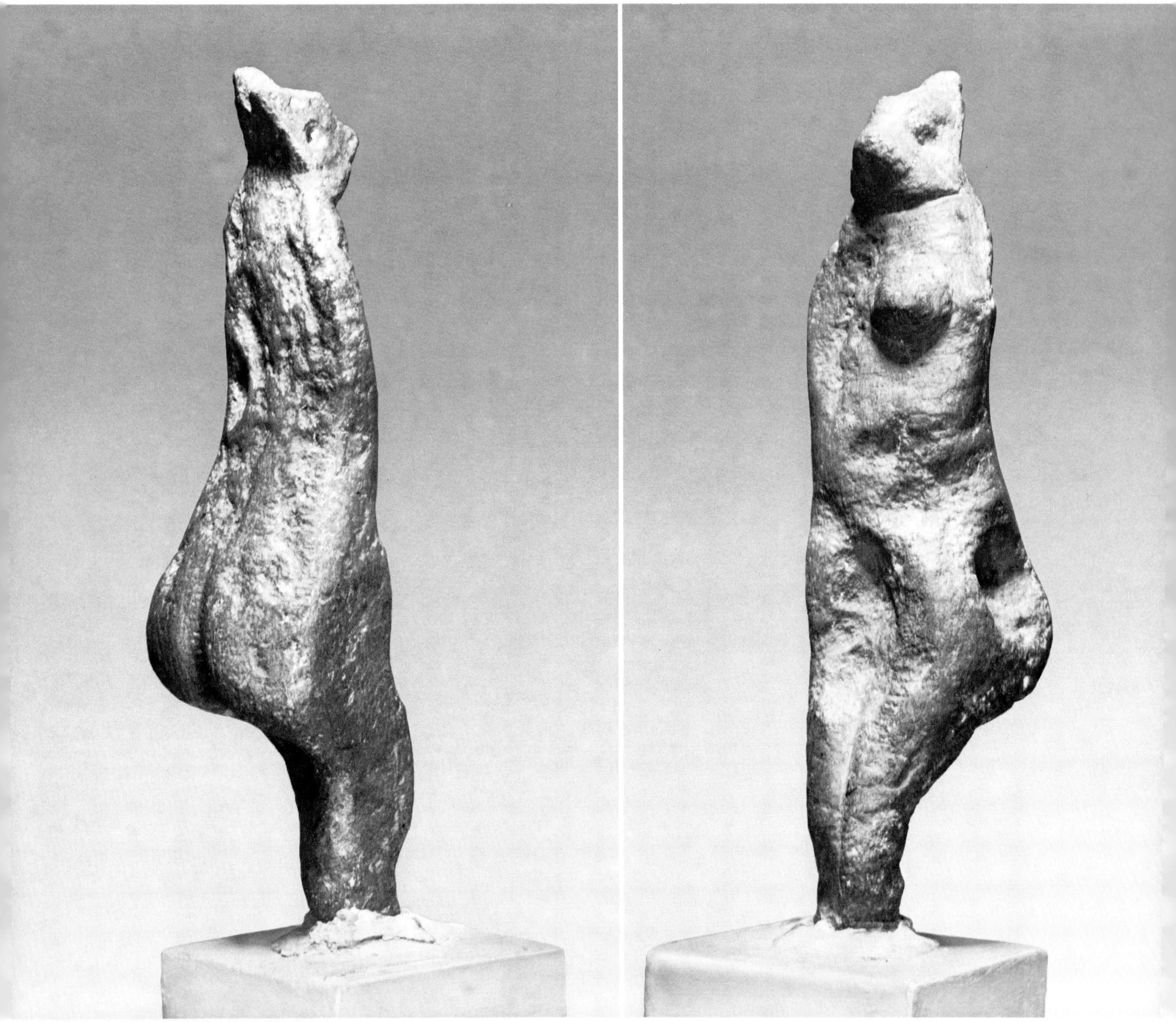

88 Weibliche Gottheit. Basalt. 3000–2500 v. Chr.
89 Prähistorische Wohnstätte am Eingang zur Grünen Grotte am Capo Caccia bei Alghero. 2000 v. Chr.

90/91 Alghero. Rechts: Gotisches Portal an der Apsis des Domes. 16. Jahrhundert

92 Zwergpalme *(Chamaerops humilis)* in der Nurra. Aus ihren Blättern werden Körbe geflochten
93 Käsefabrikation in Alghero. Käse ist ein wichtiger Exportartikel Sardiniens

94/95 Alghero, einer der bekannten Ausgangspunkte für den Korallenfang.
Fischer aus Torre del Greco bei Neapel beim Sortieren, rechts: Korallenstock

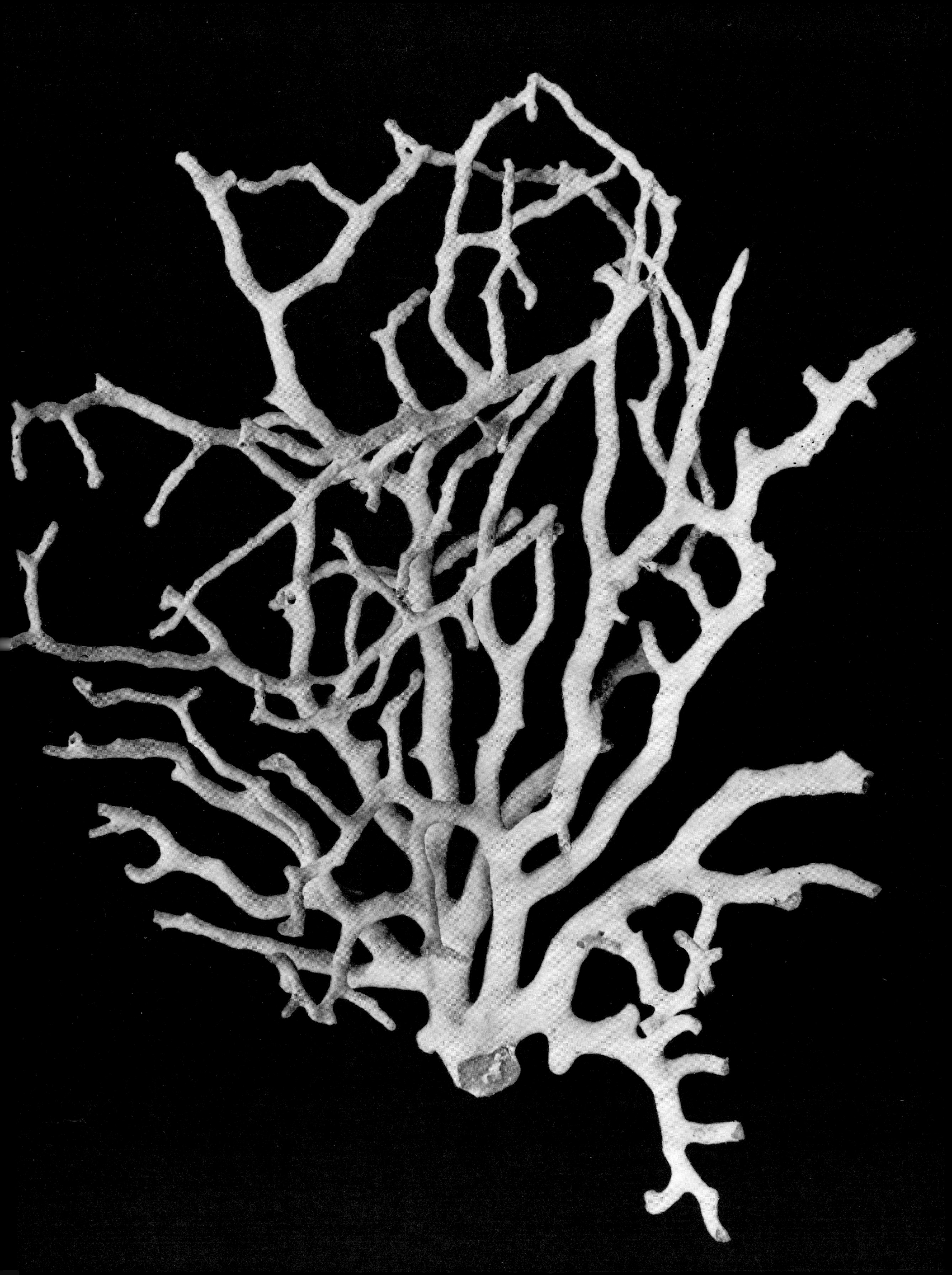

96 Meliorationsgebiet der Nurra, vom M. Forte aus gesehen

97 Opferstätte der terrassenförmigen Tempelanlage auf dem M. d'Accodi.
3. Jahrtausend bis 16. Jahrhundert v. Chr.

98 Porto Torres. S. Gavino. 12. Jahrhundert. Südliches Hauptportal von 1492
99 Sassari. Piazza S. Antonio und Blick in die Altstadt

OMO

100 Mohnfeld in der Nurra

101 Bulzi in der Anglona. S. Pietro di Simbranos (delle Immagini). 12./13. Jahrhundert

102 Sardisches Eselchen
103 Dächer von Castelsardo

104 Castelsardo mit dem Hafen Frigiano
105 »Elefant«. Trachytfelsen mit prähistorischer Grabanlage. Ende 2. Jahrtausend v. Chr.

106/107 Bronzearbeiten aus dem 9./8. Jahrhundert v. Chr. Links: Leuchter in Schiffsform, rechts: Körbchen mit Deckel und kleine Lade auf Rädern

108/109 Kalksteinbruch bei Sassari

Folgende Tafeln

110/111 Codrongianus. SS. Trinita di Saccargia. 12. Jahrhundert. Links: Mittelarkade des Portikus und Relief am Kapitell ihres linken Pfeilers

1

1

112/113 S. Antioco di Bisarcio bei Ozieri. 11./12. Jahrhundert. Links: Kapitell des linken Eingangspfeilers

116/117 Die Granitlandschaft der Gallura

Vorhergehende Tafeln

114 Schälen einer Korkeiche in der Nähe von Tempio
115 Junge Mädchen aus Tempio in Festtracht

118 M. Pulchiana bei Tempio

119 Die Insel Tavolara südöstlich Olbia

ROSA GARIBALDI
NATA IL 10 LUGLIO 1869
MORTA IL 1° GENNAIO

120 Das Grabmahl Garibaldis auf der Insel Capveva
121 Olbia. S. Simplicio, Granitrelief an der Eingangsfront und Säulenkapitell aus dem Mittelschiff, 11. Jahrhundert

122 Deltabildung und Meliorationsgebiete am Unterlauf des Cedrino
123 »Gollei«-Landschaft nordwestlich von Dorgali

124 Schafzucht – typisch für die Berglandschaft Sardiniens
125 Alltag in einem Bauernhaus bei Serra Orrios

126 Nuraghensiedlung bei Serra Orrios
127 Gasse in Dorgali

Folgende Tafeln
128 An einem Brunnen in Dorgali
129 Taufe in Dorgali

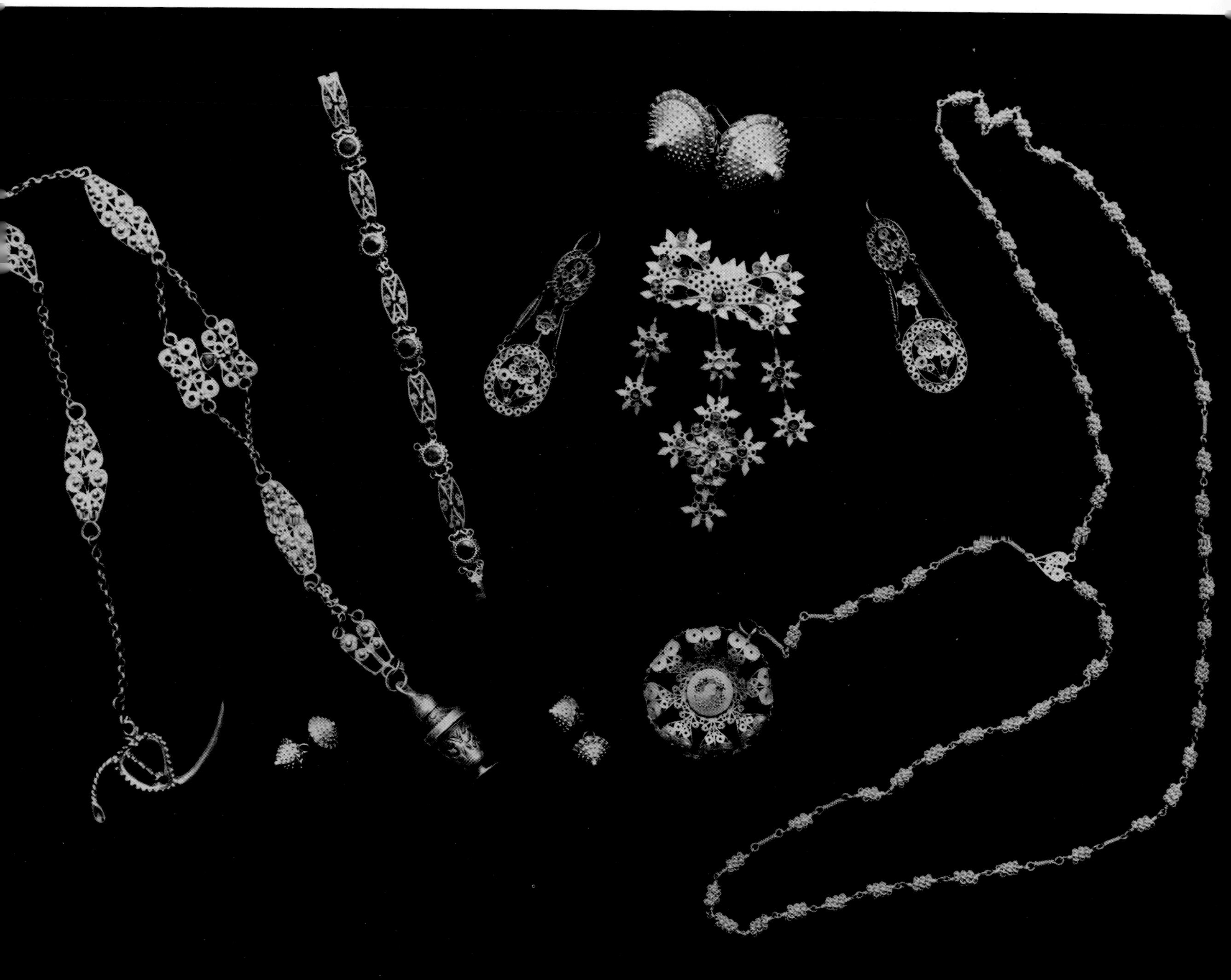

130/131 Einer der letzten Goldschmiede in Dorgali und seine Arbeiten

132 Die Berge von Oliena, die »Dolomiten Sardiniens«
133 Oliena. S. Croce. 17. Jahrhundert

134 Ostern in Oliena: Männer in Festtracht
135 Straßenwinkel in Oliena

136 Blick von Nuoro auf die Hänge des M. Ortobene

137 Orune auf einem Granitplateau nordöstlich von Nuoro

138 Traditionelles Wohnhaus in Orani

139 Kinder aus Mamoiada in Festtracht

140/141 Aus poliertem Feigenholz oder aus Korkeiche sind die Masken, die von den »Mamutones« am Antoniustag in Mamoiada getragen werden.

142/143 Launeddas-Spieler: Bronzestatuette aus dem 6. Jahrhundert v. Chr. und zeitgenössischer Spieler dieser sardischen Flöte

142

143 ▷

144 Stickerin in Ollolai – 145 Festtracht von Orgosolo

146/147 Festtrachten von Orgosolo

◁ ◁ 148 Prozession am Johannistag in Fonni – 149 Flumendosa-Tal bei Villanova Tulo

150 Aufforstungen im Pardu-Tal südlich von Gairo – 151 Weingarten bei Ussassai

152/153 Zwei Krieger und »Die Mutter des Getöteten«. Bronze.
8./7. Jahrhundert v. Chr.

154/155 Ulassai und seine *tonneri*

156 Aufforstungen in der nördlichen Ogliastra

157 Granitporphyre von Arbatax

158 Von einem Esel getriebene Schöpfanlage nördlich von Tortoli
159 Der Engelsbogen – »Arco dell'Angelo« – nördlich von Campu Omu
160 Madre mediterranea. Marmor, um 2000 v. Chr.

Giovanni Lilliu

ERLÄUTERUNGEN ZU DEN BILDERN

Bearbeitet und ergänzt von Dora Fischer

1, 2 *Cagliari, Hauptstadt Sardiniens*

Spiegelglatt sind die Lagunen, über die man von dem Festungshügel im Zentrum Cagliaris hinüberschaut auf die Meeresbuchten und Küsten, an denen schon Punier und Römer ihre Hafenanlagen errichteten. Diese Wasserflächen, die Lagune S. Gilla im Südwesten der Stadt vor den Bergen von Capoterra (Bild 1) und die Lagune Molentargius im Osten vor dem Golf von Quartu (Bild 2), sind berühmt wegen ihres Reichtums an Fischen und wegen der Eigenart ihrer Vogelwelt. Hinter dem Golf von Quartu und seinen Salinen am Poetto-Strand sieht man die Ausläufer der sagenumwitterten Sette Fratelli, des schroffen, düsteren Gebirgszuges, aus dem Cagliari mit Trinkwasser versorgt wird.

Das gleißende Weiß der Kalkhänge und der hohen mittelalterlichen Türme geben der Hafenstadt ihren besonderen Reiz. Die Entwicklung zu einem wichtigen Zentrum des Mittelmeerraumes verdankt Cagliari seiner geographischen Lage am Wege vom Atlantik zum Suez-Kanal. Die Leistungsfähigkeit der Hafenanlagen ist für die Wirtschaft dieser größten Stadt Sardiniens – 1971: 224400 Einwohner* – von großer Bedeutung. Nach dem Ausbau zum Container-Terminal könnte Cagliari den Rang internationaler Handelshäfen erreichen.

Die dynamische und gegenwartsnahe Stadt ist dem Einfluß von außen stärker geöffnet als dem Hinterland zugewandt. Manche Verhältnisse, kennzeichnend für die Situation Cagliaris – demographische Lage, Sozial- und Berufsstruktur, kulturelles Leben –, sind für die Insel nicht typisch. Cagliari, 1943 durch amerikanische Bomben sehr stark zerstört, erfuhr nach Kriegsende einen raschen und anhaltenden Aufschwung. Mit der Veränderung der agrarischen Erwerbsstruktur Sardiniens wuchs der Bevölkerungszustrom vom Lande. Handelsinteressen, in jüngster Zeit auch Industrialisierungsprogramme, verstärkten die Zuwanderung von der italienischen Halbinsel. An der Westküste des weit gedehnten Golfo degli Angeli, von Macchiareddu bis Sarroch, entstanden Industriebetriebe. Der östliche Küstenstreifen wurde für den Tourismus erschlossen und dient als Spekulationsobjekt.

Der Anspruch Cagliaris, Hauptstadt der Insel zu sein, stützt sich auch auf Funktionen im administrativen, militärischen und kulturellen Bereich. Seit 1948 ist Cagliari Verwaltungszentrum der Autonomen Region Sardinien und Amtssitz ihres Präsidenten. Hier tagt der Consiglio Regionale. Cagliari ist Residenz eines Erzbischofs und hat eine Universität.

Geschichte

Die Geschichte Cagliaris reicht weit zurück. Die Hügel der Stadt, seit dem frühen Neolithikum bewohnt, sehen zu Beginn des ersten vorchristlichen Jahrtausends die Phöniker, im 6. Jahrhundert v. Chr. die Karthager und vom Ende des 3. Jahrhunderts v. Chr. bis zum Einbruch der Wandalen (454 n. Chr.) die Römer.

Der römische Geschichtsschreiber Lucius A. Florus bezeichnet die Stadt um 120 n. Chr. bereits als *urbs urbium* (Stadt der Städte). Cagliari, das antike *Caralis*, ist damals Hauptstadt der Provinz Sardinien, Sitz des Statthalters und der zentralen Administration. Als die unter Caesar erlassene Munizipalverfassung in Kraft tritt, wird die Stadt in den römischen Staatsverband einbezogen, sie bewahrt aber noch für einige Zeit den Status einer sardisch-punischen *civitas* (Bürgerschaft) mit eigenständiger Rechtsordnung, mit einem *populus* (Volksversammlung) und *princeps* (Oberhaupt). Im 4. Jahrhundert n. Chr. wird die Verfassung des römischen Kaiserreiches eingeführt.

Caralis ist zur Römerzeit Ausgangspunkt wichtiger Straßen, deren Trassen noch heute benutzt werden. Die Verbindungslinien des Seeweges zur Getreideversorgung des Mutterlandes unterstehen der Obhut ausgewählter Wachtruppen, die, wie aus einer Inschrift hervorgeht, von Schiffsherren und Kaufleuten der Stadt Caralis gestellt werden. Der Schutz der Stadt obliegt einer speziellen Abteilung der Flotte von Misenum.

Justinian befreit die Stadt im Jahre 534 von den Wandalen. Bald darauf machen Goten und Mohammedaner den Byzantinern ihren Besitz streitig, und die Stadt verliert vom

* Die für 1971 angegebenen Einwohnerzahlen der Städte nach Sabatini – Moro, Tab. 22, S. 144. – Alle anderen Einwohnerzahlen für 1968.

Quartu S. Elena, dicht östlich von Cagliari, stand 1971 mit 30400 Einwohnern unter den Städten Sardiniens an sechster Stelle. (Anm. d. Hrsg.)

7. Jahrhundert an ihren alten Glanz. Mit Beginn des 11. Jahrhunderts setzt dann wieder ein Aufstieg ein. Cagliari ist für zwei Jahrhunderte als Mittelpunkt des bedeutendsten Judikats Sardiniens (s. Seite 26) unabhängig. Unter der Vorherrschaft von Pisa (1216–1326) erfährt die Stadt erneut einen gewissen wirtschaftlichen Aufschwung und erhält gleichzeitig ihr architektonisches Gepräge. Schönheit und Pracht einzelner Bauwerke zeugen noch heute von dieser Entwicklung.

Als Cagliari 1327 an das Haus Aragón fällt, gewinnt die Stadt den Charakter einer spanischen Handelsmetropole. In der ersten Hälfte des 16. Jahrhunderts läßt Karl V. die Stadt durch hohe, stark befestigte Stadtmauern gegen Türkeneinfälle sichern. Der Beschuß von Cagliari durch die englische Flotte, die im Spanischen Erbfolgekrieg den Anspruch Habsburgs auf die Insel unterstützt, gilt heute als Zeichen für das Ende der spanischen Herrschaft über Sardinien. 1713 wird die Insel den Österreichern zugesprochen, gleichzeitig erhält das Haus Savoyen Sizilien, fünf Jahre später tauschen die Herrscherhäuser diese Besitzungen. 1720 wird dem Herzog von Savoyen der Titel »König von Sardinien« verliehen. Zugunsten des Absolutismus der Savoyer verschließt sich Cagliari den Prinzipien der Französischen Revolution und weist 1793 eine französische Flottenabteilung ab. Erst 1848 finden sich die Bürger bereit, auf die Vorrechte, die der Stadt aus der Selbständigkeit des *Regnum Sardiniae* erwachsen, zu verzichten. Damals fällt die Entscheidung für den Zusammenschluß mit Piemont.

Bauten

Die ausgedehnten Perioden kolonialer Fremdherrschaft in Cagliari boten der Entwicklung einer eigenständigen Kultur wenig Raum. Denkmäler und Bauwerke aus den einzelnen Perioden, die noch heute zu sehen sind, jedoch bei der Bildauswahl für diesen Band nicht berücksichtigt werden konnten, seien hier skizziert.

Das Archäologische Nationalmuseum auf dem *Casteddu*, dem Festungshügel im Zentrum der Stadt, birgt Zeugnisse aus prähistorischer, phönikisch-punischer und römischer Zeit. Die Funde aus prähistorischen Siedlungen stammen von benachbarten Hügeln, von Capo S. Elia, M. Urpinu, M. Claro, M. della Pace, Castello di S. Michele u. a.

Zwischen den Hügeln Tuvixeddu im Westen und Bonaria im Osten Cagliaris sind Nekropolen und Zisternen aus phönikisch-punischer Zeit erhalten, in der Via Malta Fundamente eines punischen Tempels.

Eindrucksvoller sind Ruinen des römischen Caralis: das Amphitheater, der Aquädukt, Teile von Atriumhäusern im Stadtteil Campo Viale, die sog. Grotta della Vipera (auf S. 23 beschrieben) und andere, mit Ornamenten geschmückte Grabanlagen, die am Tuvixeddu-Hügel liegen.

Zeugnisse aus frühchristlicher Zeit sind die Nischengräber von Bonaria mit ihren ausgemalten Bogenfeldern und die ältesten Teile der Kirche S. Saturno, deren Kuppel (Bild 12) ebenso wie die Grundmauern der Kathedrale Reste der frühen sakralen Baukunst auf Sardinien darstellen. Die Kathedrale birgt seit 1312 die beiden Teile der romanischen Kanzel, die Guglielmo, Wilhelm von Innsbruck, 1159–1162 für den Dom von Pisa schuf.

Bestimmend im Stadtbild von Cagliari sind Bauten aus der Judikatszeit und aus der Epoche der Pisaner Herrschaft: Noch heute überragen die Schanzen des Kastells, seine Bollwerke und elf Türme die Dächer der Stadt. Die drei höchsten Türme – Torre del Leone, Torre dell'Elefante und Torre di S. Pancrazio – mit ihren Turnierhöfen und Zugbrücken gehen auf Entwürfe des Giovanni Capula zurück, eines sardischen Baumeisters, der 1307 als *architector optimus* urkundlich erwähnt wird. Die Außenwerke der Festung sicherten einst die Verbindungswege zum Festungshügel, die westlich und östlich des Kastells gelegenen Wohnsiedlungen Stampace und Villanova und die südlich der Festung am Meer gelegene Unterstadt La Pola. Ein Stadttor führte zum Hafen an eine palisadenbewehrte Landungsbrücke.

Die Bemühungen der spanischen Eroberer, Cagliari das Aussehen einer aragonesischen Stadt zu geben und toskanische Züge im Stadtbild auszumerzen, sind noch an Erweiterungsbauten des alten Festungswalls und der Schutzanlagen für den Hafen zu erkennen. Die Stadtmauern von Villanova und Stampace werden niedergerissen, um diese Viertel der Landbevölkerung und den Handwerkern zu öffnen. Im Hafenviertel Marina sorgen einflußreiche Kaufherren, Reeder, Hafenbehörden und Verwaltungsbeamte für militärischen Schutz gegen Überraschungsangriffe von See her. Mitte des 16. Jahrhunderts wird die Festung für den Einsatz von Geschützen ausgebaut, zunächst unter Leitung von Rocco Cappellino aus Cremona, dann unter Giacomo und Giorgio Palearo Fratino aus dem Tessin.

Sakralbauten des 14. Jahrhunderts wie die Basilika von Bonaria oder die gotischen Teile der Kathedrale und einige Kirchen aus dem 15. und 16. Jahrhundert wie S. Domenico (1420–1440), Chiesa della Purissima (1554) und S. Eulalia (16. Jh.) zeigen sowohl spanische als auch italienische Stilelemente. Die Kirche S. Agostino (1580) ist ein Zeugnis des spanischen Klassizismus. Die Verschmelzung traditioneller lokaler Baumotive mit den Stilelementen des Barock gelingt in der Kirche S. Michele (2. Hälfte 18. Jh.) und bei Umbauten der Kathedrale Mitte des 17. Jahrhunderts unter Leitung des Genuesers D. Spotorno.

Von den Profan- und Sakralbauten unter der Herrschaft der Savoyer stammen aus dem 18. Jahrhundert der Palast des Vizekönigs einschließlich der Ausgestaltung des Vorplatzes, die Universität, das Priesterseminar und die Erweiterungsbauten der Festungsanlagen, aus dem 19. Jahrhundert das neoklassizistische Städtische Krankenhaus. Den Übergang vom Rokoko zum Neoklassizismus kennzeichnet die konkave Fassade der Kollegialkirche S. Anna (1786).

Mit der Einigung Italiens im Jahre 1861 verliert die Festung

Cagliari an Bedeutung, und die Flächen zwischen Marina und den beiden Stampace stehen nun der Stadtplanung zur Verfügung, so daß 1880–1900 großzügige Straßen und Plätze angelegt werden können: der breite Largo Carlo Felice, die liniengerade Via Roma mit ihren säulengeschmückten Privathäusern und dem Palazzo civico, einem Jugendstilbau, ferner die Piazza del Carmine. Bei Neugestaltung von Festungsanlagen wird auf der Bastion S. Remy eine Terrasse angelegt, die einen herrlichen Rundblick über die Stadt gewährt. Vor einer architektonisch reizvoll gegliederten, mit Nischen versehenen Fassade wird eine geschwungene Freitreppe hinabgeführt, die die Promenade mit den tiefer gelegenen Stadtvierteln Villanova und Marina verbindet.
Die Bautätigkeit der Nachkriegsjahre erfolgt nach Gesichtspunkten der Bodenspekulation und der Rentabilität von Bauinvestitionen, nicht aber nach den Richtlinien einer modernen Stadtplanung. Mit der schnellen Zunahme der Einwohnerzahl entstehen neue Wohnviertel aus standardisierten Betonblöcken. Zeugnisse moderner Architektur sind allenfalls Gebäudekomplexe der Cittadella d'arte und die auf dem Gelände des Arsenals errichteten Universitätsgebäude, Museen, Galerien und Ausstellungshallen (1956–1976), Entwürfe von P. Gazzola und L. Cecchini aus Verona, ferner der von R. Fagnoni geleitete Wiederaufbau der Kirche S. Domenico (1954).

*3–11 Das Fest des S. Efisio**

* *3–4 Efisio-Prozession in Cagliari*
5–9 Festteilnehmer (Beschreibung ihrer Trachten anschließend)
10–11 Efisio-Prozession auf dem Wege nach Nora

Im strahlenden Licht der Morgensonne beginnt alljährlich am 1. Mai das Efisio-Fest in Cagliari. Es endet vier Tage darauf im Schein nächtlicher Festbeleuchtung, wenn die Statue des Efisio von der langen Prozession, die zur Stätte seines Martyriums führt, wieder nach Cagliari zurückkehrt, mit Feuerwerk empfangen und in die Efisio-Kirche geleitet wird.
Unter allen Festen Sardiniens ist die Efisio-Prozession die größte Feier. Aus allen Teilen der Insel kommen Hirten, Bauern und Städter in ihren prächtigen, unterschiedlichen Trachten in die festlich geschmückte Stadt (Bilder 3–9). Und die Touristen, angelockt von den folkloristischen Darbietungen, spüren mitten im Festtagstrubel unserer Tage noch jenen echten Kern der alten religiösen Feier, das Nicht-Wägbare menschlichen Empfindens, das Valery, ein Bibliothekar aus Versailles, vor über hundert Jahren in die Worte faßte: »Es ist, als werde ein Herz noch einmal in Bewegung gesetzt und getragen von der Glaubenskraft des Volkes.« Wenn das Gefährt mit der Heiligenfigur naht, verstummt das fröhliche Lärmen und Singen, man kniet andächtig nieder und bekreuzigt sich.
Die ganze Stadt hat sich auf das Fest vorbereitet: Von den Fenstern und von den Balkons hängen sardische Teppiche und Truhendecken herab. Unzählige Boote liegen festlich beflaggt am Hafen oder kreuzen auf den Lagunen. Auf den Plätzen sieht man Bauernwagen, umflochten mit jungem Frühlingsgrün und bunten Bändern, auf denen die Landleute in kostbarer Festtagstracht in die Stadt kamen. Früher hatten sie *traccas*, Ochsengespanne, mit hohen Leiterwagen, auf denen die Matratzen, weiß bezogen und mit bunten Schleifen verziert, dreifach gestapelt waren. Noch heute sieht man auf einigen Plätzen der Großstadt ganze Familien auf den geschmückten Pferdewagen. Voller Spannung und Fröhlichkeit erwarten sie den Prozessionsbeginn, später dann sitzen sie dort oben ein wenig erschöpft, den Proviant verzehrend, und sammeln Kraft zum Weiterfeiern. Die Jüngeren wetteifern im Wechselgesang oder in Stegreifversen, *andimironai*, mit Altersgenossen auf den Nebenwagen, und alle sind in Vorfreude auf das abendliche Tanzfest. Außer den Gläubigen und den kirchlichen Würdenträgern sind an den Festveranstaltungen Vertreter der Stadtverwaltung von Cagliari beteiligt. Ihre Befugnisse und Verpflichtungen sind seit altersher festgelegt. Denn es war der Magistrat der Stadt, der das Gelübde zur Durchführung der Prozession ablegte, als die Pest 1652/56 in Cagliari wütete.
Die Verehrung des Heiligen, die damals starken Auftrieb erfuhr, hatte bereits eine jahrhundertealte Tradition. Efisio war als römischer Feldherr unter Diokletian nach Sardinien gekommen, vermutlich um das Jahr 303, in dem ein kaiserliches Dekret zur systematischen Verfolgung der Christen erging. Der Lebensweg Efisios, der auch ohne die ihn umrankenden Legenden abenteuerlich gewesen sein dürfte, begann in *Aelia Capitolina*, der unter Hadrian auf den Trümmern Jerusalems errichteten römischen Kolonie. In seinem Aufstieg vom Soldaten zum Feldherrn folgte Efisio dem Vorbild des ihn fördernden Diokletian. Der Legende nach soll er kurz vor seiner Kommandierung nach Sardinien Christ geworden sein und sich auf der Insel aktiv für die Christianisierung eingesetzt haben. Er soll mehrere Einkerkerungen und Folterungen wundersam überstanden haben, dann aber in Nähe des Jupiter-Tempels der römischen Siedlung Nora enthauptet worden sein. An der Richtstätte soll im 11. Jahrhundert die kleine romanische Kirche erbaut worden sein, in deren Krypta alljährlich eine Feier stattfindet, bevor sich die Prozession nach Cagliari zurückbegibt. Wenige Jahrzehnte nach Efisios Martyrium erfolgte die Christianisierung Sardiniens unter Kaiser Konstantin, der auf der Insel als Heiliger verehrt wird.
Es gibt eine Reihe weiterer legendenumwobener Stätten, die mit dem Leben des Heiligen in Verbindung gebracht werden, z. B. in Pula oder auch eine unterirdische Anlage aus dem 2. Jahrhundert in Cagliari, die von Christen für verbotene Kulthandlungen benutzt wurde und als »Kerker des Efisio« bezeichnet wird. Nach anderen Versionen soll

heute über der Stelle im Stadtteil Stampace, an der Efisio gefangen gehalten wurde, die Kirche stehen, die seinen Namen trägt. In ihr wird die Statue bewahrt, die alljährlich in den ersten Maitagen den Mittelpunkt der Prozession bildet.

Nach dem Bild des Efisio, das die farbig gefasste, goldverzierte Holzstatue gibt, müßte man annehmen, der Märtyrer sei ein spanischer Edelmann gewesen: Das blasse Gesicht mit dunklem Schnurrbart und Spitzbart, der Riefel-Harnisch und der bauschige Rockschurz, der Umhang, durchwirkt mit einem auffallenden Blumenmuster, und die Stiefelform – nichts erinnert an einen römischen Feldherrn (Bild 10). Der Kristallschrein mit der Statue steht auf vergoldeten, mit Silberherzen und anderen Votivgaben verzierten Brettern (Bilder 3, 4).

Nach einem feierlichen Hochamt wird der Schrein am ersten Mai aus der Kirche getragen und auf einer kleinen blauen, goldverzierten Kutsche befestigt, der *cocciu*, ein Name, der aus dem Spanischen herzuleiten ist. Für das Ochsengespann der Kutsche werden Tiere mit besonders dunklem Fell ausgesucht. Sie werden eine Zeitlang auf einer eigenen Weide gehalten und dann festlich geschmückt. Orangen und bunte Wollbüschel zieren die umwickelten Hörner, ganze Sträuße aus farbigen Papierblumen, dazu bunte Quasten und Bänder schmücken Stirn und Ohren. Um den Hals liegt ein kostbares, mit Schellen besetztes Brokatband, an dem eine Glocke hängt. Die Führung der Efisio-Kutsche ist ein besonders ehrenvolles Amt, das sich vererbt. Für die Kutscherdynastie gibt es eine sehr hübsche, nur für das Fest bestimmte »Amtstracht«.

Der Festzug wird von einem Reitertrupp angeführt. Es sind Schimmelreiter in der Tracht der alten sardischen Miliz. Sie bieten mit ihren leuchtend roten Uniformen in der Maisonne ein herrliches Bild. Zu der roten, mit schwarzen Tressen besetzten, knapp geschnittenen Jacke tragen sie eine kleidsame, hohe Kappe in Form eines randlosen Zylinders. Das Weiß ihrer Pluderhosen kontrastiert zum Schwarz der Stiefel und des kurzen, weiten Röckchens. Ihre Büchsen erinnern an die Zeit, in der die Miliz den Prozessionszug auf der langen Küstenstraße nach Nora gegen Überfälle von Mauren und Seeräubern schützen mußten. Damals stellten die einzelnen Stadtteile jeweils einen, unterschiedlich ausgerüsteten Reitertrupp, dessen Eingliederung in den Prozessionszug ihrer Rangfolge entsprach: voran die Leute aus Stampace, dann die Gruppe aus Marina, nach ihr die Eskorte aus Villanova. Jeder Trupp führte seine Fahne mit und hatte einen eigenen Musikzug.

Den Schimmelreitern folgt die *Guardiania*, die »Erzbruderschaft vom Banner des S. Efisio«, die früher den Namen »sa Germandâdâ de su Rescattu« trug. Der hohe Rang und verschiedene Privilegien waren der Bruderschaft 1796 verliehen worden, nachdem sie sich – unter Mitführung der Efisio-Statue – 1793 während der Belagerung Cagliaris durch die französische Flotte im Kugelhagel bewährt hatte. Ihre Mitglieder sind heute in Frack und Zylinder und tragen am Rockaufschlag als Zeichen ihrer Würde eine Kokarde in den Farben der Erzbruderschaft. In ihrer Mitte nehmen der Kaplan und ein Repräsentant der Stadt Cagliari, dem alle Vollmachten und die Verantwortung für die Festveranstaltungen übertragen sind, an der Prozession teil. Auf den Vertreter der Stadt sind Amt und Titel eines *Alter nos* übergegangen, die einst dem Delegierten des Vizekönigs von Spanien zustanden. Das Kennzeichen des *Alter nos*, ein breites dreifarbiges Ordensband mit vielen Medaillen, ist auf Bild 10 zu sehen. Es schmückt den Polizeipräsidenten von Cagliari, der gerade die Statue des Efisio trägt. Oft übernimmt einer der Ratsherren von Cagliari die Pflichten eines *Alter nos*, der außerdem noch dem Dekan des Metropolitankapitels zu assistieren hat. Dem Dekan gebührt die Ehre, im Festzug direkt hinter der Kutsche mit der Efisio-Statue einherzugehen, die umringt ist von laternentragenden Waisenkindern. Der Kutsche folgen dann der Bürgermeister und die Stadträte von Cagliari, nach ihnen eine Gruppe von Launeddas-Spielern in sardischer Tracht (Bild 143). Sie spielen abwechselnd Kirchenlieder und Hirtenweisen, ohne allzu genau auf die Akkorde zu achten. Den Flötenspielern schließen sich in lockerer Folge Trachtengruppen und andere Teilnehmer aus dem Volke an, darunter jetzt nur noch wenige, in sich gekehrte Bußfertige, wie sie La Marmora noch 1860 in ihrer Hingabe und Versenkung bewunderte.

Vieles hat sich seither geändert. Doch wie einst drängen sich die Menschen auf der Straße und an den Fenstern, um den Festzug zu sehen. Zunächst zieht er von der Kirche aus durch den mittelalterlichen Stadtteil, dann durch das Zentrum Cagliaris, über die Piazza Yenne, den Corso Vittorio Emanuele und die Via Sassari, zur Via Roma, zum Hafen (Bild 4). Wenn er von hier in die lange Viale La Plaia einbiegt, bleibt bereits ein Teil des Geleits zurück. Nach einem Gesamtweg von drei Kilometern macht der Prozessionszug bei der Brücke von Scaffa halt. Offizielle Festteilnehmer verlassen die Prozession. Zwischen Meer und Lagune, am Beginn der Chaussee nach Pula und Nora, wird »Efisio« für den langen Weg zu seiner Richtstätte vorbereitet. Die Statue wird in einem kleinen Kirchlein in ein einfaches Gewand gehüllt, die kostbare goldene Kutsche gegen ein einfaches, weniger reich geschmücktes Ochsengespann getauscht (Bild 5). Nora wird erst am zweiten Tage erreicht. Unterwegs macht der Prozessionszug an ländlichen Kapellen und an Gutshöfen Station, an denen die Statue von der Landbevölkerung umringt wird. Jedermann will sie berühren, und es ist für den *Alter nos* nicht leicht, die Statue heil durch das Menschengedränge vom Wagen in die Kapelle zu bringen (Bild 10). An den Wegstationen werden Gebäck und Süßigkeiten, *dolce sardo*, verteilt. Auf einem Landsitz, der Villa d'Orri, einem 1830 gegründeten Mustergut, bleiben die Prozessionsteilnehmer über Nacht. Am anderen Tage wird der Zug in Sarroch und Pula feierlich

begrüßt, und, bevor es weitergeht, werden Messen gehalten. An und in der kleinen Kirche S. Croce bei den Grabungsstätten von Nora finden dann die Hauptfeierlichkeiten statt: Während der Prozession wird die Efisio-Statue, nun ohne Schrein, von den Gläubigen auf der Schulter getragen; gesammelt und andächtig folgen ihr Landleute und Pilger – hier, in der Ruhe der Meeresbucht (Bild 11). In der Nähe des Kirchleins hat die Erzbruderschaft ihre *Casa della Guardiania*, in der sie ein Festessen für alle Prozessionsteilnehmer veranstaltet. Die Erzbruderschaft, die reich begütert ist, viele Ländereien und Herden besitzt, verteilt in diesen Tagen auch Geldspenden an die Armen.
Auf dem Rückweg wird die Efisio-Statue vor dem Erreichen der Stadt wieder in ihre Festtagstracht gekleidet. Auf ihrer goldenen Kutsche hält sie Einzug in das festlich erleuchtete Cagliari. Mit dem Segen, den der Dekan bei der Rückkehr der Statue in der Efisio-Kirche erteilt, schließt der sakrale Teil des Festes.

5 Tracht der Bäckerinnen von Cagliari

Während die Alltagstrachten heute auf Sardinien kaum noch zu sehen sind, kann man die Festtagstracht der einzelnen Ortschaften während der großen Feste bewundern. In Reichtum und Schnittform ist sie jenen spanischen Trachten ähnlich, die man von den Balearen her kennt.
Die Tracht, die hier von drei Frauen im heiratsfähigen Alter, *picciocas bagarias*, getragen wird und heute als typische Frauentracht von Cagliari gilt, war einst die Festkleidung der Bäckerinnen, *su bistiri de sa panattera*, des Stadtteils Villanova, der die Städter mit Brot versorgte.
Ein dreieckiges purpurnes Seidentuch mit breiten silbergestickten Blumenmotiven am Rande, *sa mantilla*, wird über einem kleinen Häubchen, *su cambusciu*, getragen und ist der Blickfang der Tracht. Ältere Frauen nehmen ein violettes oder grünes Tuch mit Fransen, *su sciallu*. Der lange blaue Rock ist in schmalen Falten weit ausgestellt, darüber ist eine große weiße Spitzenschürze, *su deventali*, gebunden, auf der sich das Blumenmuster wiederholt.
Eine Besonderheit sind die zur Tracht gehörenden Ohrringe, *lorigas a palia*, in Form eines Schiebers, wie er früher beim Brotbacken benutzt wurde. Im Wappen von Villanova ist ein Backofen, und im Volksmund heißt es, die Leute aus Villanova brächten es fertig, sogar das Kruzifix in den Ofen zu schieben.

6 Festtracht der Männer von Teulada

Die Männer aus Teulada, die sich alltags vorwiegend mit Ackerbau und Weidewirtschaft beschäftigen, fallen während des Efisio-Festes durch ihre Tracht auf, die sich von den anderen Trachten der Sarden stark unterscheidet. Man sieht verhältnismäßig viele Festteilnehmer aus Teulada, weil das stattliche Dorf (5600 Einwohner) nicht weit von Cagliari entfernt ist. Das Dorf, in dessen Umgebung sich heute »Leute vom Kontinent« nach Zweitwohnungen umsehen, verdankt sein Wachstum den Seeräubern. Im Mittelalter zogen sich die Bewohner der alten Hafenstadt Tegula im Tal des riu Leonaxi, das heute versumpft ist, von der Küste zurück und suchten Schutz in dem landeinwärts gelegenen Teulada. Das Gelände war seit alten Zeiten besiedelt. Westlich von Teulada fand man an den Hängen einer nur 27 m hohen Erhebung Reste aus der Nuraghenzeit und Ruinen aus den Epochen der punischen, römischen und byzantinischen Herrschaft.
Die Tracht der Männer von Teulada ist spanischer Herkunft. *su sumbreri* nannte man früher den großen grauen Filzhut, den man im Sulcis an Stelle der *berritta*, der sardischen Ziegenhaarmütze, als Sonnenschutz trägt. Er hat eine breite, ziemlich steife Krempe und heißt heute *su cappeddu a faldas ladas*.
Nacken und Gesicht werden durch einen hochstehenden, enganliegenden breiten Hemdkragen, *su collettu*, geschützt. Eine seitlich offenstehende Wollweste, *cossettu*, ist mit bunten Steppereien und Seidenapplikationen reich verziert und hat Silberknöpfe, *buttonis de prata*. Ihre Farbenpracht und der am Hemd getragene Schmuck, *giunchiglius*, heben sich gut von der kurzen, losen schwarzen Lodenjacke aus Ziegenhaar, *gipponi*, ab, deren Umschläge vorn und an den Manschetten rot abgefüttert sind. Die Jackenkanten sind mit einer grünen Borte eingefaßt. Ein robuster Ledergurt, *su xinteddu a quattru*, hält die Weste und die weiten schwarzen, rockartigen Hosen aus Ziegenhaar-Loden zusammen, unter denen die Spitzenkante von weißen Hosen hervorschaut. Die groben schwarzen Wollgamaschen, *crazzas*, unter den weißen Hosen und die schwarzen Lederschuhe, *sabattas*, unterstreichen noch einmal den Kontrast von Jacke und Hemd.
Diese Tracht, *su bistiri*, zeugt von Geschmack und Farbenfreude. Sie verleiht dem Träger eine gewisse Würde, wie das Bild des Mannes bestätigt, der seine geliebte Pfeife, *pipa alluttonada*, raucht.

7 Junges Mädchen aus Nuoro beim Anziehen der Festtracht

Ein wenig versonnen und in sich gekehrt bereitet sich das Mädchen aus Nuoro auf den Festtagszug der Efisio-Feier in Cagliari vor, ein brünetter Typ mit leicht gelocktem, dunklem Haar, länglichem Gesicht und vollen Lippen.
Das Mädchen steckt gerade ihre Manschettenknöpfe ein, die zu den goldenen Kragenschließen passen. Gut sind die Spitzenrüschen an den Pluderärmeln und am Ausschnitt sowie die Spitzenblende an der Vorderkante der Bluse zu erkennen.

8 Frauentracht aus Samugheo

Von allen Trachten Sardiniens wird die Festtracht der Frauen aus Samugheo, einem Ort von 4000 Einwohnern im

Osten der Provinz Oristano, wegen ihrer ganz besonderen Form am häufigsten im Bilde festgehalten und wiedergegeben. Immer wieder wird sie von Künstlern als Modell gewählt.

Charakteristisch für diese Tracht ist die Eigenart der Kopfbedeckung, die in ihrer flachen, breiten Form an die Krempe einer Dachpfanne erinnert. Ein blumendurchwirktes, kastanienfarbenes Kopftuch wird über einer Art breitem Mützenschild, das mit Blumen bestickt ist, gefaltet, seine Zipfel fallen wie Zöpfe über die Wangen auf die Brust. Über diesem braunen Tuch wird noch ein schmaleres dunkelgrünes Tuch getragen.

Die eng anliegende weiße Bluse, deren lange weite Ärmel am Handgelenk geknöpft sind, wird unterhalb der Brust durch ein schmales bordeauxrotes Mieder aus Atlasbrokat gehalten. Das Mieder ist in der Taille mit dem Rock durch ein braunes Band verbunden, das mit bunten, stilisierten Blumen bestickt ist. Der Rock ist unten von einem breiten Plisseestreifen in Grün oder in einer anderen Farbe gesäumt. Über dem Plisseestreifen ist die glatte Rockkante – ähnlich wie bei Trachten von Busachi – in Mustern und Farben bestickt, die für die einzelnen Familien typisch sind, in der Art, wie man es bei den Kilts der schottischen Clans findet. Zur Tracht gehört noch eine im Ton des Rocks gehaltene Schürze, die mit einem breiten grünen Seidenband eingefaßt ist und durch bunte Blumenstickereien farbenfroh wirkt.

9 Festtracht von Ittiri

Typisch für die Tracht von Ittiri ist das Mieder, das vorn hellrot, auf dem Rücken weiß und mit Blumen bestickt ist. Die Ärmel des Jäckchens haben schwere Gehänge, Kugeln in Silberfiligran. Das feine Spitzenmuster des Kopftuches wiederholt sich in der zarten weißen Schürze. Der plissierte Rock ist mit Seide und Brokat besetzt. Besonders reich ist der Gold- und Korallenschmuck.

12 *Cagliari, S. Saturno (heute SS. Cosma e Damiano), Blick in die Kuppel*

5. Jahrhundert

Die aus dem 5. Jahrhundert stammende Kuppel von S. Saturno und Teile von S. Giovanni in Sinis (Bild 41) sind die ältesten Zeugnisse frühchristlicher Baukunst auf Sardinien. Für den zentralen Kuppelbau und die ostwärts gerichtete Apsis der Kirche S. Saturno, deren Bombenschäden aus dem Jahre 1943 beseitigt sind, findet sich im Mittelmeerraum kaum Vergleichbares.

Über dem Grabe des Saturno, eines im Jahre 304 getöteten Märtyrers aus Cagliari, wurde eine Basilika errichtet. In ihrer Nähe hatte 517 und erneut 523 Fulgentius, Bischof von Ruspe, ein Verteidiger von Augustins Gnadenlehre, ein Kloster angelegt, als er zusammen mit vielen anderen afrikanischen Bischöfen vom Wandalenkönig Thrasamund nach Sardinien verbannt worden war. An der Stelle dieses Klosters erbauten Benediktiner aus der Abtei Saint Victor in Marseille, zu jener Zeit einer der bedeutendsten Reformabteien des Abendlandes, 1094 ein neues Kloster. Sie verfügten auf Sardinien über umfangreiche Ländereien und sorgten auch dafür, daß S. Saturno erhalten und erweitert wurde. Damals entstand die Form der Kirche, die noch heute als Grundstruktur zu erkennen ist. Sie trägt Züge der romanischen Baukunst der Provence: Langhaus, zwei Seitenschiffe, runde Apsiden, Blendarkaden an den Portalen und Fassaden, Zwerggalerien an der mittleren Apsis. Der Erweiterungsbau wurde 1119 abgeschlossen.

Die Kuppel ruht auf Vierungspfeilern, deren oberen Abschluß Marmorkonsolen mit byzantinischen Ornamenten bilden. Vier breite Gurtbögen erheben sich über den Kuppelpfeilern. Den Übergang zum Rund der Wölbung bilden segelartig gewölbte Trompen aus kleinen Kalksteinen. Aus dem gleichen Material ist die in konzentrischen Kreisen gemauerte Kuppel. Ursprünglich befand sich in der Wölbung ein Mosaik, umrahmt von der Inschrift: Deus qui incoasti perfice usque in fine – Gott, der Du es begonnen hast, bringe es schließlich zur Vollendung.

Den oberen Teil der Vierungspfeiler bilden Marmorplatten, die mit frühchristlichen byzantinischen Motiven verziert sind. Das Dekor ist vermutlich erst bei einer Restaurierung im 11. Jahrhundert eingefügt worden.

13 *Tratalias, S. Maria, Tympanon des Nordportals*

13. Jahrhundert

Das Relief der zwei Fabeltiere über dem Nordportal von S. Maria in Tratalias ist ansprechend in seiner Lebendigkeit und hebt sich durch seine flache Form von der Struktur der Fassade stark ab. Es ist vermutlich 1234 nachträglich in den von einem Spitzbogengesims überwölbten Türsturz eingearbeitet worden.

Hier wie auch an anderen Teilen der Kirche sind Anklänge an gotische Stilelemente festzustellen. Am auffallendsten sind sie im Obergeschoß der halbkreisförmigen Apsis; das lange Hauptschiff und auch die schmalen, durch achteckige Pfeiler abgetrennten Seitenschiffe erwecken gotisches Raumempfinden.

S. Maria wurde 1213 erbaut – in einer Phase des Übergangs von der Romanik zur Gotik, in einer Zeit, als Pisa hier im Sulcis und im benachbarten Iglesiente das politische und wirtschaftliche Leben bestimmte.

Den Rang einer Kathedrale für die Diözese Sulcis, den die Kirche 1213 erhielt, mußte sie 1503 an S. Chiara in Iglesias abtreten, als Papst Julius II. den Bischofssitz dorthin verlegen ließ. Noch heute befindet er sich in dieser Stadt, die in ihrer Einwohnerzahl (1971: 28000) inzwischen von der 1938 gegründeten nahegelegenen modernen Bergarbeiterstadt Carbonia (1971: 30600) überflügelt wurde.

14 *Bronzemodell eines Nuraghen mit fünf Türmen*

Höhe einschließlich des Ständers 25,8 cm. 8./7. Jahrhundert v. Chr. Fundstätte: Brunnenheiligtum Camposanto, Olmedo. Nationalmuseum G. A. Sanna, Sassari

Das Modell einer Nuraghenfestung ist das erste, hier gezeigte Bild der zahlreichen Bronzeplastiken, die aus der Blütezeit der Nuraghenkultur stammen. Es wurde bei Ausgrabungen eines Brunnenheiligtums gefunden und diente wahrscheinlich als Votivgabe.

Vergleicht man das Modell mit dem Grundriß des Innenbezirks der Festung Su Nuraxi (Abb. 3), erkennt man, wie sehr es in den Grundzügen mit Festungsanlagen der Nuraghenzeit übereinstimmt. Die Basis des Modells ruht auf fünf Stützen. Der Festungsbau wird durch ein Bronzerechteck wiedergegeben, das sich nach oben verjüngt, in der Mitte einen hohen Turm und an den Kanten vier säulenförmige, wesentlich niedrigere Ecktürme zeigt. Alle fünf Türme sind mit winzigen runden Brüstungen bekrönt, mit denen die Brustwehr der Wehrgänge angedeutet wird. Der Fries an der Oberkante der geraden Seitenflächen, der aus einem Relief dicht aneinandergereihter, vertikaler Keile besteht, erinnert an vorkragende Wehrgänge mit Maschikulis.

Das Modell wirkt ausgewogen in der Form, harmonisch in der Aufteilung der Flächen und ist in seiner Symmetrie ein gelungenes Kunstwerk.

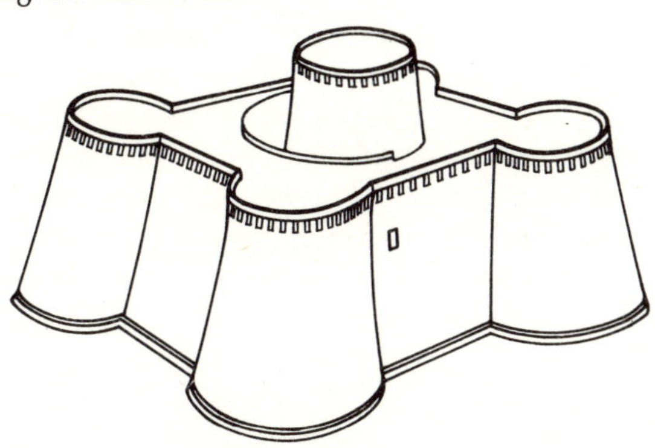

Abb. 3 Modell der Festungsanlage Su Nuraxi bei Barumini mit dem alles überragenden älteren Zentralturm (Rekonstruktion von G. Lilliu)

15 *Sarroch, Domu s'Orku, Haus des Orkus*

16.–15. Jahrhundert v. Chr. und 9.–8. Jahrhundert v. Chr.

Eine wichtige Station der Efisio-Prozession auf dem Wege von Cagliari nach Nora ist Sarroch. Südöstlich der Ortschaft liegen auf einem 107 m hohen Hügel zwei, zu verschiedenen Zeiten errichtete Nuraghenbauten, die den Küstenstreifen sichern sollten. Als der jüngere Bau und ein Festungshof angelegt wurden – vermutlich im 9.–8. Jahrhundert v. Chr. –, war dieser Teil der Insel bereits von fremden Eroberern bedroht. Im nahen Nora (Bilder 18, 19) hatten sich schon Phöniker niedergelassen.

Die Eingänge der beiden Nuraghentürme sind einander zugewandt. Man schaut hier aus dem Innenraum des jüngeren Turms durch dessen Eingang auf den Durchgang zum älteren Turm, dessen Tor im Hintergrund zu sehen ist. Der Hauptzugang zu der jüngeren Festungsanlage befindet sich im Südsüdosten des trapezförmigen Hofes.

Der Eingang des jüngeren Turms ist spitzbogenförmig, die Steinquader der Seitenwände sind in Richtung auf die Decke hin abgeplattet. Über dem Architrav des Eingangs eines jeden der beiden Türme kann man die Entlastungsöffnung erkennen. Das Mauerwerk wirkt archaisch. In »polygonaler Technik« sind die gewaltigen Steinblöcke aus Granitporphyr ohne Bindemittel aufeinander geschichtet. Als Abschluß und an den Außenmauern des Festungshofes wurden glatt behauene Steine verwendet, um das Erklimmen der Mauern zu erschweren. An der Innenmauer des Hofes sind Sitze aus Stein. Eine Nische, als Feuerstelle dienend, befindet sich an der dem Eingang gegenüberliegenden Stelle der Hofmauer.

Die Mauern des jüngeren Turms sind rund zweieinhalb Meter dick. Das Innere der beiden Nuraghentürme ist in der Raumwirkung ähnlich: schmal und sehr hoch, nach oben hin leicht gewölbt.

Die gekuppelte Rotunde des älteren Turms hat einen Durchmesser von 3,75 m und eine Höhe von 8,10 m, sie besitzt einen nischenförmigen Schlupfwinkel und einen etwas höher gelegenen Treppenzugang. Von hier aus gelangt man über die innerhalb des Mauerwerks gelegene Treppe zur Dachplattform. Der Innenraum des jüngeren Turms mit einem Durchmesser von 4,40 m hat ein unechtes Gewölbe mit einer Höhe von 10 m.

Bei den Grabungsarbeiten fand man außer Schleudergeschossen und Scherben von Terrakottavasen auch Steintiegel zum Einschmelzen von Metallen, Bronzewerkzeuge, Kohlenasche und Gußreste. Man schließt daraus, daß hier noch eine Werkstatt in Betrieb war, als man die Festung verteidigen mußte.

16 *Oblatenform*

Terrakotta, Durchmesser 9,5 cm. 3.–2. Jahrhundert v. Chr. Fundstätte: Nora – punische Siedlung. Archäologisches Nationalmuseum Cagliari

Im Umkreis der Ruinen antiker Küstenorte – Nora bei Pula, Sulci (S. Antioco), Tharros am Golf von Oristano – und auch an einigen landeinwärts gelegenen Grabungsstätten wie Su Nuraxi bei Barumini fand man häufig tellerförmige Terrakottaplatten, in die auf einer Seite Muster eingeprägt waren. Nach deren Motiven unterscheidet man drei Grundformen: Platten mit geometrischen oder pflanzlichen Reliefs, Platten mit Reiterfiguren und solche mit stilisiertem Gorgonenhaupt.

Die abgebildete Platte aus spätpunischer Zeit zeigt das Gorgoneion gleich dreifach, in Kleeblattform angeordnet. Zwischen den Gesichtern in den ausgesparten Dreiecken erscheint jeweils ein stilisiertes asymmetrisches Menschenantlitz. Die magische Wirkungskraft der Darstellung sollte wahrscheinlich durch die Anwendung der numinosen Zahl drei erhöht werden.

Diese Teigform diente offenbar nicht – wie solche Formen sonst – zum Backen von Votivoblaten für festliche Opfer, sie wurde vermutlich als Amulett, als Hüter des Heimes, zu Hause bewahrt oder als Grabbeigabe benutzt.

17 *Glieder einer punischen Halskette mit Masken aus polychromer Glasmasse*

6,5 cm, 4./3. Jahrhundert v. Chr.
Archäologisches Nationalmuseum Cagliari

Hohen Grad handwerklichen Könnens verrät eine besonders schöne und interessante Halskette aus der letzten Phase punischer Machtentfaltung. Sie muß aus Karthago nach Sardinien gelangt sein und wurde in der punischen Nekropole Funtana Noa bei Olbia im Kammergrab 24 gefunden. Im gleichen Grab entdeckte man einen griechischen Bronzespiegel, eine kleine Münze und einige von ortsansässigen punischen Töpfern gearbeitete Terrakottavasen.

Die achtzehn Glieder der Halskette bestehen aus farbigem Glas und *pasta vitrea* und zeigen orientalische Inspirationen verschiedener Varianten. Die Tendenz zur Abstraktion und die Farbenfreudigkeit weisen eindeutig auf semitischen Einfluß hin. In den einzelnen Teilen des Halsschmucks sind dargestellt: ein Frauenkopf; die Köpfe eines Widders und eines Hahns; zwei zylindrische Perlen mit magischen Augen in Form von kleinen Kügelchen; vier runde Perlen mit schalen-, kreis- oder strahlenförmigen Einschnitten; vier zylindrische Perlen mit einer Blattmuster-Zeichnung; ein Amulett mit dem großen Auge der Isis; schließlich vier kleine Männermasken, von denen hier drei gezeigt werden.

Mit seinem lebhaften Farbenkontrast offenbart der Halsschmuck Phantasiereichtum und Daseinsfreude. Als man die Kette ihrer Trägerin, vermutlich einer Dame aus den oberen Gesellschaftsschichten, ins Grab mitgab, sollte die magische Wirkung der einzelnen Symbole wahrscheinlich Schutz gegen böse Geister bieten und ein Weiterleben nach dem Tode verheißen.

18, 19 *Nora, Römisches Theater und Bodenmosaik des Frigidariums der Großen Therme*

2./4. Jahrhundert

Am Kap von Pula, südlich einer ausgedehnten, altarförmigen Erhebung, die im 5. und 4. Jahrhundert v. Chr. der karthagischen Göttin Tanit geweiht war, lag eine punische Siedlung. Auf ihren Mauerresten entstand zur römischen Kaiserzeit die Küstenstadt Nora, deren Ruinen in den Jahren 1952 bis 1955 auf einer Fläche von zwei Hektar ausgegraben wurden. Unter den vielen öffentlichen und privaten Gebäuden der römischen Stadt Nora, die man außer den hier gezeigten, dem Theater und einer Therme, fand, sind zu erwähnen: Das Forum am Meer – an der Stelle des punischen Marktplatzes –, zwei weitere Bäderanlagen, Atriumhäuser mit vier Säulen und Mosaikfußböden aus dem 2.–3. Jahrhundert n. Chr., dann ein Tempel mit sechs Säulen, Cella und Kultbild sowie ein großartiger Terrassentempel auf den Fundamenten eines punischen Heiligtums des 4.–3. Jahrhunderts v. Chr.

Das Freilichttheater der römischen Stadt ist eins ihrer eindrucksvollsten Bauwerke. Auf einem Küstenvorsprung herrlich gelegen, entstand es Anfang des 2. Jahrhunderts zur Zeit Trajans. Zu Beginn des 4. Jahrhunderts wurde es unter der Regierung von Maxentius restauriert und umgebaut. Das Theater war ursprünglich als Odeon angelegt, das mit Zeltplanen geschlossen werden konnte. Der Halbkreis der Zuschauerplätze, *cavea,* umrahmt mit den Reihen aus Trachytstufen die *orchestra,* das mit einem Bodenmosaik geschmückte, ebene Halbrund vor der Bühne. In der Mitte des Mosaiks, das von einem Rand aus farbigem Marmor eingefasst ist, fällt ein ausgespartes Stück auf. Hier hat vermutlich das Podest für eine Musikantengruppe gestanden. Auf der rechten Seite des Bildes ist ein kleiner Teil der *skene,* des Bühnengebäudes, zu sehen mit der Rampe, die von gebogenen und viereckigen Nischen unterbrochen wird. An den beiden Rampenenden führt jeweils ein Treppchen in einer Nische zum *pulpitum* oder *proskenion,* zu der Bühne. Zwischen dem Seitenteil des Bühnengebäudes und den Zuschauerplätzen sieht man einen der beiden *parodoi,* einen der seitlichen Bogeneingänge, durch die prominente Besucher ihre Orchesterplätze erreichten. Die übrigen Zuschauer hatten in ihren nach Süden gerichteten Sitzreihen gleichzeitig eine Aussicht auf das Meer.

Noch heute sind die Fugen für Holzbalken des Gerüstes zu erkennen, das das *proskenion,* den Bühnenteil für den Auftritt der Schauspieler, trug, ferner Mauerreste seines Hintergrundes, der *scaenae frons,* und der drehbaren Kulissen eines jeden *paraskenions,* der beiden Seiteneinfassungen. Abgestützt wurde dieser gesamte Aufbau durch die Ziegelpfeiler des darunterliegenden *hyposkenions.* Erhalten sind auch ein kleiner Raum für Bühnenausrüstungen und einige Stützen für den Vorhang.

Die Außenmauern des Theaters bestehen aus Natursandstein, in den Ziegelsteine eingelassen sind. Das Außenrund der *cavea*, des Halbkreises der Zuschauerplätze, wurde einst durch zwei Querreihen bogenförmiger Nischen mit Marmorgesimsen gegliedert. Sie beleben den stattlichen Bau und geben ihm etwas Beschwingtes. In den Bogennischen waren Erfrischungs- und Verkaufsstände für die Zuschauer, die von außen her über drei Treppen zu ihren Sitzen gelangten. Die zur Straße hin gerichtete Fassade des Bühnengebäudes, *porticus post scaenam*, war mit Säulen geschmückt, von denen zwölf Basen erhalten sind.
Die Therme – vermutlich aus dem 2./3. Jahrhundert –, in der das hier gezeigte Mosaik gefunden wurde, war in der Nähe eines Brunnenhauses auf punischen Fundamenten aus Sandstein errichtet worden. Das Mosaik bedeckte den Boden des zentral gelegenen Abkühlraumes, *frigidarium*, dessen Dachmitte einen Luftschacht hatte und an dessen Westseite sich das *tepidarium*, das Warmluftbad, und das *caldarium*, das Heißwasserbad, anschlossen. Auch jene beiden Thermenräume waren großzügig geschnitten und elegant eingerichtet, jedoch etwas weniger prunkvoll ausgestattet als das *frigidarium*. Dieses, an das sich seitwärts ein Schwimmbecken anschloß, war als Ruhe- und als Wandelhalle der meistbesuchte Raum der Therme und hatte außer dem Bodenmosaik prächtige Wandgemälde. Linienführung und Farbenreichtum des für Thermen typischen Mosaikmotivs ahmen die Lichtbrechung im Wasser nach und erwecken den Eindruck, als bewegten sich die Wellen. Die Bodenheizung erfolgte über die tragenden Backsteinpfeiler, *suspensurae*, in deren Hohlziegel, *tegulae mammatae*, Dampf geleitet wurde.

20, 21 *Carloforte, Thunfischfang*

Mattanza – den Höhepunkt des Thunfischfanges in einem Kammersystem von Netzen, der *tonnara da posta*, zeigt Bild 20. Die Thunfische sind in die Todeskammer gelangt, und zum erstenmal in diesem Jahre werden hier die ausgelegten Netze gehoben, ein Ereignis, das zu den großen Festtagen Sardiniens zählt. Nur den *foratici*, den Männern in den beiden Booten zwischen den sich drängenden Fischen, bleibt die *mattanza* vorbehalten, das Harpunieren des Thunfisches mit dem an einem langen Stock befestigten eisernen Haken. Umfangreiche Vorbereitungen gehen diesem blutigen Schauspiel voraus, dessen Verlauf von einem einzigen Fischer, der absolute Befehlsgewalt besitzt, gelenkt wird. Es ist der *rais*, dessen Autorität auf Grund seiner bewährten Einsatzbereitschaft und Tapferkeit von allen Beteiligten bedingungslos anerkannt wird.
Ende April müssen die Netze hergerichtet und die übrige Ausrüstung überholt und erprobt sein, damit der *rais* am 3. Mai die Stelle der *tonnara* bestimmen kann, den Bereich, in dem die einzelnen Fangkammern durch Verankern von Netzen gebildet werden sollen. Der Grundriß des Netzsystems wird zunächst mit Seilen, *intitole*, markiert. Am folgenden Tage ziehen zahlreiche Boote aus, um die großen Netze zu Wasser zu lassen und in rund 50 m Tiefe zu verankern. Der Verlauf der einzelnen Kammern und der beiden im rechten Winkel zu ihnen verankerten langen Netze wird an der Wasseroberfläche durch Seile und Korken gekennzeichnet. Das Kammersystem erschwert den Thunfischen, aus den Netzen ins freie Wasser zurückzufinden. Die langen Netze werden der Strömung entsprechend hier meist in nordsüdlicher Richtung ausgelegt, das eine, *coda* genannt, von der Mitte der Kammern nach Süden, in die Richtung, aus der die Thunfische zu kommen pflegen, das andere, *codardo*, vom Ostrand der Kammern nordwärts, hinaus ins offene Meer. Es soll ein Ausweichen des Fischschwarms verhindern. An der *coda* entlang werden die Fische nordwärts in die größte von sieben Kammern gelenkt, die ständig offen steht. Die Namen dieser Kammern sind von Ost nach West: *camera di levante* (Ostkammer), *bardonale di levante* (Ostbardonale), *camera grande* (große Kammer), *bardonale di ponente* (Westbardonale), *camera bastarda* (falsche Kammer), *camera di ponente* (Westkammer), *camera della morte* (Todeskammer).
Die *mattanza* kann bereits am Tage nach dem Verankern des Netzwerks stattfinden, wenn das Meer nicht allzu bewegt ist und die Netze gefüllt sind. Der Termin wird von dem *rais* festgesetzt. Auf sein Kommando hin begeben sich die Fischer in ihren Booten zu den Kammern. Sie bilden dort um die Todeskammer ein Karree, in dem sich nun der *rais* und die *foratici* in ihren beiden Booten, dem *caporais* und dem *palischelmo*, bewegen. Nach Kontrolle aller Sicherheitsvorkehrungen wirft der *rais* einen mit einem Ziegenfell umwickelten Steinbrocken in die Todeskammer. Die Wellen schlagen hoch, Furcht und Unruhe verbreitet sich unter den Fischen, während die Westkammer langsam geschlossen wird.
»*Sarpa*«, befiehlt der *rais*, und das schwere Netz wird von den Fischern, deren Boote die Kammer säumen, hochgezogen. Der *rais* ruft »*ammazza*« – stecht los –, und ein grausiges Schauspiel beginnt, das von Schreien der Fischer und der Zuschauer begleitet wird. Die Thunfische werfen sich gegeneinander, das Wasser schäumt und färbt sich rot. Dann setzt die *mattanza di terra* ein. An Seilen werden die getöteten Fische an einen überdachten Platz, *marfaragi*, geschleift (Bild 21). Hier schlägt man ihnen die Köpfe ab, bevor man sie ins Lagerhaus, *tancato*, befördert. Man bindet ihnen einen Strick, *dogali*, um den Schwanz und hängt sie an Haken. Später werden sie verkauft oder an Ort und Stelle weiterverarbeitet. »Jeder Thunfisch wird beim Einsalzen, Trocknen oder Marinieren in dreißig Theile getheilt, die man durch eigene Namen unterscheidet, und die auch an Güte und Preis verschieden sind. Das delicateste und theuerste Stück des ganzen Fisches ist der Magen desselben. In diesem Urtheile stimmen die jetzigen Gourmands mit denen der Alten überein, die ebenfalls äußerst

lüstern nach diesem Leckerbissen waren, ihn außerordentlich theuer bezahlten, und sogar den Göttern als ein seltenes Opfer vorsetzten. Nichts geht von diesem kostbaren Thiere verloren, das in der Hinsicht wirklich das Schwein des Meeres genannt zu werden verdient. Außer dem Thran, der von selbst aus den fetten Theilen des Thieres abfließt, schmelzt man ihn noch aus den Knorpeln, Gräten und Flossen. Dieser Thran wird zum Anstreichen der Fahrzeuge, zur Bereitung grober Tuche und von den Gerbern zur Lederbereitung gebraucht«, schrieb Hoerschelmann vor 150 Jahren (S. 402).*

Von Zeit zu Zeit müssen die *mattanza*-Plätze verlagert und neue Fischgründe gesucht werden. Als Cala Vinagra im Nordwesten der Insel S. Pietro aufgegeben werden mußte, ortete man neue ergiebigere Gründe bei La Punta an der Nordostspitze der Insel und vor der ihr vorgelagerten Insel Piana sowie weiter ostwärts vor der Küste von Portoscuso. Für die Bewohner von Carloforte, der einzigen größeren Ortschaft der Insel (7300 Einwohner), bilden die Erträge des Thunfischfanges und des zum Teil damit verbundenen Fremdenverkehrs eine wesentliche Ergänzung zu ihren Einnahmen aus der Landwirtschaft.

Carloforte hat eine eigenartige Geschichte. Der Ort wurde unter König Carlo Emanuele I., der ihm den Namen gab, auf dem Reißbrett entworfen. In der ersten Hälfte des 18. Jahrhunderts wurde er von Genuesern erbaut, die den Savoyern treu ergeben waren und von Tunesien aus, von der kleinen Insel Tabarca vor der Hafenstadt gleichen Namens, nach S. Pietro übersiedelten, nachdem das Haus Savoyen im Tausch gegen Sizilien die Herrschaft in Sardinien übernommen hatte. Der Ort hatte 1868 – nach Maltzan – »ganz das Aussehen eines jener zahlreichen Hafenorte der Riviera von Genua, die Häuser glichen den italienischen, die Bewohner kleideten sich wie europäische Fischer« (S. 183).

Die »Genueser« von Carloforte bewahrten ihre Sitten und ihre Sprache bis in unsere Tage. Sie gelten als eine echte Minorität innerhalb der Region Sardinien.

In den letzten Jahren ist die hier beschriebene Form des Thunfischfangs selten geworden, sie wird durch neue Methoden ersetzt:**

1. Von rund 70 m langen Spezialbooten werden große Netze in 50 m Tiefe ausgelegt, die dann mit einem Stahlseil zusammengezogen werden; die Thunfische werden, wie früher, mit Haken gehievt – *tonnara a recinsione.*
2. Man benutzt große, in 5 m Abstand an einem Seil befestigte Schwimmer als Köder und holt die Fische in der früher üblichen Weise an Bord – *palamite.*
3. Man täuscht das Erscheinen großer Sardinenschwärme vor, indem man an der Wasseroberfläche durch starke Wasserstrahlen Luftblasen erzeugt. Der Fang erfolgt dann mit Spezialfangseilen – *sistema spruzzo.*

* Zitat v. Hrsg. eingefügt

** Zusatz des Hrsg.

22 *S. Antioco, Wohnungen in Grabkammern einer punisch-römischen Nekropole*

In der Nekropole der antiken Hafenstadt Sulci, in deren Bereich heute S. Antioco mit 11300 Einwohnern der größte Ort der Insel gleichen Namens ist, besitzt die Benutzung von Grabkammern als Wohnstätten eine lange Tradition. Schon La Marmora vermerkt in seinem Reisebericht aus der ersten Hälfte des 19. Jahrhunderts, daß diese Kammern am Osthang des Fortino-Hügels »von armen Leuten bewohnt werden« (Itinéraire de l'Ile de Sardaigne, Turin 1860, Bd. 1, S. 275).

Das Bild zeigt den Eingang zu einer solchen Wohnung in einem früheren Kammergrab. Das Grab war in der Zeit der Karthager in einem großen Stollen angelegt worden, den man in das Trachytgestein vorgetrieben hatte. Neben dem Eingang, der später erweitert wurde, sieht man einige Haushaltsgeräte, auch Kistenreste, für das Herdfeuer bestimmt. Hygienische Einrichtungen fehlen. Mit einem Hufeisen wollen sich die armen Menschen, die hier wohnen, gegen den bösen Blick schützen.

23 *Mühle, von einem Esel getrieben*

Noch vor dreißig Jahren war fast in jedem Bauernhaus Sardiniens eine Mühle, *mola*, in Betrieb, wie sie das Bild zeigt, das in Is domus, einer kleinen Ortschaft des südlichen Sulcis, aufgenommen wurde. Heute wird das Brot im Bäckerladen oder auf dem Markt gekauft, und man sieht die Mühlen kaum mehr. Das Brotbacken im eigenen Hause hatte immer etwas Festliches und Musisches, man sang dabei Liebeslieder, und wenn man vor dem Anschneiden des knusprigen Brotes schnell ein Kreuz auf den Brotlaib ritzte, empfand man noch eine Spur von jener Besinnung und Andacht, die einst bei alten Bräuchen dem Sinnbild »Brot« gewidmet wurden.

Früh am Morgen band die Hausfrau dem Esel, meist einem kleineren Tier, *su bestiolu*, einen Lappen, *faccili*, um die Augen, der als Staubschutz dienen und verhüten sollte, daß das Tier abgelenkt wurde. Sie wickelte dem Esel ein Polster um den Hals, legte ihm die Deichsel, *fustis de su giuali*, auf den Widerrist und befestigte sie rechts und links vom Hals mit zwei Stöcken, *bruccionittus*, die sie von oben her durch zwei Deichsellöcher steckte. Mit dem anderen, gegabelten Deichselende, das mitten am oberen Mühlstein in Zapfen, *kozzas*, eingelassen war, wurde der Stein gedreht.

Dicht neben dem Zapfen endete der vierkantige Trichter, *maiolu*, in den die Frau mit einem Scheffel, *sa turra*, das Korn hineinschüttete. Sie hatte es noch einmal in einem großen Sieb, *sa crobi*, verlesen und besonders von lockeren Spelzen gesäubert, nachdem es bereits zuvor gewaschen und in breiten, flachen Körben auf dem Dach getrocknet worden war. Nun rief sie dem Esel ein ermunterndes »haia« zu, versetzte ihm mit der Hand einen Schlag – und die Mühle begann sich um ihre eigene Achse zu drehen.

Ab und zu mußte die Frau den Trichter auffüllen, der mit Stricken, *is bittas*, an der Querleiste eines einfachen Holzständers hing, dessen Seitenstangen in zwei Stützen des oberen Mühlsteins, *origas*, eingesetzt waren. Eine kleine Schnappvorrichtung aus Holz oder Leder, *pabadula* oder *girola*, im Trichterkegel sorgte dafür, daß das Korn nach und nach in den Schlot des Mühlsteins, *sa mola e a suba*, rutschte. Der obere Mühlstein war an der Unterseite konkav und in Millimeterarbeit auf die konvexe Oberseite des unteren Mühlsteins, *sa mola e a sutta* oder *su coru de mola*, zugeschliffen. Beide Mühlsteine waren aus Basaltlava. Die gewölbte Mahlfläche nannte man *prattus*. Der untere Mühlstein, der sich nicht bewegte, lag auf Holzstämmen, *is sinzias*. Vier in den Boden gerammte Holzpflöcke hielten den großen achteckigen Holzbehälter, *su laku*, mit dem die Mühlsteine umkleidet waren.

Langsam sammelte sich das Mehl, *sa farra*, in dem Behälter. Immer wieder mußte die Hausfrau den Esel mit einem »haia« anspornen, bevor sie ein halbmondförmiges Schaufelchen, *tirafarina* oder *karrafarina*, an seinem langen Griff von der Wand nehmen und damit durch die kleine Tür des Behälters, die auf dem Bild zu sehen ist, das Mahlgut, *sa molida*, herauszuholen konnte. Wenn der Esel sein langes Tagwerk beendet hatte, fegte sie die Mehlreste in dem Behälter mit einer feinen Bürste, *scova de sa mola*, zusammen und säuberte die Mühle.

Das Mahlen des Getreides, *su molingiu*, fand meistens in der Küche statt. Wenn die Mühle dort keinen Platz hatte, benutzte man einen besonderen Raum, *sa domu e sa mola*, der in der Nähe des Backofens lag.

24 *Villaspeciosa, S. Platano*

12. Jahrhundert

Die Kirche S. Platano, einsam auf einer Wiese bei Villaspeciosa gelegen, dürfte kaum wesentlich älter sein als das Datum ihrer ersten urkundlichen Erwähnung, nach der sie 1141 zu dem ausgedehnten sardischen Besitztum von Mönchen der Marseiller Abtei Saint Victor gehörte.

Charakteristisch für das Kunstschaffen auf Sardinien, das sich um Ausgleich unterschiedlicher Stileigenarten bemüht und krasse Brüche zwischen Altem und Neuem vermeidet, ist hier die harmonische Verbindung toskanischer und französischer Bauelemente.

Der Grundriß folgt Vorbildern aus der Provence: Zwei gleichförmige Längsschiffe, von Apsiden abgeschlossen und durch paarweise angeordnete Säulen getrennt, sind jeweils von einem Tonnengewölbe überdeckt. Die Zweiteilung des Kirchenraumes, die den Rückschluß auf besondere liturgische Formen nahelegt, ist typisch für Bauten der Mönche von Saint Victor. Sie ist sonst kaum üblich und ist auch auf Sardinien selten.

In Ausführung und Farbe des Mauerwerks und im Dekor der Außenwände sind Einflüsse der Baukunst von Pisa und Lucca nachzuweisen. Die toskanischen Stilelemente wurden nicht direkt übernommen. Steinmetze, die an dem Bau der Kathedrale S. Giusta gearbeitet hatten, besaßen bereits die handwerklichen Fähigkeiten zur Anfertigung solcher Schmuckformen. In der Kirche S. Platano findet man diese Einflüsse sowohl an dem dünnwandigen Mauerwerk, das einen einheitlichen Raumkörper erfordert, als auch an den runden Mosaikornamenten mit geometrischen Mustern, dem Dekor der Außenfront und der Apsidenwände.

Andere Schmuckelemente, dem italienischen Stilempfinden entsprechend, zeigt die Art der Wiederverwendung von Fragmenten, durch welche die Baustruktur eine gewisse Farbigkeit erhält: längliche Marmorplatten aus alten Bauten werden von Kalksteinblöcken eingerahmt und betonen die Horizontale. Keramik-Inkrustationen ergeben reizvolle Zierblenden.

25 *Uta, S. Maria*

12. Jahrhundert

Inmitten von Feldern steht neben einer prächtigen Eukalyptusgruppe die in ihrer Schlichtheit und Geschlossenheit schönste Landkirche Sardiniens. S. Maria liegt am Rande der Ortschaft Uta unweit der Autobahn Cagliari – Iglesias.

Der Bau der Kirche wurde im Auftrage von Mönchen, die damals die wirtschaftliche Entwicklung und die kirchlichen Geschicke dieser Gegend lenkten und der Marseiller Abtei Saint Victor unterstellt waren, um das Jahr 1141 begonnen und nach rund einem Jahrzehnt beendet.

Unstimmigkeiten in den Bauelementen und stilistischer Eklektizismus an den Details führten zu umstrittenen Hypothesen über die Baugeschichte: toskanische Bauleute sollen den Plan eines französischen Baumeisters, der einem provencalischen Vorbild folgte, übernommen und verändert haben, wie sich an der Balkendecke, die ein Tonnengewölbe mit Gurtbögen ersetzt, nachweisen ließe. Maurische Steinmetzen sollen zu den Arbeiten herangezogen worden sein.

Die hier gezeigte Eingangsfassade wird durch Horizontalgesimse gegliedert. Im Giebelfeld sieht man ein Zwillingsfenster, darüber einen später aufgesetzten Glockenturm. Bogenfriese zu Seiten des Portals und im überhöhten Mittelteil werden von skulptural ausgearbeiteten Konsolen getragen. In den Konsolen erkennt man Pflanzen und Fabelwesen, Menschen und Tiere. Die Gesimse sind mit

Akanthusornamenten verziert. Über dem Portal ein Türsturz und ein Bogenfeld mit einer Rosette. Der einfache Rundbogen besteht aus verschiedenfarbigen Steinen.
Die Vielfalt der Bauformen und des Skulpturenschmuckes beeinträchtigt nicht die Geschlossenheit und Anmut des Bauwerkes. Das Farbenspiel der unterschiedlichen Mauersteine verleiht der Fassade ein flimmerndes Leuchten.
Die Kirche ist ein kleines Meisterwerk, ein Zeugnis der künstlerischen und technischen Perfektion von Baumeistern des 12. Jahrhunderts.

26 *Opfernder Hirte*

Bronze, Höhe 12,5 cm. 8.–7. Jahrhundert v. Chr.
Fundstätte: Brunnenheiligtum Mazzanni, Villacidro.
Archäologisches Nationalmuseum Cagliari

Ein Hirte, klein, gedrungen, bringt der Quellgottheit, die an der Fundstätte dieser Bronzefigur verehrt wurde, barfuß sein Opfer: eine verzierte Oblate auf der ausgestreckten Linken, in der Rechten eine Schale. Zu Ehren der Gottheit waren hier drei Brunnen eingefaßt und mit Kuppeln, die in der Bauweise denen der Nuraghen glichen, überwölbt.
Der Opfernde trägt nur einen Lendenschurz und über der linken Schulter einen Riemen mit einem Beutel, der den Schaffell-Taschen der sardischen Hirten ähnlich ist, jener *sacca*, in der sie noch heute ihren Proviant bei sich tragen.
Ungewöhnlich sind der Gesichtsschnitt des Hirten und der zylindrische Turban. Das Antlitz gleicht einer stilisierten Maske, die erstaunlich ausdrucksstark ist. Das Gesicht wirkt in seiner Breitflächigkeit, mit der spitzen Nase und – vor allem – mit dem Spitzbart am vorgestreckten Kinn wie ein syrisch-phönikisches Modell mit origineller lokaler Note.
An der Statuette sind zwei Kunstrichtungen der Nuraghenkultur festzustellen: die Wertschätzung des Körperhaften, wie sie die Bronzeplastiken der Uta-Gruppe (Bild 27) zeigen, verbindet sich hier mit Erfahrungen im Einsatz freier und offener Konturen. Diese stärker volkstümliche Strömung verbreitet sich in einem künstlerisch-kulturellen Klima, das zu der orientalischen Formenwelt in engerer Beziehung steht.

27 *Stammesfürst*

Bronze, Höhe 39 cm. 8.–7. Jahrhundert v. Chr.
Fundstätte: M. Arcosu bei Uta. Archäologisches Nationalmuseum Cagliari

Hohes künstlerisches Gestaltungsvermögen und absolute Stilsicherheit verrät diese Bronzestatue eines Stammesfürsten aus der Nuraghenzeit. Sie ist eine der hervorragendsten Skulpturen der mehr als vierhundert Bronzefiguren dieser Kulturstufe Sardiniens, die in italienischen Museen und in Sammlungen anderer Länder verzeichnet sind. Und sie ist zugleich ein typisches Beispiel einer bestimmten, im Text zu Bild 26 bereits erwähnten Stilrichtung der nuraghischen Bronzeplastiken, ein Beispiel der nach ihrem Fundort benannten Uta-Gruppe.
Wenn auch der Bronzestatue des Stammesfürsten der Wert eines echt sardischen Kunstwerks zukommt, muß man doch ganz generell auf Beziehungen zu den kleinen Bronzen aus Luristan hinweisen. Auf Grund gewisser Analogien, des Wiederanklingens orientalischer Formen, lassen sich Anhaltspunkte für die Entstehungszeit der Bronzeplastiken der Uta-Gruppe gewinnen: Man datiert diese Bronzeskulptur auf die Zeit zwischen 800 und 600 v. Chr.
Als man im 19. Jahrhundert die Statue des Fürsten in einem Hügel bei Uta fand, lag sie inmitten von sechs Kriegerfiguren, die verschiedene Rüstungen trugen, und umgeben von acht Schwertern, von denen eins mit der schematischen Darstellung eines Hirsches verziert war. Die Bronzen dienten als Votivgaben.
Der Fürstenrang ist an den Insignien zu erkennen: das Schwert mit breiter Klinge, das auf der rechten Schulter ruht, und der Dolch auf der Brust, der in einem breiten Gurt steckt. Mit der Linken stützt sich der Fürst auf einen Hirtenstab. Die Kopfbedeckung besteht in einer kleinen Helmkappe. Ein weiter Festmantel, vergleichbar dem Umhang, *su saccu*, den die sardischen Hirten noch heute tragen, liegt über einer kurzen Tunika. Beine und Füße sind bloß, vielleicht als Ausdruck der Devotion dieser Opfergabe. Das stilisierte Gesicht strahlt Willensstärke und Strenge aus. Die sparsame Gestik zeigt gebieterische Würde. Alle Stilelemente wirken zusammen, um dieser Figur eine selten starke Ausdruckskraft zu geben, die durch die Gestaltung der Details noch unterstrichen wird, z. B. durch die scharfen Kanten des Schienbeins, durch die Betonung der Wadenpartien, durch die auffallend stilisierten Zehen. Einzigartig ist die Fähigkeit des Künstlers, ethisch-soziale Charakterzüge zu prägen, ohne sie durch irgendwelche konventionellen Formen zu verschleiern.

28 *Schwertfragmente*

Bronze, Länge 18 cm. 10./9. Jahrhundert v. Chr.
Archäologisches Nationalmuseum Cagliari

Die wertvollsten und schönsten Stücke eines umfangreichen Fundes sind diese beiden Schwertgriffe. Sie lagen am Boden eines Keramikgefäßes in dem Lagerraum einer Bronzegießerei aus der Nuraghenzeit, der sich westlich von Decimoputzu unberührt bis in unsere Tage erhalten hat.
Während man das Alter der Fundstätte auf Grund des geometrischen Henkeldekors von Bronzekrügen aus dem Lagerraum auf das 8.–7. Jahrhundert v. Chr. datieren kann, wird als Entstehungszeit der Schwerter bereits das 10.–9. Jahrhundert v. Chr. angesetzt. Diese Schätzung stützt sich auf Feststellungen, die sich bei Vergleichen mit griechischen

und kretischen Schwertern ergeben. Es zeigen sich frappante Übereinstimmungen mit Waffen aus spätmykenischer Zeit, die auf der griechischen Halbinsel und in Ionien gefertigt sind, und auch mit Schwertern aus der dritten Phase der spätminoischen Zeit, die man in den Nekropolen von Mouliana und Zapher Papura auf Kreta gefunden hat (Abb. 116/117 in: Marinatos-Hirmer, Kreta, Thera und das mykenische Hellas, 3. Aufl., München 1976, Beschreibungsteil S. 147). Die Übereinstimmungen gehen bis in Einzelheiten – typisch ist die Form des Ansatzes der Klinge an den Griff – sie zeigen sich aber auch in der Präzision der gesamten Arbeitsweise.

Das organische Gefüge der einzelnen Teile des rechts gezeigten Schwertes und die Exaktheit, mit der es gearbeitet ist, gibt Anlaß zu der Vermutung, daß die Waffe nach dem Wachsausschmelzverfahren gegossen wurde. Nach dieser Methode der »verlorenen Form« – *à cire perdue* – sind später die kleinen Bronzestatuetten angefertigt worden. Bemerkenswert ist der umgebogene Sporn am Griffende, der der Hand Halt geben und die Sicherheit bei der Führung des Schwertes erhöhen soll. Bei beiden Schwertern ist ein kleiner Zylinder am Griffende zu sehen, wahrscheinlich der Träger des Schwertknaufs. Von den gut zu erkennenden Nietbolzen dienen die beiden kleineren zur Befestigung einer Art Stichblatt aus einem Holzstück oder Knochenteil. Der Griff dieses Schwertes ist massiv, von den Kanten zur Mitte hin etwas eingewölbt. Die Randkonturen sind an dem zurückspringenden Ansatzstück der Klinge stärker betont. Die gerippte Mittellinie des Stückes setzt sich bei beiden Schwertern über die Klingenlänge hin fort.

Das Schwert auf der linken Seite des Bildes hat einen eigenartig durchbrochenen Griff und eine besondere vorspringende kleine Scheibe am Knaufansatz. In der Form, in der sich die Klinge am Griffansatz verengt und dann in dornförmige Sporen übergeht, zeigt diese Waffe Ähnlichkeit mit Schwertern, die auf der iberischen Halbinsel und auch in Nord- und Mitteleuropa gefunden wurden und dem Ende der Bronzezeit zugerechnet werden.

Zu den zahlreichen Objekten, die man gleichzeitig mit den beiden Schwertern entdeckte, gehören Werkzeuge verschiedenster Art, andere Waffen, einige Schmuckstücke, jedoch nur eine kleine Bronzestatuette, die Figur eines Menschen.

Die Fundstätte ist gut gekennzeichnet: ein Granit-Menhir, *su para*, der Bruder, weist auf ein Gemäuer aus Feldsteinen am Hügel Monti sa Idda. Es ist erstaunlich, daß der Lagerraum so lange Zeit unberührt blieb.

29 *Südwestküste mit Pan di Zucchero*

Unvergeßlich sind die Landschaftsbilder, die bei einer Fahrt über die Küstenstraße westlich von Iglesias auftauchen. Man erreicht diese Landstraße, wenn man von der Stadt zunächst auf der Chaussee 126 nach Südwesten fährt und nach etwa 8 km westwärts abbiegt. Auf halber Höhe zieht sich die Küstenstraße in Serpentinen an erzführenden Berghängen entlang, an Kalksteinwänden und kambrischen Schiefern. Sie führt von dem schmalen Sandstrand bei Fontanamare *(Funtanamari)* zum Porto Corallo und weiter zu der von Schieferbergen geschützten Bucht Porto Flavia. Aus den kleinen natürlichen Häfen wurden früher Blei- und Zinkerze, die in Nebida, Masua und Acquaresi gefördert wurden, zu den großen Frachtern nach Carloforte geschafft. Heute gelangt das Roherz auf dem Landwege nach Cagliari. Unterwegs kommt man durch malerische Bergarbeiterdörfer, die versteckt in engen Tälern liegen.

Immer wieder öffnen sich herrliche Ausblicke. Steilhänge mit gezackten Kämmen, rötlich schimmernd, steigen aus dem Meer auf. Über dem tiefen Blau der Wasseroberfläche das leuchtende Weiß bizarrer Kalksteinklippen: *Il morto* im Vordergrund, *Lagusteri* weiter in der Ferne, dahinter die mächtige Klippe mit der geschwungenen Kontur, der *Pan di Zucchero*, der Zuckerhut. Ihm gegenüber das fast 400 m hohe Kap *Schina de monti*, das den Horizont nach Norden hin abschließt.

30 *Siesta im Campidano*

Hier, in dem wichtigsten Agrargebiet Sardiniens, findet man kaum einen schattenspendenden Baum. Jeder Quadratmeter Land soll für den Anbau genutzt werden.

In der Glut der Mittagssonne halten diese vier Bauern daher Siesta unter ihren Regenschirmen, die sie an Stöcken befestigt haben. Das Körbchen mit Proviant und Werkzeug haben sie an den Schirmgriff gehängt, bevor sie sich auf dem Strohbündel, das sie abends als Brennmaterial nach Hause mitnehmen werden, ausstreckten – mit dem Kopf an der kühlsten Stelle.

31 *Feigenkaktus- und Mispelhecken, im Hintergrund der Campidano*

Inmitten von Obstgärten liegt die von pulsierendem Leben erfüllte Sommerfrische Villacidro in 267 m Höhe an den Hängen des M. Linas. Ihren Namen verdankt sie den Orangen-und Zitronenplantagen. Früher lebte man hier von den Erträgen der Landwirtschaft, in bescheidenem Umfange auch von der Arbeit in Erzaufbereitungsanlagen, jetzt sind Textilbetriebe entstanden, die Kunstfasern verwerten. Doch Veränderungen in Wirtschaftsform und Sozialstruktur vollziehen sich nur langsam, und so waschen die Frauen noch manchmal ihre Wäsche an einem kleinen Bach, an dem sich ein dichter Zaun aus stachligen Feigenkakteen hinzieht. Am Horizont, hinter den Mispelbäumen, die fruchtbare Ebene des Campidano.

32 *Ländliche Töpferei in Assemini*

Über die Jahrhunderte hin hat sich die Form dieser Krüge bewahrt, die der Töpfer, *congiolargius*, hier stapelt. Die Amphoren aus naturfarbenem, weißlichem Ton kommen gerade aus dem Brennofen. Die Innenglasur, *galanza*, die dort gehärtet wurde, ist etwas übergelaufen und am Hals als matt schimmernde, dunkle Stelle zu sehen. Krüge in dieser Form mit der kaum verbreiterten Standfläche wurden in sardischen Dörfern noch in den fünfziger Jahren täglich zum Wasserholen benutzt und von den Frauen auf dem Kopf getragen.
Einzelne Orte der Insel waren als Töpferzentren allgemein bekannt, sie veranstalteten mit ihren Keramiken auf den Märkten der Städte regelrechte Wettbewerbe. Zu ihnen zählten außer Assemini und Decimomannu, zwei Dörfern nordwestlich von Cagliari, Orte im nördlicheren Campidano, Pabillonis und Oristano, ferner im Sarrabus Villaputzu und weiter im Norden, an der Ostküste, Dorgali und Siniscola. Am Vorabend des im Juli in Cagliari veranstalteten Karmelfestes rückten die Töpfer mit Krügen, Schüsseln, Flaschen, Tiegeln, Näpfen und anderen Tonwaren in der Stadt an, und immer wieder versuchte hier die Töpferzunft aus Oristano, ihre Vorrangstellung zu verteidigen. Ihre Keramiken hatten gelblichgrüne Glasuren, und ihre übergroßen Krüge waren nach antiken Vorbildern mit figürlichen Darstellungen oder Blumenmustern verziert. Auch Flaschen in Gestalt dickbäuchiger Mönche wurden in Oristano hergestellt, während die Töpfer aus Dorgali Wasserspeier modellierten und Kannen in Gestalt von Glucken formten.
In den letzten Jahren ist nicht nur das handwerkliche Können zurückgegangen, auch der künstlerische Formensinn ist verarmt. Sardische Muster werden verfälscht, fremde Vorbilder werden nachgeahmt. Die schlichte, edle Form der Krüge des Töpfers aus Assemini ist selten geworden.

33 *Terrakotta-Vase*

Höhe 30 cm. 16. Jahrhundert v. Chr. Bonnanaro, Corona Moltana. Archäologisches Nationalmuseum Cagliari

Auf dreieinhalbtausend Jahre wird das Alter dieser dreifüßigen Vase geschätzt. Zusammen mit einem Bronzering und anderen Keramiken wurde sie in einem Hypogäum, das mehrere Grabanlagen hatte, gefunden. Vermutlich diente sie als Grabbeigabe für einen Angehörigen jener Volksstämme, die in der Bronzezeit die ersten Nuraghen errichteten und deren Kulturstufe man nach dem Ort bezeichnet, in dessen Umkreis die Vase entdeckt wurde: Bonnanaro, auch Bunnannaro. Das Hypogäum, in Nähe von Corona Moltana gelegen, gehört zum Typus *domus de janas*.
Die tiefe, kegelstumpfartig geformte Schüssel mit ihren relativ hohen Fußstützen wurde wahrscheinlich bei der Essenbereitung in die offene Flamme gesetzt, entweder auf den Erdboden oder auf eine herdartige Feuerstelle. Die Füße, massive breite rechteckige Platten, wurden gesondert gefertigt und zeigen am unteren Fußende noch die Fingerabdrücke des Töpfers. Die Krümmung des bandförmigen Henkels ist für Keramiken der Bonnanaro-Kultur charakteristisch.
Sa Turricula a Muros ist eine der wenigen, bisher bekannten Wohnstätten der Träger dieser Kultur. Sie ist, wie Radiokarbonuntersuchungen ergaben, 3460 (± 50) Jahre alt, entstand also um 1500 v. Chr.
Der »Große Altar«, der Terrassentempel von M. d'Accoddi, war häufig Ziel dieser Menschen. Sie zogen dorthin, um in dessen Umkreis zu leben und später in seiner Nähe begraben zu werden. Weit verstreut im Gelände fand man zahlreiche Grabstätten der Träger der Bonnanaro-Kultur.
In der Grabanlage Cuccuru Nuraxi bei Settimo S. Pietro wurden auch Keramik-, Kupfer- und Silbergegenstände entdeckt. Man stellte fest, daß die Grabstätten zwar eigens konstruiert waren, aber meist in den oberen Stockwerken von Hypogäen der Ozieri-Kultur und der Kultur von Abealzu-Filigosa angelegt wurden (vgl. S. 10/11, Zeittafel und Texte zu 76, 78/80, 97).

34 *Serramanna, Menhir*

Granit, Höhe 1,45 m, 1. Hälfte des 2. Jahrtausends v. Chr.

Perdas fittas oder *perdas longas* nennen die Sarden die aufrecht stehenden hohen Steine, die man bei uns mit dem bretonischen Namen »Menhir«, »langer Stein«, bezeichnet. Von den über hundert Menhiren, die auf der Insel erhalten sind, findet man fast die Hälfte in der Provinz Nuoro, vor allem in den Bergen der Barbagia. Vor der Christianisierung dieser Gebiete, bis ins 6. Jahrhundert n. Chr. hinein, wurden die Monolithe hier von den Einheimischen verehrt.
Der Menhir, den das Bild zeigt, steht auf einem Getreidefeld des Campidano, 3 km westlich von Serramanna, einer Ortschaft nordnordwestlich von Cagliari an der Straße 196d. Der Berg im Hintergrund birgt vielleicht Gräber und andere Monumente aus prähistorischer Zeit, wie sich aus Funden von Knochenresten und Keramikscherben schließen läßt.
Der längliche Granitblock ist, ähnlich den meisten Steinen dieser Art, nach Osten ausgerichtet. Er ist seitlich grob abgeflacht und an der Kuppe abgerundet. Der massive, nach oben hin schmaler werdende Stein erinnert entfernt an die Silhouette eines Menschen, an eine breite, füllige Frauengestalt. Als Besonderheit zeigt er zehn runde oder ovale

Vertiefungen mit einem Durchmesser von 4–10 cm und einer Tiefe von 4,5–5 cm. Sie sind in unregelmäßigen Abständen auf der senkrechten Mittelachse angeordnet. Zwei weitere Löcher gleicher Tiefe, im Durchmesser von 8,5 cm, finden sich oben an der Kuppe in einem Abstand von 6,5 cm. Möglicherweise handelt es sich hierbei um die Wiedergabe von Brüsten in Form von Negativreliefs.
Man nimmt an, daß der Menhir die primitive Skulptur einer *dea madre mediterranea* ist, bei deren Darstellung man sich auf das Wesentliche beschränkt hat: eine *dea degli occhi*, eine Gottheit der Augen, oder eine *dea nutrice*, eine nahrungsspendende Gottheit, vielbrüstig wie die ephesische Artemis.
Eine andere Deutung ergäbe sich bei Datierung des Menhirs in eine frühere Zeitstufe. Setzt man ihn in bezug zu sardischen Kulturen des 3. Jahrtausends v. Chr., des späten Neolithikums oder der frühen Steinkupferzeit (Ozieri-Kultur), muß man ihn zu den ältesten Menhiren der Insel zählen, zusammen mit den Steinen von S. Michele bei Fonni und von Gortene bei Orgosolo. Bei diesen Menhiren, die zu dritt beieinander stehen, entdeckte man Obsidiangegenstände und Keramiken mit charakteristischem Dekor, hin und wieder mit Vertiefungen. Die Funde können als Hinweis darauf dienen, daß die Kultur dieser Zeitstufen den Einflüssen aus dem zentralen und östlichen Mittelmeerraum in starkem Maße ausgesetzt war.

35 *Guspini, Menhir mit Gesichtszügen eines Menschen*

Trachyt, Höhe 2,35 m. 1. Hälfte des 2. Jahrtausends v. Chr.

Sennoreddas, »die jungen Damen«, hat der Volksmund die beiden Menhire genannt, die bei dem Ortsteil Corte Semmucu in der Umgebung von Guspini (Text zu 36) im Abstand von fünfzehn Metern im Gelände stehen. Das Bild zeigt den größeren von beiden, der 2,35 m hoch ist und dessen Umfang in mittlerer Höhe 2,52 m beträgt. Der Menhir hat die Form eines Prismas, nach oben hin verjüngt er sich. An der Vorderseite, die diesmal nach Westen gekehrt ist, sieht man ein Gesicht, das sich mit dem Kinn von der glatten Körperfläche abhebt. Ein Relief auf der abgerundeten Rückseite läßt sich als Kopftuch deuten und gab gewiß Anlaß zu der Benennung.
Der zweite Menhir hat eine Höhe von 2,05 m, in mittlerer Höhe einen Umfang von 2,36 m und weist keine besonderen Merkmale auf. Er gleicht einem langgestreckten Raumkörper, dessen sechs Längsseiten aus drei parallelen Flächen bestehen und an den Kanten abgestumpft sind. Nach oben hin läuft er spitz zu, endet aber in einer Rundung.
In der Umgebung dieser beiden *perdas fittas* oder *perdas longas* fand man Reste von Obsidiangeräten, vielleicht Opfergaben für Abbilder von Gottheiten aus der Ideenwelt der Fruchtbarkeitsreligion, Abbilder, verborgen in den Geistern des Steins, in der Doppelgestalt des Männlichen und des Weiblichen sowohl als auch in der Einheit, zu der sie sich gegenseitig ergänzen.

36 *Guspini, Fensterrose und Blendwerk des Portals der Pfarrkirche S. Nicola di Mira*

Anfang 17. Jahrhundert

Für die typisch sardischen Stilformen, die von Künstlern der Insel aus Elementen der katalanischen Gotik entwickelt wurden, bietet S. Nicola in Guspini ein geeignetes Studienobjekt. Man erreicht die Kirche, wenn man auf dem Wege Cagliari–Oristano nicht die Autobahn, sondern die Straße 136 bis zur Einmündung der von Iglesias kommenden Chaussee 126 benutzt und dann auf dieser weiterfährt.
Mit dem Bau der Pfarrkirche, die dem Heiligen Nikolaus von Myra gewidmet ist, wurde 1611 unter der Leitung sardischer Baumeister begonnen. Im Grundplan – und auch in der Fensterrose – zeigt die Kirche Anklänge an die im 14. Jahrhundert entstandene Kollegienkirche S. Eulalia in Cagliari. Das Maßwerk der Rosette erinnert mit seiner konzentrischen Anordnung entfernt an das des Kreuzganges der Kathedrale von Lerida.
S. Nicola di Mira ist zunächst als einschiffige Kirche mit Balkendecke und zwei Seitenkapellen auf dem Grundriß eines lateinischen Kreuzes errichtet worden. Bereits Mitte des 17. Jahrhunderts wurde die Kirche erweitert: sie erhielt ein Tonnengewölbe aus Ziegeln und je zwei neue Seitenkapellen. Der quadratische Glockenturm stammt aus dem Anfang, die Sakristei aus der Mitte des 18. Jahrhunderts. Eine siebente Kapelle wurde Ende des 18. Jahrhunderts angefügt. Sämtliche Baumeister waren Sarden.
Die Fassade mit der Rosette ist rechteckig und zinnengekrönt. Solche Zinnenkränze sind für spätgotische Kirchen im Zentrum und im Süden der Insel typisch, sie sind zum erstenmal an S. Eulalia in Cagliari bezeugt. In der katalanischen Gotik Spaniens findet man sie nicht.

37 *Oristano, S. Francesco, sog. Nikodemus-Kruzifix*

15./16. Jahrhundert

Oristano, 1971 eine Stadt von 25800 Einwohnern, ist seit einigen Jahren Hauptstadt der neugebildeten vierten Provinz der Region Sardinien. Die Stadt erlebte ihre Blütezeit als Zentrum des Judikats von Arborea. Oristano besitzt Kunstwerke und Bauten aus dem Mittelalter, darunter das Tor »Porta Manna«, auch S. Christoforo-Turm genannt.

Bedeutende künstlerische Arbeiten aus dem 16. und 17. Jahrhundert birgt die neoklassizistische Kirche S. Francesco, vor der sich zur Karnevalszeit das Volksfest *sa Sartilla* abspielt. Hohe Verehrung genießt in Sardinien das hier gezeigte Kruzifix, das nach dem biblischen Nikodemus benannt wurde. In der Sakristei findet man eine von Nino Pisano gearbeitete Marmorstatue des S. Basilio und ein Gemälde des S. Francesco, das Hauptwerk von Pietro Cavaro, dem talentiertesten Maler der sardischen Künstlerfamilie.

Die Holzskulptur des Gekreuzigten, deren Datierung noch nicht genau geklärt ist, war ursprünglich farbig gefaßt, wie kürzlich durchgeführte Restaurierungsarbeiten zeigten. Das Meisterwerk hat mit seiner ideellen Kraft und Ausdrucksstärke in der ersten Hälfte des 16. Jahrhunderts die Entwicklung der sardischen Malerei, den Stil von Lorenzo, Pietro und Michele Cavaro, ihrer Zeitgenossen und Schüler geprägt. Man vermutet heute, daß die Skulptur Ende des 15. Jahrhunderts oder Anfang des 16. Jahrhunderts entstand. Die verbreitete Annahme, das Kruzifix sei jener Stilrichtung der gotischen Plastik rheinischer Provenienz zuzuschreiben, die in der ersten Hälfte des 14. Jahrhunderts nach Spanien gelangte, ist jedoch nicht widerlegt.

38 oben Oristano, Dom, Rimedio-Kapelle, Marmorrelief an einer Chorschranke

12. Jahrhundert

Der Dom von Oristano wurde bei Restaurierungsarbeiten im 18. Jahrhundert sehr stark verändert. Zu den wenigen Resten aus dem Mittelalter gehört das hier gezeigte Relief.

Eine der beiden Marmor-Chorschranken der Rimedio-Kapelle ist mit zwei Löwen geschmückt, von denen jeder ein niedergebrochenes Hirschkalb in den Klauen hält. Das Tierrelief wird von einer breiten Rankengirlande mit Blatt- und Rosettenfüllungen umrahmt.

Auffallend ist der Wechsel in der Oberflächenbearbeitung von den glatten, das Licht reflektierenden Tierkörpern zu den sorgfältig durchgezeichneten Köpfen, Mähnen und Läufen, in denen ein betont graphisches Bemühen zum Ausdruck kommt, ein Wechsel von den starren Formen byzantinischer Kunst zur lebendigeren Gestaltungsweise der Romanik. Es ist schwer zu entscheiden, ob hier die plastische Formensprache der Romanik noch nicht voll beherrscht wurde oder ob der Künstler bewußt bestrebt war, die Motive zu archaisieren, sie einschichtig darzustellen und in der Feinheit der Meißelführung die handwerkliche Tradition der Elfenbeinschnitzerei zu bewahren.

Die Bewertung dieser Fragen ist für Datierung und Lokalisierung der Chorschranke ausschlaggebend. Meist neigt man heute dazu, das Relief in das frühe 12. Jahrhundert einzuordnen und als Werk eines Bildhauers aus Pisa, nicht als einheimische Arbeit zu betrachten.

38 unten 39 S. Giusta, Basilika S. Giusta Kapitell am Hauptportal und Eingangsfassade

12. Jahrhundert

S. Giusta, einst eine Kathedrale, liegt drei Kilometer südöstlich von Oristano an der Straße nach Cagliari, in Nähe der Ruinen der punischen Stadt Othoca. Die monumentale Anlage wirkt ausgewogen, obwohl sich Bau- und Stilelemente unterschiedlicher Herkunftsgebiete und Zeitstufen nachweisen lassen.

S. Giusta entstand 1135–1145, zur Blütezeit des Judikats von Arborea, das damals Kontakte zu europäischen Höfen unterhielt und dessen Judex 1163 von Barbarossa in Pavia zum König von Sardinien gekrönt wurde. Manches spricht dafür, daß während der Baujahre ein Austausch mit der Bauhütte des Doms von Pisa bestand und daß Handwerksmeister, die dort unter dem Griechen Buscheto am Bau des Querschiffes gearbeitet hatten, ihren Einfluß gegenüber lombardischen, maurischen und anderen Einwirkungen in der Gesamtstruktur durchsetzen konnten.

Das Flachrelief am Eingangsportal zeigt das gleiche Motiv wie die Chorschranke im Dom von Oristano. Der Löwe blickt hier jedoch auf das Hirschkalb, als wollte er es sofort zerreißen.

Das Relief, das unverkennbar Einflüsse aus dem östlichen Mittelmeerraum zeigt, und auch sein Gegenstück an der linken Seite des Architravs stehen am Anfang einer Reihe analoger Skulpturen an spätromanischen Kirchen der toskanischen Schule aus dem 12. Jahrhundert.

S. Giusta ist eine dreischiffige Basilika ohne Querschiff. Vertikal gegliedert sind Fassade und Apsis. Die Fassade des Hauptschiffes wird durch zwei hohe Pilaster geteilt, welche zur Mitte hin einen weiten Kreisbogen, zu den Seiten je einen engen Bogen unterfangen, der nach außen hin auf einer Eckkonsole aufsetzt. Im Mittelfeld der Fassade wird die aufwärtsweisende Tendenz durch die Aufeinanderfolge von Portal, Tympanon, Drillingsfenster und Giebelfeld-Dekor unterstrichen.

Beachtlich ist auch der Helldunkeleffekt: das wuchtige schwarze Basaltkreuz des Tympanons hebt sich fast allzu eindringlich von dem gelben Sandstein ab. Im Drillingsfenster leuchten zwei kleine Säulen zwischen den finsteren Fensternischen hervor. An dem senkrecht unterteilten Giebelfeld ist unter dem First ein Rhombus in das Mauerwerk eingelassen. Über den Kapitellen, die mit Akanthusblättern und Blütenstengeln die Portalpfosten schmücken, befinden sich zu beiden Seiten des Architravs die beiden Löwenreliefs.

Auch im Innern der Kirche wird die vertikale Tendenz, die an der Apsis durch schmale leichte Säulen betont wird, unterstrichen. Die Wandflächen werden durch den Wechsel von Säulen und Rundbogenfenstern rhythmisch gegliedert. Die Krypta liegt nur zum Teil unter dem Niveau des

Langhauses, über das sich das Presbyterium erhebt. Krypta und Seitenschiffe tragen Kreuzgratgewölbe, das Mittelschiff hat eine Balkendecke. Durch die Fenster im Obergaden und durch die Arkadenreihe zu den Seitenschiffen wirkt die Kirche licht und weit. Einige Säulen stammen aus römischen Bauten der nahegelegenen antiken Städte Tharros und Neapolis, andere müssen, ihren Kapitellen nach, in einer romanischen Werkstatt entstanden sein. Die restlichen Säulen wurden vermutlich von maurischen Steinmetzen gefertigt.

Die Treppe und die Balustrade des Presbyteriums, die schlanken Säulenschäfte und die Vielfalt der Kapitelle geben dem Raum neben der vertikalen Ausrichtung etwas Beschwingtes.

40, 41 Cabras, S. Giovanni in Sinis

Taufbecken, 17. Jahrhundert
Gesamtansicht, 5. Jahrhundert

Reste der frühesten christlichen Kultbauten Sardiniens findet man in S. Giovanni in Sinis und S. Saturno in Cagliari (Bild 12). Der Kuppelbau von S. Giovanni entstand in der zweiten Hälfte des 5. Jahrhunderts im Bereich der punisch-römischen Hafenstadt Tharros (nächstes Bild). Auf dem Wege zur Grabungsstätte von Tharros kann man die Kirche besuchen; man fährt an der Nordküste des Golfs von Oristano entlang etwa 18 km westwärts und biegt dann nach Süden ab.

Die Kirche, die heute einen fast quadratischen Grundriß hat, war früher vermutlich ein Zentralbau mit eingeschriebenem Kreuz und Eckräumen, ähnlich den byzantinischen Kirchen Ägyptens und Frankreichs aus dem 5. Jahrhundert. Die über vier Pfeilern aufsteigende Hängekuppel und die Bogenstellungen der an die Kuppelpfeiler anschließenden Querhausteile erinnern an die entsprechenden Strukturelemente von S. Saturno in Cagliari, sie sind allerdings einfacher, starrer, rustikaler. – Eine Grabplatteninschrift aus der zweiten Hälfte des 4. Jahrhunderts kann als Zeugnis dafür gelten, daß die Kirche an einem christlichen Friedhof angelegt wurde.

Im 11. Jahrhundert wurde der alte Zentralbau mit seiner Vierungskuppel, der Apsis und dem tonnengedeckten Querschiff nach Westen hin durch ein gewölbtes Langhaus erweitert, das durch unbearbeitete Pfeiler mit niedrigen Arkadenbögen in drei Schiffe geteilt wurde. Der Ausbau erfolgte vielleicht im Auftrage von Angehörigen des Mönchsordens von Saint Victor in Marseille. Für diese Annahme sprechen einzelne Eigenarten des Baus, wie die Anlage des Tonnengewölbes, das über die Fassadenfront hinaustritt und als Fassadenabschluß zu dienen hat.

In dem rustikalen schlichten Innenraum der Kirche fällt ein Taufbecken aus hellem Kalkstein auf, eine fast runde Schale auf schaftartigem Fuß.

Das Becken ist vermutlich das Werk eines einheimischen Bildhauers, eines jener sardischen Meister, von denen uns aus dem 17. Jahrhundert Zeugnisse des Kunsthandwerks in großer Zahl und Vielfalt überliefert sind.

Nur unvollkommen sind hier verschiedene Stilelemente verschmolzen. Anklänge an die Renaissance zeigt das breit gefächerte Eierstabmotiv, das die äußere Wölbung des Taufbeckens schmückt und zum Schalenrand hin von einem Band in geometrischem Muster abgeschlossen wird. Aus diesem Ornament »blüht« gleichsam das Relief eines Engelsgesichts hervor, umrahmt von einer modischen Halskrause aus stilisierten Falten und von Flügeln, deren Spitzen nach unten abstehen.

Das pausbäckige Antlitz des Engels wirkt wie das eines ungeschlachten Barock-Puttos mit den Zügen eines Erwachsenen. Das Gesicht und die weich gewellten Haare stehen in Kontrast zur Kargheit der Flügel und ihres Dekors, einer kurz abgesetzten Schraffierung, die byzantinisch anmutet.

42 Tharros, Caldarium der Römischen Therme Nr. 1

2./3. Jahrhundert

Der Weg nach Tharros entlang der Nordküste des Golfes von Oristano wurde im vorangehenden Text beschrieben. Er führt fast bis zur äußersten Südspitze von Sinis, dem Capo S. Marco. Von einer 51 m hohen Erhebung der schmalen Halbinsel, von der befestigten Akropolis, erstreckte sich die Hafenstadt der Punier und Römer in hervorragend geschützter Lage ostwärts bis zum Golf. An der Nordgrenze der Stadt lag der *tophet*, eine Opferstätte für die Göttin Tanit aus dem 7./6. Jahrhundert v. Chr. (s. S. 60), an der West- und Südgrenze fand man, unweit der Kirche S. Giovanni in Sinis und an den Kalksteinhängen von Capo S. Marco jeweils eine Nekropole.

Seit 1956 wird hier systematisch gegraben – ein großer Teil der punisch-römischen Stadtanlage ist inzwischen freigelegt. Die Aufnahme entstand in den fünfziger Jahren, als der Photograph unter Führung von Prof. Pesce, dem Leiter der Grabungen, in Tharros arbeitete. Das hier gezeigte *caldarium* war einst das Heißwasserbad einer kleineren römischen Therme, die aus bearbeiteten Steinquadern eines zerstörten Gebäudes aus punischer Zeit erbaut worden war. Nach der Mauerstruktur, dem Wechsel von Schichten aus Ziegeln und aus Naturstein, läßt sich der Bau auf das 2./3. Jahrhundert datieren. In der Periode byzantinischer Herrschaft wurde die Therme als Beinhaus der benachbarten Kirche benutzt. Auf dem Bild erkennt man die Pfeiler aus Feldsteinen und Ziegeln, die den Boden des Heißwasserbades trugen, und das Mauerwerk der benachbarten Gebäudeteile, des Schwimmbeckens, des Kaltwasserbades und der für den Dienstbetrieb vorgesehenen Räume. Die Beheizung

erfolgte über Hohlziegel des Mauerwerks, in die Dampf geleitet wurde, durch den Ofen in einem sich seitlich öffnenden Gewölbe.
Von den beiden anderen Thermen der Stadt lag die größere, *convento vecchio* genannt, am Hafen, die zweite im Norden der Stadt in einem Bereich, in dem während des 5. Jahrhunderts ein frühchristliches Baptisterium mit direkter Verbindung zur Kirche S. Marco errichtet wurde. Ein großes, aus mehreren Becken bestehendes Wasserreservoir, *castellum aquae*, speiste das Wasserleitungsnetz der römischen Stadt und die drei Thermen. Die Wasserleitungen aus Stein liefen unter dem Straßenpflaster entlang, das aus polygonalen Basaltsteinen bestand.
Die Straßenführung, bestimmt durch die Nord-Süd-Richtung der Halbinsel, konnte sich dem römischen Stadtplanungssystem gut einfügen: die Hauptachse, *cardo maximus*, wurde von den westöstlichen Querstraßen, *decumani*, senkrecht gekreuzt. Die Kreuzungen, *compita*, waren zu kleinen Plätzen erweitert, auf denen Altäre oder kleine Tempelchen standen. Jeweils 90 Häuser und 20 Läden, *tabernae*, bildeten einen Straßenblock. Für den Grundriß und die Bauweise der Häuser dienten nicht römische, sondern punische Gebäude als Vorbild: um einen Hof mit Brunnen oder Zisterne waren nur wenige Räume angeordnet.
Außer diesen Resten der römischen Stadtanlage wurden Befestigungen und einige öffentliche Gebäude aus spätpunischer Zeit, aus dem 4./3. Jahrhundert v. Chr., freigelegt. Die Festungen der Ober- und der Unterstadt waren in den Mauerring einbezogen. Der Westteil der Oberstadt, gegen das offene Meer hin gelegen, war mit Türmen und einer auf vorkragende Steine gesetzten Brüstungsmauer besonders stark befestigt. Das Nordtor war nach dem Tenaillensystem gesichert, durch Schutzanlagen, deren Grundlinien abwechselnd vor- und zurückspringende Winkel bildeten.

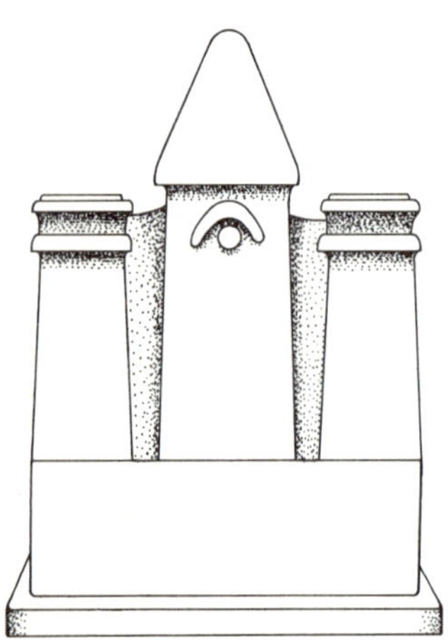

Abb. 4
Tharros. Punisches Grabmal, Chammàn.
Pesce deutete die Symbole auch als Vollmond und Halbmond. Oben links und rechts Nischen für Opferspenden (Räucheropfer)

Zu den ältesten Bauten aus punischer Zeit gehören der *tophet* und Reste des ihn umgebenden Mauerrings. An dieser Kultstätte, an der man der Göttin Tanit Kinder zum Opfer brachte, wurden zahlreiche Urnenstätten und die von Bildhauern gearbeiteten Stelen gefunden, die unmittelbar hinter den in die Erde versenkten Urnen standen.
Auch Tempel aus spätpunischer Zeit sind ausgegraben worden. Ein dreiteiliger Tempel, dessen Sockel aus dem anstehenden Gestein herausgearbeitet war, hatte dorische Halbsäulen mit Kapitellen und eine Überdachung in der Form ägyptischer Tempeldächer. Ein steinerner Löwe flankierte jede der beiden Seiten des vorgelegten Aufganges. Ein anderer Tempel, zunächst an der Frontseite offen, zur Römerzeit dann im 1. Jahrhundert v. Chr. in einen geschlossenen Raum mit Peristyl umgebaut, war an drei Seiten aus Sandsteinblöcken errichtet, hatte einen heiligen Brunnen und an den Wänden Tabernakel. Stelen, Reliefs der Tanit aus Stein und Gold und andere Funde werden heute im Archäologischen Nationalmuseum in Cagliari bewahrt.

43 *Anpflanzungen zur Befestigung der Wanderdünen von Serra is arenas*

Wenn man heute aus den Orangenhainen von S. Vero Milis (Text zu Bild 60) ostwärts zur Halbinsel Sinis fährt, findet man solch ein pittoreskes Landschaftsbild nur noch an wenigen Stellen.
Hier konnte der landeinwärts im Nordosten gelegene M. Ferru nicht – wie im Gartenland Milis – dem Mistral, dem heftigen Nordwestwind, Einhalt gebieten. So hatte der Sturm einen weiten öden Küstenstreifen geschaffen. Über 25 km^2 zogen sich zwischen S'Arkittu im Norden und Capo Mannu im Süden Wanderdünen am Meer entlang, bevor man mit diesen Anpflanzungen begann. Heute wachsen dort dichte Pinienwälder, und im Sommer sieht man Wohnwagen der Touristen.
Die Befestigung der Dünen begann mit der Anlage quadratischer Parzellen, die in mühevoller Arbeit mit altem Buschwerk eingezäunt wurden, um die Pflanzen in den Karrees zu schützen. Das Bild vermittelt einen Eindruck von dem Ausmaß dieser Anpflanzungen und von dem Umfang der Arbeiten. Am Rande zwei Lagunen, links Stagno di Sale e porcus, rechts Stagno de Is'benas.

44 *Landschaft am M. Arci*

Im anstehenden Trachytgestein hat sich diese weite Öffnung gebildet, die nun durch eine Einfassung aus groben Steinbrocken geschlossen ist und als Gehege, *su accili*, für Kühe und Kälber dient. Stehend oder kauernd können sich die Rinder hier nach dem Umherstreifen auf den Weiden in sicherer Hut ausruhen. Einige tragen Glöckchen am Hals. Die Tiere sind die einzigen Spuren des Lebens in dieser öden, steinernen, gleichsam abgestorbenen Natur, deren niedrige Macchia versengt ist. Alles wirkt still und feierlich. Ein Bild aus alter Zeit, so alt wie Sardinien.

45 *Hügellandschaft, von der Punta Sebera aus gesehen*

Wenn man von der Autostraße 131 Cagliari–Oristano auf die Chaussee 197 nach Barumini abbiegt, kann man von der 360 m hohen Punta Sebera aus diese merkwürdigen Landschaftsformen sehen. Einzelne vulkanische Bergrükken aus Trachyt und Andesit, denen Reste von Kalkschichten in Form von »Hütchen«, *corone*, aufsitzen, bringen Unruhe in das Bild des Geländes.
Diese Kalkformationen sind die Reste von marinen Ablagerungen aus dem Miozän, die durch Erosion bis zur Basis abgetragen wurden. Die Berge am Rande des Tales sind: in der Bildmitte im Hintergrund der M. Santu Miali (336 m), rechts der Straße der M. Mannu (325 m) und am rechten Bildrand der M. Maiori (340 m). Am Horizont die Granitberge von Villacidro, davor die Ebene des Campidano.
In den eigenartig geformten Bergen hat man Kaolin gefunden. Die Vorkommen werden im Gebiet von Serrenti, Segariu und Furtei abgebaut.

46 *Drei Bronzeminiaturen*

8./7. Jahrhundert v. Chr.

Oben: *Wildschwein*, Höhe 3,7 cm, Länge 6,0 cm; Fundstätte: Nurri, Barraci
Mitte: *Mufflon*, Höhe 7,1 cm, Länge 8,7 cm; Herkunft unsicher
Unten: *Stier*, Höhe 8 cm, Länge 14 cm; Fundstätte: Serri, S. Vittoria
Sämtlich: Archäologisches Nationalmuseum Cagliari

Alle drei Bronzefigürchen stellen typische Vertreter der Tierwelt Sardiniens dar: Seit alten Zeiten ist das Wildschwein auf der Insel weit verbreitet. Gerade in der Positur, in der es hier in Bronze gegossen ist, dürfte es der Vorstellung entsprechen, die sich jeder Sarde vom *su sirboni* macht. Dieser sardische Name für das Tier erinnert an die Wälder, *selva*, die hier einst viel ausgedehnter waren. Das Wildschwein wird noch immer als Jagdbeute und Festbraten hoch geschätzt. Der Mufflon (vgl. S. 120) steht heute unter Schutz. Der Ochse war schon in der Nuraghenzeit, in der das Pferd auf Sardinien kaum bekannt war, ein wichtiges Haustier. Seine Aufzucht, besonders die Zucht von Tieren mit gedrungener Statur, wie sie das Bild zeigt, wurde vor allem in den Bergen betrieben. Der Ochse wurde vor den Pflug und vor den Wagen gespannt, er diente oft auch als Reittier. Tiere, die sich zum Reiten besonders gut eigneten, nannte man »Ochsen mit Halsstrick«, *boes de fune*.
Wildschwein-Treibjagden boten früher zahlreiche Anlässe zu Festveranstaltungen. Die Bronzeminiatur gibt das Tier in einer Stellung, in der es, äußerst gespannt, Hunde und Treiber zu wittern scheint. Der Leib ist gestreckt und unproportioniert im Verhältnis zu dem wuchtigen Kopf mit seinem mächtigen Gewaff. Auffallend sind eine Verletzung an der Schnauze, kugelförmige Augen, ungleiche Ohren. Selbst die sich sträubenden Borsten scheinen die konzentrierte Wachsamkeit des gejagten Keilers zu verraten. – In manchen Teilen der Bevölkerung war das Tier gefürchtet, man schrieb ihm teuflische Kräfte zu.
Sehr viel stärker vereinfacht ist die Darstellung der beiden anderen Tiere. Der reglose, nur mit Streifen verzierte Leib des Mufflons und der dicke, glatte Hals stehen in Kontrast zu dem bis in alle Feinheiten modellierten Kopf. In der Linienführung äußert sich jedoch Dynamik und Leben.
In der Gestaltung des massigen Stierkörpers und der Beine, die sich gleichsam gegen den Boden stemmen, erkennt man den Übergang von plastisch-bewegten zu abstrakten Stilelementen. Die Hörner jedoch geben der Horizontallinie einen weit ausholenden Schwung.

47 *Ein Kind aus der Marmilla: Caterina Lilliu, vier Jahre alt*

Aus Barumini stammt dieses kleine Mädchen, das mit seinen großen dunklen Augen recht vergnügt und doch ein wenig schüchtern dem Photographen zuschaut, den Kopf leicht zur Seite neigend. Es trägt ein goldenes Halskettchen und goldene Öhrringe und auf dem karierten Leinenkleidchen einen Seestern und einen Anker.
Barumini ist ein Ort in der Marmilla, in dem man noch beschaulich leben und seiner gewohnten Beschäftigung nachgehen kann. Im Vergleich zu den Bewohnern der umliegenden Dörfer wirken die Menschen dieses Landwirtschaftszentrums aufgeschlossen. Ihr Dasein spielt sich in einer Umgebung ab, in der sich Reste aus der Vergangenheit bewahrt haben. Blütengeschmückt sind Laubengänge und Häuserfassaden, deren Natursteinportale unter neoklassizistischen Gesimsen und barocken Giebeln auf Entwürfe aus dem 17. Jahrhundert zurückgehen. Es gibt kleine Kirchen in romanischem und spätgotischem Stil, darunter die Pfarrkirche, deren älteste Teile aus dem 16. Jahrhundert stammen. Im Innern findet man einen Flügelaltar mit Gemälden aus der Schule der Cavaro, in der Sakristei eine holzgeschnitzte farbig gefaßte Predella, ein Werk im Stile der katalanischen Kunst des 15. Jahrhunderts.
Bemerkenswert ist der Sitz der Barone Zapata, eines Zweiges der spanischen Adelsfamilie. Der Bau aus dem 16. Jahrhundert zeigt in den Fensterpartien das Bemühen, Formelemente der italienischen Renaissance zu übernehmen.

48, 49 *Barumini, Nuraghe und Siedlung Su Nuraxi*

Im Hintergrund (Süden) Schloß Las Plassas, 12. Jahrhundert

Die Nuraghenfestung und Siedlung Su Nuraxi, die größte, bisher freigelegte Anlage der Insel aus der Nuraghenzeit, erreicht man von Cagliari aus, indem man die Autostraßen 131 und 197 bis Barumini benutzt und von dort aus etwa einen Kilometer auf der Landstraße Richtung Tuili westwärts fährt. Su Nuraxi liegt am Fuße eines Basaltplateaus, südlich der *giara* von Gesturi, in 238 m Höhe. Von dem Nuraghen aus konnte das gesamte Gelände in südlicher Richtung eingesehen werden, er war der Mittelpunkt eines Verteidigungssystems im Becken des Pardu e s'eda, das am Westrand von weiteren Nuraghen gesichert wurde.

Die Anlage wurde nach Probegrabungen im Jahre 1940 in der Zeit von 1951 bis 1956 unter Leitung des Verfassers freigelegt.

Die Festungsanlage ist, wie Abb. 5 zeigt, im Laufe eines Jahrtausends entstanden. Man unterscheidet drei Baustufen.

1. Bauphase, Mitte 2. Jahrtausend v. Chr.

Der älteste Teil der Anlage ist der 20 m hohe zentrale Turm aus Basaltsteinen (Abb. 6). Er besteht aus drei übereinanderliegenden, verschieden hohen Geschossen, die durch eine an der Innenmauer entlanglaufende und bis zur Dachplattform führende Treppe verbunden sind. Die Innenräume gleichen in Grundrissen und Kuppeln denen eines Tholos. Das unterste Geschoß ist 7,76 m hoch, sein Raum hat einen Durchmesser von 4,80 m und besitzt zwei einander gegenüberliegende Seitenkammern. Bevor man durch einen langen Gang von außen in diesen Raum gelangt, hat man an der Wache vorüberzugehen, für die eine Nische auf der rechten Gangseite vorgesehen ist. Einer der Deckenträger dieser Nische, in zwei Meter Höhe eingebaut, ist ein Balken aus Ölbaumholz. Die Bestimmung seines Alters nach der Radiokarbonmethode gibt Hinweise auf die Entstehungszeit des Turms, die auf 1470 (± 200) v. Chr. angesetzt werden kann.

2. Bauphase 11.–10. Jahrhundert v. Chr.

In mehreren Baustadien werden um den zentralen Turm vier kleinere Türme und – etwas zurückversetzt – ein 15 m hoher, die Türme verbindender Mauerring errichtet, so daß vier Innenhofteile entstehen. Da der Mauerring vom Hauptturm verschieden weit entfernt ist, sind die Höfe unterschiedlich groß. Sie dienen zur Unterbringung von Teilen der Truppe, von Flüchtlingen und von Material. Die vorspringenden runden Ecktürme sind mit einer Doppelreihe von Schießscharten ausgestattet. Jeder Turm hat nur einen Innenraum, der in seinen Abmessungen (Höhe 7,73 m, Durchmesser am Boden 4 m bis 4,90 m) und in seiner Gewölbeform dem unteren Innenraum des zentralen Nuraghen ähnlich ist. In dem rhombischen Grundriß der neuen Anlage liegt der Zentralturm nicht genau in der Mitte, sondern weiter nördlich, so daß vor seinem Eingang noch ein größerer Innenhof zu finden ist, der als Durchgangsraum zu den einzelnen Anlagen von Bedeutung ist. Er stellt die Verbindung zwischen Hauptturm und Ecktürmen nicht nur zu ebener Erde her, sondern auch in Höhe der Wehrgänge durch eine Treppe, die innerhalb des Mauerwerks der Hofmauer südöstlich des Hauptturms liegt. Von dort führt ein Weg über dem Eingang zum Innenraum des Nordturms. In dem Innenhof befindet sich ein über 20 m tiefer Brunnen, dessen Kapazität in Notzeiten zur Trinkwasserversorgung der Besatzung ausreichen konnte. An der Südostseite des Hofes führt ein Doppeltor ins Festungsvorfeld. Es kann durch zwei Posten gesichert werden, denen nischenförmige Wachtstuben und eine kaminartige akustische Verständigungsanlage zur Verfügung steht.

In der gleichen Bauphase entstehen als Flankenschutz der Festung Su Nuraxi andere, heute teils zerstörte, teils von Bauten überlagerte Türme, die im Grundriß ähnlich gestaltet sind.

3. Bauphase, 9.–8. Jahrhundert v. Chr.

Zu dem umfangreichen Ausbau, der auf Abb. 5 durch die dunkle Tönung gut zu erkennen ist, bieten vermutlich zwei Entwicklungen Anlaß: Bodensenkungen erfordern eine Stabilisierung der bestehenden Bauten, und Wandlungen in den Kampf- und Verteidigungsformen bedingen Veränderungen in Bauweise und Dimension der Wehranlagen. Auch die Furcht vor Sturmböcken, den Widdern, *arieti crioforoi*, läßt vermutlich die Verstärkung der Mauern der vier Türme und des Walles nötig erscheinen. An dem alten Mauerwerk werden lagenweise behauene Basaltquader vom Boden an bis zu den Wehrgängen hin aufgeschichtet. Ihre glatte Außenfläche soll das Erklimmen der Mauern erschweren. Im Zuge dieser Arbeiten wird das Doppeltor an der Südostflanke vermauert. Der Zugang zum Hof der alten Festungsanlage wird nach Nordosten verlegt und in einer Höhe von 7 m über dem Bodenniveau angebracht, so daß er nur noch über Leitern zu erreichen ist.

Neue Formen der Verteidigung erfordern Veränderungen an den Wehrgängen. Die Schießscharten, einst für Bogenschützen wichtig, verlieren an Bedeutung. Durch Anbringen von steinernen Konsolen werden die Wehrgänge zu Pechnasenkränzen erweitert, damit aus ihren Ausgußöffnungen, den Maschikulis, heißes Pech und Öl geschüttet werden kann. Auch Steinkugeln, von denen einige zu sehen sind, dienen zur Verteidigung.

Auf einem siebeneckigen Grundriß entsteht um die alte Festung ein neuer Mauerwall mit Türmen, von denen man sich gegenseitig Flankenschutz geben und die Mauerflucht, vor allem am Eingang, bestreichen kann. Auch am Außenrand der sieben Türme finden sich Schießscharten in Doppelreihen, aber sie sind spärlicher als an den alten Türmen, und hier übernimmt nur eine Reihe von Bogenschützen die Deckung. Der Wehrgang des äußeren Festungsringes verläuft in zehn Meter Höhe. Man erreicht ihn über eine Treppe, die sich im Mauerwerk parallel zur Innenseite der Hofmauer hinzieht. Dieser Außenring geht

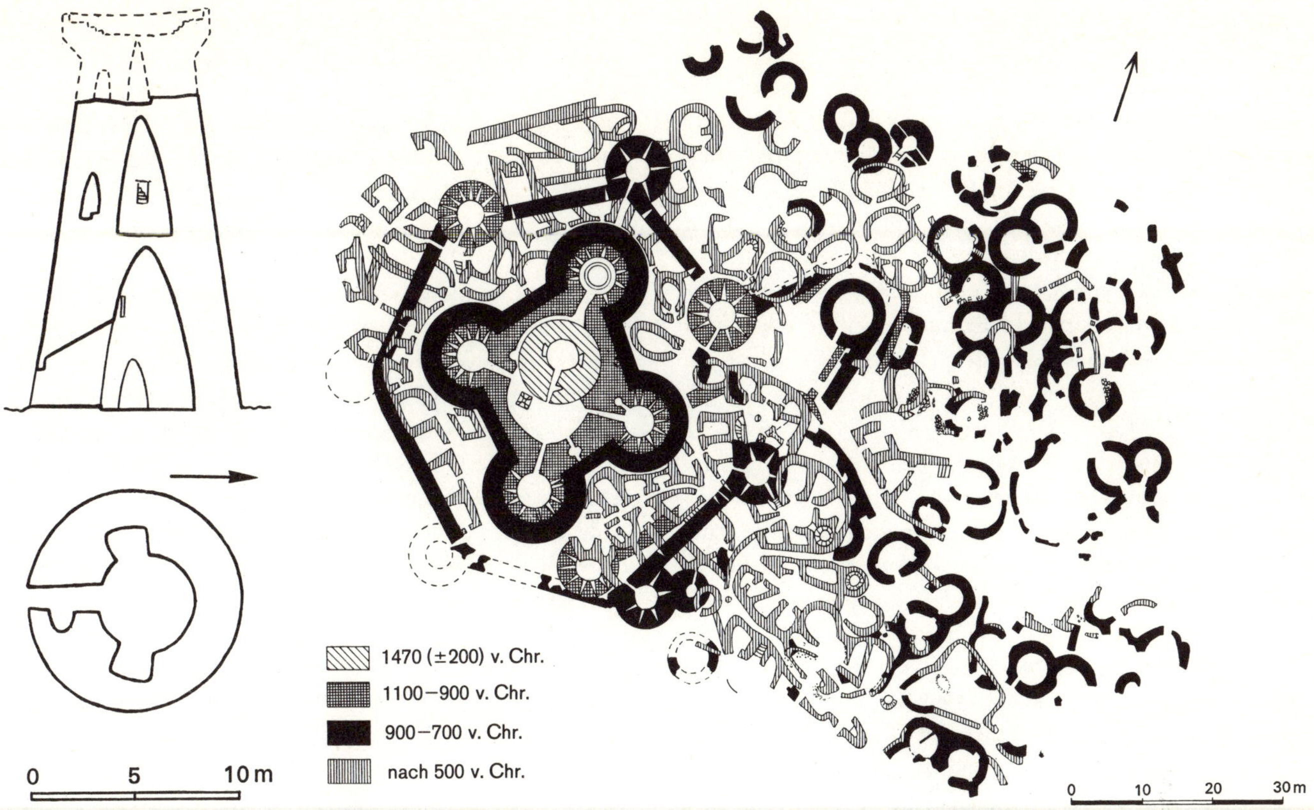

Abb. 5/6 Nuraghenfestung und Nuraghensiedlung Su Nuraxi bei Barumini (2. Jahrtausend bis nach 500 v. Chr.) und ältester Turm von Su Nuraxi, Mitte 2. Jahrtausend v. Chr.

im Nordosten in eine Art Schanze über, die zangenartig einen dritten Zugang schützt, der im Notfall sogar von den Belagerten zu unbemerkten Ausfällen benutzt werden kann.
In dieser Form mag die Festung, deren Besatzung auf 200–300 Mann geschätzt wird, Ende des 6. Jahrhunderts v. Chr. in die Hände der Karthager gefallen sein.

Siedlung Su Nuraxi

Das Bild 48 zeigt den Ostnordostsektor der Siedlung. Wie in Abb. 5 zu erkennen ist, erstreckt sie sich an der Ostflanke der Festungsanlage von Norden nach Süden. Im Vordergrund sieht man einen der Türme des äußeren Mauerrings der Festung, dahinter am Rande rechts die Reste des größeren Gebäudes für den Ältestenrat, das unten beschrieben wird. Die Grundmauern der anderen Rundbauten stammen aus der Zeit nach Zerstörung der Festung, die Ende des 6. Jahrhunderts v. Chr. erfolgte. In manchen dieser Hütten sind Wandnischen und Feuerstellen zu erkennen.
In der Siedlung war die Besatzung der Festung untergebracht – mit Ausnahme des Befehlshabers und seiner Mannschaft –, in Gefahrenzeiten zog sie sich hinter die Wallmauern zurück. Einige Zeit nach der Zerstörung der Festungsanlagen entstand hier eine neue Siedlung, die ungefähr bis zur Zeitenwende bewohnt war.

1./2. Bauphase, Mitte 2. Jahrtausend bis 10. Jahrhundert v. Chr.

Aus der ersten Phase des Festungsbaus sind keine Ruinen zu finden, aus der zweiten nur wenige Reste, rechteckige oder ovale Gebäude aus kleinen, mit Mörtel verbundenen Steinen, die an Bronzezeitbauten auf Zypern und Sizilien erinnern. In einer der rechteckigen Anlagen sind verschiedene kleine Schächte in den Mergel eingelassen. In ihnen hat man Gefäße und allerhand Geräte entdeckt, vielleicht Opfergaben, die bei der Errichtung des Gebäudes dargebracht wurden.

3. Bauphase, 9.–8. Jahrhundert v. Chr.

Aus der dritten Ausbauphase der Festungsanlage stammen die Fundamente von ungefähr 50 Rundhütten. Ihre Mauern bestehen aus großen Basaltblöcken, die Dächer hatten einst ein Holzgebälk und waren mit Stroh gedeckt. Im Innern der Hütten hat man Schlafnischen und verschiedenes Hauszubehör gefunden, in Nähe der Feuerstellen auch Nahrungsreste, Keramikscherben und Haushaltsgegenstände aus Metall, Bein, Bernstein u.a. Die geometrischen Muster einiger Objekte gestatten eine Datierung auf das 9.–8. Jahrhundert v. Chr.
Eine Hütte, vermutlich die Tagungsstätte des Ältestenrates, übertrifft in ihren Ausmaßen die übrigen. Die holzgedeckte Rotunde hat einen Durchmesser von 10,20 m an der

Außenmauer, von 6,90 bis 7,20 m im Innern. An der Wand des Raumes ziehen sich Sitze entlang, an seinem Ende befindet sich eine Nische, in ihr sind kleine Schreine. Die Annahme, dieser Raum müsse seiner Größe wegen eine spezielle Funktion gehabt haben, hat sich bestätigt: Man fand einen Bätylos, eine kleine Kalksteinsäule in Form eines Nuraghen, der auf einem kleinen Ständer angebracht ist, ferner Statuettenbruchstücke und andere Votivgaben aus Bronze. Man schließt hieraus, daß Sitzungen des Ältestenrates unter dem Vorsitz des Oberhauptes mit zeremoniellen Handlungen verbunden waren.

4. Bauphase, nach 500 v. Chr.

Aus der Zeit nach der Zerstörung der Burg durch die aus Karthago kommenden Eroberer, sind viele Hütten freigelegt, die teils im äußeren Mauerring der Festung, zum größten Teil im Festungsglacis und teils auch auf Resten anderer Bauten errichtet wurden. Sie bestehen aus kleinem oder mittelgroßem Kalkmergel, der mit Lehmmörtel verbunden ist. Ihre Mauern sind 70–85 cm stark.
Die Grabungsergebnisse sind sehr aufschlußreich. Man kann die freigelegten 150 Kammern, die rund (Durchmesser ca. 3 m) oder quadratisch und im Durchschnitt 6,36 m^2 groß sind, in 20 Wohnungen von je 6–8 Kammern zusammenfassen. Der Grundriß dieser Wohnstätten ist einheitlich: Die Kammern gruppieren sich strahlenförmig um einen runden Innenhof. Der Durchmesser des äußeren Mauerrings einer solchen Wohnanlage liegt bei 12,50 m und 14,30 m. Die einzelnen Räume sind unterschiedlich genutzt worden. Die Kammern mit Schlafnischen sind kleiner (2,41 m^2), die Küchen mit Feuerstellen sind mit 16,11 bis 19,17 m^2 wesentlich größer als die anderen Kammern. Es gibt nur einen Eingang, er führt in den Innenhof, der durchschnittlich einen Durchmesser von 4 m hat. Im Mauerwerk des Hofes und verschiedener Kammern sieht man Nischen für Schreine und für andere Sachen. Im Hof befindet sich mitunter ein Brunnen.
Von besonderem Interesse sind winzige Rotunden mit Sitzen und mit einem kleinen Steinbecken in der Mitte des gepflasterten Bodens. Fünf bis sieben Menschen können in ihnen Platz finden. Ihr Mauerwerk ist auffallend gut gearbeitet und mit Streifen aus kleinen, in den Mergel eingesetzten Steinen verziert; ihre Kuppeldecke ist eingestürzt. In der Regel liegen diese kleinen Kammern hinter der Küche, unweit der Feuerstelle. Man findet dort auch Mühlsteine und anderes Gebrauchsgerät. Es erscheint möglich, daß diese kleinen Kammern kultischen Zwecken gedient haben, vielleicht zu rituellen Waschungen in der Art eines Taufzeremoniells oder zur Einnahme einer speziellen Speise bei Familienfesten oder auch zu einem Umtrunk mit »Zaubergetränken«.
Außer diesen Wohnanlagen findet man auch Hütten mit besonderen Arbeitsräumen und Werkstätten: Mühlen zur Gewinnung von Oliven- und Mastixöl, Werkräume zur Herstellung von Handmühlen und anderen Steingegenständen, die Schmiede eines Metallgießers u. a.
In mancher Hinsicht ist eine Weiterentwicklung der Siedlung unter den punischen Eroberern festzustellen. Traditionelle Bauformen werden zwar beibehalten, aber in Einzelheiten verfeinert und variiert. Formen von Werkzeugen und Geräten verschiedenster Art und aus unterschiedlichem Material, die während der mittleren Nuraghenzeit entworfen wurden, werden nur geringfügig abgewandelt. Und doch gibt es sichere Anzeichen für die Anwendung neuer Arbeitsverfahren und Baumethoden: der Gebrauch von Mörtel verbreitet sich; hygienische Einrichtungen werden gebaut, Rinnsteine, Abwässerschächte u. a. Aus der Art, in der die Entwicklung und die Formen der Siedlungsstruktur generell gedanklich vorbereitet werden, erkennt man, daß sich das Gemeinschaftsbewußtsein weiter ausgebildet hat. Man bemerkt auch eine Veränderung in der Wirtschaftsstruktur, deren Basis weiterhin die Landwirtschaft bleibt. Überall spürt man, daß sich die Kontakte zur Zivilisation der Kolonisatoren aus Karthago, die Impulse aus dem libysch-punischen Bereich, allmählich auszuwirken beginnen.

50 *Madre mediterranea*

Marmor, Höhe 44 cm. Um 2000 v. Chr.
Archäologisches Nationalmuseum Cagliari

Unübertroffen in der Sorgfalt der Bearbeitung und in der Verfeinerung der Stilform ist dieses Marmoridol, das man in der Trexenta im Ortsteil Turriga von Senorbi entdeckte. Es stand wahrscheinlich inmitten eines Steinkreises, eines abgegrenzten heiligen Bezirkes in der Art des griechischen Temenos, im Umkreis einer Siedlung, die der Ozieri-Kultur zuzurechnen ist. Die Skulptur ist das größte von fünfzig Idolen dieser Art, die man bisher auf Sardinien fand, meist in Hypogäen, aber auch in Höhlen, an Kultstätten und Wohnplätzen aus dem späten Neolithikum und der frühen Metallzeit.
Die Statue, geometrisch, in Kreuzform geschnitten, ist von vollendeter Symmetrie. Sie zeigt eindeutig die Vorliebe für das Flächenhafte, wenn auch Details körperhaft geformt sind: der Nasenrücken, der pfeilerartig vorspringt, die Brüste, die sich halbkugelförmig abheben, und der Unterkörper, der als Kegelstumpf gebildet ist.
Die Skulptur stellt eine Muttergottheit dar. Die Betonung der Brüste und die Stellung der Arme weisen eindeutig auf eine *dea nutrice*, eine nahrungsspendende Göttin, hin. Der *dea mater*-Kult war im gesamten Mittelmeerraum vom Neolithikum an bis über die Bronzezeit hinaus in verschiedenen Kulturkreisen verbreitet und lebte noch in historischer Zeit fort. Eine seiner künstlerischen Gestaltungen fand er in der an Zahl und Varietät reichen Serie von Marmorstatuetten. Sein Kernpunkt und Ausstrahlungs-

zentrum war die Kykladenkultur (3. Jahrtausend v. Chr.). Auch die sardischen Künstler der Ozieri-Kultur empfingen von hier aus Inspirationen, dazu Anregungen aus den früh- und mittelminoischen Kulturen Kretas (3. und 2. Jahrtausend v. Chr.). Diese Impulse sind nicht nur an den Marmoridolen, sondern auch an Alabaster- und Terrakotta-Figuren Sardiniens nachweisbar. Die Einflüsse der anatolischen Kulturen müssen im Verhältnis zu diesen Einwirkungen schwächer gewesen sein.
Anklänge an minoische Formen zeigt die abgebildete Skulptur aus Senorbi vor allem in der Art, in der symbolträchtige Details körperhaft aus der Fläche herausgehoben werden, so daß die Starrheit des Gesamtwerkes durchbrochen wird. Man erkennt die eigenständige Formensprache und die Sicherheit im ästhetischen Urteilsvermögen der Künstler Sardiniens, deren Arbeiten mit Kunstwerken anderer Kulturen des Mittelmeerraums einen Wettbewerb aushalten.

51 *Serri, Brunnenheiligtum aus der Nuraghenzeit*

9.–6. Jahrhundert v. Chr.

Am Rande der *giara* von Serri, eines Basaltplateaus, das von Südwesten her von weitem als steil aufsteigende Tafel zu sehen ist, zieht sich eine weite Tempelanlage hin, die lange Zeit auf Sardinien in hohem Ansehen stand und ihre Blütezeit zwischen dem 9. und 6. Jahrhundert v. Chr. erlebte. Im Mittelalter errichteten Christen hier die Kirche S. Vittoria. Das Tempelgelände auf der steinigen, mit Buschwerk bestandenen Tafel, umfaßte einen Raum von mehr als dreieinhalb Hektar. Über Jahrhunderte hin dürfte die Landschaft ihr Aussehen kaum verändert haben. Die Grabungsstätte liegt dicht westlich von Serri, einer Ortschaft an der Chaussee 128, der Verbindungsstraße Cagliari–Nuoro, die nördlich Cagliari von der Staatsstraße 131 abzweigt.

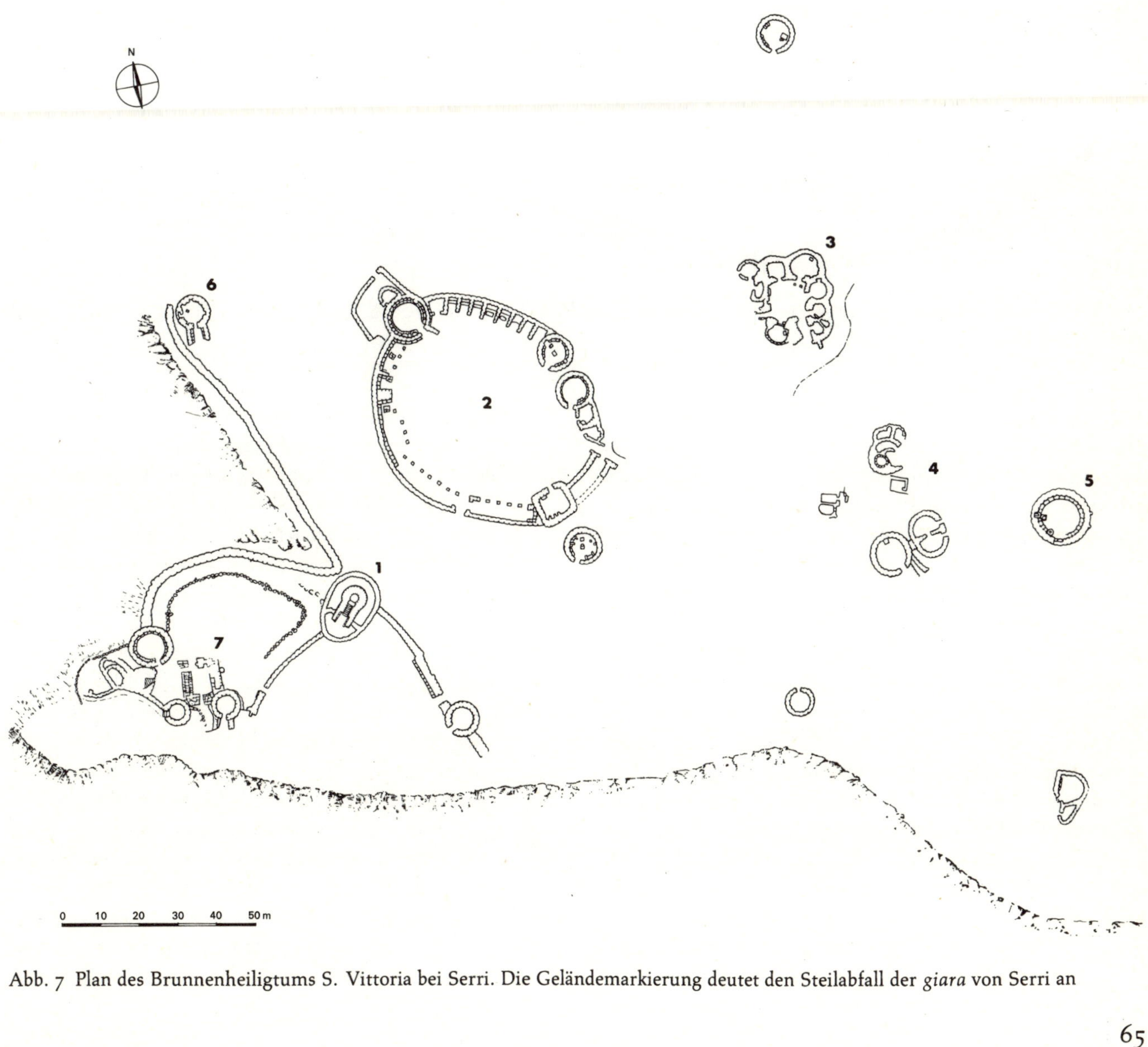

Abb. 7 Plan des Brunnenheiligtums S. Vittoria bei Serri. Die Geländemarkierung deutet den Steilabfall der *giara* von Serri an

Das 650 m hohe Plateau über der grünen Talmulde wirkt wie ein von der Natur geschaffener Altar. Einst galt der Tempelbezirk als *terra sacra*, heilige Erde und Stätte des Friedens. Zu den großen Festlichkeiten kamen auch Angehörige von Nachbarstämmen. Mittelpunkt der Kultstätte war ein heiliger Brunnen, welcher der Gottheit des heilkräftigen Wassers geweiht war (Abb 8, 9). Der den Brunnen einschließende Tempel bestand aus einem Vorraum, der Brunnentreppe und dem Brunnenschacht. Sein Grundriß entsprach dem für solche Anlagen typischen Schema. Die Brunneneinfassung, die das Bild zeigt, war aus Basaltsteinen gefügt und vollendet in ihrer technischen Ausführung. Die Treppe führte mit dreizehn Stufen in die den Gläubigen Zutritt und Raum zu bieten. In dem gepflasterten Atrium befanden sich kleine Bänke für Opfergaben und eine durchbohrte Steinplatte mit einem Relief am Boden, die als Opfertisch für Blutopfer von Tieren diente, ferner ein Becken mit Wasser für rituelle Waschungen.

In einiger Entfernung von dem Tempel lagen auf dem Plateauvorsprung die Hütten der Tempelwächter (Abb. 7/7). Außer dem Brunnentempel mit diesen Nebenbauten gab es im Tempelgelände noch drei größere Gebäudekomplexe und verschiedene Einzelbauten: einen großen umfriedeten Bezirk in Form einer Ellipse, eine Art Arena (Abb. 7/2); eine Gruppe von Hütten, die vermutlich für anderes

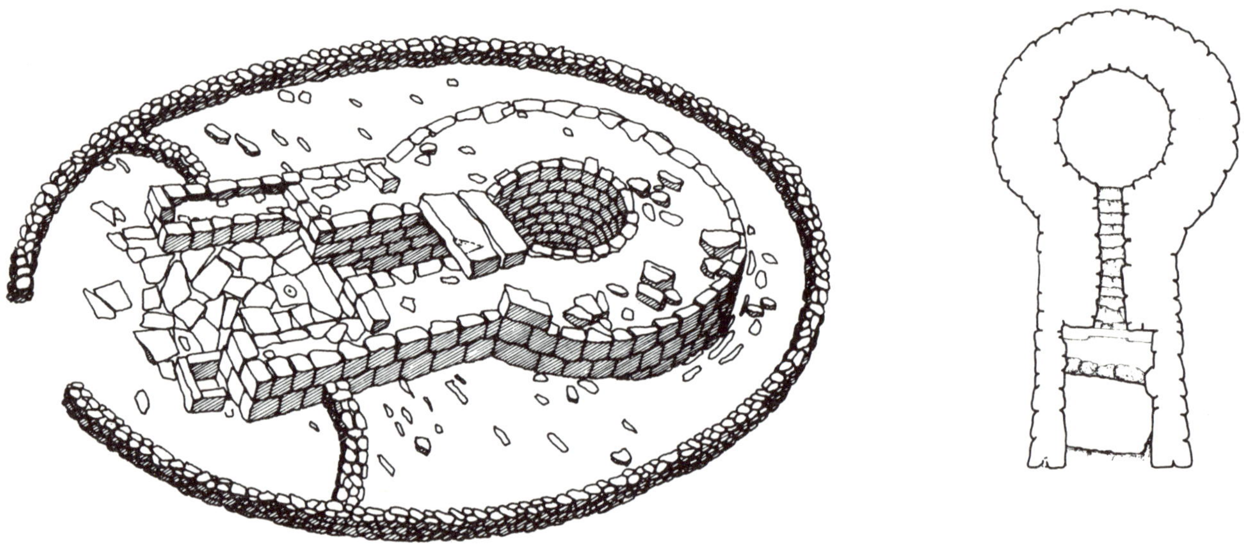

Abb. 8/9 Brunnentempel S. Vittoria bei Serri. Die Zeichnungen verdeutlichen die im Photo gezeigte Anlage mit ihren Grundmauern und Stufen

Tiefe des Brunnenschachtes hinab bis zu der wasserführenden Schicht. Mit ausgesprochenem Sinn für Harmonie war der Schacht aus Basaltblöcken gearbeitet. Die ringförmigen Steinlagen erweiterten sich nach unten hin, so daß die Anlage die Form eines hohen Kegelstumpfes hatte. Der heute offene Brunnenschacht war einst tholosartig überbaut: über einem runden Unterbau erhob sich eine Kuppel. Die Mauern des Rundbaus gingen nach Südwesten hin, längs der auf dem Bilde zu sehenden Treppenflanken, in zwei parallele Mauerflügel über, die auch ein 2 m × 2 m großes Atrium vor dem Treppenabstieg einfaßten. Die architektonische Wirkung des gesamten, 11 m langen Tempelbaus wurde durch das Helldunkel des Mauerwerks erhöht, durch den Wechsel von Basaltlava- und Kalksteinquadern. Die Eingangsfassade zeigte als Abschluß ein Gebälk mit Zahnfries und Blattfries und in dessen Mittelfeld den aus Kalkstein kraftvoll geformten Schädel eines Stiers, über ihm eine bogenförmige Stele. Der Bau war von einer elliptischen Einfriedung umgeben, die sich vor der Tempelfront als halbmondförmiges Segment öffnete, um Personal der Tempelanlage vorgesehen waren (Abb. 7/3) – im Zentrum dieses Komplexes eine Hütte mit einem Steinidol in Form eines doppelten Bätylos; schließlich eine Gruppe von größeren Hütten, vielleicht Unterkünfte für höher gestellte Besucher (Abb. 7/4). Zu den einzeln gelegenen Bauten gehörten eine Rotunde, in der sich die Stammesfürsten zur Beratung versammelten (Abb. 7/5), und das sogenannte »Haus des Priesters«, in dem wahrscheinlich die Leitung und Aufsicht der Festveranstaltungen untergebracht waren (Abb. 7/6). Kulthandlungen wurden nacheinander – an verschiedenen Tagen – in sämtlichen Gebäudekomplexen verrichtet.

Der große umfriedete Platz hatte zwei Bestimmungen: er diente während der Feiertage zu festlichen Gesangsveranstaltungen, Rundtänzen und Wettspielen und wurde als eine Art Marktplatz genutzt. In den überdachten Lauben am Südwestbogen der elliptischen Einfriedung, etwas erhöht und windgeschützt, hielten sich die Pilger auf; sie kochten, aßen und schliefen dort; die Lauben waren Vorläufer der *cumbessias*, der ähnlich gebauten sardischen

Loggias, die heute Teilnehmer christlicher Wallfahrten beherbergen. Auch für die *muristenis*, für Verkaufsstände, wie sie noch jetzt bei Kirchenfesten weit verbreitet sind, fanden sich an der Nordseite des Platzes schon Vorgänger. Große Rotunden am Rande der Arena waren ebenfalls für Pilger vorgesehen. Reittiere und andere Tiere wurden vor der Einfriedung in einfachen Gattern untergebracht.
Über das Leben an dieser Kultstätte geben viele Funde von Gegenständen Aufschluß, die man der Muttergottheit, der *dea mater*, und ihrem Partner, der Stiergottheit, im Atrium des Brunnentempels darbrachte: kleine Bronzeskulpturen, Waffen, Gerät und Schmuck aus Kupfer, Bronze oder Gold, Objekte aus Bernstein, Bein und Glasmasse, ferner glatte Vasen und Vasen mit linearen Ornamenten. Im Atrium fand man auch Kultgerät aus Stein: Platten und kleine Altäre, verziert mit Fischgrätmustern oder Ringmotiven und anderen geometrischen Formen.
Die Tempelanlage muß über eine sehr lange Zeit hin bestanden und ihre Blütezeit vom 9. bis zum 6. Jahrhundert v. Chr. erlebt haben. Das Heiligtum verlor offenbar an Bedeutung, als sich nach dem Vordringen der Karthager die Daseinsverhältnisse für die einheimische Bevölkerung grundlegend wandelten. Man fand Materialreste, die aus dem punischen Kulturbereich stammen, und Bauelemente, die von Umbauten oder Ergänzungsbauten in spätpunischer Zeit herrühren, so daß man annimmt, dieser Platz sei auch nach dem 6. Jahrhundert v. Chr. besucht worden. Im 3. Jahrhundert v. Chr. war der Tempel bereits eingestürzt. Der Brunnen spendete noch lange Zeit Trinkwasser. Während der Herrschaft der Byzantiner wurden hier Soldaten stationiert, um die strategisch wichtige Verbindung zwischen Cagliari und dem Bergland im Innern der Insel zu schützen. Man fand Gräber der Soldaten.
Heute treffen sich Hirten und Dorfbewohner aus dieser Gegend an der kleinen Kirche S. Vittoria zu gemeinsamen Festen.

52, 53 *Zwei Bronzestatuetten*

Mutter und Sohn. Höhe 10 cm
Mann mit Krücke. Höhe 13 cm
8./7. Jahrhundert v. Chr. Fundstätte: S. Vittoria, Serri. Archäologisches Nationalmuseum Cagliari

Die beiden Bilder zeigen zwei der rund vierzig Bronzestatuetten, die man während der Grabungen im Bereich des Heiligtums S. Vittoria bei Serri (Text zu 51) fand, meist in Nähe des Brunnentempels. Die Bronzen stellen Menschen aus unterschiedlichen sozialen Schichten dar, die sich hier an hohen Festtagen einfanden, um von der Gottheit Linderung und Erlösung von seelischen und körperlichen Leiden zu erflehen: Stammesfürsten mit Gefolge, Krieger in ihrer Rüstung, Handwerker, Hirten, Bauern und Frauen aus der Oberschicht und aus dem Volke. Besonders fromme Pilger kamen zu Fuß, sogar barfuß, andere ritten auf Ochsen oder fuhren mit dem Wagen hierher. Verpflegung für die Zeit der Teilnahme an Kulthandlungen und für die prächtigen Festveranstaltungen wurde mitgebracht.
Die Wallfahrer kamen aus nah und fern. Alte Zwistigkeiten – selbst historisch bedingte Gegensätze zwischen den Stämmen – ruhten, solange man hier versammelt war, um der Quellgottheit Tiere, Früchte und Gebrauchsgegenstände zu opfern, ihr zu danken und Beistand oder Rettung zu erbitten. Gemeinsame Glaubensgrundsätze und auch Gemeinsamkeit der Erfahrungen in den Daseinsverhältnissen und -erfordernissen auf dieser Insel verbanden die Festteilnehmer miteinander. Man opferte nicht nur lebende Tiere, sondern auch Bronzefiguren von Haustieren und von Wildschweinen, Füchsen, Tauben und anderen Tieren. Daneben wurden Bronzeminiaturen von Wagen, Körben, Netzen als Opfer dargebracht. Dieser Gewohnheit verdanken wir die zahlreichen Funde kleiner Plastiken, die uns Einblicke in das Leben jener Menschen vermitteln.
Zwei der Bronzefiguren aus S. Vittoria stellen betende Mütter, mit ihrem Sohn im Arm, dar. Die Mutter, die Bild 52 zeigt, sitzt auf einem fünfbeinigen, durch Querleisten verstärkten Rundschemel; sie ist im Gebet versunken, die Rechte in frommer Geste erhoben, mit der Linken den Umhang schützend um die Schulter des Sohnes legend. Ihre Tunika reicht bis über die Knie und ist am Saum mit einer Borte geschmückt.
Schlaff hängt der nackte Körper des Sohnes, die schmächtige, zerbrechliche Gestalt eines Halbwüchsigen, auf ihrem Schoß. Seinen rechten Arm versucht er zum Gebet zu heben, aber der Hand fehlt die Kraft, sich zum Beten zu öffnen. Das Gesicht ist schmerzverzerrt, die Augen suchen den tröstenden Blick der Mutter.
Der Kopf der Mutter ist unverhältnismäßig groß, seine plastische Wirkung wird durch die Haarsträhnen unterstrichen, die auf den Nacken fallen. Das Kinn ist spitz und überlang, die Nase scharf und kantig. Der halboffene Mund mit aufgeworfenen Lippen scheint ein Gebet zu sprechen.
Darstellungsinhalt und -bedeutung dieser Bronzegruppe wurden auch anders interpretiert. Man sah in der Mutter eine weibliche Gottheit, vergleichbar der griechisch-punischen mütterlich-nährenden Kourotrophos, die ihren Erstgeborenen stillt. Man hielt die Frau für eine Ehebrecherin, die gerade von ihrer Schuld erlöst wird. Da jedoch die Kunst der Nuraghenzeit zum Realismus neigt, erscheint die Annahme, die Mutter flehe eine Gottheit, *il mana*, um Rettung an, der Wahrheit näher. Auch die Tatsache, daß der gequälte Körper des Sohnes nackt der Heilung ausgesetzt wird, spricht für eine solche Auslegung.

Der Mann aus dem Volke, den Bild 53 zeigt, stellt vermutlich gleichfalls einen Heilung-Suchenden dar. Flehend streckt er mit der Linken der Gottheit seine Krücke entgegen, während er die Rechte zum Gebet erhoben hat.

Vielleicht ist dies aber auch eine Geste des Dankes dafür, daß der Mann wieder laufen kann, obwohl sein rechter Fuß verstümmelt ist. Grund für die Annahme, daß es sich um die Figur eines Hirten handelt, bietet die Form einiger Kleidungsstücke: der mit drei Kordeln verzierte Rockschurz, der übrigens an syrische Bronzestatuetten von Göttern oder Betenden erinnert, und die Kopfbedeckung, ein Archetyp der sardischen *berritta*, der im Mittelmeerbereich weit verbreiteten Männermütze (Bild 135). Der Umhang, der über einem eng anliegenden Kleidungsstück getragen wird, ist vorn am Hals mit einem breiten Band zusammengehalten. Der Dolch, den der Mann auf der Brust trägt, dürfte in diesem Fall nicht als Standeszeichen anzusehen sein, sondern als Talisman symbolischen Charakter tragen.
Das Gesicht hat etwas Maskenhaftes: die runden, vogelartig wirkenden Augen sind weit aufgerissen, die Nase läuft spitz zu, der Mund steht offen. Gesicht und Körper sind von ungemein starker Ausdruckskraft.

54, 55 Zwei Bronzestatuetten

Betender Priester mit Hut. Höhe 11 cm. 8./7. Jahrhundert v. Chr.
Krieger mit vier Augen und vier Armen. Höhe 19 cm. 9./8. Jahrhundert v. Chr.
Fundstätte: Abini, Teti. Archäologisches Nationalmuseum Cagliari

Im Zentrum Sardiniens, in den Bergen von Teti, lag zur Nuraghenzeit eine vielbesuchte Kultstätte, das Brunnenheiligtum von Abini. Hier fand man, wie bei der Tempelanlage S. Vittoria (Text zu 51/53), eine Reihe von Votivgaben, Bronzefiguren einer bestimmten Stilrichtung, für die neben geometrischen Formen feingearbeitete ornamentale Dekors der Oberflächen kennzeichnend sind (Bilder 55,152). Es waren Opferspenden von Wallfahrern, von Hirten aus den Bergen im Innern der Insel. Ihre Stammesgebiete nannten die Römer *civitates Barbariae*.
Auffallend an der Figur des Priesters, der die Rechte zum Gebet erhebt und in der – heute verstümmelten – Linken vermutlich eine Opfergabe oder ein Standessymbol hielt, sind der hohe Hut und die langen, dicken Zöpfe. Der Zeremonienhut mit der breiten Krempe und die Rückenpartie der Statuette mit Streifenmustern und Randverzierungen auf dem Umhang erinnern an griechische Plastiken und an Formelemente aus dem syrischen Kulturbereich. Die Haare fallen, ungeflochten, in Strähnen über den Nacken, vorn umschließen sie das rundliche Gesicht, dessen Züge heute nicht mehr genau erkennbar sind, und liegen dann als ein symmetrischer Schmuck über der Brust. Eine enge lange Tunika, unten leicht glockig geschnitten, zeichnet die Konturen des schlanken Körpers nach.

Die Figur des Kriegers (Bild 55) ist eine von sieben, einander sehr ähnlichen Bronzen, die man in dem Brunnenheiligtum von Abini entdeckte. Da man sonst keine Darstellungen dieser Art fand, nimmt man an, daß sich die Vorstellungen und Mythen, denen diese Gestalten entstammen, nur hier im Zentrum der Insel, in der Abgeschlossenheit der Bergwelt, entwickelten. Bei der Bestimmung des Sinngehaltes dieser Formenwelt findet man Parallelen in mythisch-religiösen Vorstellungen, die auf der Existenz von Übermenschen basieren, und in deren künstlerischen Ausdrucksformen, z. B. in zyprischen Skulpturen von Kriegern, die mehr als zwei Beine haben, eine Vervielfachung von Gliedmaßen gemäß der babylonischen Geometrie.
Entfernt erinnert die Kriegerstatuette aus der Nuraghenzeit auch an Plastiken aus anderen Teilen des östlichen Mittelmeerraums, vor allem an die Figuren aus Syrien. Auffallend sind Übereinstimmungen mit den Bronzen Luristans, die abschreckend wirken sollen. Das Gesicht der dämonischen Kriegerfigur wirkt maskenhaft: unter einer flachen Stirn verbreitert sich der Kopf, um unter der Wulst der Brauen vier kreisförmigen Augen nebeneinander Platz zu bieten. Eine spitze lange Nase, aufgeworfene Lippen und ein schmales Kinn teilen das Gesicht symmetrisch von oben nach unten. Aus der kleinen Helmkappe ragen hohe Hörner heraus, die in dicken Knäufen enden. Um den Hals, eng anliegend, ein Doppelband. Über einer engen Tunika ein Lederwams, vielleicht aus Mufflonfell, dessen Struktur vorn, auf den Armen und auf dem Rücken durch Streifen angedeutet ist. Ledergamaschen als Oberschenkel- und Knieschutz; Waden und Füße ungeschützt. In ungewöhnlicher Form – den Armen eines Leuchters ähnlich – wachsen aus dem Körper symmetrisch vier Arme, das obere Paar an der normalen Stelle, das untere aus der Rippengegend. In den Händen des oberen Armpaars je ein Degen, in denen des unteren Paars die auffallenden Rundschilde, die symmetrisch auf einer Ebene angeordnet sind und sich berühren. Schildgurte, Halterung, Schildbuckel und strahlenförmige Verzierungen sind geometrisch exakt herausgearbeitet.
Im allgemeinen deutet man die Bronzefigur als Kriegsheros oder Kriegsdämon. Die Verdoppelung symbolisiert nicht nur eine Steigerung der physischen Kräfte, sondern auch die Ausstattung mit magischen Fähigkeiten wie dem »Auge der Vernunft«. Man hält die Statuette aber auch für die eines Kriegers, der durch Gottesurteil ungewöhnliche Kräfte erlangte. Andere Deutungen bringen sie in Verbindung mit übermenschlichen Wesen aus dem Pantheon der Phöniker, Griechen oder Inder (Kronos, Briareos u. a.).

56, 57 Gußformen für Bronzewerkzeuge aus der Nuraghenzeit

Links: Speckstein 30×18×22,3 cm, rechts: Schamotte 40×24,5×20,3 cm. 9./7. Jahrhundert v. Chr. Archäologisches Nationalmuseum Cagliari

Seit man die Werkstätten der Bronzegießer aus der Nuraghenzeit gefunden hat, zu denen auch die jüngst entdeckte Werkstatt in Nähe des Nuraghen Genna Maria bei Villanovaforru gehört, weiß man, nach welchem Verfahren damals Erze geschmolzen und Gebrauchsgerät, Waffen und Schmuck gegossen wurden. Man kennt jetzt die Schmelzöfen, die Tiegel und die einschaligen Gußformen, von denen das Nationalmuseum in Cagliari allein fünfzig besitzt.

Mehrere dieser Steinblöcke haben nicht nur an einer Seite Gußformen. Zwischen den einzelnen Formen laufen kleine Kanäle entlang, so daß gleichzeitig eine Reihe von Geräten gegossen werden konnte. Sofort nach dem Guß wurden die Formen mit einer Steinplatte abgedeckt. Nach der Entnahme aus der Form wurden die Schneiden, wie gefundene Objekte beweisen, entweder am Schmiedefeuer oder kalt auf dem Amboß gehämmert, entsprechend wurden auch Gerätespitzen hergestellt.

Auf Grund der hervorragenden Qualität der Gußformen hat man angenommen, sie seien importiert worden, z. B. die Diabasformen aus Piemont, die Specksteinformen aus Kreta. Diese Annahme trifft aber nicht zu: Sardinien steht in den Vorkommen an feuerfestem Gestein dem Ausland keineswegs nach. Die Insel hat Specksteine, Chlorite und andere Talke. Ergiebige Vorkommen befinden sich beispielsweise in der Gegend von Orani (Text zu 138). Die Metallgießer der Nuraghenzeit haben die lokalen Topfsteinvorkommen ebenso ausgebeutet wie die einheimischen Kupfer- und Bleifundstätten und möglicherweise auch die Zinnvorkommen.

Für die Blütezeit der Nuraghenkultur läßt sich somit auf Sardinien der gesamte Produktionsprozeß der Bronzegeräte und Bronzekunstwerke von der Erzgewinnung bis zur Fertigstellung und auch der Vertrieb dieser Erzeugnisse nachweisen.

Das linke Bild zeigt Formen für zwei Sichelblätter mit verschiedenem Krümmungswinkel, für das Messer eines Pfluges und für einen Fanghaken.

Auf dem rechten Bild sind zwei Gußformen eines Schamotteblocks zu sehen. Links erkennt man die Form für eine Doppelaxt, rechts für einen Vorschlaghammer. Die runden Stellen in der Mitte sind als Fassung für die einzusetzenden Stiele vorgesehen; fast bis hierhin wird das Loch für den Stiel eingestanzt, solange das Metall glühend ist; als Stanze dient eine Art Bolzen aus feuerfestem Material, er ist an der Steinplatte, die beim Guß zum Abdecken benutzt wird, noch zu sehen. Außer diesen beiden Formen hat der Block seitlich Vertiefungen für den Guß eines Meißels und verschiedener anderer Äxte. An den Seiten sind darüber hinaus noch einzelne Löcher zu bemerken, einige zum Herausholen der gegossenen Stücke, andere zum Anbringen von Griffen, die das Hantieren mit dem schweren Steinblock erleichtern.

58 *Ziegen im Gehege zwischen Alghero und Bosa*

Ein Ziegenhirt, *su crabaxiu*, packt eine der Leitziegen, die man an dem Band mit der Schelle, *sonaggia*, erkennt, am Horn, um die Herde vom Gehege auf die Weide zu bringen. Er ist trotz der heißen Sonne ohne Kopfbedeckung und trägt eine Weste aus Ziegenleder. Das Gehege hat er mit einer Hecke aus Feldsteinen und Gestrüpp eingefaßt.

Die besonders starken und robusten Leittiere besitzen einen ausgeprägten Instinkt für das Aufspüren von guten Weideplätzen und finden sie im Umkreis von 4–5 km leicht und schnell wieder. Sie haben mit der etwa 14×14 cm großen Schelle, die den speziellen Namen *deghina* trägt und an einem besonders guten, 3 cm breiten Band aus Kalbsleder, *gutturada*, hängt, ein Gewicht von fast zwei Pfund zu schleppen. Die Schelle, in der Form unserer Kuhglocken, hat einen dumpfen Ton und wird – wie die 4×4 cm großen *trinitos tunnos* für Schafe und die 26×26 cm großen *trintinu* für Kühe – in Tonara aus Eisenblech hergestellt. Die meisten anderen Ziegen haben kein Halsband, nur wenige tragen einen einfachen Rindlederriemen.

Hier sieht man weiße Ziegen mit relativ großem, zurückgebogenem Gehörn und ein paar schwarze Tiere mit seitwärts gekrümmten Hörnern.

Früher wurden in Sardinien überall große Ziegenherden gehalten, heute findet man sie nur noch auf Hochflächen und an den Hängen der Berge. Immerhin erreicht der Ziegenbestand Sardiniens mit 302 000 Stück noch fast ein Drittel des Gesamtbestandes Italiens, er ist über 7,5 mal so groß wie der Bestand in der Bundesrepublik Deutschland.

59 *Tor zur Orangenplantage von G. Ortu Coe im Campidano*

19. Jahrhundert. Früher Tor zur Villa des Marchese Boyl di Putifigari. Rund 16 km nördlich Oristano, rechts der Straße von S. Vero Milis nach Milis

Über das Besitztum, das dieses Tor vor hundert Jahren erschloß, berichtet Maltzan: »Diese Villa Boyl, einem der volksthümlichsten Edelleute, wie dergleichen nur in Sardinien vorkommen, dem Marchese Francesco di Boyl gehörig, der trotz seinen Reichthums und seiner Gewohnheit der Höfe, dennoch mit jedem Bauer auf so freundschaftlichem Fuße lebt, wie dergleichen eben auch nur bei dieser natürlich würdevollen Bevölkerung möglich scheint, diese Villa ist gleichsam der Superlativ eines Gartens mitten im Garten von Milis. Was für die andern Orangenhaine die Natur im Überflusse gethan hat, das findet man in dieser Villa durch Kunst und Pflege veredelt. Wer nur die elenden Orangenbäume in Nizza oder Mentone mit ihren sauren Früchten gesehen, der kann sich keinen Begriff von der Üppigkeit machen, mit welcher sich diese Pflanze hier entfaltet.« (S. 246) (Zitat v. Hrsg. eingefügt)

Es war eine besondere Atmosphäre – arkadisches Naturempfinden und barockes Kulturbewußtsein –, in der sich vom Ende des 17. Jahrhunderts bis zum Ausgang des 19. Jahrhunderts im Campidano zwischen Oristano und Milis über zweihundert Jahre hin Kultivierung und landwirtschaftliche Spezialisierung vollzogen, über deren Ergebnisse im Text zu Bild 60 berichtet wird. Die Plantagen erhielten künstlerisch gestaltete Umfriedungen, und in der Form der Tore wetteiferten Adlige, begüterte Bürger, Prälaten und Kirchengemeinschaften.

Ein bekanntes Beispiel jener Bemühungen ist das Barockportal von Vitu Sotto – Donigala Fenughedu nördlich von Oristano. Es ist eine Schöpfung des Piemonteser Architekten Giuseppe Viana, der in der zweiten Hälfte des 18. Jahrhunderts auf Sardinien tätig war. Das Portal ist ein Meisterwerk in der Strenge und Ausgestaltung seiner Architektur und wurde mehrfach nachgeahmt. Allerdings sind die Portale, die sich von ihm ableiten, viel bescheidener.

Das hier gezeigte Tor entstand zwar zeitlich in dem gleichen Rahmen, fügt sich jedoch nicht in die Reihe der Bauten aus der Viana-Nachfolge ein, sondern zeugt von dem Wiederaufleben einer lokalen gotischen Formensprache. Das architektonische Ganze offenbart einen strengen Entwurf, ist gut proportioniert, klar und einfach in der Linienführung, klassizistisch und gotisch zugleich. Man bemerkt die Hand eines kultivierten Architekten, der dazu neigt, traditionelle Formelemente wieder zur Geltung zu bringen. Man mag an Carlo Philo di Boyl denken. 1830 baute er den nahegelegenen Palazzo Boyl in Milis, dessen Rückseite mit ihrer gotischen Bogenarchitektur genauso ernst und herb wie dieses Portal wirkt. Er schuf in Cagliari auch die Städtische Kunstgalerie, die heute sardische Teppiche und Spitzen beherbergt.

Die Toreinfahrt zur Villa Boyl ist weit und in der Tiefe lang genug, um den Landarbeitern bei Unwetter Unterschlupf zu bieten. Das Obergeschoß dient als Beobachtungsstation, auch zum Abstellen von Gerät oder von Behältern mit frisch geernteten Früchten.

Das Bild zeigt die Hofseite des Tores: die schön geschnittenen Quader des Spitzbogens der Durchfahrt heben sich gut von dem Ziegelmauerwerk ab. Schießschartenfenster berühren die Ansätze von Lisenen, die aus dem Untergeschoß bis zu den Dachschrägen aufsteigen und das Obergeschoß seitlich begrenzen.

Die beiden Öffnungen im Obergeschoß wiederholen in kleineren Proportionen die Komposition des unteren Geschosses. Das Rundbogenfenster unter der Spitze des Dreieckgiebels betont die Vertikalachse Torbogen – Giebelspitze.

An der Straßenseite des Tores ist im Giebelfeld nur ein Fenster, breit und niedrig, eingelassen. Die Maueröffnungen sind von Pilastern gerahmt. Ein Gesims über einem Arkadenfries trennt Ober- und Untergeschoß.

60 Das Flechten von Matten in Milis

In Milis, 19 km nördlich von Oristano, haben sich einige traditionelle Gewerbezweige noch in bescheidenem Umfang erhalten: Herstellung von Schnitzereien aus dem Holz von Zedernbäumen, Korbflechten und das Anfertigen von Schilfmatten.

Milis (1580 Einwohner) ist in Sardinien vor allem als Zentrum eines klimatisch begünstigten, fruchtbaren Landstrichs bekannt, der von dem M. Ferru und seinen Ausläufern gegen den gefährlichen Nordwestwind, den Mistral, geschützt ist. Immer wieder geben Reiseschriftsteller des 19. Jahrhunderts begeisterte Schilderungen; Hörschelmann schrieb 1828: »... es fehlt diesem Canton nicht an hinlänglicher Bewässerung, da von dem Gebirge eine Menge Quellen und Bäche herab rieseln, und daselbst auch ein kleiner Fluß entspringt, der das liebliche Thal oder Vega di Milis durchströmt, das die Sarden mit Recht als den Garten der Hesperiden ihres Landes rühmen.

Dieses drei Meilen lange und zwei Meilen breite, auf dem Wege von Oristano nach Milis belegene Thal ist ganz mit Orangen- und Citronenbäumen bepflanzt, und zwar in solcher Menge und von so üppigem Wuchs, daß sie einen dichten Wald bilden, und während der Blüthenzeit dem Wanderer schon in großer Ferne ihren balsamischen Duft entgegen senden. Das ganze Thal ist in eine große Zahl kleiner Erbgüter getheilt, die meistentheils reichen Einwohnern von Oristano gehören, und jährlich bedeutende Einkünfte abwerfen«. (S. 321/322).

Maltzan berichtet vierzig Jahre später: »... der prosaische Valery, Bibliothekar von Versailles, geriet in Milis in solches Entzücken, daß er, seinem Charakter als Bücherwurm entsagend, in enthusiastische Dithyramben über diesen schönsten aller Gärten und die herrlichsten aller Bäume ausbrach«. (S. 246/247). ... Die Orangen wurden noch Anfang des 19. Jahrhunderts – wie Maltzan 1869 angibt – von schwedischen Schiffen, die Schiffbauholz, Dielen und Eisen nach Sardinien brachten, als Leerfracht geladen. ...»Aber jetzt nehmen auch die Schweden, obgleich sie ganz wie die alten Gothen auf Südfrüchte lecker sind, doch statt der duftenden Waare lieber den schmutzigen Galmei und das ungesäuerte Blei als Fracht mit« (S. 250). (Zitate v. Hrsg. eingefügt).

Am Ortseingang von Milis steht neben dem Friedhof eine gut erhaltene romanische Kirche, S. Paolo, ein Werk der Bauhütte von S. Giusta (Bild 39), das 1140–1150 begonnen, 1200–1225 abgeschlossen wurde. In der Pfarrkirche des Ortes sind Reste des aragonisch-gotischen Baus aus dem 15. Jahrhundert erhalten. Die Marchesen Boyl di Putifigari errichteten in Milis einen Palazzo (Text zu 59).

Verwendung und Flechten von Schilfmatten

Orriu ist der sardische Name der großen Schilfmatte, an der die auf dem Bild gezeigte Frau aus Milis arbeitet. Das Wort wird von der lateinischen Bezeichnung für Speicher – *horreum* – abgeleitet, einer weit verbreiteten Verwendungsform der Matten. Zur Benutzung als Getreidebehälter werden Matten von 1,50 m Länge zu einem 2 m hohen Zylinder gedreht und an den Längskanten mit Binsen, *zuncu mulliu*, zusammengehalten. Als Boden wird ein großer Strohkorb eingesetzt, der aus Binsen und aus Stroh von Sumpfgras, *feunedda*, besteht. Zehn Zentimeter über dem Boden hat der *orriu* eine Klappe, aus der man das Korn entnimmt, sobald das Herausschöpfen von oben her mühsam wird. Für die durchschnittliche Ernte eines Gehöftes werden zwei bis drei solcher Zylinder für jede Getreidesorte gebraucht.

Schilfmatten werden auch als Decken- und Wandverkleidungen, *crabeturas*, und als Wandschirme benutzt – in Schlafzimmern, *cambaras*, Küchen, *portiu*, und Vorräumen, *soa manna*. Früher schlugen die Orangenverkäufer ihre Verkaufsstände, unseren Marktbuden vergleichbar, und auch temporäre Unterkünfte aus den Matten auf. Die Matten dienen noch heute oft als Plane, als Sonnen- und Regenschutz für Pferdewagen oder auch als Verpackung, z. B. beim Transport von Stroh.

Das Flechten eines *orriu* (2 × 1,50 m) und die Vorbereitungen dazu nehmen geraume Zeit in Anspruch. Wegen der Größe und Schwere der Arbeit werden diese Matten meist im Freien und vorwiegend von Männern gearbeitet.

Das Schilfrohr wird im Frühling geschlagen, im Tal des riu Bau e figu. Hier steht es in dichten Hecken um die Orangenhaine. Stangen mit einem Durchmesser bis zu 7 cm werden als Bündel, *faskis*, zusammengefaßt in den Garten, *ortus*, oder Hof, *cortilla*, gebracht, vorsichtig auf dem Boden zum Trocknen ausgelegt, später mit einer Sichel, *sa fudazza*, von den Blättern befreit. Mit einem Stein oder Holzhammer, *su marteddu e linna*, werden die Schilfrohre auf einer Steinunterlage solange platt geschlagen – *si screfant*, bis man Streifen von 10 cm Breite hat. Diese werden dann mit der Sichel der Länge nach halbiert, *s'aperidi in mesu*, und zum Flechten parallel nebeneinander gelegt, mit der glatten Seite auf den Boden, mit der Schnittkante nach oben. Auf der Matte sitzend, flicht man dann die Querstreifen ein, indem man wie ein Weberschiffchen arbeitet. Wenn einige Längsstreifen nicht mehr die volle Länge haben – *sa sterria*, schließt man die Arbeit ab, indem man die Streifenenden nach innen biegt. Auf dem Bild sieht man an der Wand hinter der Frau das Flechtmuster; die glänzenden Quadrate, *sa posta*, sind auf der Innenseite ebenso schön wie auf der Außenseite – *su bellu a intru e a foras*.

61 *S. Vero Milis, Flechten von Körben aus Stroh oder Binsen*

Auf dem Wege von Oristano nach Milis passiert man nach 13 km das große Bauerndorf S. Vero Milis (2450 Einwohner), das durch seine kunstvoll gearbeiteten Körbe und durch seinen *Vernaccia*, den hochgradigen sardischen Weißwein, bekannt ist.

Im Gelände östlich der Ortschaft liegt unweit der Straße, die zur Halbinsel Sinis führt, einer der berühmten Nuraghen Sardiniens, s' Uraki, eine großartige Festungsanlage mit polygonalen Umfassungsmauern und Türmen. In seinem Umkreis existierten zu punischer und römischer Zeit kleinere Ansiedlungen, entstanden auf den Resten eines prähistorischen Siedlungszentrums.

Korbflechterei

Das Flechten von Körben, von verschiedenen kunstgewerblichen Gegenständen und von Korbmöbeln ist noch heute ausschließlich Sache von Frauen und Mädchen. In jeder Landschaft Sardiniens verwendet man für Flechtarbeiten spezielle Materialien, Schattierungen und Farbmuster, und die Sarden erkennen mühelos den Herkunftsort.

Schon mit acht Jahren wurden die Mädchen früher zum Korbflechten herangezogen. Bis ins Alter hinein saßen Mädchen und Frauen von neun Uhr morgens bis mittags, vom Mittag bis sechs Uhr abends über ihrer Arbeit, meist im Vorraum des Hauses, *soa manna*, bei gutem Wetter auch vor dem Hause.

Material und Arbeitsweise haben sich kaum geändert. Zum Flechten nimmt man Getreidestroh – *fenu de argiolas*, Riedgras – *su sessini* (Cyperus Sav.), Binsen – *su zuncu* – oder langgezogenes getrocknetes Binsenmark – *sa zinniga* oder *sa mamma de su zuncu* (Mark der Knopfbinse, Juncus conglomeratus L.).

Das Stroh wird beim Bauern gekauft, der die ausgedroschenen Ähren, *sa conca*, behält. Diese müssen auf der Tenne, *argiolas*, erst mit der Sichel vom Stroh getrennt werden. Der Jahresvorrat an Stroh wird gebündelt an einem trockenen Platz aufbewahrt.

Binsen und Ried, *su padru*, werden in der ersten Aprilwoche im Sumpfgebiet gesammelt, 20–30 Tage lang im Hof oder auf der Straße getrocknet, dann in einem zum Hof gelegenen Raum, *su stauli*, gestapelt.

Vor dem Flechten wird die Haut der Strohhalme entfernt, *sa mamma e su fenu*, so daß die Halme ganz glatt sind und glänzen. Die Binsen halbiert man der Länge nach, die Teile, *perras*, legt man eine Viertelstunde zum Weichen, *ammoddiai*, in Wasser und schabt sie dann mit einem Messer, *arrasigau*, aus.

Zum Flechten benutzt man ein eisernes Werkzeug von 16 cm Länge, *sa sula*, eine Art Ahle, an einer Seite in eine sehr scharfe Spitze, an der anderen in eine schlaufenförmige Öffnung auslaufend. Quer über der Schlaufe liegt ein seitlich verschiebbarer wellenförmiger Riegel, mit dem man den Halm fassen kann. Mit dem Finger, den man in das Schlaufenloch steckt, hält und schiebt man den Halm während des Arbeitens.

Beim Korbflechten wird zuerst der Boden angefertigt. Man umwickelt ein Bündel von sechs Strohhalmen mit Ried oder

Binsen und rollt dieses strickartige Gebilde, *su oru*, in flache konzentrische Ringe, die man mit Sumpfgras verkettet. Dann werden die Rundungen der Korbseiten, *su oru de is costas*, bis zum oberen Rand geflochten. Für die beiden Abschlußrunden nimmt man schwarz gefärbtes Material, *orixeddus*, so daß sich der Rand von dem naturfarbenen Korb abhebt. Der Standring des Korbes, *su padazzu*, wird getrennt hergestellt, aus Stroh und Ried geknotet, *traballau a lazzus*, und dann am Boden befestigt. Das Innere des Korbes, *su stampu e sa crobi*, wird mit geblümtem Leinen, *su nannoi*, ausgeschlagen. Während der Arbeit werden Stroh, Binsen oder Ried hin und wieder gewässert, damit das Material geschmeidig bleibt.

Körbe, *crobi*, werden in allen Größen mit einem Fassungsvermögen von 3,125 Litern bis zu 25 Litern geflochten. Flache breite Brotkörbe heißen *carrigus*, große Körbe *cainsteddas*. Die Frau, die auf dem Bilde zu sehen ist, muß an dem großen Korb acht Tage flechten. Sie hat ihr Kopftuch, *su muncadori*, zusammengefaltet, um unbehindert arbeiten zu können, und ist barfuß, wie es in dieser Gegend allgemein üblich war. Einst flochten die Korbmacherinnen aus S. Vero Milis die gesamte Ausstattung eines Brautpaares an Korbsachen, *su zivimentu*, aus einheimischem Material, *sa scraria*. Heute werden Korbmöbel und größere Körbe nur noch auf Bestellung angefertigt.

Kunstgewerbliche Gegenstände – Körbchen, Kästchen, Flaschenumkleidungen – tragen meist farbige Ornamente. Die Farben, jetzt Anilinfarben, wurden früher aus einheimischen Stoffen gewonnen, z. B. Schwarz aus Orangenschalen, *croxiu e arangiu*. Beliebte Schmuckmotive waren und sind Rosen, *rosas*, stilisierte Vögel, wie Greife, *pillonis antigus*, Tänzerfiguren aus dem sardischen Rundtanz, *su ballu sardu*, geometrische Muster wie Zickzack, Bögen, à la grecque-Ornamente und Buchstabenmuster, teils bezogen auf die grecque-Form, *mosta de is litteras*.

62, 63 *Sardische Webarbeiten*

62 Alter Webstuhl in S. Vero Milis

63 Zwei Truhendecken, 18. Jahrhundert, Herkunft: links Morgongiori, rechts S. Giusta Nationalmuseum G. A. Sanna, Sassari

Die Webkunst stand auf Sardinien einst – und seit alten Zeiten – in hoher Blüte. Noch in den letzten Jahrzehnten verbrachten die sardischen Frauen einen großen Teil ihrer Arbeitszeit am Webstuhl. Die gesamte Aussteuer wurde zu Hause angefertigt. In allen sozialen Schichten war der Aufwand dafür beträchtlich.

1833 zählte Vittorio Angius in der Barbagia, die damals 6800 Familien, 27900 Einwohner, hatte, mehr als 4130 Webstühle; in Sadali in der Barbagia gab es genauso viele Webstühle wie Familien (140), entsprechend hoch war die Zahl der Frauen, die mit den einzelnen Arbeitsgängen, mit Leinen- und Wollspinnerei, Färben und Weben, beschäftigt waren.

In S. Vero Milis (Bildtext 61) standen um die Mitte des 19. Jahrhunderts rund 300 Webstühle, auf denen neben Geweben für den eigenen Bedarf auch Textilien zum Verkauf hergestellt wurden. Heute besitzt das Bild einer jungen Frau an einem solchen alten Webstuhl bereits historischen Wert.

Mit der Lockerung des Familiengefüges und der Technisierung der Fertigungsverfahren ging man immer mehr dazu über, die Gewebe in Genossenschaften herzustellen und ihnen den Vertrieb zu übertragen. Während dieser Entwicklung veränderten sich sowohl die traditionellen Methoden der gesamten Materialgestaltung als auch die gediegenen herkömmlichen Muster.

Schon in vergangenen Zeiten verdankte die sardische Webkunst die Vielfalt ihrer Muster nicht nur der eigenen Phantasie und dem eigenen Einfallsreichtum, sie übernahm auch Formelemente, die in der Kunst für die jeweils vorherrschenden Stilrichtungen typisch waren: Motive der byzantinischen, romanischen und gotischen Kunst sowie Motive des Barock.

An der Farbgebung kann man erkennen, aus welchen Bereichen der Insel ein Gewebe stammt. In den Bergdörfern werden ernste Farbtöne bevorzugt, dazu zarte geometrische Muster. Webarbeiten aus dem Süden Sardiniens haben leuchtende, gut aufeinander abgestimmte Farben, so dicht und lebhaft wie die orientalischer Teppiche. Sie wirken bei all ihrem Reichtum an Motiven und trotz der minuziösen Darstellung von Einzelheiten in ihrer Gesamtkomposition ausgewogen und gelten als besonders kostbar, als die feinsten ihrer Art auf der Insel.

Ein Beispiel einer solchen Webarbeit zeigt der rechte der abgebildeten Teppiche, der zum S. Giusta-Typ gezählt wird, während der linke für den Stil von Morgongiori charakteristisch ist. S. Giusta, südlich von Oristano, ist durch seine Kirche (Bild 39) bekannt, Morgongiori liegt in der Marmilla am Südosthang des M. Arci.

In Sardinien dienen diese überlangen, schmalen Teppiche, die man *coberibancus* nennt, als Truhendecken. Sie liegen auf den reich geschnitzten Hochzeitstruhen aus Kastanienholz und kommen auf dem dunklen, oft schwarzen Untergrund gut zur Geltung. Die bunten Wollfäden, die sich von dem hellen, naturfarbenen Leinen abheben, sind am Spinnrocken, *rocca*, und an der Haspel, *naspu*, handgefertigt und mit Pflanzenfarben getränkt. Das Alter der beiden Decken ist nicht genau bekannt, man nimmt an, daß sie aus dem 18. Jahrhundert stammen.

Als Hinweis für die Datierung des S. Giusta-Teppichs dienen die barocken Stilelemente der Menschenfiguren beiderseits der Monstranzen. Die zeichnerische Grundlage des ganzen Musters wirkt byzantinisch, andere stilistische und auch technische Eigenarten weisen Ähnlichkeiten mit

Webarbeiten aus den Abruzzen auf, Menschen- und Tiergestalten sind in geometrische Linien und Pflanzenformen umgesetzt. Viele Motive sind sakral und von starkem Symbolgehalt, z. B. Hostienbehälter, Sechsecke mit eingeschriebenem Kreuz, die in der Teppichmitte in Längsrichtung angeordnet sind. Von rechts und links schaut ein Mensch, jeweils in anderer Haltung, auf eine solche Monstranz. Seitwärts sind andere Menschenfiguren angeordnet, größer und noch stilisierter, teils aus Bäumen, teils aus Zickzacklinien zusammengesetzt, mit rhombusförmigen Köpfen. An den beiden langen Randleisten sieht man eine Kette von zweiarmigen Kandelabern. Die Deckenenden, die von den Truhen herabhängen, zeigen zur Kante hin in einzelnen Reihen: kleine Hirsche, eine Quastenborte, eine breite Reihe mit fünf großen bewaffneten Reitern, hinter ihnen Damen zu Fuß, dann eine Leiste mit kleinen Hähnen über der abschließenden Dreieckskante.

Eine solche Strenge der Formen, wie sie der auf Sardinien lange Zeit gepflogenen Tradition entspricht, zeigt der linke der hier abgebildeten Teppiche nicht. Das in hartem Schwarz gehaltene Hauptmuster und die sich vielfach überschneidenden Nebenmuster in eindringlichem Rot, kräftigem Siena-Rotbraun und tiefem Himmelblau bieten einen starken, reizvollen Kontrast zu dem hellen Leinengrund. Im Mittelfeld entfaltet sich in Längsrichtung dreimal ein Blumenmotiv: Blütenkelche von Blätterwerk und Rosetten umrahmt. Die Längsseiten ziert eine Kante aus schwarzen Andreaskreuzen und bunten stilisierten Pflanzen. Am Rand der Schmalseiten sieht man schwarze Figuren: Menschen um blühende Bäume tanzend, zwischen ihnen kleine Vierfüßler in der Art von Wappentieren. Die gesamte Komposition ist harmonisch in Form und Farbe, auch sie wirkt ausgewogen und festlich zugleich.
Komplizierte Muster, wie sie diese Decken zeigen, und Gewebe aus den verschiedensten Materialien, auch aus Gold- oder Silberbrokatfäden, lassen sich auf den alten Webstühlen herstellen. Meist wurde jedoch Leib-, Tisch- und Bettwäsche gewebt. Die junge Frau aus S. Vero Milis fertigt gerade eine Tischdecke aus Baumwollgarn.

64 *Fenster eines Wohnhauses in Zeddiani*

Mitte 17. Jahrhundert

Das Fenster findet man in der kleinen Ortschaft Zeddiani (rund 1000 Einwohner), 11 km nördlich von Oristano, deren bäuerliche Bevölkerung als besonders traditionsgebunden gilt. Die Motive des Fensterschmucks sieht man als Hinweis dafür an, daß das Haus früher von einem Geistlichen bewohnt wurde.
In seinem Muster und kerbschnittartigen Dekor ist das Fenster einer Richtung der Volkskunst zuzuordnen, die auf Sardinien erstmals Ende des 16. Jahrhunderts nachzuweisen ist und im 17. Jahrhundert weit verbreitet war: Formelemente der »höfischen Kunst« wurden in das einheimische Kunsthandwerk übernommen und umgestaltet. Auch andere Ausschmückungen von Mauerwerk, Holzschnitzereien an Truhen und Stühlen sowie Brot- und Kuchenformen zeugen von solchen Bemühungen.
Das mit einem Architrav ausgestattete Fenster zeigt gute Proportionen. Oben und seitlich ist es von zwei Schmuckreihen in Diamantschnitt eingefaßt, zwischen denen eine Profilleiste in Fischgrätmuster entlangläuft. In der Mitte dieser seitlichen Einfassung befinden sich sechsblättrige stilisierte Rosetten, umrahmt von einem getüpfelten Kreis. Das Mittelstück des Architravs wird durch ein Wiederkreuz betont, das einem Quadrat einbeschrieben ist und von zwei kleinen Heiligenstatuen flankiert wird. An diese schließen sich zu beiden Seiten Rosetten an, die abwechselnd quadratisch oder rund sind und jeweils aus Blütenblättern oder aus Strahlen bestehen.
Der Steinmetz ging zwar bei der Anordnung und Ausführung des geometrischen Musters exakt vor, aber die Grobheit der Darstellungsweise und die unzulängliche Proportion der menschlichen Gestalten verrät doch, daß seine anatomischen Kenntnisse und bildhauerischen Fähigkeiten noch mangelhaft waren, daß seine Vorliebe dem Flächenhaften im Dekor galt, daß also sein Sinn für das Formale noch dem »senso barbarico« entsprach.
Ähnliche Beispiele lokaler Volkskunst sind in zwei Dörfern südlich des Tirso-Stausees Lago Omodeo, an der Fassade der Pfarrkirche der Ortschaft Nughedu S. Vittoria und an der Rosenkranz-Kapelle der Pfarrkirche von Ardauli zu finden. Sie stammen aus der ersten Hälfte und Mitte des 17. Jahrhunderts. Um die gleiche Zeit dürfte auch die Fensterumrahmung des Hauses in Zeddiani entstanden sein.

65 *Mauerschmuck eines Wohnhauses in Sedilo*

Auf halbem Wege zwischen Oristano und Nuoro liegt an der Autobahn oberhalb des Lago Omodeo, der den Tirso an seinem Mittellauf staut, ein Dorf, in dem noch heute Traditionen der sardischen Hirtenkultur lebendig sind: Sedilo. Hier, in der Weite einer Basalthochfläche, deren leichte Wellen Ruhe atmen und Geborgenheit bieten, konnten sich im Bewußtsein der kühnen, harten und mitunter heftigen Menschen Überlieferungen bewahren.
Das seit ältesten Zeiten alljährlich veranstaltete Reiterfest »S'Ardia di S. Costantino« ist wegen der Unverfälschtheit und oft auch Unerbittlichkeit des Ritts rings um die nahegelegene Kirche S. Antine überall auf der Insel bekannt. Wenn man sich am Abend des Festes von Lichtkeil zu Lichtkeil über die holprigen Steine der winkligen Gäßchen tastet – den Stallgeruch der Gehöfte aufnehmend – bis hin zu dem weiten Kirchplatz, unter dessen alten Bäumen sich gemächlich Dorfbewohner einfinden, um dem

Wettsingen zuzuhören, fühlt man sich zurückversetzt in ferne Zeiten.
»Die erste Nachbarschaft«, *sa prima ighina*, heißt dieser alte Dorfkern mit seinen Häusern, ohne Zement gefügt aus rauhem Gestein. Er erstreckt sich vom Nuraghen Nurache bis zur spätgotischen Pfarrkirche, die reich ist an bizarrer, frei gestalteter bäuerlicher Kunst.
An diesen Teil des Dorfes schließen sich Gassen aus dem 16. und 17. Jahrhundert an, mit Häusern, deren Fenster- und Türrahmen mit Trachyt eingefaßt wurden, eine geschmackvolle, frische, rustikale Bauform, die hier am mittleren Tirso eine Zeitlang weit verbreitet war.
In den Jahren zwischen den beiden Weltkriegen war es unter den besser gestellten Dorfbewohnern Mode, die Häuserfassaden aus den nackten Basaltblöcken in der Weise zu beleben, wie es das Bild zeigt. Die Kalkflächen zwischen den dunklen Steinblöcken wurden mit Mustern aus Flußkieseln verziert, mit stilisierten Pflanzen oder Tieren und mit geometrischen Motiven. Den phantasievollen Fassadenschmuck sieht man in Sedilo häufiger als in anderen Dörfern, in denen man ihn sonst noch findet, z. B. an der Straße nach Oristano, in Norbello, Abbasanta, Ghilarza, Paulilatino und Bauladu. In der Barbagia Ollolai bezeichnet man solche Verzierungen als *a sa sedilesa*. Es ist daher anzunehmen, daß die Bewohner von Sedilo diese Form des Mauerschmucks erfunden haben.

66 Gigantengrab von Perdu Pes

Basaltlava, Höhe der Bätylien 1,34/1,64/1,89 m. Ende 2. Jahrtausend v. Chr.

Von den großen Steinblöcken, die neben dem Steinhaufen und den Feigenkakteen stehen, bezeichnet man drei als Bätylien, als Abbilder von Gottheiten oder als Sitz einer Gottheit. Baitylia nannten die Griechen Steine dieser Art. Das Wort wurde auf den hebräischen Begriff bēt-ēl, Haus des Gottes, Gott selbst, zurückgeführt.*
Die Steine, die das Bild zeigt, beschützten einst die Toten, die in einem »Gigantengrab«, *tomba di giganti*, bestattet waren (Abb. 10). Es liegt in der Nähe von Paulilatino, einer Ortschaft an der Autostraße Oristano-Sassari, südwestlich von Abbasanta, und gehört in der Gesamtanlage und in der formvollendeten Art, in der die Steine bearbeitet und aufgeschichtet waren, in die Blütezeit der Nuraghenkunst, in die letzten Jahrhunderte des 2. Jahrtausends v. Chr. Von der Grabkammer, die auf rechteckigem Grundriß errichtet ist, und von der Apsis sind noch einzelne Teile in Form von Halbzylindern erhalten. Die hier gezeigten Steine standen ursprünglich als Wächter in dem weiten Raum vor der halbkreisförmigen Exedra. Ihre konischen Aushöhlungen sind vielleicht als Augen zu deuten, als Symbol der alles sehenden Muttergottheit, der *dea mater*. Diese Vermutung liegt näher als die Annahme, daß es sich hierbei um Negativreliefs von Brüsten handelt. Denn die konischen Löcher liegen verhältnismäßig nahe am obersten Rand der Steine, sie befinden sich entweder ringsum oder an zwei entgegengesetzt gerichteten Seiten, um das »Überallhinsehen« zu kennzeichnen. Diese Vertiefungen sind das einzige Merkmal, das man als physiognomisches Zeichen deuten könnte – offenbar schreckte man vor anthropomorphen Darstellungen des göttlichen Wesens, das in dem Stein verkörpert war, zurück.
Zwei der drei Bätylien stehen aufrecht und haben die Form von Kegelstümpfen. Der umgestürzte Bätylos hat später als Mostbehälter gedient und ist auf einer Seite ausgehöhlt. Die Abmessungen sind:

Vorderer Stein: Höhe: 1,34 m, Umfang an der oberen Bruchstelle: 1,83 m. Vertiefungen unterhalb des Oberrandes, schräg: 5 Löcher 12×15 cm, bzw. 13×17 cm, und 13,5–15 cm tief, im Abstand von 21–41 cm.

Umgestürzter Stein: Höhe: 1,64 m, Durchmesser: an der Basis 1,06 m, am oberen Schnitt 37,5 cm. Vertiefungen: 1 Loch 11×12 cm und 11 cm tief.

Hinterer stehender Stein: Höhe: 1,89 m, Umfang an dem abgeflachten oberen Ende: 1,50 m (hier befindet sich ein runder Buckel). Vertiefungen an der Ost- und Westseite: 4 Löcher 14×13 cm bzw. 15×13 cm und 10–11 cm tief, im Abstand von 52 und 36 cm.

67 Deckplatte eines Grabes in Form einer Stele

Sandstein, 136,5 cm. Nicht vor dem 3. Jahrtausend v. Chr. Fundstätte: Hypogäum bei Serra is Araus, S. Vero Milis. Archäologisches Nationalmuseum Cagliari

Die Stele schloß den Eingang zu einem Schachtgrab, das zu einem Hypogäum bei S. Vero Milis gehörte, zu einer Grabanlage des sardischen Typus *domus de janas* (Bilder 78/80). Die Grabkammer, in den Fels vorgetrieben, war einfach und grob gearbeitet. Die prähistorische Nekropole wurde über Jahrhunderte hinweg benutzt, bereits zur Zeit der Ozieri-Kultur im 3. Jahrtausend v. Chr. und noch während der Blüte der Bonnanaro-Kultur um die Mitte des

* Anm. des Hrsg.: Nach Paulys Realencyclopädie stammt diese Bezeichnung für Meteoriten, »beseelte Steine«, eindeutig aus dem Griechischen. Verschiedene Wortformen: ὁ βαίτυλος / το βαιτύλιον — βαίτυλοι / βαιτύλια. Bei dem aramäischen Wort bēt' ēl könnte es sich allenfalls um die semitische Interpretation eines mediterranen Substratwortes handeln.

2. Jahrtausends v. Chr. Die Stele rechnet man der Ozieri-Kultur zu. Aus dieser Zeit fand man hier Vasen mit charakteristischem Dekor und Steine mit Darstellungen von Brüsten.
Die Stele ist, wie sich aus dem Material, aus ihrer Form und Zeichnung ergibt, eine Arbeit, die auf Westsardinien entstand, bevor sich die Idee und die Schaffung solcher Skulpturen im Mittelmeerraum verbreitete. Sie läßt sich in ihrem Sinngehalt generell jener Ideenwelt einreihen, aus der heraus man Menhire in Grabanlagen aufstellte – auf Korsika, in Frankreich und in Italien.
Die große Sandsteinplatte der Figur stammt aus der Gegend des Fundortes: ein glattes, flaches Rechteck, dessen oberer Teil etwas abgesetzt und abgerundet ist und zur schematischen Darstellung eines menschlichen Gesichtes dient. Augen und Mund sind durch flache, unregelmäßig runde Vertiefungen angedeutet. Über den Augen sind zwei Einkerbungen, alle anderen Gesichtspartien sind glatt.
Aus der flachen Körperfläche heben sich zwei Paar symmetrisch angeordnete Brüste ab. Die Verdoppelung der Brüste läßt in dieser Figur – wie später in den entsprechenden Bätylien der Nuraghenzeit – eine Muttergottheit vermuten, die als Wächterin des Grabes bestellt ist (Text zu 75). Die Art, in der hier die Darstellung des Menschen abstrahiert und, mit wenigen Ausnahmen, auf lineare Formen reduziert wird, legt einen Vergleich zwischen dieser Deckplatte und den Menhiren nahe, deren Oberflächenstruktur geglättet ist.

68 Asphodelos

Überall auf Sardinien findet man die Asphodeloswiesen der Odyssee: von der Nurra im Nordwesten über die *giara* von Serri bis Campu Omu im Südosten, vom M. Linas im Südwesten über den M. Ferru und die Hochfläche der Campeda bis zur Küstenebene von Siniscola im Osten. Weit verbreitet sind auf der Insel jene, einst von immergrünen Eichenwäldern bestandenen Gebiete degradierter Böden, auf denen der Asphodelos gedeiht. Er ist eine typische Pflanze der Garigue-Flora, der mediterranen Strauchvegetation und der Felsheiden Südfrankreichs. Einst schmückten die Griechen ihre Gräber mit diesen Blumen, auf denen ihrer Sage nach im Hades die Geister der Verstorbenen wandelten.
Asphodelus ramosus L., ein Liliengewächs, das 1 m Höhe erreichen kann, hat lange blaßgrüne Blätter und weiße, manchmal durch den rötlichen Mittelnerv leicht getönte Blütentrauben. Die Pflanze, bei uns auch Affodill genannt, im Sardischen *su cadilloni* oder *cardilloni*, überwuchert mitunter die Weiden. Die Schafe knacken die Blätter ab, fressen sie aber erst, wenn sie getrocknet sind. In einigen Landstrichen Sardiniens, wie im Umkreis von Desulo und Iglesias, glauben die Hirten, Asphodelos-Samen seien in der Sommerzeit so giftig, daß die Schafe daran eingehen könnten. Früher trocknete man die Wurzelknollen, pulverisierte sie und stellte dann entweder Zuckersirup oder Sattler- und Buchbinderleim her. Auch heute noch weit verbreitet ist die Verwendung von Asphodelos zum Flechten von Körben. Zentren dieser Korbmacherei sind Ollolai (Text zu 144) und zwei Orte in der Planargia südlich Bosa, Flussio und Montresta. Die Körbe und Behälter verschiedener Art und Größe, die in diesen Dörfern geflochten werden, sind ohne Dekor und besonders schön in der Form. An den verschiedenen bräunlichen Farbtönen kann man den Herstellungsort erkennen.

69 Hügellandschaft zwischen Atzara und Sorgono

Die kleinen Weideflächen und Felder, aufgeteilt durch Zäune, Hecken und Steinmauern, wirken mit ihren sanften, ineinanderfließenden Farben wie eine Palette. Mandrolisai, diese Landschaft mit ihrem klangvollen Namen, ist ein Gebiet der Weinberge und Obstgärten, sie geht nach Osten hin in die Barbagia Belvi über.
Die winzigen Parzellen auf dem Schiefergestein und der kümmerliche Weingarten links im Bild deuten auf die Zerstückelung des Grundbesitzes hin.
Atzara, ein Ort von 1600 Einwohnern, besitzt eine Pfarrkirche aus dem 17. Jahrhundert, deren zinnenbekrönte Fassade und äußerst fein gearbeitete Fensterrose von der Tradition der katalanischen Gotik zeugen.

70 Gasse in Desulo

Gewiß ist es kein Zufall, daß sich in Desulo das tägliche Tragen der Tracht am längsten erhalten hat. Desulo liegt im Kernteil der Insel und war lange Zeit Endpunkt einer einzigen Fahrstraße. Die Barbagia Belvi, zu deren größeren Siedlungen außer Desulo noch Tonara, Belvi und Aritzo gehören, ist unter allen Landschaften Sardiniens besonders abgelegen. Die in 800–1000 m Höhe liegenden Dörfer suchen Schutz gegen Wind und Wetter, indem sie sich an die Hänge der Schiefergebirge schmiegen. Es sind Vorberge des Gennargentu-Massivs, dessen Punta La Marmora mit 1834 m der höchste Berg der Insel ist.
Desulo, 891 m hoch gelegen, hat etwa 4700 Einwohner; es ist ein typisches Gebirgsdorf der Barbagia Belvi und Ausgangspunkt für Bergsteiger, die hier gewöhnlich den Aufstieg zum Arcu Guddetorgiu (1121 m) beginnen. Das Bild zeigt eine Gasse, die von der Hauptstraße hinab zu den Kastanien am Dorfrand führt. Die Steinstufen in dem winkligen Gäßchen sind schon ganz ausgetreten, und das Kopfsteinpflaster zwischen ihnen ist holprig. Nicht weit von hier liegt die spätgotische Pfarrkirche S. Antonio Abate aus dem 16. Jahrhundert, in der kostbare Holzschnitzereien aus dem 16. und 17. Jahrhundert bewahrt werden.

Die einfachen Häuser sind aus Schiefer, der mit Lehm und Kalk grob verputzt ist. Die Ziegel ihrer asymmetrischen Giebeldächer sind am First und am Giebelrand mit Feldsteinen beschwert. Früher hatte man Dächer aus Kastanienholzschindeln, *scandulas*.

Die Häuser haben noch die Form, die einst in der Barbagia weit verbreitet war: vom Erdgeschoß führen eine Innen- und eine Außentreppe – je nach der Hanglage – zum Obergeschoß, das einen Balkon hat. Höfe fehlen. Von der Straße geht man direkt in das Haus und gelangt in einen ebenerdigen großen Raum mit Lehmfußboden, *su fundagu*. Er dient gleichzeitig als Lager und Vorratsraum, als Webstube und als Werkstatt; auch die Abschläge für Pferde-, Kuh- und Schweineställe befinden sich hier, fehlen jedoch, wenn der Hausbesitzer ein Handwerker ist, der dann den Raum zum Arbeiten braucht und allenfalls noch einen Hühnerstall von ihm abteilt. Unter der Decke hängen lange Kastanienbretter, *cardalettu*, auf denen Käselaibe, Speckseiten, Pökelfleisch – in Säcke genäht – und andere Vorräte liegen.

Durch eine Öffnung in der Decke führt die »Innentreppe«, ein Brett mit aufgenagelten Sprossen, in die Küche, *sa coxina*. Sie liegt an dem etwa 1 m breiten Balkon, der an der ganzen Hausfassade entlangläuft und von dem vorgezogenen Dach geschützt wird. Die Stützen für den Balkon, auf denen im Obergeschoß die Stützbalken der Dachtraufe ruhen, und die Balkongeländer, *balaustros*, sind aus Kastanienholz. Auf dem Balkon sieht man manchmal einen Verschlag, der als Hühnerstall dient, und einen Backofen, *s'istauleddu*, der von der Küche aus bedient wird, immer aber einen Stapel Holz für Herd und Ofen.

Der Herd, *su foxile*, steht mitten in der Küche; über ihm hängt, etwa in 2 m Höhe, ein Rost, *su cannitzu*; auf diesem Geflecht aus Kastanienzweigen werden Würste geräuchert, Kastanien gedörrt, Käse und Quark getrocknet. Eine Dachluke mit einer Holzschindel als Schieber dient als Abzug, *su luttone*. In der Küche steht auch der Holztrog, *s'issiu*, mit dem Teig, der für das Brot angesetzt ist. Die Küche ist das Herz des Hauses, außer ihr gibt es nur noch ein paar Winkel zum Schlafen, nichts anderes.

Die Menschen, die in diesen uralten Häusern leben, bewahren noch manches von den überkommenen kulturellen und moralischen Werten. Sie verbergen stolz ihre Mühen und Schmerzen, als müßten sie eine Erbsünde tilgen, um die nur sie allein wissen – abgeschieden in der sardischen Bergwelt lebend wie ihre Vorfahren seit Tausenden von Jahren.

71 Getreidetrocknen auf einem Dach in Desulo

Einige der traditionellen Häuser in Desulo besitzen außer dem Giebeldach aus Ziegeln (Bild 70) noch ein Terrassendach. Es besteht aus Schieferplatten, die mit Mörtel verbunden sind, und ist mit Schindeln aus Kastanienholz gedielt. Das Bild zeigt eine Witwe, die auf einem solchen Dach arbeitet. Sie hat frisch gewaschenes Getreide in große Körbe getan und schüttelt es nun, damit es schneller trocknet. Es wird dreimal gesiebt, und die beste Sorte wird gemahlen (Bild 23).

Die Körbe werden in Ollolai aus Asphodelos geflochten; man nennt sie *is cerrigos*. Beim Sieben des Korns, *su trigu*, unterscheidet man eine grobe Sorte, *sedatzu e poddini*, eine mittlere, *sedatzu e pilu*, und feine Sorten, *su pallini* und *su ciulliriu*.

72 a–c Frauentracht aus Desulo

Die oberen Bilder zeigen Frauen in Festtracht beim Kirchgang, die unteren Aufnahmen die Alltagstracht, *su estignu de onnia die*, die noch vor zwanzig Jahren bei der Arbeit getragen wurde.

Die Grundfarben der Tracht von Desulo sind ein intensives Rot und ein kräftiges Blau, dazu Gelb in den Dekorstreifen. Charakteristisch für die Tracht sind kleine Käppchen in diesen drei Farben.

Das Häubchen, *su cuguddu*, das die jung verheiratete, noch kinderlose Frau in Festtracht trägt, war ursprünglich typisch für eine Braut. Verheiratete Frauen tragen im allgemeinen zur Festtracht ein großes, über die Schultern fallendes Kopftuch, *su cappucciu*, entweder in Rot, der Tracht angepaßt, oder, wenn sie Halbtrauer tragen, in Schwarz. Die Tücher, geschmückt mit Applikationen oder Stickereien, werden offen getragen oder mit einem Bändchen über der Brust gebunden. Bei der Arbeit hat man entweder ein Käppchen auf oder – als Sonnenschutz – ein gefaltetes großes Tuch, *su saucciu de liare*, um den Kopf.

Weiße Musselin-Blusen, *sa camisa bianca de mussulina*, werden alltags und sonntags getragen. Sie haben weite lange, von den Stickmustern der Manschetten geraffte Ärmel und sind verziert mit weißen Stickereien, *tenturas*, – *mit ischinettas* am Ausschnitt und auf den Manschetten, mit *arcadeddas* auf den Schultern. Für das dekorative Oberteil und das einfache Unterteil der Bluse hat man verschiedene Bezeichnungen: *s'imustu* (vielleicht von imbustu, bustu) und *su camisottu*. Am Halsausschnitt werden an Festtagen goldene Filigranknöpfe, *buttonis*, getragen.

Über die Bluse zieht man ein rotes Westchen, *is palettas*, aus Samt oder Wolle, das mit Schnüren und Stickereien geschmückt ist. Diese Corsage ist bei der Tracht der Braut besonders farbenfroh, verziert mit Tressen, *is prettas*, Schleifen, *carronadas*, und Applikationen, *ogheddos*. Die Braut trägt dazu ein Jäckchen und den roten Umhang mit der breiten, von Goldlitzen eingefaßten Kante, *su saucciu de xignere*.

Das offene Tuchjäckchen, *su cippone*, das zur Festtracht gehört, ist gleichfalls reich verziert, entweder mit Stickerei oder – in neuerer Zeit – auch mit Brokat oder Velours. Die

langen Ärmel haben einen großen Schlitz für die bauschigen Blusenärmel und enge Manschetten, die zugeknöpft werden.
Der lange Rock, *sa camisedda*, ist aus grober roter Ziegenwolle, *orbace*, sein breiter, oft etwas hellerer Saumteil wird gegen das Oberteil durch einen blauen, goldgesäumten Streifen, *sa farradura*, oder auch nur durch goldene Tressen abgesetzt.
Der Umhang *su saucciu de xignere*, wird auch als Festtagsschürze verwendet und dient mit seinen Verzierungen als Blickfang. Der als Alltagsschürze benutzte Überwurf, *su saucciu de liare*, der hier von der Hirtin hochgebunden getragen wird, ist mit einer feinen, doppelreihigen Kette, *sa cadenazza*, und Silberhaken, *is cancios*, am Rock befestigt. Die Strümpfe heißen *is migias*, die Lederstiefel *is cacciolas*.

72 d, 73 Brotbacken in Desulo

Das Fladenbrot, das die Frauen in den großen Körben tragen, ist das typische Brot der sardischen Landbevölkerung. Es wird *su pani carasau*, *sa pillonca* oder *sa fresa* genannt. Das Brot ist leicht und relativ dünn, dunkel und nur schwach gesalzen. Man ißt es frisch und knusprig, bewahrt es aber auch als Vorrat in groben Tüchern, *sabanos*, auf, in denen es sich über ein Vierteljahr lang hält. Wenn man es dann mit Wasser bestreicht, wird es wieder weich und schmackhaft. In Olivenöl getaucht, schmeckt es noch besser.
Für die Hirten bereitet man aus dem gleichen Teig noch eine andere Brotform, *perras*, ein hartes, gut durchgebackenes Brot, das sich lange im Hirtensack mitschleppen läßt, ohne daß es zerbricht oder verschimmelt.
Am Tage vor dem Brotbacken setzen die Frauen in dem Holztrog, der in der Küche an einer warmen Stelle steht und 1,50 m lang, 0,40 m breit ist (Bild 72 d), einen Teil des Mehles mit Sauerteig, *su fromentu*, an. Diese gesäuerte Teigmasse, *cummossai*, nehmen sie am nächsten Morgen heraus, geben Mehl, Salz und lauwarmes Wasser hinzu und kneten – im Knien – alles kräftig durch. Dann legen sie den Teigklumpen, der jetzt ungefähr doppelt so groß ist, wieder in den Holztrog, decken ein Tuch darüber und lassen ihn einige Stunden stehen. Wenn der Teig aufgegangen ist, nehmen sie ihn in einzelnen Portionen heraus und kneten ihn wieder mit neuem Mehl und lauwarmem Wasser, drehen ihn, und schlagen ihn mit der flachen Hand, *ciuexi*. *Danach lassen sie die ganze Teigmasse noch einmal eine Zeitlang aufgehen.*
Nun beginnt das Ausrollen der Teigstücke, das man fresai oder *carasai* nennt. Mit einer Rolle aus Rohr oder Holz, *su tutturu*, rollen die Frauen den Teig auf Brettern, *mesixedda*, aus, formen 30 cm große, runde Fladen, *fresas*, bestäuben sie mit Mehl und legen sie in flache Körbe zum Backen bereit. Dann schieben sie die Teigscheiben zum Vorbacken mit einem ovalen Schieber in den Ofen und holen sie heraus, wenn der Teig Blasen wirft. Nun werden die Fladen mit einem Messer, *iscoperkare*, aufgeschnitten. Von den beiden Teilen, *pillus*, werden noch Mehlreste abgeputzt, dann läßt man sie backen, bis das weiche Brot, *pani lentu*, fertig ist. Wenn man *perras*, das Dauerbrot für die Hirten, herstellen will, bleibt der Teig im Ofen, bis das Brot eine harte Kruste hat, *pani assau*. Die fertigen Fladen werden, solange sie noch heiß sind, in der Mitte zusammengeklappt.

74 Stele mit kleiner »Tür«, Gigantengrab von Imbertighe

Basalt, Höhe 3,8 m. 2. Jahrtausend v. Chr.

Diese gut erhaltene und eindrucksvolle Stele von dem Gigantengrab von Imbertighe stammt aus der Nuraghenzeit. Sie wird auf die Mitte des zweiten Jahrtausends v. Chr. datiert und der Periode der Bonnanaro-Kultur zugerechnet – möglicherweise ist sie noch älter. Die Grabanlage, die *tomba di giganti*, liegt in der Nähe von Borore unweit der Autostraße Oristano-Sassari, südlich von Macomer. Varianten dieser Gigantengräber mit einer Stele oder mit zwei bogenförmigen Stelen, die im Mittelpunkt der Exedra stehen, sind in verschiedenen Teilen der Insel anzutreffen. Als Beispiel einer solchen Anlage sei der Grundriß des Gigantengrabes Domu s'Orku von Siddi gezeigt:

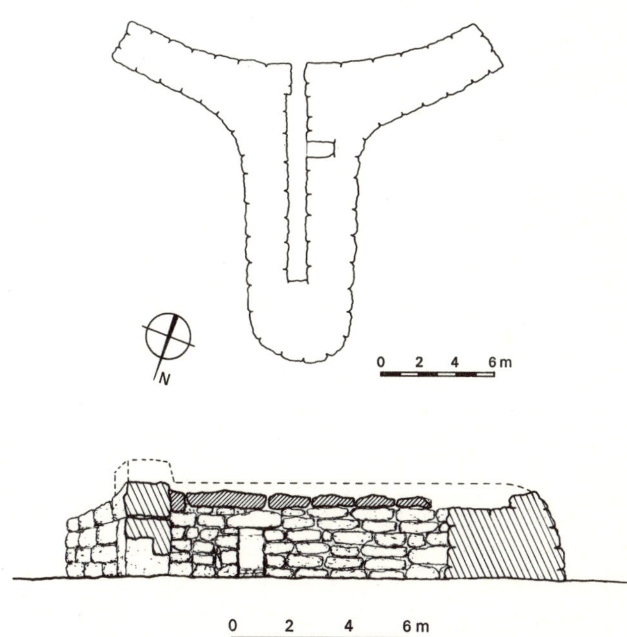

Abb. 10 Der geschwungene, stierkopfförmige Grundriß des »Gigantengrabes« Domu s'Orku von Siddi (1500–500 v. Chr.) zeigt die Weiterentwicklung gegenüber Galeriegräbern (vgl. Abb. 2)

Das Gigantengrab von Imbertighe entspricht in seinem Grundriß der Anlage von Siddi. Auch hier korrespondiert der Apsisbogen mit dem gegenüberliegenden Kreisausschnitt der Exedra, in diesem Fall mit einem Halbkreis, der den weiten Raum vor der Stele umspannt. Die Rekonstruktion der Mauerflügel, wie man sie heute vorfindet, ist unkorrekt.
Die Stele diente als Gedenk- und Opferstätte. Während der Begräbniszeremonien wurde der Leichnam durch ein kleines, etwa 60 cm hohes Türchen, dessen Öffnung auf dem Bild zu sehen ist, in die dahinter liegende Totenkammer geschoben. Diese Kammer mit dicken Außenmauern, heute völlig zerstört, war vermutlich, wie die Kammer der Anlage von Siddi, auf einem langen und schmalen rechteckigen Grundriß errichtet.
Die große Basaltplatte der Stele weist erlesene Gestaltung und feine Bearbeitung auf. Im unteren Teil der Stele blieb die Oberflächenstruktur des Basaltsteins erhalten. Nach oben hin ist der Stein geschliffen. Die Nische wurde im oberen Teil in Form eines Ellipsensegments, im unteren Teil als Rechteck gearbeitet, so daß eine Querleiste und ein Rahmen stehen geblieben sind. Die Komposition erweckt den Eindruck, als solle die Stele eine Hausfassade mit Tonnendach nachahmen, eine antike Hausform, wie sie sich in Sardinien im Leben der Hirten erhalten hat, die für die Tiere Schutzhütten in dieser Form errichten. Sie erinnert auch an den senkrecht gestellten Grundriß der *navetas*, der vorgeschichtlichen Steinbauten auf den Balearen. Zwischen ihnen und den Gigantengräbern Sardiniens lassen sich ohnedies Beziehungen feststellen.

75 *Bätylien als »Wächter« an der Kirche S. Lorenzo bei Silanus*

Basalt, Höhe: von 1,04 m bis 1,65 m. Mitte des 2. Jahrtausends v. Chr.

Von den fünf Bätylien, die seit 1950 innerhalb der Einfriedung der romanischen Kirche S. Lorenzo (12. Jahrhundert) in Silanus stehen, zeigt das Bild drei Steine. Silanus liegt ostwärts von Macomer an der Straße 129 nach Nuoro. Früher standen die Steine in der Nähe des Gigantengrabes von S'Abbaia 300 m östlich des Nuraghen Corbos, von dem noch heute eine 12 m hohe Außenmauer aus 22 regelmäßigen Basaltsteinlagen und ein 9,5 m hoher Innenraum mit einem Durchmesser von 4,5 m zu sehen sind. Die Grabanlage entspricht in ihrem Grundriß dem Gigantengrab von Imbertighe (Text zu 74), die Grabkammer ist 9 m lang und besteht aus unbearbeiteten Basaltblökken, die Exedra hat eine Sehnenlänge von 17 m. Der Rest der Anlage ist zerstört. In dem umherliegenden Steinhaufen findet man noch bearbeitete, trapezförmig oder polygonal zugeschnittene Basaltblöcke, Teile der Grabanlage.
Die fünf Bätylien, die man von diesem Platz fortschaffte und auf den Kirchhof brachte, sind in der konischen Grundform und in der geglätteten Oberflächenstruktur einander ähnlich, auch in ihren Abmessungen. Sie sind zwischen 1 m und 1,65 m hoch und haben in mittlerer Höhe einen Umfang von 1,40–1,65 m.
Die besondere konische Form, die auch bei spitz zulaufenden Stelen zu finden ist, z. B. bei der Stele von Genna Arrele/Laconi mit ihrem Menschengesicht, mit Waffen und Symbolen, stammt von Menhiren, wie sie die Bilder 34/35 zeigen. Völlig geglättete konische Formen findet man auch an anderer Stelle, wie am Gigantengrab von Tamuli westlich von Macomer, nicht weit von dem Nuraghen Succoronis (Bild 76). Dort stehen sechs Bätylien, drei von ihnen zeigen reliefartige Brustpaare und sind Symbole der Muttergottheit, drei sind glatt belassen und Sinnbilder des Maskulinen, einer männlichen Gottheit oder der zyklischen Wiederkehr des Lebenden. Alle sechs fungieren als Wächter der Verstorbenen.
Der vorderste der auf dem Bild gezeigten Steinblöcke von Silanus ist der höchste, er wird *sa perda longa*, langer Stein, genannt und ist durch den 36 cm langen Einschnitt an der Kuppe eindeutig als Phallos-Skulptur gekennzeichnet. In dieser Figur soll der Wesenszug des Männlichen besonders stark herausgestellt werden: die Zeugungskraft als Göttlich-Gegenwärtiges (Sonne, Stier). Durch die Betonung dieses Symbols soll auch jene magische Fähigkeit zum Ausdruck gebracht werden, die eine Wiederkehr der hier Begrabenen bewirken kann. Das Zeichen der Fortpflanzung soll ihnen die Kraft verleihen, von neuem in den Kreislauf der Natur und in den mythischen Zyklus einzutreten, der sich bis in die Ewigkeit ohne Unterbrechung wiederholt.
In der Grabanlage von Tamuli und auch in einem anderen gut erhaltenen Gigantengrab, Goronna bei Paulilatino, unweit des Nuraghen Losa (Bild 77), fand man Keramiken, die eine zeitliche Einordnung dieser Bätylien in die Mitte des zweiten Jahrtausends v. Chr., in die Zeit der Bonnanaro-Kultur, gestatten.

76 *Nuraghe Succoronis bei Macomer*

Auf der weiten Hochebene der Campeda, von Macomer aus leicht erreichbar, liegen mehrere, miteinander in Sichtkontakt stehende Nuraghen, darunter S. Barbara nordöstlich dieser Ortschaft und Succoronis westwärts, rechts der Chaussee nach Bosa, unweit der Cantoniera di Bara.
In dem Gelände um Macomer finden sich zahlreiche Reste von Kulturen, die rund 300–400 Jahre älter sind als die Nuraghen, deren Errichtung um 1400 v. Chr. datiert wird. Nur 30 m östlich des Nuraghen Succoronis liegt ein Hypogäum in der Form einer *domu de janas*: ein offener Eingangsraum führt zu zwei kleinen Grabkammern mit flacher Decke. Das Hypogäum ist ein Teil einer Nekropole, die von Leuten der Ozieri-Kultur gebaut und später vermutlich von Menschen der Abealzu-Filigosa-Kultur

übernommen wurde. Das Grundrißschema des Hypogäums wiederholt sich in dem der nicht weit entfernten Felsengräber von Filigosa nordöstlich von Macomer. Nach den Funden von Filigosa benannte man die für 1800–1700 v. Chr. angesetzte Stufe der vornuraghischen Kulturen Sardiniens (vgl. Zeittafel).
Drei bis vier Jahrhunderte später sollten die Nuraghen dieser Gegend den Menschen und ihren Herden auf dem ausgedehnten Plateau Schutz bieten. Der freistehende Turm Succoronis ist als 9,7–10,3 m hoher Kegelstumpf erhalten, dessen Durchmesser an der Basis 12,5 m, an der Kappe 10 m (N S) und 10,8 m (O W) betragen. Er ist sehr regelmäßig gebaut – in 19 Schichten aus behauenen Trachytquadern, die nach oben hin kleiner werden und exakter gearbeitet sind, so daß das Mauerwerk am oberen Teil nicht nur dichter, sondern auch glatter wird und schwer zu ersteigen ist.
Der Eingang liegt nach Süden. Er wird von einem mit Meißel bearbeiteten Architrav überfangen, über dem sich eine Entlastungsöffnung in Form eines kleinen Fensters befindet. Der Gang ist 4,5 m lang, am Anfang 2,5 m hoch und unten 1,2 m breit, am Ende 3,1 m hoch und unten 1,5 m breit. Er endet an einer Rotunde mit einem Durchmesser von 5 m, deren Kuppel aus Steinringen geschichtet ist und am Schlußstein 9 m erreicht. Vom Eingang gehen die Wachtstube und die zur Dachplattform führende Treppe ab, von der Rotunde drei kleine rechteckige Kammern, 1,3–1,4 m breit und 1,7 m tief. Im Grundriß bilden sie – zusammen mit dem Eingang – ein Kreuz.

77 *Treppe in dem Nuraghen Losa bei Abbasanta*

Der Nuraghe Losa gilt auf Sardinien als einer der schönsten dieser Türme. Er liegt unweit der Kreuzung der großen Nordsüd- und Ostwestverbindungen der Insel, südwestlich von Abbasanta. Der heute noch am besten erhaltene zentrale Hauptturm der Festung wurde spätestens im 13. Jahrhundert v. Chr. errichtet, wie Keramiken mit Kamm-Mustern bestätigen. Das Alter der um den Turm aufgeführten Festungsanlagen ist noch ungewiß. Auf Grund von Formen, die für archaische Zeiten typisch sind, z. B. dem Konkavkonvexprofil des Grundrißschemas und dem Fehlen eines Innenhofes, nimmt man an, daß der innere Festungsring um 1000 v. Chr. entstand. Ein äußerer Mauerring, der sich ellipsenförmig von Nordwesten nach Südosten über eine Länge von 292 m ausdehnt und maximal 133 m Breite erreicht, und der Bau eines Vorwerks werden auf das 8.–7. Jahrhundert v. Chr. datiert (Abb. 11). In diesem Mauerring befand sich eine Siedlung. Aus der Zeit zwischen dem 7. und 6. Jahrhundert v. Chr. haben sich hier Objekte aus Stein – Mühlsteine, Mörser und Steinkugeln für Schleudern –, Bronze- und Eisenwaffen, Keramiken mit geometrischen Mustern und Töpferware ohne Ornamente erhalten.

1. Bauphase, 13. Jahrhundert v. Chr. (geschätzt)

Das Mauerwerk des alten Hauptturmes, der an der Basis einen Durchmesser von 12,5 m hat und dessen Grundriß und Querschnitt die Skizze (Abb. 12) zeigt, ist völlig unter den Gebäuden aus der zweiten Bauphase verborgen. Der Eingang liegt nach Südsüdosten, ist 1,4 m hoch und von einem Architrav geschlossen; im Gang rechts die Nische für die Wache, links die Öffnung zu der Treppe, die auf dem Bild zu sehen ist. Sie führt zum Obergeschoß und dann zur Dachplattform. Es ist ungeklärt, ob der Turm noch ein zweites Obergeschoß hatte.
Die Rotunde im Erdgeschoß hat einen Durchmesser von 5,2 m und erreicht 7,6 m an der Spitze der Decke, die in Form von Tholosdecken aufgeschichtet ist. Die Lage der drei Nischen an der Rotunde zeigt das Grundriß-Schema. Das Obergeschoß hat einen Durchmesser von 2,6 m, seine Höhe mag einst 3,8 m betragen haben. Im oberen Treppenteil sieht man noch eine Mauerzelle, die vermutlich als Waffenkammer diente.

2. Bauphase, um 1000 v. Chr.

Auf einem kleeblattförmigen Grundriß werden um den alten Turm drei andere Türme errichtet und mit Wehrmauern verbunden, die nach innen zurückspringend – leicht konkav geschwungen sind. In den Wehrmauern liegen zu ebener Erde Räume, die gleichfalls geschwungen sind. An der oberen Plattform, die einst 15 m hoch war und jetzt nur noch 13 m erreicht, waren die Wehrmauern durch Brüstungen aus Steinquadern geschützt.
Die regelmäßig geböschten Festungsmauern zeugen von erheblichen bautechnischen und baukünstlerischen Fähigkeiten, sowohl in der Kurvenführung als auch in der Anordnung der Basaltschichten, der Aufeinanderfolge von unbehauenen Steinbrocken, grob behauenen, vieleckigen Steinen und gleichmäßig geschnittenen Quadern.
Der Festungszugang, auf einer Achse mit dem Eingang des alten Hauptturmes gelegen, überspannt von einem Architrav mit Entlastungsöffnung, führt in einen Korridor, von dem Laufgänge zu den beiden Fassadentürmen abgehen. Der rechte Fassadenturm ist rechteckig, der linke und der rückwärtige Turm sind rund. Die Innenräume der Rundtürme haben einen Durchmesser von 4 m, das Innere des rechten Fassadenturmes hat Seitenlängen von 4 m und 5 m. Die Höhe der Räume in diesen Türmen betrug 7 m. Die Rotunde des rückwärtigen Turmes war mit einer Kuppel gedeckt. In ihr befand sich einige Meter über dem Boden eine Öffnung zu einer steilen, gekrümmten Treppe, die aus der Festung hinaus führte. Das Glacis im Nordnordwesten bildete einen selbständigen Teil der Verteidigungsanlage.

3. Bauphase, 8. bis 7. Jahrhundert v. Chr.

Ein Festungsvorwerk, eine Schanze, wird an der Nordwest- und Westseite sowie vor der Vorderseite errichtet und gut ausgerüstet. Seine drei Turmanlagen sollen den Zugang zur Festung und deren Nord- und Westflanke schützen. Die Türme haben an Vorder- und Rückseiten Schießscharten und vorkragende Brüstungen, von denen aus man sich gegenseitig Flankenschutz bieten konnte.

lockerem Mauerwerk erhalten. Die Siedlung wurde in punisch-römischer Zeit teilweise, vielleicht auch vollständig, neu aufgebaut.
Einen halben Kilometer von dem Nuraghen Losa entfernt liegt ein Brunnen mit einer Treppe, deren Basaltquader

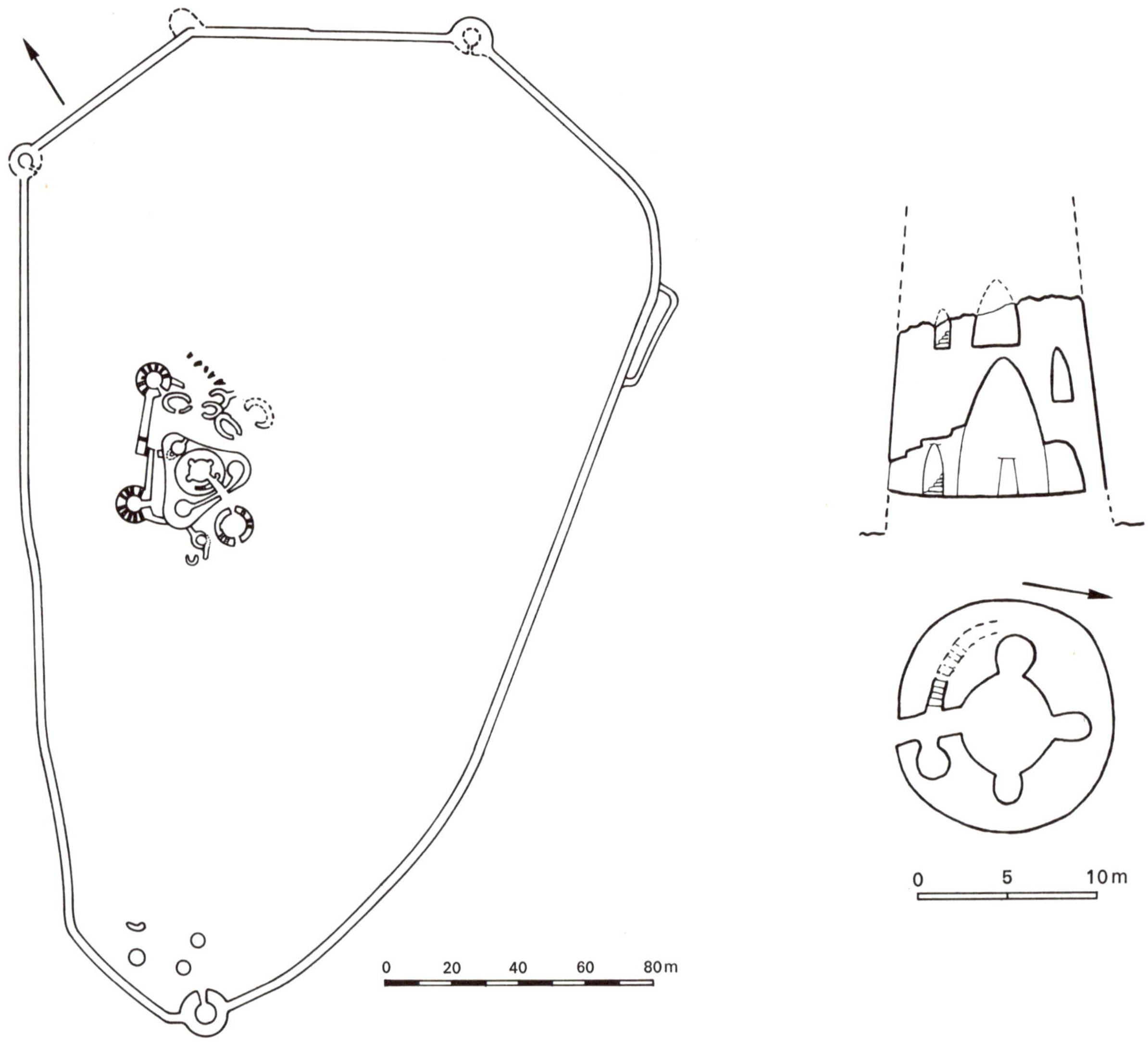

Abb. 11/12
Der Lageplan der Festung des Nuraghen Losa bei Abbasanta und des Dorfes innerhalb des weiten, jüngeren Mauergürtels gibt einen Überblick über die Bauphasen

Die Ausführung der Bauarbeiten an der Schanze ist im Vergleich zu der Sorgfalt, mit der die älteren Festungsteile errichtet wurden, nachlässig. Auch die Konzeption der gesamten Anlage ist eine andere als die Planung in vorangegangenen Bauphasen.
Die gleiche Feststellung läßt sich an den Resten des weiten äußeren Mauerrings machen, dessen Grundriß sechseckig ist. Von seinen Türmen sind noch vier Ruinen sichtbar. An der Nordostflanke der Festung, an der sich besonders viele Verteidigungsanlagen befanden, erkennt man einen rechteckigen Mauervorsprung des äußeren Ringes.
Von der Siedlung sind nur Reste von Rundhütten aus

besonders schön geschnitten sind. Wahrscheinlich diente er schon im 9. Jahrhundert v. Chr., vor Beginn der dritten Bauphase, den Bewohnern dieser Gegend als Kultstätte.

78, 79 Bonorva, S. Andria Priu, Hypogäum

3. Jahrtausend bis 1800 v. Chr.

Rund 12 km östlich Bonorva liegt in der Nähe der Landkirche S. Lucia ein monumentales Hypogäum, nicht weit von der Landstraße S. Lucia–Sas Baddes. Sein Name S. Andria Priu soll von dem sardischen Wort für Schanze, *abriu*, abzuleiten sein. In der Trachytwand, die heute zum großen Teil eingebrochen ist und viele Grabanlagen verschüttet hat, findet man noch zwanzig Gräber vom Typus *domus de janas*.

Das Hypogäum ist in seiner Ausdehnung, in der Vielfalt der Bauformen, der Größe und der Ausstattung seiner Grabkammern eines der bedeutendsten auf Sardinien. Viele Legenden und Sagen ranken sich um diese Stätte. Die christliche Kirche bemühte sich daher, die heidnischen Bräuche durch Einrichtung christlicher Kultstätten in den unterirdischen Räumen zu zerstören. Sie interessierte sich hierbei vor allem für die größeren Gruppengräber, die mit Säulen und Deckenskulpturen geschmückt waren. Ein Betraum wurde – vermutlich im 11. Jahrhundert – mit Bildnissen von Maria und den Aposteln ausgemalt.

An den Eingängen zu den einzelnen Grabanlagen (Bild 79a) befand sich im allgemeinen ein gewölbter Vorraum, entweder von einer Steinschicht gedeckt oder von einem Gesteinsvorsprung, der beim Ausschachten eines quer verlaufenden Verbindungsweges zwischen zwei Grabkammern entstanden war.

Zwei Grabanlagen unterscheiden sich durch ihre Größe und Ausgestaltung von den übrigen. In einer von ihnen wird ein Haus mit rechteckigem Grundriß nachgeahmt: hinter dem Vorraum liegt ein langer rechteckiger Raum; von seinen Längsseiten geht jeweils eine Kammer mit gleichem Bodenniveau ab, und in den Längswänden befinden sich über dem Boden zwei, symmetrisch einander gegenüber angelegte Bestattungsnischen. Zwei Säulen stützen die doppelschichtig, in Mustern ausgeführte Balkendecke.

Die andere Anlage (Bild 78a) besteht aus einem weiten runden Raum, der im Hintergrund eine Nische und seitwärts zwei Zellen hat. Unter der konischen Wölbung seiner Decke hat man das Empfinden, in einer *pinnetta*, einer Rundhütte der sardischen Hirten zu stehen. An den Wänden ist ein Strahlenkranz eingemeißelt, im Boden der Rotunde und auch in dem des Vorraumes sind Vertiefungen zum Abstellen von Getränken und anderen Gaben für die Verstorbenen.

Beide Anlagen werden von dem »Grab des Häuptlings«, *tomba del capo*, übertroffen. Auf einer Fläche von 262 m² ist hier unter der Erde in achtzehn akkurat gearbeiteten Räumen ein »Palazzo« der frühen Steinkupferzeit nachgeahmt. Die Anlage ist in der Monumentalität ihrer Konstruktion und auch in architektonischen Details mit dem Labyrinth Hal Saflieni auf Malta zu vergleichen.

Mit wenigen Ausnahmen sind der geradlinige Grundriß und das waagerechte Bodenniveau eingehalten. Hinter dem überdeckten Außeneingang liegt ein halbkreisförmiger Vorraum. Die Balken seiner geneigten Decken laufen strahlenförmig zum Eingang hin, gebündelt über dem Durchgang zu dem ersten der beiden großen rechteckigen Räume, der von einem starken Architrav überfangen wird. Beide Räume haben eine flache Decke, die jeweils von zwei Säulen getragen wird. Die Säulen liegen auf einer Achse und unterteilen die Räume symmetrisch. Der erste Raum hat eine Größe von 6,8 × 4,1 m, der zweite, innere Raum von 8,0 × 3,6 m. Beide Räume haben an den Wänden Eingänge zu kleinen Grabkammern, der erste fünf, der zweite acht, die über dem Bodenniveau liegen. Einige der Grabkammern sind unregelmäßig. Im inneren Raum wurde eine christliche Kultstätte eingerichtet und mit Wandmalereien ausgestattet.

Es wird angenommen, daß die Anlage im 3. Jahrtausend v. Chr. zur Blütezeit der Ozieri-Kultur den führenden Schichten als eine Art heidnischer Gruftkappelle oder als Mausoleum diente. Die Annahme stützt sich auf Vergleiche mit dem Hypogäum von S. Pedru bei Alghero, in dem man Objekte fand, die für die Ozieri-Kultur charakteristisch sind, obgleich diese Grabanlage auch in späteren Zeitstufen genutzt wurde, von 2400 bis 1500 v. Chr. in den Zeiten der Abealzu- und Filigosa-Kultur, der Kultur von M. Claro und der Glockenbecherkultur, selbst noch in der Kulturstufe von Bonnanaro. Auch in einer der Grabanlagen von S. Andria Priu entdeckte man Gegenstände aus der Glockenbecherkultur, aus der Zeit um 2000 v. Chr.

80 »Domus de janas« – »Haus der Feen«

Künstlich angelegte Grotten am Riu Mulinu bei Bonorva. 3. Jahrtausend bis Anfang des 2. Jahrtausends v. Chr.

Von der Chaussee Macomer-Sassari aus sieht man nördlich Bonorva schon von weitem über dem Tal des Riu Mulinu den steilen Abfall eines Kalkplateaus. In den Steilhang sind 17 Hypogäen in einer Reihe eingegraben. Sie gehören zum Typus *domus de janas*, die man in dieser Gegend *percias de fadas* nennt.

Die Eingänge liegen in verschiedener Höhe an dem stark erodierten Südhang. Sie wirken wie Fenster einer in das Gestein vorgetriebenen Höhlenwohnung, führen jedoch in Grabanlagen. Man findet Gräber, die nur aus einer einzigen ovalen oder rechteckigen Kammer bestehen, und Grabanlagen aus zwei, hintereinanderliegenden kleineren Kammern, die durch eine niedrige Toröffnung verbunden sind und in die man erst durch einen Vorraum von jeweils anderem Ausmaß gelangt. Die Mehrzahl der Grabanlagen hat eine rechteckige Hauptkammer mit einer kleinen Zelle an beiden Seiten. Nach der Form dieser Zellen, die an einen ländlichen Backofen erinnern, nennt man die Grabanlagen auch *forru* oder *forrus*, Backofen.

Die einzige Dekoration, die man in diesen Grabanlagen findet, ist am Rande der kleinen Toröffnungen angebracht. In zwei Fällen haben die Kammerwände eine Art Schränkchen zum Abstellen der Grabbeigaben. Gegenstände, die eindeutige Rückschlüsse für die Datierung zuließen, hat man bisher nicht gefunden.

Der rechteckige Grundriß und eine gewisse Regelmäßigkeit in der Anordnung der Grabkammern legen die Vermutung nahe, daß die meisten dieser Hypogäen während der Blütezeit der Ozieri-Kultur vom 3. Jahrtausend bis zum Beginn des 2. Jahrtausends entstanden und danach über mehrere Kulturstufen hin weiter benutzt wurden.

81 Bortigali am Fuße des S. Padre

In malerischer Lage am Südwestrand der Marghine-Kette liegt in 493 m Höhe Bortigali (2200 Einwohner), überragt von dem auf 1026 m ansteigenden Vulkan S. Padre. Er erhebt sich über der Hochebene der Campeda, aufgebaut aus Basaltlava und -tuff in imposanter Wechselfolge. Die steinigen Böden in der Umgebung sind verbrannt und eignen sich nur als Weideland.
An den Südwesthängen, die zum Dorf hin abfallen, sind kleine Feldstücke mit anspruchslosen Getreidearten und verschiedenen Gemüsesorten bestellt. Kleinere Weideflächen für Großvieh sind mit niedrigen Steinmauern eingezäunt.
Noch leben die Menschen in Bortigali vorwiegend von Viehzucht und Ackerbau. Sie sind nicht in Genossenschaften organisiert wie weiter ostwärts jenseits des Tirso-Tales die Bewohner von Ottana, in dessen Umgebung sich hier im Inselzentrum unterhalb der herrlichen romanischen Kirche S. Nicola aus dem 12. Jahrhundert Industriebetriebe ausbreiten, die von der Küste her durch Rohrleitungen mit importiertem Erdöl versorgt werden müssen.

82–84 Nuraghe S. Antine, Torralba

»Königshof«, *sa domu de su rei*, wird der achtunggebietende Bau des Nuraghen S. Antine im Volksmund genannt, dem an Würde und Bedeutung allein Su Nuraxi und in der architektonischen Schönheit nur der Nuraghe Losa gleichkommen (Bilder 49, 77). Geht man im schillernden Licht, das durch die Schießscharten auf die Steinblöcke fällt, die langen Laufgänge im Innern entlang, mag man sich in das Reich des Minos versetzt fühlen. Tatsächlich haben diese langen Gänge nicht nur die Atmosphäre eines Labyrinths – etwas von jener Wirkung, die wir in Bauten der mykenischen Kulturstufe des 2. Jahrtausends empfinden, es sind auch objektiv nachzuweisende Übereinstimmungen vorhanden, die nach weiteren Grabungen vermutlich noch deutlicher in Erscheinung treten werden. Vielleicht wird sich das Rätsel der Nuraghen lösen, wenn der Verlauf der Wanderungsbewegungen im Mittelmeerraum geklärt und jene Vorgänge erhellt werden, die bisher nur aus der dunklen Sagenwelt bekannt sind. Der Legende nach ist Daedalus von Kreta über Sizilien nach Sardinien geflohen; um die gleiche Zeit sollen Siedler aus Heraklion gekommen sein. Bei der Anlage des »Königshofes« sind mit Gewißheit Anregungen verwertet worden, die von Einwanderern aus der Ägäis mitgebracht wurden. Auf Grund von Funden aus Bodenschichten im ältesten Teil der Festung läßt sich dessen Bauzeit um 1200 v. Chr. ansetzen. Zeitlich wäre es daher möglich, daß Erfahrungen im Festungsbau übernommen wurden, die in Mykene und Tiryns zwischen dem 14. und 13. Jahrhundert v. Chr. gesammelt worden waren.

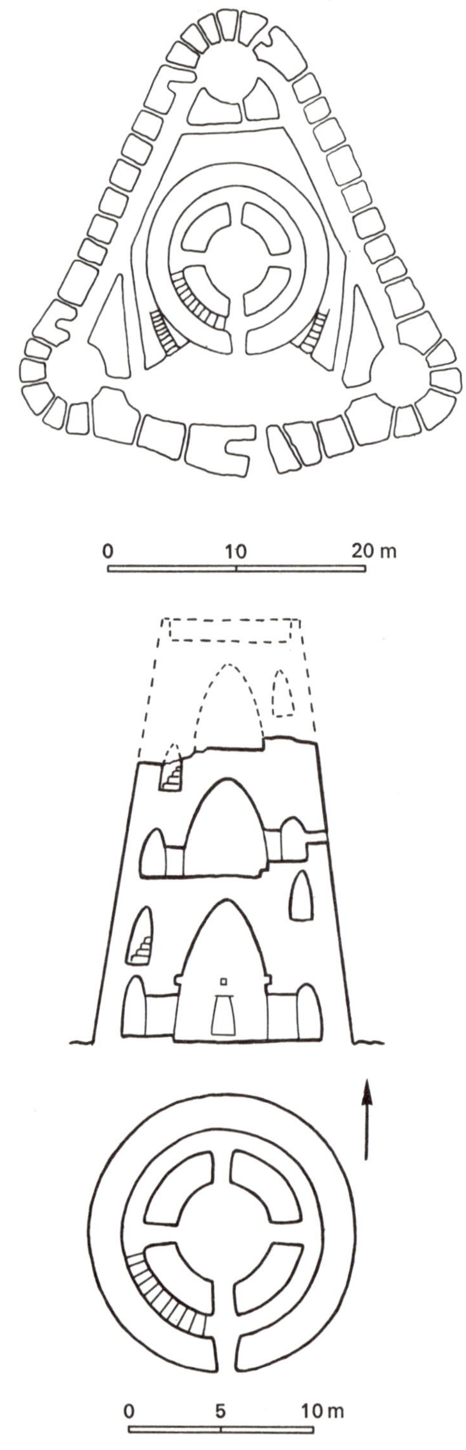

Abb. 13/14
Grundriß und Querschnitt der Anlage des »Königsnuraghen« S. Antine bei Torralba. Weiterentwicklung und Harmonie der architektonischen Konzeption werden erkennbar

Im Vergleich zu diesen Bauten des östlichen Mittelmeerraumes ist die sardische Form der Megalitharchitektur technisch weiter entwickelt, sie ist das Zeugnis einer reiferen Kulturstufe. Die bauliche Schönheit der Gesamtanlage, die sich in der Grundriß-Skizze (Abb. 13) offenbart, zeigt sich auch in der Führung der Mauerzüge und in vielen Details: in der Betonung der Vorsprünge der Laufgänge, in ihrem spitzbogigen oder rechteckigen Profil; in dem kraftvollen Volumen der Mauerkomplexe, die den Innenraum aufteilen; im Rhythmus der Kuppeln; in den Maueröffnungen zu Wachtstuben und Gängen, die den Eindruck erwecken, als wiche das Mauerwerk zurück.

Sa domu de su rei ist leicht zu erreichen. Der Nuraghe liegt unweit der Autostraße Cagliari–Sassari, nördlich von Macomer, bei Torralba. Zusammen mit anderen Nuraghen schützte er die weite Senke Campo Giavesu. Sein Name »Santu Antine« oder »Santinu« ist von San Costantino abzuleiten und zeugt von der Verehrung für Kaiser Konstantin, unter dem sich das Christentum auf Sardinien ausbreitete.
Die Festungsanlage entstand im wesentlichen in zwei Bauphasen, um 1200 v. Chr. und zwischen dem 9. und 8. Jahrhundert v. Chr. Die Kleeblattform der Anordnung der jüngeren drei Türme um den älteren, größeren Zentralturm ist auf der Grundriß-Skizze zu erkennen. Die Wälle zwischen den beiden Türmen treten in Richtung auf den Hauptturm leicht nach innen zurück. Die beiden Türme an der südostwärts gerichteten Frontseite schließen einen großen offenen Hof ein. In diesen Hof gelangt man durch das Haupttor der Festung, das mit einem Architrav überspannt ist und einen Raum für den Wachposten hat.

1. Bauphase um 1200 v. Chr.

Die Datierung der Entstehungszeit auf 1200 v. Chr. hat sich bestätigt, als jüngst Keramiken, dekoriert mit Kamm-Muster, und andere eindeutige Indizien gefunden wurden.
Der älteste Teil, der zentrale Turm (Abb. 14), überragt die dreieckförmige Festungsanlage. Er war ursprünglich 21 m hoch und ist noch bis zu einer Höhe von 18 m erhalten. Die Basaltquader sind, wie auf Bild 82 zu erkennen ist, gut gearbeitet und in 28 Reihen geböscht übereinander geschichtet. In den oberen Lagen sind die Steine rechteckig behauen, um den Aufstieg zu erschweren. Der Eingang liegt im Südsüdosten, ist 1,9 m hoch, hat einen rechteckigen Architrav und über diesem eine Entlastungsöffnung. Das einfache große Fenster im Obergeschoß liegt 9,2 m über dem Boden. Am Eingang, der eine Falltür hat, befindet sich rechts die Nische für die Wache, links beginnt der Aufgang zu den Obergeschoßen, der am Rund der Innenwand der Nuraghenmauer entlang läuft. Der Eingang führt in einen runden, überkuppelten Raum zu ebener Erde, dessen Aufgliederung in Innenraum und Umgang auf der Grundriß-Skizze zu erkennen ist. Er hat einen Durchmesser von 5,5 m und ist 7,9 m hoch. Jeder der drei kreuzförmig angeordneten Durchgänge zu dem Umgang ist mit Architrav und Entlastungsöffnung versehen. Der Raum im ersten Stockwerk hat einen Durchmesser von 4,8 m und eine Höhe von 5,4 m, er ist gleichfalls überkuppelt. In diesem Raum, der eine niedrige, gewölbte Nische hat, läuft eine Sitzbank an dem Mauerrund entlang. Obergeschoß und Erdgeschoß erhalten ihr Licht durch Schießscharten, das Obergeschoß hat außerdem noch das bereits genannte Fenster. Von dem Raum im zweiten Stockwerk mit einem Durchmesser von 5,2 m, der unter der Dachplattform lag, sind nur noch Mauerreste vorhanden, die gesamte Turmkrone ist zerstört.

2. Bauphase, 9.–8. Jahrhundert v. Chr.

Die Datierung der Erweiterungsbauten beruht auf Grabungsfunden, Gegenständen aus Stein, Bronzewaffen und Bronzearmbändern, glatter und ornamentierter Töpferware, Objekten aus Bein und Horn. Die Festungsbauten, die man im 1. Jahrtausend v. Chr. um den alten Zentralturm gruppierte, haben heute eine Höhe von 9 m. Sie sind in zehn Basaltsteinlagen aufgeführt, die weniger gleichmäßig gefügt sind und aus größeren Steinen bestehen als die Mauern des Hauptturmes. Der Mauerring wurde einst – wie der des Su Nuraxi und anderer Nuraghenkomplexe – oben abwechselnd von Steinquadern und vorkragenden, konsolengestützten Pechnasen abgeschlossen. Im Schutz des starken und ursprünglich hohen Walls an der Frontseite der Festung – einst 16 m, heute 7,4 m hoch – liegt der trapezförmige Hof, der mit seinen 95,6 m² der größte unter allen Höfen solcher Anlagen ist. Dieser »Waffenhof«, in dem der Brunnen stand, hatte die gleichen Funktionen wie der entsprechende kleinere Hof in der Festung Su Nuraxi: er bildete den Durchgangsraum zu den meisten Festungsanlagen; er führte auch zu den Laufgängen, über die der Nordturm zu erreichen war, und zu den Treppen, über die man zur Wallmauer und zu den Pechnasen gelangte.
Die Innenräume der drei Türme des Mauerrings mit einem Durchmesser von rund 5,6 m sind gleichfalls überkuppelt und mit Schießscharten versehen. Die Laufgänge enden in dem rückwärts gerichteten Turm im Nordnordwesten, der einen eigenen Festungsausgang und einen Brunnen hat und dessen Innenraum ursprünglich 8 m hoch war.
Architektonisch wirkungsvoll sind die 4 m hohen Laufgänge im Erdgeschoß, die eine Gesamtlänge von 23 m haben und durch 2 m hohe, 7 m lange Seitengänge am Nordturm miteinander verbunden sind. Weitere Quergänge führen zum Hof. Im Obergeschoß entspricht ein Netz von Laufgängen, die etwas niedriger und schmaler sind, der darunter liegenden Anlage. Die Gänge erinnern in ihrer kraftvollen Struktur und dem Hell-Dunkel des durch die Schießscharten einfallenden Lichtes an die Laufgänge der Burg von Tiryns.

85 Borutta, S. Pietro di Sorres

11./12. Jahrhundert

Eine der schönsten romanischen Kirchen Sardiniens kann man mit dem Besuch des Nuraghen S. Antine (Bilder 82/84) verknüpfen. Der Weg wird unten beschrieben. Schon von weit her erblickt man die Benediktinerkirche S. Petro di Sorres auf einem 524 m hohen Plateau oberhalb von Borutta.

Die Kirche wurde in zwei Etappen errichtet, der Bau begann in der zweiten Hälfte des 11. Jahrhunderts und wurde in den Jahren 1170–1190 abgeschlossen. S. Pietro di Sorres hatte den Rang einer Kathedrale.

Die erste Bauphase der Kirche ist in den helleren Steinen des unteren und mittleren Mauerwerks mit den Blendarkaden erkennbar. Die zweite Bauphase im spätpisanischen Stil kommt im Wechsel der hellen Kalkstein- und der dunklen Trachyt-Bänder des oberen Teiles klar zum Ausdruck. Hier wiederholen sich die Blendarkaden. Gleiche Stilelemente zeigen die Rückfront, der untere Teil der Apsis, die höher gelegenen Seitenfassaden des Mittelbaus und das Mauerwerk der Seitenschiffe.

Die Ausschmückung der Bogenfelder und des sie einrahmenden Mauerwerks erfolgte in der zweiten Bauphase. In ihren Motiven finden sich Anklänge an Schmuckformen des Domes von Pisa: Rhomben und Kreise, umgeben von Dreiecken verzieren die Fensterluken und das schachbrettartig aufgeteilte Mauerwerk. Das Zwillingsfenster und Inkrustationen bezeugen den Einfluß maurischer Stilelemente.

Die drei Schiffe der Kirche und die Apsis haben Kreuzgratgewölbe. Im Innern findet man einen Sarkophag aus dem 11. Jahrhundert, seitlich und vorn mit Kreuzen geschmückt, ein sehr fein gearbeitetes romanisches Gitter aus dem 12. Jahrhundert, den auf sechs kleinen Säulen ruhenden Altar und die Marmorkanzel, vermutlich aus dem 13. Jahrhundert, deren Unterbau von Kleeblattbögen durchbrochen ist.

Auf dem Wege von dem Nuraghen S. Antine zur Kirche S. Pietro di Sorres, der zunächst über Torralba hinaus auf einer parallel zur Autobahn verlaufenden Chaussee nordwärts führt, gelangt man in ein Gelände, in dem Gegenstände aus der Übergangsperiode von der Steinkupferzeit zur frühen Bronzezeit gefunden wurden. Diese Zeitstufe wurde nach der Ortschaft Bonnanaro benannt (s. Zeittafel, der Vorgeschichte Sardiniens), in der man von der Chaussee auf eine Nebenstraße abbiegen muß, um S. Pietro di Sorres zu erreichen.

86 Bosa und Temo

Bosa, ein Ort von 9100 Einwohnern, hat seinen ganz besonderen Charakter. Etwa 3 km oberhalb der Mündung des Temo liegt Bosa am rechten Ufer in einem lieblichen Tal, dessen frisches Grün zu den kahlen Basaltbergen im Nordwesten einen wirkungsvollen Kontrast bildet. Über dem Ort liegt in 81 m Höhe das Kastell von Serravalle (Text zu 87).

Im 9. und 8. Jahrhundert v. Chr. diente das Mündungsgebiet des Temo den Phönikern als Landeplatz; eine Inschrift »BS'N« – »Volk von Bosa« nennt schon den Namen des Ortes. In römischer Zeit entstand hier eine Siedlung. Die kleinen Skulpturen, die man vor kurzem aus dem Flußbett des Temo ans Licht holte, eine kleine Herme und das Marmorköpfchen eines Satyrs aus dem 2. Jahrhundert n. Chr., sind Zeugnisse aus jener Zeit. Einen wesentlichen Aufschwung erlebte Bosa als Handelshafen von Genua unter der Herrschaft der Malaspina im 12. Jahrhundert. Mit dem Jahre 1528 setzte dann ein erheblicher Rückgang ein: Im zweiten Krieg, den Karl V. gegen Frankreich um Ansprüche auf Burgund und auf Gebiete Italiens führte, kreuzte eine französische Flotte vor der Küste. Die Bewohner von Bosa sperrten den Hafeneingang durch einen Steindamm, der bis heute die Durchfahrt von Booten mit größerem Tiefgang verhindert und diese zwingt, die Häfen von Alghero oder Oristano anzulaufen. Obwohl in unserem Jahrhundert der Hafen ausgebaut und das Festland mit der Isola Rossa verbunden wurde, ist die Flußmündung noch immer nur für kleinere Fischkutter, wie man sie auf dem Bilde sieht, schiffbar.

Am Ufer stehen – dicht gereiht – die ärmlichen Gerberhäuser mit ihren Doppelgiebeln, eine für Bosa typische Zickzack-Silhouette. Das hier bearbeitete Rindleder war vor hundert Jahren auf Sardinien berühmt, ebenso schätzte man das Olivenöl aus dem Tal um Bosa und den Malvasier, der noch heute als der beste der Insel gilt.

Die Straßen des Ortskerns ziehen sich weiter flußaufwärts parallel zum Temo hin. Ausgesprochen vornehme und dekorativ gestaltete Häuser, meist aus dem 19. Jahrhundert stammend, finden sich an der Piazza Maggiore. Im Bereich des Kastells hingegen liegt ein Gassengewirr mit kleinen, ungesunden Behausungen.

Bosa bemüht sich gegenwärtig, seine bisher einseitig agrarisch orientierte Wirtschaftsbasis zu erweitern, den Anschluß an moderne Lebensformen zu finden und den Fremdenverkehr auszubauen. Festlichkeiten nach alten Traditionen wie Preis-Singen, Wettbewerbe von Stegreifdichtern und Karnevalfeiern werden veranstaltet. Am Meer, an einem 2,2 km entfernten Sandstrand unweit des Torre Grande, ist bereits ein Badeort mit einer herrlichen Aussicht entstanden: Bosa marina.

87 Bosa, S. Pietro extra muros

11./13. Jahrhundert

Die älteste romanische Kirche Sardiniens liegt 4 km östlich von Bosa im Bereich einer antiken Hafenstadt an der

Westküste Sardiniens. Inmitten von Oliven- und Orangenhainen ist S. Pietro extra muros auf dem Gelände der Nekropole der römischen Ortschaft Bosa vetus malerisch gelegen. Über dem Temo, der bis hierhin schiffbar ist, ragt das Kastell von Serravalle auf, das Anfang des 12. Jahrhunderts von den Malaspina errichtet wurde. Zur gleichen Zeit entstand – näher zum Meer hin – das neue Bosa.
Einige Jahrzehnte früher, 1073, war von Bischof Costantino de Castra die Kirche S. Pietro als Kathedrale erbaut worden. In den Jahren 1110–1120 wurde sie unter Leitung von Meistern der Bauhütte des »Schwarzen Domes« von Ardara, der Kirche S. Maria del Regno im Judikat von Torres, erweitert (vgl. S.27). Bei Abschluß der Bauarbeiten zwischen 1200 und 1250 gehörte sie bereits dem Zisterzienser-Kloster S. Maria di Garavata in Bosa. Damals entstanden die gotischen Bögen der Fassade.
Die alte Kirchenanlage ist in ihrem Grundschema noch heute erkennbar: drei Schiffe, das mittlere durch rechteckige Quaderpfeiler mit hohen Arkaden von den seitlichen getrennt und mit Holzbalkendecke geschlossen; die Seitenschiffe, ursprünglich aus grobem Kleinmaterial, waren durch Gurtbögen in Joche geteilt und mit Kreuzgratgewölben versehen. Das Innere der frühen Kirche wurde durch gekuppelte Fenster nur matt erleuchtet. Archaisch in seiner nüchternen Kargheit mag das Bauwerk damals die lokale Ausdrucksform der europäischen Romanik, deren Stilmittel von lombardischen Meistern in die sardische Baukunst eingeführt wurden, verkörpert haben.
Bei dem ersten Erweiterungsbau Anfang des 12. Jahrhunderts wurden Vorder- und Rückfront der Kirche in ihrer gesamten Breite um vier Joche nach Westen und um zwei nach Osten hinausgeschoben. Eine neue Apsis erstreckte sich über die ganze Breite des Mittelschiffs. Die Ausstattung wurde zum größten Teil erneuert, die Fensterrahmung abgeschrägt und profiliert, um den Lichteinfall zu vergrößern. Auch Verzierungen, die dem Ornamentschmuck von S. Maria del Regno in Ardara gleichen, wurden angebracht, so an der Außenmauer der Apsis ein Bogenfries mit Zahnschnitt, aufgesetzt auf einfach profilierte Konsolen. Der freistehende, quadratische Glockenturm wurde in Verbindung mit der zweiten großen Restauration der Kirche S. Pietro unter den Zisterziensern errichtet. Sie erneuerten die Nordflanke mit den anschließenden Gewölben und schufen durch Verkleidung der Fassade eine neue architektonische Komposition, die dem Aufrißschema von Casamari und Fossanova, Zisterzienserbauten in Latium, entsprach. Die Stirnseiten der drei Schiffe wurden an der Fassade durch drei Spitzbogenarkaden und drei Rundfenster mit Vierpaß gekennzeichnet, von denen zwei in den seitlichen Arkaden, das dritte über dem Mittelbogen eingefügt wurden. Das Eingangsportal, das unter diesem schmaleren und höheren Bogen lag, erhielt als Schmuck einen Marmorarchitrav mit romanischen Blattkapitellen über den Torpfosten und mit einer flachen Bogenlunette.
Der Architrav, der an der linken Seite gekürzt ist, war offenbar zunächst für einen anderen Verwendungszweck vorgesehen. In ihm sind sechs unterschiedlich große Spitzbogennischen mit gedrehten Säulen eingemeißelt. Diese Nischen sind mit stilisierten Bäumchen, Menschengestalten, Heiligenfiguren und – vermutlich – Stifterskulpturen geziert. In der Mitte ist die Madonna mit dem Kind, an den Seiten sind Petrus und Paulus zu erkennen.

88 *Weibliche Gottheit*

Basalt, Höhe 14 cm, 3000–2500 v. Chr. Fundstätte: Tal von S'Adde bei Macomer. Archäologisches Nationalmuseum, Cagliari

Bei flüchtiger Betrachtung möchte man die kleine Skulptur in Beziehung setzen zu den uns bekannten Venusstatuetten verschiedener Stufen der Altsteinzeit aus Fundstätten Mitteleuropas: Willendorf/Niederösterreich, Unterwisternitz/Südmähren, Petersfels/Kreis Konstanz oder Nebra/Bezirk Halle. Sieht man jedoch die Datierung, fällt sofort die viel jüngere Entstehungszeit der sardischen Basaltstatuette auf, die zwischen 3000 und 2500 v. Chr. angesetzt wird. Noch scheint die kleine Figur ein Steinfetisch zu sein. Und gerade durch diese Darstellungsweise, die sich nicht völlig von der Naturform des Steins löst, sowie in der Überbetonung der Gesäßpartien und der Geschlechtsmerkmale erinnert sie auch an altsteinzeitliche Skulpturen aus Südfrankreich, an die Funde von Brassempouy/Dép. Landes und von Laussel/Dép. Dordogne. Sie stammt jedoch, ebenso wie andere auf Sardinien gefundene Statuetten mit ähnlichen Kennzeichen, erst aus dem Ende der Jungsteinzeit, aus der Zeit des Übergangs zu bäuerlichen Kulturformen, vielleicht sogar aus der frühen Steinkupferzeit. Als Richtlinie für ihre Datierung können Terrakotta-Figuren aus dieser Zeitstufe dienen, Frauenidole aus den bäuerlichen Kulturen des Donau-Balkankreises, aus verschiedenen Fundstätten wie vor allem Priesterhügel – Kronstadt/Siebenbürgen, Ariuşd/Rumänien (Erösd-Kultur), Cucuteni/Rumänien (Moldau, Siebenbürgen, der Tripolje-Kultur eng verwandt), Bilcze und Złota Ostgalizien, Ukrainische SSR (Złota-Kultur) und Štěpánovice, Mähren (Lengyel-Kultur). Hinweise für die zeitliche Einordnung der sardischen Steinfiguren liefern auch Keramiken mit Fischgrätmuster, die man außer anderen Objekten neben der Statuette am Fundort entdeckte. Die Keramiken entstammen der frühen Phase der Ozieri-Kultur. Den umfangreichen Fund, unter dem auch einige Entwürfe für weitere Basaltstatuetten waren, barg eine Höhle am Rande der Basalttafel von Macomer. Die Höhle, vermutlich eine Kultstätte, liegt am Abfall des Plateaus zum Tal des S'Adde.
Bemerkenswert an dieser Statuette, vermutlich einer *dea mater*, ist die Behandlung des Kopfes und der Extremitäten.

Der Kopf ist klein, nach oben hin zugespitzt, im Profil kaum umrissen und in der Mundpartie der Schnauze eines Tieres ähnlich. Die Beine vereinen sich zu einem amorphen konischen Stumpf, Arme fehlen. Die Figur hat nur eine, kräftige Brust, die zweite ist entweder abgeschlagen oder – wie bei Amazonenstatuen – absichtlich nicht geformt. Der ursprünglichen Darstellung des Schambergs als Symbol der Mutterschaft entspricht jetzt eine weite Aushöhlung.

89 *Prähistorische Wohnstätte am Eingang zur Grünen Grotte (Grotta Verde)*

um 2000 v. Chr.

Unter den zahlreichen Grotten Sardiniens zählen die Neptunsgrotte und die Grüne Grotte zu den bekanntesten. Sie liegen dicht beieinander am Capo Caccia, 24 km westlich von Alghero, und sind über die Chaussee 127b leicht zu erreichen. Die Neptunsgrotte ist wegen ihrer Schönheit und Größe berühmt, die Grüne Grotte wegen ihrer 7–8 m hohen, von einem winzigen Gewächs überwucherten Stalaktiten.
In der Morgensonne kann man hier ein herrliches Farbenspiel genießen, bevor man zwischen Kalkgestein 30–40 m tief auf Meeresniveau hinabsteigt, einen kleinen See erreicht und dort in einer Ausweitung der Höhle Felsbilder besichtigt: geometrische Motive und schematische Menschengestalten, die der ausgehenden Steinkupferzeit, der Ozieri-Kultur, zugeschrieben werden können. Ihrem Inhalt und ihrer Darstellungsweise nach – es sind abstrahierende, dünne Ritzzeichnungen – müßte man sie eigentlich einer früheren Stufe zuordnen, der Entstehungszeit der francoiberischen Felsbilder oder der westeuropäischen Megalith-Kultur (Text zu 88).
Am Eingang der Höhle, den das Bild zeigt, und im trockenen Abschnitt in seiner Nähe befand sich in der Zeit der Ozieri-Kultur eine Wohnstätte, deren Alter sich nach der Radiokarbonmethode genauer bestimmen ließ. Man fand Steinwerkzeuge, verzierte und unverzierte Keramiken, Nahrungsmittelreste und Kohlenasche. Das Mauerwerk am Eingang der Höhle ist erst in letzter Zeit eingefügt worden.
Die Höhle diente wahrscheinlich bis in die römische Zeit hinein als Kultstätte. Vermutlich war sie den Nymphen geweiht. In der Antike hieß die weite Bucht, die heute den Namen Porto Conte trägt, *Nymphaeus Portus,* und die der Neptunsgrotte vorgelagerte Insel Foradada nannte man *Nymphaea insula.* Im 16. Jahrhundert weihte man dem S. Erasmus, *Sanctus Teramus,* hier einen Altar, von dem noch Reste zu sehen sind. Nach ihm erhielt die Grüne Grotte auch den Namen »Altargrotte«. Die geheimnisvollen Höhlen in den weißen Kalksteinhängen über dem tiefblauen Meer mußten zu jeder Zeit für Kulthandlungen prädestiniert erscheinen.

90 *Alghero*

Alghero, 1971 eine Stadt von 32000 Einwohnern, unterscheidet sich von anderen Städten Sardiniens sowohl in seiner Geschichte als auch in der Sprache seiner Bewohner. Lange Zeit war die Stadt eine katalanische Kolonie. Hier wurden Spanier angesiedelt, nachdem die Einheimischen als Anhänger Genuas vertrieben worden waren.
Es mag sein, daß Alghero von Genuesern gegründet wurde. Die Festung der Stadt wurde 1102 von den Doria angelegt und blieb zweieinhalb Jahrhunderte lang Stützpunkt der Genueser.
1353, fünf Jahre nach der Eroberung der Balearen, besiegte das Haus Aragón im Bund mit Venedig die Genueser, ein Jahr darauf siedelte König Peter IV. von Aragón Katalanen in Alghero an. 1479 erhielt Alghero den Rang einer Stadt. Ferdinand II., der durch Heirat Kastilien und Aragonien vereinigte, entsandte einen spanischen Statthalter nach Alghero und erteilte der Stadt eine Reihe von Privilegien. Karl V. gab den Bewohnern 1535 anläßlich seines Besuches mit der Verleihung des Ranges von »todos caballeros« Rechtsgleichheit mit den Städtern seines Herrschaftsgebietes in Spanien.
Als die Stadt 1861 ihren Status als Festung verlor, breitete sie sich nach und nach über den Festungsgürtel hin aus. Im Stadtbild blieb jedoch bis heute der katalanische Charakter des historischen Kerns bewahrt.
Das Bild zeigt den im Norden der Altstadt gelegenen Hafen mit Teilen der Festungsanlage, links einen Mauerabschnitt mit dem Turm La Maddalena an der Nordostflanke, rechts die Ecke der Bastion am Turm S. Vincenzo. Zwei Drittel des Festungsringes waren vom Meer umgeben. Lange Zeit galt die Festung als nahezu uneinnehmbar, als »Großer Riegel, Schlüssel und Schutz des Logudoro« – »magnus obex, clavis et tutamen Logudoris«. Ihre Anlagen und Ausrüstungen wurden immer wieder dem Entwicklungsstand der Waffentechnik angepaßt. Von den Gräben, dem Mauerring und den vier, mit Zugbrücken ausgestatteten Toren, die einst die Festung zur Landseite hin sicherten, sieht man heute noch Teile des Festungsgürtels und an der Ostflanke die stattlichen Rundtürme der Porta Terra und der Porta S. Giovanni, früher »Mittleres Tor«, sowie an der Südostflanke den runden Sulis-Turm, einst »Espero-Turm«. Von der Piazza Sulis aus kann man auf dem Festungswall westwärts zum Turm S. Giacomo entlanggehen und dann nach Norden weiter bis zum Hafen laufen. Von einer Stadtpromenade, die vom Sulis-Turm nach Süden führt, hat man einen Blick auf die gesamte Festungsanlage.

91 *Alghero, Dom. Gotisches Apsis-Portal*

16. Jahrhundert

In der malerischen Altstadt von Alghero, deren enge Gassen an die Zeit spanischer Herrschaft erinnern, liegt der Dom,

dessen Glockenturm am Ende der schmalen Via Principe Umberto steil aufsteigt und sie abschließt.
Der Turm erhebt sich über einer Chorkapelle, zu der man durch das hier gezeigte Portal Zugang hat. Turm und Apsis gehören zu den wenigen spätgotisch-katalanischen Bauten auf Sardinien. Der Turm diente im 16. und 17. Jahrhundert als Vorbild für Bauten im Norden und im Zentrum der Insel. Die Apsis zeugt von dem anspruchsvollen Bemühen, den Kathedralen von Segovia oder Salamanca nicht nachzustehen.
Der Dombau begann 1562 und wurde 1579 aus Geldmangel abgebrochen, nachdem eine Petition der Bürger an Philipp II. von Spanien erfolglos geblieben war. Erst um die Mitte des 17. Jahrhunderts wurde der Dombau wieder aufgenommen. Zur Ausführung kamen Pläne im Stil der Spätrenaissance: eine dreischiffige, durch Pfeiler und dorische Säulen unterteilte Halle erhielt vier Kapellen, die zu beiden Seiten der unter dem Turm gelegenen Chorkapelle radial angeordnet waren. Sie wurden über rechteckigem Grundriß errichtet und mit Kreuzgratgewölben geschlossen. Das Mittelschiff und die Arme des Querhauses wurden durch Tonnengewölbe, die Vierung durch eine oktogonale Kuppel gedeckt. Dem Abschluß der Arbeiten folgte 1730 die Weihe des Doms.
Im 19. Jahrhundert wurde der Fassade eine neoklassische Vorhalle vorangestellt.
Der Turm, über oktogonalem Grundriß erbaut, zeigt an »gotischen« Formelementen: Spitzbogenfenster in den beiden oberen Geschossen des dreiteiligen Turmaufrisses; Zierelemente am pyramidenförmigen Turmhelm wie die Verkleidung mit Azulejos und den Kantenbesatz mit Krabben; Rundbogen, glatte und verzierte Fialen an der Balustrade, die den oktogonalen Teil des Turmes nach oben hin abschließt.
Am reinsten bezeugt das Portal den Stil der katalanischen Gotik. Es ist das wirkungsvollste und stärkste Element der Turmfassade und besteht aus einem mächtigen Spitzbogen, dessen Gewände tief ins Mauerwerk zurücktritt und mit Säulen, Blattkapitellen und Archivolten geziert ist. Der äußere Kielbogen ist mit Akanthuszweigen geschmückt und wird von einer Kreuzblume gekrönt. An den Seiten wird das Portal zur Turmmauer hin durch vorspringende »Stützen« mit Fialen und Krabbendekor abgeschlossen.

92 *Zwergpalme oder S. Peter-Palme. Chamaerops humilis – Palma nana*

Die interessantesten Formen der auf Sardinien weit verbreiteten Zwergpalme findet man in der Nurra: im Norden an der Lagune von Casaraccio, im Westen am Baratz-See (Bild 96) und am Capo Caccia. Nördlich des Kaps, auf der kleinen Insel Piana, gedeihen besonders prächtige Exemplare, die eine Höhe von ein paar Metern erreichen. Man trifft die Palme vor allem in Gebieten mit Wüstensteppen-Charakter, an der Nordküste zwischen Sorso – Castelsardo – Valledoria, an der Westküste auf der Halbinsel Sinis westlich der Lagune von Cabras, an der Ostküste nördlich von Orosei im Umkreis der Lagune von Curcurica an der Cala Liberotto.
Die Zwergpalme, ein Relikt aus dem warmen Tertiär, bevorzugt sandige oder steinige Küstenstriche, sie braucht Sonne und Trockenheit. Ihr relativ kurzer Stamm ist von zerfaserten Blattscheiden bedeckt. Die fächerförmig angeordneten Blätter sind schmal und spitz, die Beeren oval und gelb mit rötlichem Schimmer.
Die Fasern aus den Palmblättern sind elastisch und werden zur Fabrikation von Füllstoffen für Polster genutzt. Die Palmblätter werden auch – besonders im Norden der Insel – zum Flechten von Körben und Matten verwendet. Die auf Sardinien weit verbreiteten Korbarbeiten aus Castelsardo werden aus diesem Material hergestellt. Die Bestände an Zwergpalmen gehen daher ständig zurück, und die Palma nana ist in Gefahr, ausgerottet zu werden.

93 *Käsefabrikation in Alghero*

Käse ist ein wichtiger Exportartikel Sardiniens. 1971 erreichte die Fabrikation von Käse mit rund 25 000 t etwa 10% der Käseproduktion der Bundesrepublik Deutschland. Rund drei Fünftel der sardischen Käseproduktion werden aus Schafsmilch, ein Fünftel aus der Milch von Kühen hergestellt.
Auch der hier gezeigte Käse ist zur Ausfuhr vorgesehen; die Sorte ist auf der Insel nicht sehr gefragt. Die Milch, die in dieser Käsereigenossenschaft verarbeitet wird, stammt vorwiegend aus dem nahen Meliorationsgebiet der Nurra (Bild und Text 96). Hinter dem Tisch hängen an einem Balken die körbchenähnlichen Quarkformen und Kälbermägen. Aus ihnen gewinnt man das Labferment, das man braucht, um die Frischmilch zum Gerinnen zu bringen.
Schon im Altertum war die Milchwirtschaft Sardiniens im westlichen Mittelmeerraum bekannt. Im 2. Jahrhundert v. Chr. bezeichnete man die Insel als »gute Mutter der Herden«.

94, 95 *Alghero, einer der bekanntesten Ausgangspunkte für den Korallenfang*

Die Korallenbänke, die sich in 20–100 m Tiefe vor dem Küstenstreifen zwischen Alghero und Capo Caccia (Text zu Bild 89) ausdehnen, sind alljährlich das Ziel von Fischern aus Torre del Greco bei Neapel, dem internationalen Zentrum für Korallenverarbeitung. Zum Fang werden besondere Schleppnetze benutzt.
An einem Kai des Hafens von Alghero sortieren die Fischer ihre kostbare Beute und trennen die Korallenzweige vom Gestein (Bild links).

Auch hier in Alghero werden Korallen verarbeitet. In einer Kunstfachschule wird der Nachwuchs für die Fertigung von Korallenschmuck herangebildet.

96 *Meliorationsgebiet der Nurra, vom M. Forte aus gesehen*

Vor der Landung auf dem Flughafen Alghero kann man diese karreeförmig aufgeteilte Landfläche mit weißen Punkten sehen: Häusern, deren Bewohner in der Nurra ein ausgedehntes Territorium trockenlegten, rigolten und bestellten. Es erstreckt sich bis zu den küstennahen Siedlungszentren Fertilia und Maristella, südöstlich des hier gezeigten Gebietes, in deren Umkreis vor allem Wein angebaut wurde.

Die »Bonifica di Nurra« gehören ebenso wie ein großangelegtes Vorhaben zur Entwässerung der Sümpfe südlich von Oristano – heute unter dem Namen »Bonifica di Terralba-Arborea« bekannt – zu Meliorationsprojekten der faschistischen Regierung Italiens, die im wesentlichen in den dreißiger Jahren durchgeführt wurden. Die Verwaltung der 1936 entstandenen Ansiedlung wurde 1942 einem sardischen Unternehmen übertragen und 1951 vom *ETFAS*, dem »Amt zur Kultivierung von Grund und Boden Sardiniens«, übernommen. Nach dem letzten Kriege vermehrte sich die Zahl der Siedler, als Flüchtlinge aus Istrien nach Sardinien kamen, aus dem Teil Julisch-Venetiens, der 1947 an Jugoslawien abgetreten werden mußte.

Das Bild zeigt den Blick vom M. Forte (464 m) nach Südwesten: Im Zentrum der Baratz-See, ein natürlicher See, im Hintergrund die Kreidekalkfelsen der Küste.

97 *Opferstätte der terrassenförmigen Tempelanlage auf dem M. d'Accoddi*

Kalkstein, 2,08/2,15/0,42 m, 3. Jahrtausend bis 16. Jahrhundert v. Chr.

Dieser einzigartige Monumentalbau Nordsardiniens ist in seiner Form, in seiner Bestimmung und auch hinsichtlich seiner Entstehungszeit den altmesopotanischen Zikkurats vergleichbar. Er liegt 11,5 km nordwestlich von Sassari, 7 km südöstlich von Porto Torres, dicht westlich der Staatsstraße 131. Das Bild zeigt einen Ausschnitt der Tempelanlage: im Vordergrund einen großen rechteckigen »Opferstein«, hinter ihm den Winkel zwischen der rechten Frontseite der Tempelterrasse und einer langen Rampe, die zur Mitte des erhöhten Kultplatzes führte (Abb. 14). Die Kultstätte hat die Form eines Pyramidenstumpfes. Man nimmt an, daß die Terrasse als Schauplatz von Zeremonien diente, an denen die Mehrzahl der Gläubigen nur von ferne, von unten her, teilhaben durfte. Die Tempelanlage wird allgemein als »Großer Altar« oder »Hohe Stätte« bezeichnet. Dies spricht für die Richtigkeit der Hypothese, daß sich einst auf der Plattform ein stufenartiger Aufbau befand, ähnlich denen der Zikkurats des Zweistromlandes. Eine Vorstellung von der Gesamtanlage und ihrem Ausmaß gewinnt man, wenn man das Bild und die Skizze mit Aufnahmen und Rekonstruktionen von altmeseopotamischen Kultbauten vergleicht (Eva Strommenger – Max Hirmer: »Mesopotamien«, München: Hirmer Verlag 1962, und »Ur«, München: Hirmer Verlag 1964).

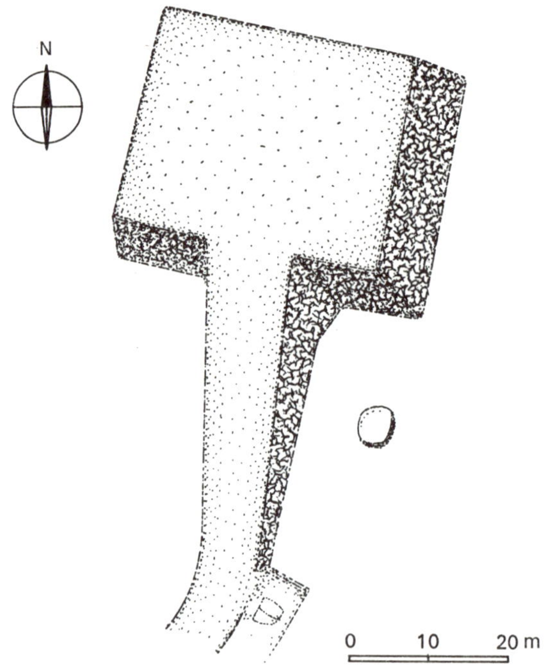

Abb. 15
Schema der Überreste des Terrassentempels von M. d' Accoddi und seiner Rampe

Die Untersuchung der Baumaterialien, die auf dem M. d'Accoddi gefunden wurden, ergab eine zeitliche Zuordnung zu vier Stadien (vgl. Übersicht über die Vorgeschichte Sardiniens, S. 122).

1. Phase: Beginn des dritten Jahrtausends v. Chr.: Reste aus der Zeit vor der Errichtung des Tempels, aus dem späten Neolithikum.
2. Phase: Erste Hälfte des dritten Jahrtausends v. Chr. Bonuighinu-Ozieri-Kultur.
3. Phase: Zweite Hälfte des dritten Jahrtausends bis zum Anfang des zweiten Jahrtausends v. Chr. Blütezeit der Ozieri-Kultur.
4. Phase: Zweites Jahrtausend bis 16. Jahrhundert v. Chr. Bonnanaro-Kultur. Die letzte Epoche führt in die Entstehungszeit der Nuraghen-Kultur. Unter den zahlreichen Einzelfunden fehlen jedoch Stücke, die eindeutig als Zeugnisse der Nuraghen-Kultur im eigentlichen Sinne zu bestimmen wären.

Die Funde aus der ersten Phase entstammen dem Gemenge von Erde und Steinen, aus dem die Tempelterrasse besteht. Die Terrasse und die Rampe sind aus dem gleichen Material in gleicher Weise gebaut. Das Mauerwerk der nicht geglätteten Verkleidung ihrer Schrägseiten ist aus groben, unbehauenen Kalksteinen in unregelmäßig angeordneten Lagen geschichtet. In Ausführung und Aussehen trägt die Kultstätte den Charakter eines archaischen Megalithbaus.

Die Frontseite der Terrasse schaut nach Südsüdwesten. Fast in gleicher Richtung – nur mit geringen Abweichungsgraden in den Richtungswinkeln – verlaufen die beiden Schenkel des Trapezes, das den Terrassengrundriß bildet. Seine Grundlinien sind entsprechend von Nordnordwest nach Ostsüdost ausgerichtet, sie sind an der Frontseite 37,5 m, an der Rückseite 35,5 m lang. Die Länge der Schenkel beträgt 30,5 m. Die Höhe der Terrasse überstieg einst 8 m und erreicht heute 5,4 m.

Der Stein im Vordergrund des Bildes, der wahrscheinlich als Opferstätte diente, liegt östlich des Rampenansatzes und mißt 2,08 × 2,15 × 0,42 m; er besteht aus einer neun Tonnen schweren Kalksteinplatte, die an Ecken und Kanten abgerundet ist. An drei Seiten hat sie mitten am Rande Löcher, vermutlich zur Befestigung von Stricken, mit denen größere Opfertiere festgebunden wurden. Kleinere Opfertiere sind von Priestern oder Priesterinnen wahrscheinlich eigenhändig auf der Tempelplattform dargebracht worden.

Steinkult

Es ist anzunehmen, daß auf dem M. d'Accoddi zwei Gottheiten verehrt wurden, eine männliche, in bezug zu dem Sonnenkult, und eine weibliche, in Verbindung mit dem Fruchtbarkeitskult. Hierin findet das Weltbild der in der späten Jungsteinzeit und in der Steinkupferzeit noch gänzlich dem Bauern- und Hirtenleben verhafteten Menschen Sardiniens seinen Niederschlag, die mit dem biologischen Zyklus von Natur und Mensch völlig in Einklang standen.

Ein großer kugelförmiger Stein, ein Symbol des Sonnenballs, weist auf die Verehrung der männlichen Gottheit hin. Kleine Marmorstatuen, die dem Ritus gemäß zerstückelt wurden, sind Kennzeichen für die Verehrung einer *dea mediterranea* in ihrer Erscheinungsform als Muttergottheit (Bilder 50, 160). Dieser Ideenwelt, in der die natürliche Reproduktion entscheidende Bedeutung hat, entstammen noch andere Steinidole: ein liegender Menhir, im Winkel zwischen der Rampe und der linken Frontseite der Terrasse. Zwei aufrecht stehende Menhire, *perdas fittas*, in 250 m Entfernung vom Tempel in Nordost-Südwest-Richtung angeordnet, wahrscheinlich Sinnbilder eines Götterpaares, wie aus Unterschieden in der Art des Gesteins und in der Form der groben Zurichtung zu entnehmen wäre. Der größere Menhir aus einheimischem Kalkstein, 2,30 m hoch, mit einem Basisumfang von 3,40 m, säulenförmig, nach oben hin sich verjüngend, könnte das Idol einer weiblichen Gottheit darstellen. Der kleinere Menhir aus rötlichem antransportiertem Sandstein, 1,90 m hoch, mit einem Basisumfang von 2,95 m, pfeilerförmig, viereckig, an den Kanten abgerundet und am oberen Ende im Bogen verlaufend, dürfte – seiner roten Farbe wegen – als eine männliche Gottheit anzusehen sein. Beide Steine sind nicht nur Idole der Gottheiten der »Hohen Stätte«, Idole von Sonne, Mond und anderen Gestirnen, sondern auch Wegzeichen, die von ferne auf das Heiligtum hinweisen. Die beiden Menhire waren vielleicht durch Sichtkontakt und Funktion mit einem zweiten Menhir-Paar verbunden, das in einem heute von der Bahnlinie Sassari – Porto Torres durchschnittenen Tal steht und »Sas Perdas de sa Baccaredda« genannt wird.

Funde von Wohnstätten, Gräbern, Gebrauchsgegenständen

In dem ausgedehnten, der Allgemeinheit zugänglichen Tempelbezirk fand man Reste einer Siedlung. Die Mauern ihrer Lehmhütten sind grob und locker gearbeitet, manchmal bestehen die Reste der Grundmauern nur aus einer Steinreihe. Wahrscheinlich waren die Hütten mit Buschwerk überdacht. Während einige aus der Entstehungszeit des Tempels stammen dürften (2. und 3. Phase), gehen die meisten auf die frühe Bronzezeit zurück, auf die Zeit der Errichtung der ersten Nuraghen (4. Phase). Der Grundriß der Hütten ist nicht mehr rund, wie es zuvor üblich war, sondern rechteckig oder elliptisch, seltener halbrund, ein Grundriß, wie man ihn auch in Häusern des anatolischen oder des helladischen Kulturkreises findet. Von den Bewohnern der Siedlung wurden vermutlich die Gräber in diesem Gelände angelegt, die mit bearbeiteten Steinplatten eingefaßt waren. An der Südecke der Tempelterrasse wurden Objekte aus der vierten Phase, aus der Zeit der Bonnanaro-Kultur entdeckt, in der die Stätte wahrscheinlich nicht mehr ihre ursprüngliche sakrale Bedeutung hatte (Text zu 33).

Die fünftausend Fundstücke bestehen aus Stein, Terrakotta, Kupfer, Blei, einige auch aus Bleiglanz. Besonders häufig sind Reste von Feuerstellen und Nahrungsmitteln, darunter ganze Berge von Muschelschalen. Vermutlich wurden von den Gläubigen während der ausgedehnten Festlichkeiten Seemuscheln verzehrt. Die Untersuchung der gefundenen Gebrauchsgegenstände nach der Technik ihres Herstellungsverfahrens und der Art ihrer Ornamente ergab, daß sich die meisten Objekte der Ozieri-Kultur (3. Phase) und einige, besonders wertvolle Stücke der Bonuighinu-Kultur (2. Phase) zuordnen lassen. Vasen und andere Gefäße mit linearem Dekor und Pflanzenmotiven erwiesen sich als typische Erzeugnisse der Ozieri-Kultur, während die Funde mit schematischen figürlichen Darstellungen charakteristische Beispiele des Bonuighinu-Stils sind. Aus dieser Epoche blieb eine schöne Trinkschale erhalten, die einen Reigentanz von Frauen zeigt.

98 Porto Torres, S. Gavino

12. Jahrhundert, südliches Hauptportal von 1492

Unter den romanischen Kirchen aus der Pisanerzeit gilt S. Gavino als die schönste, größte und am besten erhaltene Basilika der Insel. Hier gelang es zum ersten Mal, verschiedene Stilelemente zu einem eigenständigen Werk der romanischen Baukunst Sardiniens zu verschmelzen, das in seiner Schlichtheit und Harmonie zu den Meisterwerken der italienischen Romanik zählen darf.
Die Kirche ist leicht zu erreichen. Porto Torres (1971: 16400 Einwohner), bereits zur Römerzeit ein bedeutender Handelsplatz, heute, nach Cagliari, der zweitgrößte Güterumschlaghafen Sardiniens, ist wie schon in der Antike Ausgangspunkt gut ausgebauter Straßen nach Süden: nur 19 km ist Sassari entfernt, 35 km Alghero. An die Blütezeit der Stadt während der Römerherrschaft erinnern Ruinen einer großen Thermenanlage und eine schöne Brücke über den riu Mannu im versumpften Mündungsgebiet am Golf von Asinara.
Die Basilika wurde im Bereich einer frühchristlichen Nekropole errichtet und trägt den Namen eines Märtyrers aus der Zeit Diokletians. Im Schicksal Gavinos, der als Befehlshaber einer römischen Kohorte hierher, in das Turris Libyssonis der Kaiserzeit, kam und zum Christentum übertrat, zeigen sich Parallelen zu dem des Efisio von Cagliari, ebenso im Grad der Verehrung, welche den beiden Heiligen, Gavino im Norden, Efisio im Süden der Insel, entgegengebracht wird (Bilder 3/4/10/11 und Kalender der sardischen Feste).
Ursprünglich hatte auf dem Gelände der Kirche ein mosaikengeschmückter Bau aus dem 5. Jahrhundert gestanden, inmitten von Kammer- und Nischengräbern mit Marmorsarkophagen aus den beiden vorangegangenen Jahrhunderten. Auf den kreuzförmig angelegten Grundmauern dieses byzantinischen Heiligtums war in der zweiten Hälfte des 11. Jahrhunderts unter Wiederverwendung von Kapitellen, von Schranken aus durchbrochenem Marmor und von anderen Ruinenteilen mit dem Bau der Basilika begonnen worden. 1153 wurde die Kirche fertiggestellt. Porto Torres war zu dieser Zeit noch Residenz des Judikats von Logudoro – auch Judikat von Torres genannt. Bald darauf verlegten die Judices ihren Sitz ins Innere der Insel. Den Rang einer Kathedrale bewahrte die Basilika bis ins 15. Jahrhundert (vgl. Text zu Bildern 99, 112/113).
Dem Grundriß pisanischer Kirchen entsprechend hat S. Gavino drei Längsschiffe und ein Pseudoquerschiff, dazu eine Apsis im Westen des Mittelschiffs, das mit einer Balkendecke geschlossen ist. Die Seitenschiffe haben Kreuzgewölbe. Zu Beginn des 12. Jahrhunderts, als die neue Liturgie eingeführt wurde und vorschrieb, der Priester habe nach Osten zu schauen und den Gläubigen den Rücken zuzuwenden, wurde das Gebäude nach Osten hin verlängert. Dort wurde, korrespondierend mit der westlichen Apsis, eine zweite angefügt. Damals erhielt die Kirche die Form, in der sie noch heute besteht.
Mit dem gleichen Stilgefühl und Geschick wurden alte und neue Bauelemente bei der Gestaltung des Äußeren der Basilika vereinigt. Sämtliche Außenmauern, die Nord- und die Südfassade, die Mauern des Haupthauses, des Querschiffs und der Apsiden, wurden mit Lisenen und Blendarkaden geschmückt. Die Mauer der neuen, nach Osten gerichteten Apsis wurde außerdem durch schmale Rundbogenfenster und durch Verkleidung mit bunter Majolika belebt. Apsiden und Seitenschiffe wurden mit flachen Pultdächern gedeckt. Erst 1492 wurden in Verbindung mit anderen Einbauten das Nord- und das hier gezeigte Südportal aus schönen Kalksteinquadern hinzugefügt, Ergänzungen, die sich als einzige dem Gesamtbau nicht gut einordnen.
Die Türen des gekuppelten Südportals sind durch einen Bündelpfeiler getrennt. Dieses Doppelportal wird von einer dreistufigen Archivolte umrahmt. Ihr äußerer Bogen ruht auf zwei von Engelsfiguren getragenen Konsolen und läuft am Scheitelpunkt in eine stilisierte Blume aus, über der ein Kreuz eingesetzt ist. Das für die katalanische Gotik typische Blumenmotiv am Scheitel der Archivolte besteht am Nordportal aus Lilien.
Im Innern der Kirche erinnern Lichte und Weite des Hauptschiffes an den Raumeindruck frühchristlicher Basiliken. Die Wirkung wird durch die Arkadenflucht und durch die lange Reihe der Säulen und des Pfeilerpaars an der Verzierung verstärkt. Das durch die Rundbogenfenster der Apsis und der Seitenwände des Langbaus einfallende Licht spielt im Mittelschiff auf den verschiedenen Farbtönen der Granit-, der Marmor-, der Porphyr- und Trachytsäulen und auch auf den Kapitellen aus den einzelnen Epochen, aus der Antike, aus der Zeit von Byzanz und Pisa. Gedämpfter oder aber in Kegel gebündelt ist das Licht in den Seitenschiffen, die durch tiefe Gurtbögen in je drei Joche aufgeteilt sind.
In der Krypta werden die Sarkophage von S. Gavino und seinen beiden Bekehrern, in der Vorkrypta ein mit einem Relief der Musen geschmückter Sarkophag aus dem 3. Jahrhundert bewahrt.

99 Sassari, Piazza S. Antonio und Blick auf die Altstadt

Unweit vom Hauptbahnhof Sassaris, der zweitgrößten Stadt Sardiniens – 1971 etwa 107000 Einwohner – öffnet sich von der Piazza S. Antonio dieser Blick auf den Weg ins Stadtzentrum. Die Piazza, jetzt geschmückt mit einem zeitgenössischen Kunstwerk, einer Säule, die Eugenio

Tavolara schuf, war einst Sammelplatz der Fuhrwerke, *campo de carra*. Die Hauptstraße »Corso Vittorio Emanuele«, die in leichtem Bogen zur Altstadt hin ansteigt und einst *carra manna*, Wagenstraße, hieß, ist heute mitunter für Wagen kaum noch passierbar: flanierende Grüppchen, vor allem Schüler und Studenten, belegen sie zeitweise als Fußgängerzone mit Beschlag. Denn der Corso und die Piazza Azuni, in die er mündet, sind mit ihren Cafeterias und Schaufenstern Bummelzentrum von Sassari. Die kleine Piazza Azuni ist nach einem Spezialisten für Handels- und Seerecht benannt. Domenico A. Azuni aus Sassari, 1749–1827, veröffentlichte auch ein zweibändiges Werk über Sardinien. Von der Piazza führt ein kurzer Abstecher zu dem Palast der Barone von Usini, einem Renaissance-Bau aus dem 16. Jahrhundert. Der Platz geht in die Piazza Cavallino de Honestis über, die Grenze zur Altstadt. Zur Rechten liegt der Dom; sein Glockenturm, dessen unterer Teil aus dem 13. Jahrhundert stammt, und seine hohe spanische Barockfassade sind auf dem Bild zu erkennen. Zur Linken öffnet sich der Repräsentationsplatz Sassaris, die palmengeschmückte Piazza Italia mit einem klassizistischen Palazzo, dem Sitz der Provinzialverwaltung. Geht man noch weiter nach Südosten, erreicht man das Nationalmuseum, das den Namen seines Stifters G. A. Sanna trägt und außer den archäologischen Sammlungen eine volkskundliche Sektion mit herrlichen sardischen Trachten, Webereien, Flechtarbeiten und Keramiken besitzt.

Sardiniens Trachten sind während zweier großer Festlichkeiten zu bewundern, während der *Cavalcata Sarda* und während des traditionellen *Kerzenfestes*, das in Ursprung und Rang der Efisio-Prozession in Cagliari entspricht (Bilder 3–11). Das Kerzenfest geht auf ein Gelübde zurück, das 1580 gegeben wurde, als die Stadt von der Pest bedroht war, und das später bei einer Choleraepidemie erneuert wurde. Damals wurde auch das Pferderennen in das Programm aufgenommen. Heute haben die Feierlichkeiten ihre religiöse Bedeutung eingebüßt, sie sind zu einer folkloristischen Veranstaltung, einem Trachten- und Reiterfest, geworden (s. Kalender der Feste).

Am 15. August, am Tage Mariä Himmelfahrt, versammeln die »Gremien«, Abordnungen der Handwerkerinnungen und anderer Berufsvereinigungen, zu einem Umzug, der von der 1686 erbauten Kirche der Madonna del Rosario zum Gotteshaus S. Maria di Betlem führt, einem romanischen Bauwerk aus den Jahren 1250–1280, das 1465 im gotischen Stil ausgebaut wurde. (Früher nahm der Festzug einen anderen Weg.) Die Zunftmitglieder in ihren Trachten, die an spanische Kleidung erinnern, tragen meterhohe hölzerne Kandelaber, die mit Gold und Silber beschlagenen *candeliere*. Sie werden an langen Bändern festgehalten, mit denen sie während des Umzugs in Drehung versetzt werden. Die *candelieri* oder *ceri*, die dem Fest seinen Namen gaben, sind mit Fähnchen und Schleifchen in den Farben der Innungen und Vereinigungen verziert. All' dieser Schmuck flattert im Winde. Der Zug macht schließlich an einem Glassarkophag halt, in dem eine juwelenbehängte Madonna schlummert. Dort werden die Leuchter abgestellt. Das Vorrecht, als erste Gruppe den großen Kandelaber am Sarkophag niederzusetzen, gebührt seit altersher der Abordnung der Ackerbürger. Sie nahmen lange Zeit in der Stadt eine Vorrangstellung ein.

Noch zu Beginn dieses Jahrhunderts beschäftigten die Grundbesitzer von Sassari große Scharen von Tagelöhnern, *zappatori*. Es war ein typisches Alltagsbild, wenn diese Landarbeiter mit der Hacke über der Schulter zum Tagewerk antraten und in die Olivenhaine, Weinplantagen und bewässerten Gärten zogen, viele von ihnen ins Tal Valverde. Nicht nur dieses Bild, auch die ländlichen Feste gehören der Vergangenheit an, und verstummt ist – wahrscheinlich für immer – das frohe Lärmen der Gelage, zu denen die Städter hinauszogen, um sich an deftiger Bauernkost gütlich zu tun, an Kohlgerichten, *cauladda*, an gesottenen und an frittierten Schnecken, *gioga minuda/munzettas*.

Bis in die fünfziger Jahre hinein trug Sassari den Charakter einer behäbigen Landstadt, den es jetzt immer mehr verliert. Veränderungen in der Wirtschafts-, Berufs- und Sozialstruktur spiegeln sich auch im Stadtbild. Die industrielle Entwicklung im Bereich von Porto Torres wirkt sich nicht nur auf das Siedlungsgefüge, sondern auch auf die Verteilung der Investitionsmittel und auf die Erwerbsstruktur aus: die Wachstumsrate des Dienstleistungssektors ist beträchtlich hoch. Der Ausbau der alten Universität (1634 gegründet, 1971/72 mehr als 5000 Studenten) und die rapide Zunahme des Touristenverkehrs in der Provinz Sassari mögen hierzu beigetragen haben. Unternehmergeist und Freiheitsbewußtsein – Eigenschaften, welche die Bewohner von Sassari in der Geschichte oft bewiesen haben, blieben trotz aller Veränderungen lebendig.

Geschichte

Verglichen mit Cagliari, Bosa Olbia oder dem nahe gelegenen Porto Torres ist Sassari eine »junge Stadt«. Sie entstand unter dem Namen Tatari als Refugium für Küstenbewohner, die sich aus Angst vor Überfällen durch die Seeräuber und vor der Malaria hierher zurückzogen. In einem Register von 1181 ist der Name *Tathari*, auf einer Karte von 1202 der Name *Sacer* bezeugt. Die Flüchtlinge siedelten sich im Bereich einer alten Pfarrkirche, S. Maria del Popolo, an, ihre Nachkommen bauten Ende des 13. Jahrhunderts an der Stelle des heutigen Doms eine romanische Kirche, S. Nicola, auf den Mauern eines bereits 1112 urkundlich erwähnten Gebäudes.

Nachdem der Sitz des Judikats von Logudoro von Porto Torres nach Sassari verlegt worden war, geriet die Stadt in den Streit zwischen Pisa und Genua. Enzio, natürlicher Sohn Friedrichs II., Judex von Logudoro (s. Zt II), hatte beim Verlassen Sardiniens seinen Stiefvater, den tatkräftigen Michael Zanche, mit der Verwaltung des Judikats

beauftragt. Zanche übernahm später selbst das Amt des Judex, nach seinem Tode 1272 fiel Sassari an die Pisaner, die ein Jahrzehnt nach dem Verlust ihrer Flotte vor der Ostküste Sardiniens Sassari an Genua abtreten mußten. Der Stadthauptmann von Sassari konnte 1294 formal ein Bündnis mit der Republik Genua schließen. Die »Republik Sassari« erhielt 1316 von Genua eine eigene Verfassung, außerdem wurde ihr eigene Gerichtsbarkeit gewährt. Als kurze Zeit später das Haus Aragón auf Sardinien Fuß faßte, erteilten die Spanier Sassari zunächst Privilegien, errichteten 1330 aber, nach einem Aufstand der Bewohner, im Norden der Stadt ein Kastell. Diese Festung hielt Belagerungen der Doria und der Malaspina stand, wurde 1369 jedoch von Truppen des Judikats von Arborea erobert. Erst 1428 kam Sassari wieder an das Haus Aragón.
1441 verlegte der Erzbischof von Turres seinen Sitz aus Porto Torres, dem römischen Turris Libyssonis, nach Sassari (Bild und Text 98). Die Grenzen des Bistums wurden erweitert, die Kirche S. Nicola wurde ausgebaut und zur Kathedrale erhoben. Aus dieser Zeit stammen die gotischen Bauelemente des Doms, der dann Ende des 17. Jahrhunderts seine hohe Barockfassade erhielt. Von anderen Bauten, die im 17. Jahrhundert entstanden und noch heute das Stadtbild bestimmen, ist der schlanke Rosello-Brunnen im Norden zu nennen, an dem sich einst die Wasserträger ein Stelldichein gaben.
Ende des 18. Jahrhunderts manifestierte sich der Freiheitswille der Bürger von Sassari in verschiedenen Aufständen. Eine gegen den Feudalismus gerichtete Bewegung unter Führung von G. Maria Angioy versuchte damals von Nordsardinien aus – gegen den Willen der führenden Schichten Cagliaris – die Insel von der Herrschaft der Savoyer zu befreien und an das revolutionäre Frankreich anzuschließen; nach seinem Mißerfolg mußten Angioy und seine Gefährten in Paris Zuflucht suchen (s. Kalender der Feste, 31. 8. Bono).
1836 und 1855 wurde die Stadt von schweren Choleraepidemien heimgesucht. Sie gaben den Anlaß zu umfangreichen Stadtsanierungen und zum Niederreißen weiter Teile der Stadtmauer, die einst Wachttürme mit den Wappen der Doria und der Judices von Arborea hatte. Es entstand ein großes Wohnviertel im Südwesten der Altstadt. Das 19. Jahrhundert brachte für Sassari einige Phasen des Aufschwungs, der unterschiedliche Gründe hatte: nach der Angliederung von Genua an das Königreich Sardinien und Piemont erlebte der Handel eine beachtliche Ausweitung. Zeitweise wurde erwogen, Sassari wegen seiner Lage im Norden der Insel zur Hauptstadt Sardiniens zu erklären. Die Landwirtschaft, damals wichtiger Erwerbszweig der Städter, empfing neue Impulse, als die Theorien der Physiokraten das Standesbewußtsein der landwirtschaftlich Tätigen stärkten und das Verantwortungsbewußtsein der Grundbesitzer vertieften.
Das Stadtbild wurde im 19. Jahrhundert mit neoklassizistischen Gebäuden bereichert. Cominotti entwarf das 1820–1830 errichtete Stadttheater, Valino baute 1806 den Palast der Herzöge von Asinara zum Sitz der Stadtverwaltung aus. 1877 wurden das Kastell und fast alle Reste der Stadtmauer mit den vier Stadttoren abgerissen.
Nach dem Zweiten Weltkrieg entstanden neue Stadtviertel, sie wurden überstürzt gebaut und wirken häßlich durch ihr Grau in Grau.

100 *Mohnfeld in der Nurra*

Windgebeugte Bäume prägen das Landschaftsbild Sardiniens. Der Mistral, der Nordwestwind, kann gerade hier an der Westküste die Gewalt von Sturmböen erreichen. Über dem roten und grünen Meer von Mohn sieht man die blaugetönten Kalkhänge des M. Doglia (437 m).

101 *Bulzi in der Anglona, S. Pietro di Simbranos (delle Immagini)*

12./13. Jahrhundert

Fährt man von Castelsardo auf der Straße 134 durch die Anglona südostwärts, erreicht man nach 14 km das kleine, in 201 m Höhe gelegene Dorf Bulzi (800 Einwohner). Etwas weiter, wenige Kilometer von dem Schnittpunkt mit der Chaussee 127 Sassari-Olbia, steht unterhalb einer großen Straßenkehre die alte kleine Kirche S. Pietro di Simbranos – einsam auf einer ausgedehnten Mergelhochfläche. Einzelne Gehöfte und einfache Hirtenhütten, *pinnettas*, liegen mit ihren Schaf- und Ziegenställen verstreut im Gelände, das am Horizont von dem verwitterten und zerklüfteten M. Ruju (502 m, links im Bilde) und den westlichsten Ausläufern der Limbara-Kette begrenzt wird, deren Granitporphyre in der Abendsonne rötlich schimmern (Bild 116/117).
Die Kirche gehört zu den älteren romanisch-pisanischen Sakralbauten Sardiniens, sie wurde vor 1120 gebaut, im Stil beeinflußt von der Kirche S. Maria del Regno in Ardara (Text zu 112/113). Im ersten Viertel des 13. Jahrhunderts wurde S. Pietro di Simbranos erweitert: der Gesamtbau wurde aufgestockt, das Hauptschiff verlängert, ein Querschiff gebaut, Apsis und Eingangsfassade erneuert. Wenn auch das Bemühen um Vereinigung von alten und neuen Formen nicht zu einer völligen Befreiung von archaischen Elementen führte, dominiert doch das neue Stilgefühl in der schlanken Form des lichterfüllten Längsschiffes und in der Ausführung der Fassade. Ihre dekorative Wirkung wird durch rote und weiße Querstreifen sowie durch die horizontale Gliederung in drei Reihungen von Blendarkaden erzielt, die im Obergeschoß und am Giebel als Bogenfriese erscheinen und sich an den Seitenmauern fortsetzen. Deutlich empfindet man hier – schlichter in der

Form und im Ton gedämpfter – die enge Beziehung zu der effektvollen SS. Trinità di Saccargia (Bild 110/111).
In das Bogenfeld des Portals ist ein grob gearbeitetes Figurenrelief eingefügt. Im Kircheninnern befindet sich eine aus mehreren Figuren bestehende Darstellung der Kreuzabnahme, aus farbig gefaßtem Holz geschnitzt. Trotz der spätbyzantinischen Tradition weist dieses Kunstwerk voraus auf die Holzbildnerei, die Ende des 13. Jahrhunderts in Latium, Umbrien und in der Toskana verbreitet war. Gemeinsam ist den vollplastischen Gestalten die fließende Linienführung bei den Gliedmaßen und Gewändern. Nach diesem Bildwerk erhielt die Kirche ihren zweiten Namen.

102 *Sardisches Eselchen*

»Asinello sardegnolo« – in dem wohlklingenden doppelten Diminutiv, das die Italiener für das sardische Eselchen gebrauchen, liegt vielleicht ein wenig Rücksichtnahme auf die Gefühle der Sarden. Mutterseelenallein steht es da auf einer Straße und läßt sich porträtieren. Gleichmut liegt in dem Blick der tiefliegenden Augen, doch die gespitzten Ohren verraten Aufmerksamkeit. Typisch für die sardischen Esel sind: geringe Größe, Fehlen guter Proportionen im Körperbau – ein überlanger, großer Kopf und ein relativ hoher, kräftiger Widerrist –, langes, etwas verfilztes Fell mit einem dichten Haarbüschel hinter den Ohren. Das graue Fell geht in Dunkelgrau über, wird an den Beinen immer dunkler und ist über den Hufen fast schwarz. Zwischen den Nüstern, an der Brust und am Bauch ist das Fell weiß.
Der Esel hatte einst einen wichtigen Platz im Dasein einer sardischen Bauernfamilie. Er mahlte das Mehl für das tägliche Brot (Bild 23), betrieb das Schöpfrad zur Bewässerung der Felder (Bild 158), schleppte Brennmaterial aus der Macchia herbei und diente als Reittier. Außerdem hatte er das Trinkwasser von Flüssen oder Brunnen in Dörfer und Städte zu schaffen.
Weithin bekannt waren in den letzten Jahrhunderten jene Eselkolonnen, die mit ihren Führern und Wasserfässern das Stadtbild von Sassari prägten. Das Kalkgestein des Bodens der Stadt lieferte den Bewohnern zwar leicht und billig Baustoffe (Bild 108/109), war aber auch ein Grund für eine ständige Knappheit an Trinkwasser. Die »Nachfolger der antiken Aquädukte«, wie der Naturforscher Padre Cetti Ende des 18. Jahrhunderts die Eselchen nannte, die den ganzen Tag lang zwischen den Wohnhäusern und der Fontana del Rosello einhertrotteten (Text zu 99), erregten immer wieder Bewunderung und Bedauern. »Geistreich und voller Würde« waren sie im 19. Jahrhundert für Valery, »verblödet, erniedrigt und leidend unter den Hieben und Stößen der Eseltreiber« für La Marmora.
Damals – und noch zu Anfang unseres Jahrhunderts – hatten nur die Esel, die zum Mahlen gebraucht wurden, vorübergehend eine Bleibe. Es gab keine Ställe für Esel. Die Tiere standen Tag und Nacht im Freien, entweder in den Gehöften oder in Herden auf der Koppel, die *sa corti e is pegus* – Eselpferch hieß. Hier wurden sie vom *molentargius* gehütet, der auf einem Horn oder auf einer Tritonenmuschel, der Bucina der Antike, blies, wenn er seine Tiere zusammenholen wollte.
Heute werden die sardischen Eselchen auf den »Kontinent«, nach der Halbinsel Italien, gebracht. Dort stehen sie »im Dienst« der Kinder, entweder in Parkanlagen reicher Leute oder auf öffentlichen Spielplätzen und auf Rummelplätzen.

103, 104 *Castelsardo mit dem Hafen Frigiano*

In den drei Namen des malerisch gelegenen Küstenortes spiegelt sich seine Geschichte. Castelsardo, heute ein Ort von 4500 Einwohnern, wurde 1102 als Castel Genovese gegründet. Die Doria, die hier ein Kastell errichten ließen, konnten ihre Herrschaft bis 1448 halten. Ihre Besitzansprüche wurden von dem Haus Aragón nach der Eroberung Nord-Sardiniens noch fast hundert Jahre lang anerkannt. Bei der Übernahme der Festung im Jahre 1448 nannten die Spanier den Ort Castel Aragonese, und als 1769 ihre Machtstellung endete, erhielt er seinen heute gültigen Namen.
Castelsardo liegt auf und an dem ins Meer vorgelagerten Kegelstumpf aus Trachytporphyr, der eine Höhe von 114 m erreicht und nach Norden hin steil ins Meer abfällt. Die Lage ist strategisch außerordentlich günstig. Die Siedlung entstand zunächst rund um die Festungsanlage oben auf dem Berge. Hier an der *Rocca*, der Burg, wurde im 16. Jahrhundert eine spätgotische Kirche als Kathedrale errichtet, als der Bischof unter Beibehaltung seines Titels seinen Amtssitz aus dem zerstörten Ort Ampurias nach Castel Aragonese verlegte. Der Name bewahrte sich bis in die Gegenwart, das Bistum »Ampurias und Tempio« ist dem Erzbistum Sassari unterstellt (Text zu Bild 115, Anm.). In der Kirche, die unverändert erhalten blieb, befindet sich ein Flügelaltar von unbekannter Hand aus dem späten 15. Jahrhundert, der aus einem früheren Gotteshaus übernommen wurde.
Typisch für Castelsardo sind die steilen, schmalen Straßen, die gewundenen und geraden Stufengänge, die sich vom Ortszentrum am Berghang hinabziehen (Bild 103). Dicht beieinander liegen hier enge Kellerwohnungen, oft verwahrlost, und neu eingerichtete Geschäfte, in denen Korbwaren und andere Flechtarbeiten verkauft werden, Erzeugnisse, die im Ort von Alteingesessenen, meist von Frauen, mit sicherem Formgefühl nach alter Art gefertigt werden. Als der Ort seinen Charakter als Festungsplatz verlor, zogen viele Leute in das flache Gelände südlich des Bergvorsprungs, nach »La Pianedda«. Es entstand eine

moderne Terrassensiedlung mit Cafeterias, Geschäften, Dienststellen. Viele Männer aus Castelsardo brauchen nun nicht mehr allabendlich die steilen Straßen hinaufzusteigen und die mit Tragkörben beladenen Esel anzutreiben, und ihre Frauen müssen nicht mehr den täglichen Bedarf in flachen Körben auf dem Kopf den Berg hinaufschleppen (Bild 103).

Auf Bild 104 ist südwestlich von Castelsardo ein kleiner Ankerplatz zu erkennen. Malerisch sind die großen Langustenkörbe am Strand unter einem alten Turm, von dem aus einst die Einfahrt zu diesem kleinen Hafen, Frigiano, bewacht wurde; heute ist er Zentrum eines Erholungsgebietes. Im Mittelalter hatte der Hafen einen beträchtlichen Warenumschlag. Aus dem Jahre 1435 ist eine in sardischer Sprache abgefaßte Anordnung von Nicolo Doria an den Hafenmeister von Frigiano *(su Magore de porto de su logho de Castello Janvs)* überliefert. Sie enthält die Vorschriften, die der Hafenmeister bei Erhebung von Außenhandels- und Binnenhandelssteuern, bei Festsetzung der Hafengebühren und bei Bewilligung von steuerfreien Sätzen für Ortsansässige zu befolgen hatte. Diese Richtlinien sind in ein Hauptbuch, *unu libru de parte*, eingetragen worden, das der Sektretär, *scrivanu*, des Hafenmeisters geführt hat.

105 *»Der Elefant«, Trachytfelsen mit prähistorischer Grabanlage*

Ende 2. Jahrtausend v. Chr.

An der Straße 134 von Castelsardo (Bilder 103/104) nach Sedini, etwa 200 Meter hinter der Kreuzung mit der Landstraße nach Valledoria, steht dieser Felsen allein im Gelände, ein Gebilde aus Trachytlava, das durch Erosion die Gestalt eines hockenden Elefanten angenommen hat und jetzt »Grotta dell'Elefante« genannt wird.

Der Felsen ist von besonderem Interesse, weil er eine Grabanlage, im Stil der *domus de janas* birgt. Diese besteht aus einem Vorraum mit einem niedrigen, zur Straßenböschung hin geöffneten Eingang und aus einer Cella mit baulichen und dekorativen Besonderheiten. Der Verbindungsgang zwischen den beiden engen, rechteckigen, flachen Kammern ist mit einer Kranzleiste gesäumt. An den Seitenwänden der Cella, die oben und unten mit Bandstreifen verziert sind, prangen, symmetrisch zueinander angeordnet, zwei Flachreliefs: in Stein gehauene Stierköpfe. Sie haben halbmondförmige Hörner und vertikal über der Stirn eine Zierleiste. Ihre Profile sind stark stilisiert. Diese Stiere verkörpern eine männliche Gottheit, Wächter der Toten.

Die Anlage des Grabes und die Symbole weisen auf Beziehungen zum Ritus der Ozieri-Kultur hin und dürften ungefähr auf das Ende des 2. Jahrtausends v. Chr. zu datieren sein.

106, 107 *Bronzeminiaturen aus dem 9./8. Jahrhundert v. Chr.*

106 *Leuchter in Schiffsform.* Länge 25,5 cm, Höhe 10,5 cm, Breite 10 cm. 8. Jahrhundert v. Chr. Chiaramonti, Nuraghe Spiena

107a *Körbchen*, Höhe 2 cm, Breite 3,5 cm, Serri, S. Vittoria

107b *Lade auf Rädern*, Länge 14 cm, Höhe 11,3 cm, Breite 6 cm, Oschiri, Nuraghe Lunghenia

Sämtlich: Archäologisches Nationalmuseum Cagliari

Unter den bisher bekannten kleinen Bronzeplastiken aus der Nuraghenzeit sind die Leuchter in Form eines Schiffes besonders zahlreich. Die meisten der gefundenen 65 Exemplare wurden auf Sardinien entdeckt, andere fand man in Gräbern, Abstellkammern und Tempeln von Etrurien. Alle Schiffchen stammen jedoch aus Werkstätten auf Sardinien und wurden zwischen dem ausgehenden 9. Jahrhundert und den zwanziger Jahren des 6. Jahrhunderts v. Chr. angefertigt. Überall waren sie hochgeschätzt.

Interessant ist die Entwicklung der Leuchterformen während der fast vierhundert Jahre, in denen man sich immer mehr von den geometrischen Mustern der orientalischen Vorbilder löste und schließlich diese für Sardinien typischen Formen entwickelte. Bei den Schiffchen aus der Nuraghenzeit unterscheidet man, entsprechend den syrischen und phönikischen Bootskörpern, zwischen solchen mit kurzem und mit langem Rumpf. In der Art des Takelwerks und anderer Teile läßt sich eine Vielfalt an Formen beobachten.

Unabhängig von der symbolischen Bedeutung, die dem Leuchter im Alltag wie bei Kulthandlungen zukam, können jene Schiffchen als Hinweis darauf dienen, daß die Sarden in der Zeit der Nuraghenkultur mit den Regeln der Schiffahrt vertraut waren, bevor die Insel wie das übrige westliche Mittelmeer von phönikisch-punischen bzw. griechischen Kolonialmächten beherrscht wurde.

Dieses formschöne Schiffchen fand man im Vorfeld des Nuraghen Spiena bei Chiaramonti. Ein massiver Schiffskörper, an seinem Bug ein stilisierter Hirschkopf, das Tier sonst nur in einigen typischen Details flächenhaft angedeutet. Die Seitengeländer des Schiffs gehen in einen Bügel über, an dem der Leuchter aufgehängt wurde, sie fügen sich mit ihrem Winkelgitter der streng geometrischen und symmetrischen Präzision der Linienführung ein.

In seiner Gesamtform erinnert das kurze und dickbäuchige Schiffchen an eine *golah*, einen phönikischen Lastkahn, wie er auf einem Flachrelief von Ninive abgebildet ist, das die Flucht des Königs Luli von Tyros und Sidon aus Tyros im Jahre 701 v. Chr. schildert. Der Leuchter mag ungefähr in der gleichen Zeit entstanden sein. Er ist ein schönes und klares Zeugnis der Kunstfertigkeit des protosardischen

Handwerks: Erfindungsreichtum und technische Versiertheit ergänzen sich hier zur Vollkommenheit.
Einen weiteren Beweis für diese künstlerischen Fähigkeiten bieten die beiden kleinen Behälter – in ihrer Form und in der Ausgestaltung von Einzelheiten. Die runde Bronzedose und ihr Deckel, bei denen das Geflecht eines Körbchens mit den feinen Spiralen nachgeahmt wird, verraten das Können des Handwerkers.
Auch die beweglichen Räder des länglichen Schmuckkästchens zeigen Spiralen. Die Lade ist mit aufgesetzten, gestrichelten Bändern verziert. Der Deckel ist abhebbar, sein Griff zeigt stilisierte Widderköpfe.

108, 109 Kalksteinbruch zwischen Sassari und Osilo

Ein verhältnismäßig einfaches und billiges Verfahren zur Gewinnung von Bausteinen ist im Turritano und um Sassari weit verbreitet. Elektrosägen mit breitem, rundem Band werden auf waagerecht liegenden Schienen an dem Gestein entlanggeschoben und schneiden es einmal quer, einmal senkrecht ein. Die dadurch entstandenen gleichmäßigen Quader werden mit der Spitzhacke herausgezogen und dann zum Abtransport aufgeschichtet.
Diese unkomplizierte Methode ist anwendbar, weil der Kalktuff einen geringen Härtegrad besitzt, solange er sich in seinem natürlichen Gesteinsverband befindet. Er wird später zwar härter, bleibt aber hygroskopisch und ist daher nur unter Vorbehalt als guter Baustoff zu bezeichnen.

110, 111 Codrongianus, SS. Trinità di Saccargia

12. Jahrhundert

»Es gehört zu den Freuden einer Sardinienreise«, schreibt Eckart Peterich, »die Kirchen aus der Pisanerzeit aufzusuchen. Sie sind selten besonders groß«, aber ... »fast immer Bauten, die mehr sind als Dorfkirchen: starke und klare Kuben von edler Fügung und oft prächtiger Farbigkeit. Das schönste Beispiel ist vielleicht die Heilige Dreifaltigkeit von Saccargia mit ihrer Querstreifung aus hellem Kalkstein und dunklem Basalt«.
»Die Pisaner waren – und das hängt gewiß auch damit zusammen, daß die apuanischen Alpen mit ihren vielfarbigen Marmorarten in der Nähe von Pisa liegen – Liebhaber und Meister einer polychromen Architektur. Damit haben sie Sardinien beschenkt, das ja durch seine verwickelte geologische Struktur über eine Fülle der verschiedenartigsten Steine verfügt. Auch läßt sich denken, daß die Mehrzahl der Nuraghen-Erbauer die pisanische Leidenschaft für edle Steinmetzarbeit teilten« (Italien. Ein Führer. Bd. 3, München 1963, S. 765/766). (Zitat v. Hrsg. eingefügt.)

Ein Fest der Farbe ist das blendende Chiaroscurospiel, der Wechsel von Hell und Dunkel an Quaderreihen von Turm und Eingangsfront, umrahmt von dem sich jahreszeitlich wandelnden Bunt der Wiesen und Felder.
Einst lag die Basilika nicht so verlassen, sie war Mittelpunkt einer Klosteranlage, deren Mönche das Land kultivierten und bestellten. Ruinen der Abtei erinnern an diese Zeit, in der Costantino di Torres, der die Geschicke des Judikats lenkte, die Kirche einem aus der Toskana stammenden Eremitenorden, den Kamaldulensern, stiftete (Baubeginn 1114).
In dem T-förmigen Grundriß und im Aufriß erkennt man jenes romanische Bauschema, das im 11. und 12. Jahrhundert gerade von Mönchsorden oft angewandt wurde: einschiffiges Langhaus mit Holzbalkendecke, hier allerdings schmaler und länger als allgemein üblich; Querschiff mit drei Apsiden, von denen die mittlere höher und in der Breite dem Langhaus angepaßt ist; Kreuzgratgewölbe über den Armen des Querschiffs; kahles, einfarbiges Mauerwerk aus grob behauenem Naturstein.
Erst zwei Generationen später, in den letzten beiden Jahrzehnten des 12. Jahrhunderts, erfolgte eine beträchtliche Erweiterung der Basilika und gleichzeitig die wirkungsvolle Verkleidung des einfachen Mauerwerks durch die kontrastreichen Querstreifen aus hellem Kalkstein und dunklem Basalt: Oberteile und Giebel der West- und der Ostfront wurden mit Schmuckfassaden ausgestattet. Über der Eingangsfront wurden die Bogenstellungen mit rhombischen und kreisförmigen Feldern und mit Majolikaschalen verziert. In den mittleren Bogen wurde ein säulengeteiltes Fenster eingefügt. Dem Portal wurde ein dreischiffiger, rundbogiger Portikus vorgesetzt, auf dessen beiden Seiten sich zwei Arkaden mit schönen Kapitellen öffnen. Das Querschiff erhielt an der Nordseite eine Kapelle mit Spitzbogenfenstern. Damals entstand auch der relativ hohe Glockenturm. Seine Mauern wurden durch Lisenen gegliedert, horizontal durch Fenster und Bogenfriese aufgeteilt und mit Majolikaschalen dekoriert.
Ausbau und Ausschmückung der Basilika bezeugen eindeutig die romanischen Vorbilder aus der Toskana und sind vermutlich von Bau- und Handwerksmeistern, die aus dem Raum Pisa–Lucca–Pistoia stammten, durchgeführt worden. Gerade dort hatte sich zwei Jahrzehnte zuvor jene Form der Pflanzen- und Tierornamente zu hoher Blüte entfaltet, die in den Reliefs der SS. Trinità di Saccargia mit künstlerischer Brillanz beherrscht wird. Proben dieser Fertigkeit zeigen die Detailaufnahmen der Portikusfront: eine kauernde Stierfigur vom Kapitell des linken Pfeilers (Bild 110 b) und ein Relief der Archivolte der Mittelarkade mit stilisierten Raubtieren, vielleicht Löwen, die aufeinanderzulaufen, zwischen ihnen bärtige Masken (Bild 110 a).
Im Kircheninnern sind die Fresken der mittleren Apsis bemerkenswert. Sie mögen aus dem 12. oder aus dem frühen 13. Jahrhundert stammen und, obwohl sie Einflüsse

aus Umbrien und Latium aufweisen, einem Maler aus dem Umkreis von Pisa zuzuschreiben sein.

112, 113 S. Antioco di Bisarcio bei Ozieri

11./12. Jahrhundert

Von der SS. Trinità di Saccargia (Bilder 110/111) erreicht man die Kirche S. Antioco, wenn man auf der Autostraße 199 etwa 20 km in Richtung Olbia fährt. Beide Kirchen haben außer der einsamen Lage auch die Entstehungszeit und den ursprünglichen Rang einer Kathedrale gemeinsam.
S. Antioco liegt in der Nähe einer verfallenen Nuraghenanlage und inmitten von Ruinen einer ausgedehnten Siedlung, auf dem Hang eines südwärts abfallenden Bergzuges. Bei guter Sicht erkennt man von dem Kirchplatz aus die Ortschaft Ardara und ihre dunkle Basaltkirche S. Maria del Regno, eine romanische Kirche in lombardischem Stil aus der ersten Hälfte des 12. Jahrhunderts, die einige pisanische Einflüsse aufweist und von besonderem historischem Interesse ist. 1238 wurde dort ein Sohn des Stauferkaisers Friedrich II. mit der Erbin des Judikats von Torres getraut.
S. Antioco di Bisarcio entstand in den letzten Jahrzehnten des 11. Jahrhunderts, und wurde nach fast völliger Zerstörung durch einen Brand in der Zeit von 1140 bis 1160 wieder aufgebaut. Zwischen 1170 und 1190 erhielt die Kirche eine neue Fassade, eine Art Portikus.
Im Grundriß und in verschiedenen Bauelementen ist die wiedererrichtete Kirche mit S. Giusta (Bild 39) zu vergleichen. Sie hat über dem Langhaus, unter dem allerdings keine Krypta liegt, ebenfalls eine Holzbalkendecke und über den beiden Seitenschiffen Kreuzgratgewölbe. Aufriß und Komposition der Außenmauern von Turm und Apsisseite betonen in analoger Weise die Vertikale, weitere Ähnlichkeiten zeigen die abgestuften, das Mauerwerk durchbrechenden Rhomben an der Apsis und Ostfassade sowie die Form des Portals an der Südflanke. Auch hier mögen Handwerksmeister, die in Pisa am Dombau mitgewirkt hatten, tätig gewesen sein.
Eine völlig andere Formensprache, Stilelemente der französischen Romanik, weisen andere Gebäudeteile auf, besonders der aus zwei Stockwerken bestehende »Portikus«. Die Ausführung dieser Arbeiten mag Burgunder Baumeistern und Steinmetzen zuzuschreiben sein, die damals, von Zisterziensern gerufen, nach Sardinien kamen. Der Portikus besteht im Obergeschoß aus zwei Teilen, die rechte Seite wirkt wie eine Blendloggia: unter der gestuften Dachschräge rechts Säulenarkaden, unter diesen ein Spitzbogenfries – Reste der dekorativen Baukomposition, die mit dem Einsturz des Oberteils des Vorbaus verlorenging. Die glatten Teile der Außenmauern auf der linken Seite entstanden bei der Restaurierung unter der Regierungszeit des Hauses Aragón.

Im Erdgeschoß ist die Fassade durch drei unterschiedlich weite Rundbögen gegliedert, von denen die beiden äußeren und breiteren mit Zweipaßbögen geschmückt und im unteren Teil vermauert sind. Schöne Kalksteinquader beleben die Fassadenmauer, aus deren Flucht ein Gesims vorspringt.
Bild 112 zeigt einen Ausschnitt aus dem unteren Fassadenteil, der sowohl die Handschrift eines Meisters aus Pisa oder Lucca als auch die eines Steinmetzen französischer Schulung zeigt: Der toskanischen Stilrichtung zuzurechnen sind das Blattkapitell mit Akanthus und Blütenstengeln, die kreis- und strahlenförmigen Intarsien in dem Arkadenzwickel, ferner – rechts im Bild – im mittleren Arkadenbogen die kostbar und harmonisch gestaltete innere Archivolte mit umlaufenden Kassetten, die mit Rosetten verziert sind, und – links im Bild – die Rautenintarsien der Zweipaßbögen. Französischer Schule zuzusprechen sind der menschliche Kopf im Anlauf der Arkadenbögen sowie, links von ihm, an der äußeren Arkade die Tierszene an der mittleren Archivolte, vor allem aber an der darüber laufenden Archivolte das starke Relief mit Engel- und Heiligenfiguren, das gotische Züge trägt.
Am oberen Teil der Fassade sind sowohl gotische Stilelemente französischer Herkunft als auch Ornamente, wie sie von Steinmetzen aus den Bauhütten des Doms und des Baptisteriums von Pisa gearbeitet wurden, nachzuweisen. Die Porträtskulpturen in den Konsolen, welche die kleinen gotischen Bögen tragen, sind französischer Provenienz. Hingegen dürften die Konsolen mit den Rosetten – Teile des Mauerwerks unter diesen Bögen – und die Säulenpartie des Giebelfeldes auf Einflüsse aus der Toskana zurückgehen.
Die beiden Radspeichenfenster unter den großen äußeren Arkadenbögen lassen gleichfalls auf die Mitwirkung eines in Pisa oder Lucca geschulten Meisters schließen.

114 Schälen einer Korkeiche (Quercus suber) in der Nähe von Tempio

Granit und Kork sind die Reichtümer der Gallura. Granitvorkommen werden heute in größerem Umfang als früher industriell genutzt, vor allem als Bau- und Steinmetzmaterial. In der Korkgewinnung hat die Umgebung von Tempio und dem nahegelegenen Calangianus seit alters eine führende Stellung; Korkeichen sind hier in Wäldern in größeren Beständen als sonst auf der Insel zu finden. Sie werden von den erfahrenen *sugherai* der Gallura besonders gut gepflegt, so daß dieses Gebiet auch wegen seines qualitativ hochwertigen Korks bekannt ist.

Korkgewinnung und -verarbeitung

Korkeichen brauchen 8–10 Jahre bis zur ersten Schälung der Rinde. Dieser, zum erstenmal gewonnene Kork heißt *sugherone* oder »männlicher« Kork, er ist rauh und wurde früher als Brennmaterial oder zum Spannen von Fischernetzen benutzt. Er diente auch zur Gewinnung von »Nero di Spagna«, eines Korks von spezieller Qualität. Heute wird er in besonderen Mühlen gemahlen und als Korkschrot zu Preßkork oder Linoleum verarbeitet. Nach der ersten Schälung bildet sich der sog. »weibliche« Kork, der feiner, weniger porös und weniger starr ist. Nach jeder Schälung braucht der Baum 9–11 Jahre, um die Rinde zu regenerieren.

Die *suarari*, die das Bild zeigt, schneiden mit einem sichelförmigen Messer die Baumrinde auf und lösen die Borke mit dem Messergriff vom Stamm. Sie wird gebündelt und in solchen Mengen auf Wagen gestapelt, daß die Ochsengespanne wie voll beladene Heuwagen auf der Straße daherkommen – ein Bild, das immer seltener wird, weil heute Lastkraftwagen die Korkbündel zur Fabrik bringen. Man trocknet den Kork mehrere Monate lang im Freien – früher schichtete man ihn dazu auf dem Hofe oder auf den Balkons der granitenen Bauernhäuser –, dann wird er in großen Bottichen, *lapie*, gekocht, um ihn elastischer zu machen, und erneut an der Luft getrocknet. Schließlich werden noch die schuppigen Teile mit Schabeisen, *rasciadori*, entfernt, und nun hat man das widerstandsfähige und biegsame Material, das sich zur Weiterverarbeitung eignet.

In verschiedenen Orten Sardiniens gibt es Fabriken, die Korken herstellen, Damenschuhe oder Einlegesohlen fertigen oder aus Kork Dämm- und Isolierplatten pressen. In der Gallura existieren viele Kleinstbetriebe und private Laboratorien, denen bisher zur Absatzförderung staatliche Organisationen oder Genossenschaften fehlen.

In einer Fachschule für das Korkhandwerk der »Scuola professionale del sughero« in Calangianus, der einzigen ihrer Art in Italien, werden Arbeiter in der Pflege der Korkeichen und in der Korkverarbeitung ausgebildet. Sie lernen hier auch, wie man mit scharfen Messern, *lu farru*, quadratische Platten schneidet und aus diesen die verschiedensten Gebrauchsgegenstände stanzt. In den Kunstgewerbeläden Sardiniens findet der Tourist zahlreiche, oft in Heimarbeit entstandene Andenken aus Kork: kleine Skulpturen, Behälter aller Art, Kästchen, Schalen, Vasen, Tassen, Bilderrahmen und Ansichtspostkarten oder Visitenkarten aus dünnen Korkscheiben.

Durch die zunehmende Verbreitung von Plastik- und Kronenverschlüssen und durch die Konkurrenz von Portugal, Spanien, Frankreich und nordafrikanischen Staaten, deren Korkeichengebiete wesentlich größer als die Italiens sind, ist der Fortbestand der Korkgewinnung und -verarbeitung auf Sardinien stark gefährdet. Um die Wettbewerbsfähigkeit durch Nutzung neuer technologischer Erkenntnisse zu verbessern, wurde mit Unterstützung der Regionalregierung in Tempio ein spezielles Kork-Forschungsinstitut *(Stazione sperimentale per il sughero)* gegründet.

115 *Junge Mädchen aus Tempio in Festtracht*

»Die Einwohner von Tempio, und überhaupt von [der] Gallura, gelten für den schönsten Schlag Menschen in Sardinien, und besonders ist das frische, blühende Ansehen der dortigen Frauen berühmt«, schrieb Hörschelmann 1828 (S. 350). Das Bild der jungen Mädchen, während eines Festzuges aufgenommen, kann sein Urteil bestätigen.*

Im Unterschied zu anderen sardischen Festtrachten fehlen dieser Kleidung Farbenfreude und Farbenreichtum, nur in der Schnittform zeigt sich Gemeinsames. Ihre Linienführung und die Beschränkung auf den Schwarz-weiß-Kontrast verrät Sinn für vornehme Eleganz.

Eigenartig sind die beiden Röcke, ein weiter Oberrock, *la faldetta a cappitta* oder *la faldetta chi carraggia lu capu*, und ein enger unterer Rock, der eigentliche Rock, *la faldetta*, sowie die Verwendung des Oberrocks als eine Art Mantille. Am Saum dieses über den Kopf geschlagenen Oberrocks hat das weiße Futter – Seide oder ein anderes Atlasgewebe – einen Vorstoß, der sich von dem dunklen Haar der Mädchen abhebt und wie ein Rahmen die strahlenden jungen Gesichter umschließt und zur Geltung bringt. Damit der Rock Halt hat und die Frisur nicht zerstört, wird – wie eine Art Häubchen – ein schwarzer Seidenschleier mit weißer Kante getragen, unter dem Kinn straff gebunden: *lu miccaloreddu nieddu chi passa sutta lu coddu*.

Das Vorderteil der weißen Musselinbluse, *la camixa*, ist mit kostbaren Stickereien verziert und mit Spitzen eingefaßt, die den Ausschnitt umspielen. Darüber der herzförmige Schmuck an einem eng anliegenden, schmalen Halsband. Um die Taille die sparsamen Farbstreifen der Corsage, *lu dussettu*. Schuhe, *li scalpi*, und Strümpfe, *li calzi*, sind einfach und elegant.

Alle Eigenheiten der Tracht deuten darauf hin, daß sie relativ spät entstanden ist und daß die Kleidung italienischer Da-men des Mittelalters als Vorbild gewählt wurde. Auf farbigen Bildern aus dem Anfang des 19. Jahrhunderts sieht die Festtracht von Tempio ganz anders aus: ein großes, weißes Kopftuch, seine Enden im Nacken übereinandergeschlungen, dann wieder nach vorn genommen und über den Schläfen umgeklappt und abstehend, schließlich unter dem Kinn gebunden. Ein Jäckchen, *gippone*, mit geschlitzten, azurblau eingefaßten Schößchen und ein scharlachroter Rock. Eine weiße Plisseebluse und eine Corsage, grün mit Blumenmuster in Goldbrokat, geschmückt mit farbiger Kordel. Von dieser Tracht wurde später nur die Bluse übernommen.

---

* Zitat-Zusatz d. Hrsg. – Tempio, offiziell »Tempio Pausania«, 13 200 Einwohner, ist Sitz des dem Erzbischof von Sassari unterstellten Bischofs von Ampurias und Tempio, vgl. Text zu den Bildern 103/104.

116, 117 Die Granitlandschaft der Gallura

Die Gallura im eigentlichen Sinne ist der äußerste Nordosten Sardiniens, von der Meerenge von Bonifacio im Norden bis zum Unterlauf des Coghinas im Süden. Sie nimmt fast das gleiche Territorium ein wie der durch Abtragung freigelegte Nordteil der ausgedehnten Granitmassen, die gleichsam das »Knochengerüst« Sardiniens bilden. Nach Süden hin steigt das Gelände zu den zerklüfteten Bergen der Limbara-Kette an, die nicht nur eine naturgeographische, sondern auch eine ethnische und kulturgeographische Trennungslinie der Insel darstellen.
Wenn die Menschen in der Gallura von ihren südlichen Nachbarn sprechen, bezeichnen sie diese als »Sarden«, *li Saldi*. Es ist nicht ganz unberechtigt, daß sie sich selbst nicht als Sarden fühlen – ihre Vorfahren waren Korsen.
Auf den beiden Bildern sieht man die Landschaft der Gallura von der höchsten Erhebung der Limbara-Kette, der Punta Balestreri (1359 m), aus.
Besondere Klimabedingungen mit krassen Temperaturunterschieden haben das Granitgestein zerbröckelt oder ließen dort, wo der Stein widerstandsfähiger war, zackige Kammformen, eine Art Sierra, entstehen. Riesige Halden verwitterter Gesteine wirken wie Schotterfelder ausgetrockneter Flußbetten.

118 M. Pulchiana bei Tempio

Auf dem Wege von Tempio nach Palau kommt man 12 km nördlich der Stadt an dem M. Pulchiana vorüber. Der 674 m hohe Berg unweit der Chaussee 133 fällt durch sein merkwürdiges Aussehen auf.
Einen Tiefengesteinskörper in dieser Kuppelform und von einem solchen Ausmaß bezeichnet man als »Batholith«. Sein inneres Gefüge zeigt, daß das Magma senkrecht aufstieg. Der Gesteinskern erhebt sich in kahler Glätte, ohne irgendwelche Erosionserscheinungen zu zeigen. Der Gesteinsmantel, der ihn einst umgab, ist wie eine Zwiebelhaut abgeblättert und dann zerfallen. Weiter unten sieht man das ausgedehnte Schuttfeld, aus dem einzelne Gesteinsplatten aufragen.

119 Die Insel Tavolara

Fährt man von Olbia südwärts die Küstenstraße entlang, ist auf einer langen Strecke zur Linken ein riesiger Kalksteinblock zu sehen, der einen roten Pegmatitsockel überdeckt: die Insel Tavolara, im Altertum Hermaea insula genannt. Von S. Paolo, dem der Insel nächstgelegene Hafen Sardiniens, braucht man zum Hinübersetzen – rund zwei Seemeilen – eineinhalb Stunden.
Die Längsküsten des schmalen, gestreckten Kalksteinmassivs laufen fast parallel, von Nordosten nach Südwesten. Der Südostküste sind Inseln und Klippen vorgelagert. Von allen Seiten her wirkt der aride Gebirgsrücken, der an der Punta Cannone auf 564 m ansteigt, abweisend und unzugänglich. An den beiden Anlegestellen der Insel stehen Leuchttürme, deren Lichtkegel den zum Land gerichteten Sektor, *Spalmatore di terra*, und einen Teil des offenen Meeres, *Spalmatore di fuori*, bestreichen. Hier ist auch der Wohnsitz der »Könige von Tavolara«, einer Dynastie, die Carlo Alberto von Savoyen vor fast 150 Jahren »schuf«, indem er während eines Besuchs der Insel den einzigen Bewohner in dieser Form titulierte.
Tavolara ist bekannt durch »Ziegen mit Goldzähnen«, Ziegen, deren Zähne einen gelblichen, metallisch schillernden Belag haben. Es sind verwilderte Ziegen, die sich von Büschen der Macchia ernähren, deren aromatische Blätter ätherische Öle enthalten. Ihre Weideplätze in den Schluchten sind nur von ausgerüsteten Alpinisten zu erreichen.

120 Das Grabmal Garibaldis auf der Insel Caprera

In dem Sarkophag mit der Deckplatte aus unbehauenem Granit ruht Garibaldi – auf der kleinen Insel Caprera, auf der er 1882 75jährig sein Leben beschloß. Sein Wunsch, eingeäschert zu werden, wurde nicht erfüllt. Mit den vornehmen Marmorsarkophagen und Urnen seiner zweiten Frau und seiner Kinder bildet die Anlage eine für das 19. Jahrhundert typische, würdige Gedenkstätte.
26 Jahre lang – mit vielen Unterbrechungen – hat Garibaldi auf der knapp 16 km^2 großen Insel gelebt, die zum Archipel von La Maddalena vor der Nordküste Sardiniens gehört. Als er 1856 aus Lateinamerika, aus der Emigration zurückkehren durfte, baute er sich hier ein schlichtes Wohnhaus und bestellte eine Zeitlang seine Felder, bevor er wieder als Freischarführer in den Kampf zog und sich in Italien und Frankreich für eine republikanische Verfassung einsetzte. Auch nach der Einigung Italiens verfocht der ›Held zweier Welten‹ als Vertreter der Linken seine Freiheitsideale.
Heute wohnen auf der Insel, die bis über 200 m ansteigt, rund 100 Menschen. Von der Steilküste im Osten fällt das Gelände nach Westen und Süden hin ab. In einer an Buchten reichen Landschaft wird Ackerbau und Viehzucht betrieben. Die Insel und das Haus Garibaldis, das man besichtigen kann, sind Staatseigentum.

121 Olbia, S. Simplicio, Granitrelief an der Eingangsfront und Säulenkapitell aus dem Mittelschiff

11. Jahrhundert

In einer Zeit, als Olbia Sitz der Judices von Gallura war, entstand S. Simplicio im Range einer Kathedrale. Die Stadt hieß damals Civita Pausania, später erhielt sie den Namen Terranova Pausania, den sie bis in unsere Zeit bewahrte.

Erst 1939 nannte man die Stadt wieder Olbia, wie sie bei ihrer Gründung in der Antike hieß. 1971 hatte Olbia 25 700 Einwohner. In der Kirche sind Meilensteine von der Römerstraße Olbia–Caralis (Cagliari) aufgestellt.
Während der zweiten Hälfte des 11. Jahrhunderts wurde die Kirche als Basilika von Baumeistern aus Pisa errichtet, welche vermutlich im Stil der lombardischen Romanik ausgebildet waren. Handwerker aus dieser Schule dürften um die gleiche Zeit das hier gezeigte Relief und einige Säulenkapitelle des Mittelschiffs gefertigt haben. Erst im zweiten Jahrzehnt des 12. Jahrhunderts wurde es an der linken Fassadenseite unter dem rechten Bogen der Blendarkade eingefügt, als Baumeister anderer Herkunft die Fassade erneuerten und am oberen Teil des Innengebäudes Ergänzungen vornahmen. Blendarkaden und Relief sollten die nackte graue Granitfassade beleben.
Das Relief zeigt eine Jagdszene: ein Reiter im Profil, der den Kopf dem Betrachter zuwendet und den Degen auf ein gehörntes Tier richtet. Seine Beute, gleichfalls im Profil, aber in der Vertikale dargestellt, stemmt sich mit den Hufen gegen den Pferdeschweif. Proportionen und Perspektive fehlen. Übertrieben groß sind Kopf und rechte Hand des Reiters; übermäßig gestreckt ist der Leib des Pferdes; gut ausgearbeitet ist der Kopf des verendenden Tieres.
Das Granitkapitell aus dem Innern der Kirche, in dessen Reliefbögen stilisierte Menschenköpfe eingefügt sind, dürfte gleichfalls Ende des 11. Jahrhunderts entstanden sein.

122 *Deltabildung und Meliorationsgebiete am Unterlauf des Cedrino*

Die Römer gaben dem Cedrino seinen Namen nach den Zedern seines Tales: *Caedrus flumen*. Später war der Fluß lange Zeit als Brutstätte der Malaria gefürchtet. Er verlagerte trotz seines trägen Laufes ständig sein Bett, überschwemmte weithin das Gelände und zerstörte Brücken und Felder. Die Fieberluft des Dorfes Orosei (19 m, 4300 Einwohner) war berüchtigt.
Das obere Bild zeigt das Flußtal ungefähr 10 km westlich der Cedrinomündung stromaufwärts gesehen. Man erkennt den Beginn der Deltabildung und das niedrige Buschwerk auf dem Schwemmland. Im Hintergrund der Kegel des M. Tuttavista, (805 m), links und rechts die Basalttafeln *gollei* Muru und *gollei* Su Murtale.
Über der Landschaft liegt Melancholie, von der Einsamkeit verstärkt, mit der sich die ernste und triste Bergwelt von Nuoro andeutet, aus der der Cedrino herabkommt.
Das untere Bild vermittelt einen Eindruck von dem Umfang der Veränderungen in diesem Gebiet nach Durchführung großzügiger Meliorationsvorhaben. In der Umgebung von Orosei wurden Gemüsefelder, Weingärten und Obstplantagen angelegt. Jetzt – nach Ausrottung der Malaria – entfaltet sich das Dorf wieder. Von seiner Blütezeit im Mittelalter zeugen Reste einer Burg der Judices der Gallura, ein malerischer Dorfplatz mit einer kuppelgekrönten Hauptkirche und einige kleinere Gebäudeanlagen mit Türmen, Herrensitze dieser Landschaft, der Baronia.
»Orosei was truly fascinating«, verzeichnete D. H. Lawrence, als er im Januar 1921 durch diese Gegend fuhr. »Oh, wonderful Orosei, with your almonds and your reedy river, throbbing, throbbing with light and the sea's nearness, and all so lost, in a world long gone by, lingering as legends linger on. It is hard to believe that it is real. It seems so long since life left it and memory transfigured it into pure glamour, lost away like a lost pearl on the east Sardinien cost« (S. 154, S. 157).(Zitat v. Hrsg. eingefügt.)
Westlich von Orosei liegt wenige Kilometer stromauf der frühere Bischofssitz Galtelli. Hier sind außer vielen Ruinen, die an die Antike und an die mittelalterliche Geschichte erinnern, die Anfänge weiterer großer Stau- und Bewässerungsobjekte zu sehen.

123 *»Gollei«-Landschaft nordwestlich von Dorgali*

Ein Beispiel des unwirtschaftlichen Zwergbesitzes zeigt dieses Bild: winzige Parzellen, auf denen Ölbäume und Weinstöcke wachsen, sind durch Mauern aus geschichteten Steinen voneinander abgeteilt. Die Olivenkulturen bestehen aus veredelten Stämmen der einheimischen wilden Ölbäume. Die Reben liefern die guten Weine von Dorgali. Die kleinen Felder liegen am Rande eines *gollei*, eines steil abfallenden Basaltplateaus, in 170–180 m Höhe über dem Tal des Cedrino. Jenseits des Abbruches sieht man den gezackten Kamm eines Dolomitberges, hinter ihm den M. Bardia, der mit seinen 882 Metern Dorgali überragt und auf der Ostseite steil zum Meer abfällt. Zu einem schmalen Sandstreifen am Fuße der Kalksteinwand, an dem das Meer azurblau und sehr tief ist, gelangt man auf Serpentinen, vorüber an üppiger farbenprächtiger Macchia. In dem kleinen Hafenort, von dem aus die berühmte Grotta del Bue Marino zu erreichen ist, entstand unter einem blendend weißen Steilhang ein Touristenzentrum: Cala Gonone.

124 *Melken von Schafen bei Serra Orrios*

Schafzucht und die Verarbeitung von Schafsmilch und Wolle gehören zu den wichtigsten Wirtschaftszweigen und Einnahmequellen Sardiniens. Die Schafzucht auf der Insel ist dreimal so umfangreich wie die der Bundesrepublik. Mit 2,6 Millionen Schafen, einer Zahl, die verhältnismäßig wenig schwankt, wird rund ein Drittel des Schafbestandes Italiens und damit die erste Stelle unter den Regionen des Landes erreicht.
Die Form des Melkens, die hier zu sehen ist, wurde bereits in der Zeit des Nuraghendorfes Serra Orrios angewandt, an

dessen Mauern diese Herde im Schatten von Olivenbäumen dicht gedrängt in ihrem Gehege steht. Der Hirt sitzt beim Melken rücklings auf dem Schaf. Die Milchkübel sind aus Korkeiche.

125 *Alltag in einem Bauernhaus bei Serra Orrios, 1957*

Noch in der zweiten Hälfte unseres Jahrhunderts konnte man solch ein Bild in abgelegenen Bauernhäusern Sardiniens finden: drei Generationen um einen alten Webstuhl, an dem die Mutter ungestört weiterarbeitet, während die Kinder aufmerksam verfolgen, wie die Großmutter, in Witwenkleidung, das Einsetzen der Spulen in die Aufwikkelwalze erklärt. Die Rotation der kleinen Walzenrolle und damit das Aufspulen wird durch einen Keilriemen beschleunigt, durch den die Drehung des größeren Rades, das die alte Frau mit einer Kurbel bewegt, auf die Walze übertragen wird.
Neben der Arbeit an diesem Gerät, *macchina po fai canneddus*, kann die Großmutter die Wiege, *barzolu*, schaukeln.
Die junge Frau webt ein gemustertes Tuch. Alte Webstühle dieser Art waren noch vor 150 Jahren weit verbreitet. Damals gab es in Dorgali, dem nächstgelegenen größeren Ort mit 600 Familien, 580 Webstühle. Stoffe verschiedenster Art, sogar Segeltuche *liongius*, wurden in Heimarbeit gefertigt. Dorgali versorgte Dörfer in der Nachbarschaft und in der Barbagia – Orosei, Oliena, Orgosolo – mit Wollgeweben. Auch Seidenraupen wurden in Dorgali gezüchtet. (Vgl. Text zu Bildern 62/63.)

126 *Nuraghensiedlung bei Serra Orrios*

Den Ausgrabungskomplex von Serra Orrios, in dessen Umkreis mehrere Nuraghen zu finden sind, erreicht man entweder von der Chaussee Orosei – Nuoro (Straße 129) oder von der Chaussee Orosei – Dorgali (Straße 125) aus, und zwar am Kilometer 9,4 der Landstraße, welche die beiden Chausseen verbindet, südöstlich von La Traversa, dem Abzweigungspunkt der Landstraße von der Chaussee 129.
Die prähistorische Siedlung liegt in dem Landstrich Iloghe, einem Teil der stark erodierten Basalttafel, die in Stufen bis Dorgali ansteigt und sich bis an die Jurakalke des M. Bardia und des M. Tului hinzieht. Kaum einen Kilometer vom Dorf entfernt steht der Nuraghe Oveni, nicht weit vom Rande des 198 m hohen Plateaus. Von hier aus schaut man hinunter in das hundert Meter tiefer gelegene Tal des Cedrino. Der Nuraghe ist ein zentral gelegener Turm, der von drei anderen, in seinem Gesichtsfeld angeordneten Türmen geschützt wird.
Die Siedlung ist in ihrer Lage und in ihrem gesamten Plan eine für die Blütezeit der Nuraghenkultur typische Anlage.
Die Mehrzahl der mindestens siebzig Hütten ist rund. Einige eckige Hütten stammen aus jüngerer Zeit. Entweder stehen die Hütten für sich allein, oder sie sind in Gruppen – bis zu fünf Hütten – um einen Hof angeordnet, der einen Brunnen hat. Die Mauern bestehen aus unbearbeiteten Basaltsteinen. Die Dächer waren kegelförmig aus Stroh, Dächer, wie sie die Schäferhütten, die *pinnettas*, noch heute haben. An den Innenwänden, die früher mit Lehm verputzt waren, befanden sich Sitze und Wandfächer. Mitten im Raum war die Feuerstelle, die auch die Schlafplätze in den Nischen erwärmte. In den Hütten fand man große Behälter für Trinkwasser und Getreidevorräte, einen Schleifstein und anderen Hausrat.
Im Zentrum des Dorfes standen zwei rechteckige Gebäude, deren Mauern – ähnlich denen eines anatolisch-helladischen Megaron – nach vorn und hinten verlängert waren. In ihnen wurden die Kultfeste veranstaltet, zu denen Leute aus der näheren und weiteren Umgebung zusammenkamen.
Am Dorfrand entdeckte man eine *tomba di giganti*, ein großes Gemeinschaftsgrab der Megalith-Kultur.
Bei Ausgrabungen während der Jahre 1936–1938 wurden mehr als 200 Objekte gefunden – aus Terrakotta, Stein oder anderem Material: Keramik- und Tongefäße verschiedener Art, Tariergewichte für Webstühle, ferner Spinnräder, Werkzeuge zum Glätten, Backformen mit Muster für das Festtagsgebäck, *pintaderas*, auch Steinmesser, Steinäxte, Gußformen, Mahlsteine aus Granit und Fischernetze, sogar importierte Bernsteinstücke, Messerklingen, Dolche, Äxte, Skalpelle, Schürhaken und Schmuck aus Kupfer oder Bronze.
Man schätzt, daß die Siedlung etwa 300 Einwohner hatte und autark war. Die Bewohner lebten vermutlich von der Landwirtschaft, in erster Linie von der Schafzucht, und hatten Kontakte zu der Umgebung.
Nach Form und Stil der Funde nimmt man an, daß sich seit dem ausgehenden 2. Jahrtausend v. Chr. auf der Basis einer niedrigen sozio-ökonomischen Entwicklungsstufe eine Evolution in den kulturellen und materiellen Lebensformen vollzogen hat. Die Blütezeit der Siedlung setzt man für das 9. bis 7. Jahrhundert v. Chr. an. Mit dem Ende des 6. Jahrhunderts v. Chr. scheint hier alles menschliche Leben erloschen zu sein.

127, 128 *Gasse und Brunnen in Dorgali*

Dorgali (7100 Einwohner) ist ein großer, belebter Ort der südlichen Baronia in fast 400 m Höhe, beherrscht vom M. Bardia. Die Bewohner haben eine Vorliebe für Bogenbauten. Die Stützbögen in den engen Straßen und die fehlende Gliederung der Häuserfassaden erinnern an afrikanische Dörfer oder an Moslemsiedlungen anderer Territorien. Mauervorsprünge, Balkons und Terrassen fehlen. Außer der Tür haben die dicht aneinandergerückten, schmalen

Häuser nur ein paar Fenster zu ebener Erde; sie wirken verschlossen, als wolle man das Familienleben vor zudringlichen Blicken bewahren und gegen jede Bedrohung abschirmen. Am Tage hält man sich im Erdgeschoß auf, in dem sich auch die Küche, *cucchina*, und die Vorratskammer, *s'istanzia de sas provvistas*, befinden. Mitten in der Küche steht der Herd, *su'occhile*, in einer Ecke der Backofen. Die Schlafzimmer, *s'istanzia de lettu*, liegen im Obergeschoß. Viele Häuser haben über der Eingangsloggia, die fast niemals unterteilt ist, Tonnengewölbe.

Man sagt den Leuten von Dorgali nach, sie hätten Sarazenenblut, weil sie sich von anderen Sarden im Aussehen und in der Sprache unterscheiden, sowohl im Wortschatz als auch in der Aussprache, die viele Kehllaute hat. Tatsächlich sind die Bewohner von Dorgali – ebenso auch die Menschen im unteren Cedrino-Tal zwischen Galtelli und Orosei – über Jahrhunderte hin immer wieder Angriffen von der See her und damit fremden Einflüssen ausgesetzt gewesen. Die Wachposten von Dorgali, die das Tyrrhenische Meer zu beobachten und Verteidigungsmaßnahmen zu veranlassen hatten, waren auf dem M. Bardia stationiert, dessen Name vermutlich von »*ardia*«, ital. guardia, Wache, herzuleiten ist (s. Text zu Bild 123).

Dorgali ist auf Sardinien nicht nur durch seine Weine, sondern auch durch sein Kunstgewerbe bekannt. Außer Filigranschmuck (Bilder 129–131) werden Lederarbeiten und Töpfereierzeugnisse hergestellt.

Noch vor zwei Jahrzehnten holten Frauen und Mädchen in schweren irdenen Krügen das Wasser an zentral gelegenen Brunnen und trugen es auf dem Kopf nach Hause, in ihren langen Röcken aufrecht und gemessen einherschreitend.

129 Taufe in Dorgali

Farbenprächtig und fein gearbeitet ist die Festtagstracht der Frauen und Mädchen aus Dorgali.

Wie ein Gemälde wirkt das Bild der jungen Mädchen, die in einer Kirche von Dorgali als Paten an einer Taufe teilnehmen, den Rosenkranz beten und ihre großen Kerzen halten. Schattenhaft sind im Hintergrund ältere Frauen in schwarzer Kleidung zu sehen.

Aus schwerer, dunkelgemusterter Seide sind die Kopftücher der jungen Mädchen, *su velu recramadu*. Deutlich hebt sich von der weißen Spitzenbluse, *sa camisa e arranda*, die rote, blumendurchwirkte Seide ab, aus der eine Art Mieder, *imbulthu*, und ein schmales Bolerojäckchen gefertigt sind. Es steht über der Brust weit offen und deckt nur einen Teil der weiten Pluderärmel, die am Handgelenk gerafft sind und in Spitzenrüschen über die Hand fallen. Die goldenen Filigranknöpfe am Blusenausschnitt sind für sardische Trachten typisch (Bilder 130/131).

Erstaunlich reich ist der Goldschmuck, den die Mädchen außer den großen Knöpfen tragen: Ohrringe mit Medaillons; eine Brosche mit Rubinen und Smaragden; ein Kreuz und zwei andere Anhänger, die das Kreuz einrahmen. Brosche und Anhänger sind an einem schwarzen enganliegenden Samt-Halsband befestigt. Etwas tiefer, am Ausschnitt, wird noch eine rote Korallenkette getragen.

Die Taufzeremonie verläuft im üblichen Ritus und ohne besondere Bräuche. Das Kind wird innerhalb einer Woche nach seiner Geburt getauft. Die Paten halten gemeinsam eine große, gesegnete Kerze, während die anderen Anwesenden beten. Zum Abschluß der Feier wünscht man dem Kleinen, es möge groß und ein guter Mensch werden: *a ddu connoxi mannu e bonu*. Manchmal findet man auch Formen spanischer Bräuche, Reminiszenzen an die Maurenzeit, als »die Taufe aus einem Mauren einen Christen machte«, *faghede unu de moru cristianu*.

130, 131 Einer der letzten Goldschmiede in Dorgali und seine Arbeiten

Der Juwelier aus Dorgali ist gerade dabei, einen goldenen Filigranfaden auf einem kegelförmigen Knopf anzubringen, dessen Spitze herausgearbeitet wird. Solche Knöpfe sind als Bestandteil der Frauentracht auf der Insel weit verbreitet.

Die Anfertigung von Schmuck und Silbergerät gehört zu den traditionellen Gewerbezweigen Sardiniens. Noch im letzten Jahrhundert hatte die Herstellung von sakralen Schmuck- und Gebrauchsgegenständen, von der bereits im 14. Jahrhundert die Statuten der Städte Cagliari, Sassari, Alghero und Oristano berichten, erhebliche Bedeutung. Jede Stadt, jede Gruppe der Kunstschmiedezunft und jeder einzelne Künstler hatte einen besonderen Prägestempel oder ein eigenes Signum.

Spuren weit zurückliegender Einflüsse von außen – Elemente der Kunst des klassischen Rom und der »Barbaren«, Stilformen aus Byzanz – lassen sich an einzelen Kunstgegenständen noch heute nachweisen.

Im Laufe der Zeit ging man dazu über, neben den traditionellen, für jede Ortschaft typischen Formen und Mustern Schmuckstücke und verzierte Arbeitsgeräte, *agorai*, nach individuellem Geschmack zu entwerfen. Hierbei erhielten die Juweliere – vor allem in den Küstenstädten – Anregungen von dem Kunsthandwerk Spaniens und Frankreichs.

Bild 131 zeigt Schmuck, der von dem Goldschmied in Dorgali angefertigt wurde.

Links: Kettchen, an dessen Enden kleine Gerätschaften hängen, am linken Ende Zahnstocher und Löffelchen zum Ohrenreinigen, am rechten Ende einen Parfumbehälter. Das Kettchen mit diesen Teilen – *spuligadentis* – wird am Trachtenmieder getragen.

Mitte: Armband, Ohrringe, Brosche, darüber brustförmige Filigranknöpfe.

Rechts: Rosenkranz in einfacher Ausführung; der Anhänger dient als Reliquienschatulle.

132 *Die Berge von Oliena, die »Dolomiten Sardiniens«*

Fährt man durch eins der lieblichen Täler Sardiniens auf das Dorf Oliena zu, hat man auf viele Kilometer hin über dem üppigen Grün von Gärten und Bäumen das großartige Massiv der »sardischen Dolomiten« vor Augen. Am Nordwesthang der Gebirgskette Sopramonte, die im Bogen von Osten nach Süden verläuft, sieht man – in 378 m Höhe – Oliena (7100 Einwohner). Das Gebirge, das über dem Dorf mehrere hundert Meter hoch steil ansteigt, ist das unangefochtene Reich der Hirten. Hier ist es leicht, zu den Banditen überzuwechseln. Der M. Corrasi ist mit seinen 1463 m der höchste Gipfel in dieser einsamen und furchterregenden Bergwelt. Seine Steilwände, Grotten und unzugänglichen Schluchten, *nurras*, erinnern besonders stark an die Dolomiten.

Eigenartig ist der Gegensatz zwischen der erhabenen, herben Schönheit der Berge und der Anmut des fruchtbaren Tales *Badde Manna*, das sich von Oliena aus 10 km ostwärts erstreckt bis zur kleinen Chiesa di S. Giovanni (133 m) und zur Karstquelle Su Cologone (99 m) mit ihrem kristallklaren, tiefblauen Wasser. Verwitterungsreste von Kalksteinen und von den Graniten des nahen M. Ortobene ergaben den hohen Humusgehalt des Talbodens. Oliena ist weithin berühmt durch seine Weine und durch die Erfahrungen seiner Bewohner bei der Veredelung wilder Ölbäume.

In dieser Umgebung finden im Sommer zwei große Trachtenfeste statt, bei S. Giovanni am ersten Sonntag des August, in der noch höher gelegenen Kirche Nostra Signora di Monserrato (186 m) am 8. September.

Nicht nur während dieser Feste, oft auch an Wochenenden bietet sich dem geduldig Wartenden auf dem kleinen Dorfplatz ein Erlebnis: ein zunächst zaghaft schleppendes Beginnen steigert sich allmählich zu einem echten *ballo tondo*, zu jenem Rundtanz von Oliena, der auf Sardinien ebenso bekannt ist wie die Tracht der Tänzer und ihr Filigranschmuck.

133 *Oliena, S. Croce*

17. Jahrhundert

Unter den Kirchen des Dorfes Oliena, das auch wegen seiner großen Zahl an Gotteshäusern bekannt ist, wirkt das Bethaus S. Croce in seiner anmutigen Schlichtheit besonders anziehend.

Über dem Portal befindet sich ein von Konsolen gestützter Architrav, darüber ein Kreuz und ein oktogonales Rosettenfenster. Auf dem Bild ist allein die den Giebel bekrönende Vorrichtung zum Aufhängen der Glocken zu sehen. Sie besteht aus drei Bögen, die von spitz zulaufenden Zinnen überhöht sind. Dem am Portal befindlichen Kreuz entsprechen hier drei weitere Kreuze. In die Quader neben den Bogenöffnungen sind Radformen eingeritzt. Welcher Symbolgehalt den Formen an dieser Stelle zukommt, ist bisher ungeklärt.

Die Bauweise des vermutlich im 17. Jahrhundert errichteten Bethauses erinnert an spanischen Kolonialstil. Im gleichen Jahrhundert ließ der Jesuitenorden von dem Genueser Domenico Spotorno die Pfarrkirche des Ortes bauen. Über Angehörige des Ordens, die aus Oliena stammten, bestanden Beziehungen nach Lateinamerika.

Von den Kirchen Olienas ist noch S. Maria Maggiore von Bedeutung, ein rustikaler gotischer Bau aus dem 15. Jahrhundert.

134 *Ostern in Oliena: Männer in Festtracht*

Es scheint, als sei die Zeit stehen geblieben, wenn man diese alten Männer sieht, in sich ruhend, gemessen in ihrer Haltung – eine symmetrische Gruppe, an die antike Geometrie erinnernd, im Hintergrund ihr Dorf und die berühmten Berge von Oliena.

Sehr alt, vermutlich griechischer Herkunft ist die zylindrische Schnittform der *berritta* der langen schwarzen Männermütze aus Ziegenhaar. Sie erinnert an die phrygische Zipfelmütze und ist der katalanischen *barrettina* oder *gorra llarga* ähnlich. Sie dient zugleich als Sonnen-, Regen- oder Windschutz und ist auch sonst vielseitig verwendbar: bei heißen Diskussionen wird sie gewrungen, in heftigem Zorn zerknautscht und zu Boden geworfen, um den »Gegner« herauszufordern. Andere Umgangsformen mit der *berritta* dienen als Zeichen guter Erziehung und feinen Benehmens: Die Form, in der man sie beim Grüßen berührt, oder die Einhaltung der Regeln, in welchen Fällen sie abzunehmen ist. Die Mütze ist auch in die sardische Poesie eingegangen, als Liebeserklärung eines Mädchens an einen gut aussehenden Mann: »Dir steht die Mütze so gut wie der Mond am Himmel«, *»ti deghe'sa berritta che i sa luna in su chelu«*, oder »Deine Mütze steht Dir so gut wie ein Nelkenkranz«, *»ke korona e gravellus ti ddezzi sa berritta«*.

Zur Männertracht von Oliena gehört ein weißes Leinenhemd, *sa camisa*, das am Hals mit Goldknöpfen, *buttones de oro*, zusammengehalten wird, eine kurze offenstehende Jacke mit Aufschlägen in Rot oder Violett, *gippone*, deren Schulterteile mitunter mit schwarzem Leder besetzt sind, und eine weiße Hose, *calzones*, die in schwarzen Gamaschen, *bolzighinos*, steckt und über der ein schwarzes abstehendes Röckchen, *ragas*, getragen wird.

Die schwarzen Kleidungsstücke sind aus schwerem, rauhem Loden, *orbace*, gefertigt, einem außerordentlich widerstandsfähigen Material aus Ziegenhaar, mottensicher und witterungsfest. Der Stoff wird auf Sardinien seit alten Zeiten gewebt und von Bauern und Hirten bei der Arbeit getragen. In der Stadt sieht man ihn nur noch selten.

135 *Straßenwinkel in Oliena*

Dieser Winkel in Oliena könnte den Architekten von Porto Cervo zum Vorbild für ihr Feriendorf an der Costa Smeralda gedient haben, das durch seine, der Natur harmonisch eingefügten Anlagen mustergültig für Entwürfe zu modernen, eleganten Touristenzentren wurde. (Zusatz des Hrsg.)
Die Bauweise des geweißten zweistöckigen Hauses ist typisch für das Gebiet um Nuoro, zu dem Oliena gehört: Ein Erdgeschoß mit Küche und Vorratsraum, ein Obergeschoß mit Wohn- und Schlafzimmer, das über eine Steintreppe zugänglich ist. Das alte Haus hat einen modernen Anbau mit Wohnräumen und einer Dachterrasse. Im Hof hinter der Steinmauer wird das Holz für Kamin und Backofen gestapelt.

136 *Blick von Nuoro auf die Hänge des M. Ortobene*

Die Heimatstadt der Grazia Deledda, Nuoro, hat ein herrliches Panorama. Zu Füßen des M. Ortobene erstreckt sie sich über wellenförmige Kuppen einer weiten Granithochfläche im Zentrum Sardiniens – als einzige der vier Provinzhauptstädte der Insel nicht peripher gelegen.
Der historische Stadtkern mit seinen niedrigen, ärmlichen Häusern deutet darauf hin, daß Nuoro einst eine Hirtensiedlung war. Die Stadt wuchs in den letzten Jahrzehnten schnell und ohne Planung. Als im mittleren Tirso-Tal Industriebetriebe errichtet wurden und die Landbevölkerung von dort fortzog, entstand ein modernes Wohnviertel. 1971 hatte Nuoro 30700 Einwohner.
Unter den neuen Anlagen ist lediglich ein kleiner Platz zu Ehren des Dichters Sebastiano Satta aus Nuoro (1867–1914) zu erwähnen, dessen Denkmal von Costantino Nivola aus Orani geschaffen wurde. Von den älteren Bauten sind zwei Kirchen zu nennen: die spätgotische Chiesa delle Grazie mit ihrem hübschen Portal und einer Rosette aus dem späten 16. Jahrhundert und die kleine Kirche Nostra Signora della Solitudine von 1625 mit einer modernen Bronzetür (1955/59). In diese schlichte kleine Kirche wurden 1959 die sterblichen Reste der Schriftstellerin Grazia Deledda (1871–1936), die 1926 den Nobelpreis erhielt, überführt. Von dem Platz vor der Kirche kann man in die Täler des Isporosile und des Marreri hinabschauen oder zum Ortobene (955 m) hinauffahren. Eine 8 km lange Serpentinenstraße bietet immer wieder Aussichten auf die Granitkuppen mit ihren Weideflächen und Jagdgebieten. Sie führt zur Kapelle Madonna de su monte, die vom 26. bis 30. August zum *festa del Redentore*, zum Fest des Erlösers, Wallfahrtsziel vieler Pilger ist.
Eine 7 m hohe Bronzestatue des *Christo Redentore*, ein Werk von V. Ierace aus dem Jahre 1901, steht auf einer Terrasse am Gipfel des M. Ortobene, von der aus wir hier nach Süden blicken. Im Vordergrund einige Eichen, rechts sieht man den M. Luchitteddu (739 m), in der Weichheit seiner Linien und mit seinem Buschbestand typisch für die Barbagia Ollolai, im Hintergrund das fruchtbare Tal Badde Manna (200 m) vor dem Corrasi-Massiv (1463 m), vgl. Text zu Bild 132.

137 *Orune auf einem Granitplateau nordöstlich von Nuoro*

Orune, ein größerer, zentral gelegener Ort der Provinz Nuoro, liegt mit seinen bunt getünchten Häusern in 745 m Höhe malerisch auf einen Granitplateau und beherrscht das tief eingeschnittene Tal des riu Isalle. Seinen Einwohnern (5300) sagt man nach, sie seien einfallsreich, aber nicht gerade warmherzig.
Die Aufnahme entstand auf dem Platz vor der *Chiesa de su Consolu* und zeigt den Ort von Südwesten her. Die ausgewaschenen Kuppen hinter ihm gehören zu einer weitgedehnten, sierra-artigen Hochebene, die sich von Orune bis Bitti und bis Ala dei Sardi erstreckt. Das erodierte Kalkrelief am Horizont ist Teil des Höhenzuges M. Albo südwestlich von Siniscola mit der *Punta di su mutrucone* (1050 m).

138 *Traditionelles Wohnhaus in Orani*

Am 25. März und in der ersten Septemberwoche ist Orani mit seiner Kirche der Madonna von Gonari Mittelpunkt großer Festlichkeiten. Der hohe, weithin zu sehende Marmorkegel Gonari (1083 m), an dessen Nordwesthang sich Orani (3300 Einwohner) in 521 m Höhe in einem hübschen, engen Tal entlangzieht, erhebt sich über die ausgedehnten Granitplateaus der nördlichen Barbagia und lockt die Pilger von nah und fern. Der Gonari, dessen Name auf das protosardische Wort für »Berg« zurückgeht, ist auch durch seine reichen Talkvorkommen bekannt.
Die Kirche der Madonna von Gonari, ein spätgotischer Bau, wurde 1618 auf den Resten einer aus dem 13. Jahrhundert stammenden Kirche errichtet. Um sie ranken sich viele Erzählungen dieser Gegend; sie wird in einer religiösen Legende, deren archaische Relikte auf den Bergkult hindeuten, erwähnt. Im Umkreis dieses ländlichen Heiligtums, eines der meistbesuchten der Insel, sind besondere Pilger-Raststätten in rustikalen Loggias und Bogenlauben, *cumbessias*, errichtet.
Das Dorf Orani hat sich in letzter Zeit in seinem Charakter stark verändert. Es macht den Eindruck einer Kleinstadt, nachdem die meisten alten Granithäuser modernen Gebäuden weichen mußten.
Das Bild zeigt eine der traditionellen Wohnstätten, einen Haustyp, wie er in der Gegend von Nuoro verbreitet ist. Die Wohnräume sind übereinander angeordnet, im unteren Stockwerk befinden sich Küche und Speisezimmer, im oberen, zu dem eine Außentreppe führt, die Schlafzimmer.

Hinter dem Geländer, das erst am oberen Treppenteil beginnt, befindet sich eine kleine Terrasse. Sie wird durch eine lange, unter dem vorspringenden Ziegeldach verlaufende Holzveranda geschützt. In den Hof mit seinen Ställen und Schuppen gelangt man entweder durch die Toreinfahrt oder über einen Flur, dessen Fenster man über dem Torbogen sieht.

139 *Mädchen und Junge aus Mamoiada in Festtracht*

In Mamoiada hat man zwei Frauentrachten, eine Tracht für die Oberschicht – *sa dama* – und eine Volkstracht, die man *Vasallentracht* nennt. Das Mädchen trägt die Volkstracht, die sich durch leuchtende Farben von der »Damentracht« mit ihren gedämpften Farbtönen unterscheidet.

Das dunkelbraune Seidenkopftuch ist mit weißen und gelblichen Blumenmotiven bestickt. Die weiße, ziemlich hoch geschlossene plissierte Leinenbluse ist am Ausschnitt gekräuselt und eng anliegend, sie wird von einem farbig eingefaßten, blumenbestickten Mieder gehalten. Das leuchtendrote Jäckchen hat lange, am Unterarm geschlitzte Ärmel, seine Rückenpartie ist in der Mitte mit einer zarten Blumenstickerei geschmückt.

Der Oberteil des Rockes ist aus tiefroter Ziegenwolle, aus *orbace*, der untere Teil besteht aus einem sehr breiten, oft hellroten Plisseestreifen, der mit Blumenmotiven, meist Rosen, in hellblau und braun bestickt ist. Auch die Schürze, als langes Trapez geschnitten, ist mit abstrakten Blumen- und Blattmotiven verziert.

Der Junge trägt die Männertracht von Mamoiada: eine schwarze Mütze, die *berritta* (Text zu 135); ein kragenloses, nur mit einem Stehbündchen eingefaßtes, weißes Hemd; eine rote Jacke, deren Ärmelschlitz die weiten Hemdsärmel hervortreten läßt; weite, röhrenförmig geschnittene weiße Hosen, über die ein dunkler, rockartiger Schurz, *ragas*, fällt; schwarze Gamaschen.

Die Volkstracht von Mamoiada ist nicht reich an kostbaren Schmuckstücken, man trägt lediglich Silberschmuck. Dies entspricht der Schlichtheit der Menschen von Mamoiada.

140, 141 *Die »Mamutones« in Mamoiada*

Sos mamutones, »Vogelschreck« oder »Teufel«, werden die Männer genannt, die in Mamoiada am 17. Januar, am Tag des Heiligen Antonius, einen Maskenzug veranstalten, der in dieser Form auf Sardinien einzigartig ist. Das Wort *mamutone* erinnert an die rumänische Bezeichnung für den Teufel: *maĭmuţia*.

Mamoiada ist ein Dorf sehr alten Ursprungs in der Barbagia Ollolai: auch der Brauch soll aus weit zurückliegenden Zeiten stammen, auf das chthonische Substrat alter Bauern- und Hirtenkulturen zurückgehen und im Zyklus des Fruchtbarkeitskultes an einer bestimmten End- und Anfangsphase stehen. An vielen Orten der Barbagia werden am gleichen Tage – früher zu Weihnachten oder am Dreikönigstage – zu Ehren des Hl. Antonius große Feuer entzündet, man opfert ihm Früchte des Landes und fleht um seine Gunst.

Der Maskenzug in Mamoiada verbindet sich nicht nur mit dem Gebet um die Fruchtbarkeit der Erde, er bezieht sich auf die Regeneration sämtlicher Lebewesen. Die Mamutones symbolisieren die Seelen der Toten. Sie sind an dem Festtage auf die Erde gekommen, um sich mit den Lebenden zu verbinden und um für sie mit überirdischer Kraft zu Beginn der neuen Vegetationsperiode das Wiedererwachen der Natur zu fördern. Um die Auferstehung in einem weiteren Sinne bemühen sich andere vermummte Festzugsteilnehmer ohne Maske, die auch Sinnbilder der Verstorbenen sind. Sie werden *issocadores* genannt, weil sie ein Lasso, *soca*, haben. Früher war das Lasso, das heute aus Binsen geflochten ist, aus starkem Leder, in der gleichen Art, wie es die Hirten zum Einfangen von Tieren benutzten. Indem die Issocadores sich fröhlich gebärden, einzelne Zuschauer auswählen und mit dem Lasso plötzlich an sich ziehen, versuchen sie, sich vom Tode freizukaufen.

Die Rolle der Issocadores ist jungen Leuten vorbehalten. Ihre Kleidung entspricht ihrem lustigen Treiben, festlich und farbenprächtig erinnert sie an den neapolitanischen Pulcinella und an den Zanni. Der Aufzug wird »Türkenkleid« genannt, *beste e turcu*: eine weite Hose, Hemd und Weste, eine Kappe mit Bändern und ein farbenfroher Schal, der gerafft um den Gürtel geschlungen wird. Das Hemd ist blendend weiß mit einem leichten bläulichen Schimmer, die ärmellose Jacke ist eine rote Männerweste oder eine gewendet getragene, verschiedenfarbige und reich verzierte Frauenweste.

Die Mamutones werden in der Regel von älteren Leuten dargestellt. Anstatt der vornehmen Kleidung – rote Weste, weißes Hemd, weiße Hose, schwarzer Rock, schwarze Gamaschen –, in der sie früher auftraten, tragen sie heute ihre Alltagsjacke und ihr Alltagshemd. Darüber ziehen sie einen knielangen Mantel aus zottigem Ziegenfell, ebenfalls gewendet, mit der Innen-, der Fellseite nach außen. Der Kopf ist mit einem Frauenkopftuch verhüllt, das unter dem Kinn geknotet wird. Charakteristisch für die Ausstattung der Mamutones sind Maske und Glöckchen.

Die Maske, *sa bisura*, ist aus glatt poliertem, blankem Feigen- oder Korkeichenholz (Bild 140). Glöckchen und Glocken sind in großer Zahl, eng miteinander verknotet, an einem Ledergeflecht befestigt, das über die Schulter genommen wird, so daß sie vorn und hinten über das Ziegenfell hängen. Es sind längliche Kuhglocken verschiedener Größe aus Eisenblech oder aus Bronze, die in Tonara hergestellt werden.

Zu Beginn des Maskenzuges ertönen die Glöckchen noch nicht, weil sich die Mamutones, gebeugt unter ihrer Last, nur langsam in Bewegung setzen. Mit schwerem, feierlichem Schritt ziehen sie bei vollem Tageslicht, von drei Uhr nachmittags an, durch die Dorfstraßen.
Der Zug besteht aus zwölf Mamutones, die paarweise in sechs Reihen hintereinander angeordnet sind, und aus acht Issocadores, von denen jeweils zwei den Zug der Mamutones vorn, hinten und seitlich begleiten. Ob die Mamutones auf diese Weise geschützt werden oder gefangen gehalten werden sollen, weiß man heute nicht mehr.
Umgeben von festlich gestimmtem, lärmendem Volk tappen die Mamutones stumm und schwerfällig langsam einher. Nur hin und wieder bringen sie mit einem Schulterruck die Glöckchen zum Läuten. Dann wieder vollführen sie plötzlich drei Sprünge, so daß andere, schrillere Glocken ertönen. Neben ihnen bewegen sich die Issocadores mit leichten Schritten und Luftsprüngen vorwärts, jedoch immer geordnet, abgestimmt auf den finsteren Marsch ihrer Gefährten. Auf einmal springen sie hoch, als wollten sie fliegen, werfen ihr Lasso und ziehen einen Freund, den sie einfingen, oder eine Frau, die sie sich aussuchten, in der Schlinge an sich. Sie tauschen ein paar Worte mit dem Volk und lassen dabei auch spitze Bemerkungen fallen.
Erst gegen Mitternacht – nach neun Stunden – endet dieses Treiben.

142, 143 Launeddas-Spieler

143 *Zeitgenössischer Spieler der sardischen Flöte*

142 *Bronzestatuette*, 8 cm. 6. Jahrhundert v. Chr. Fundstätte: Ittiri. Archäologisches Nationalmuseum Cagliari

Etwas Magisches, Heiliges haftet noch heute der Launeddas an. Seit altersher umrahmt das Spiel auf dieser Flöte alle Festlichkeiten der Sarden, religiöse und weltliche Feiern aus frohem wie aus traurigem Anlaß. Der Klang der Launeddas erinnert an orientalische, auch an afrikanische Musik, er kommt dem des ägyptischen Argul nahe, hat jedoch etwas Eigenes, das ihn von dem aller anderen Flöten des Mediterranbereiches unterscheidet.
Heute gibt es nur noch wenige Spieler, *su sonadori e launeddas*, welche die vielseitige Verwendungsform des Instrumentes, *su cunzertu* oder *giogu*, und Tonfolgen wie Kontrapunkt, *contrapuntto*, beherrschen. Bei festlichen Prozessionen zu Ehren der Schutzheiligen spielte man früher ein sogenanntes Orgelkonzert, *cunzertu de organu*, bei Trauerfeiern das Witwenkonzert, *sa viuda*, zum Rundtanz den *fiorassiu* mit Koloraturen, der mit Mitteltönen, *sa mediana*, einsetzte und sich zu hohen, schrillen Tönen, *pipia*, steigerte. Die schrillen Laute, mit denen die Tänzer in Erregung versetzt und zu leidenschaftlichen Rhythmen hingerissen werden sollten, wurden auf einer besonderen, fünf- oder vierlöcherigen Pfeife, *mancosa*, erzeugt, deren erstes und letztes Loch mit Wachs verstopft waren.
Die traditionelle Form der Launeddas, *diaulo*, wie man sie noch heute in der Volksmusik benutzt, besteht aus drei verschieden langen Schilfrohren, *sonus de canna*. In jede dieser zylinderförmigen Pfeifen ist am oberen Ende eine Kanüle eingeschoben, die als Schnabel, *cabizza* fungiert und im Munde vibriert. Das eigentliche Mundstück, *linguazzu*, ist in den Schnabel eingekerbt. Der Spieler bläst gleichzeitig in alle drei Pfeifen und atmet dabei durch die Nase.
Die längste und stärkste Pfeife, *tumbu*, hat eine Länge von 66 cm und erzeugt einen gleichmäßig anhaltenden dunklen Ton. Die mittlere Pfeife, *mancosa manna*, ist an ihr mit einer pechgetränkten Schnur befestigt. Beide Pfeifen werden mit Daumen und Zeigefinger der linken Hand gehalten, die anderen Finger werden zum Spiel auf der Mittelpfeife benutzt. Die mittlere Pfeife ist 38 cm lang und hat oben auf der Hinterseite vier viereckige Öffnungen, weiter unten eine enge längliche Öffnung, *arrefinu*, die zum Stimmen dient und deren Länge mit einem kleinen Wachsstück reguliert werden kann. Die dritte Pfeife, *mancosedda*, ist abgespreizt und nur 35 cm lang, sie besitzt ebenso viele Öffnungen wie die mittlere Pfeife und wird mit den Fingern der rechten Hand betätigt.
Im 18. Jahrhundert war die Launeddas weit verbreitet. Es gab verschiedene Varianten, Flöten aus vier oder fünf Pfeifen, *calani*, und angeblich auch ein Instrument aus den Beinknochen von Flamingos. Der Klang einer solchen Launeddas soll hinreißend und so faszinierend gewesen sein, daß er Furcht erregte und das Spielen dieser Flöte untersagt wurde.
Die Bezeichnung *Launeddas*, auch *Leoneddas* oder *Leuneddas*, ist nicht sehr alt. Doch die Bronzestatuette, die im Norden der Insel gefunden wurde, zeugt davon, daß die noch heute benutzte, dreiteilige Form, *diaulo*, bereits vor Jahrtausenden gespielt wurde.
Eine Bronzefigur wie diese sitzende, nackte Gestalt eines Flötenspielers, deren Provenienz unbekannt ist, ist selten. Es fehlen Anzeichen für eine Stütze, wie sie sich bei Bronzestatuetten aus Kleinasien findet. Völlig frei ist die gesamte Körperfläche, bei aller Herbheit geschmeidig und weich in der Form.
Der Kopf ist mit einer Kappe bedeckt, die Augenhöhlen sind tiefliegend und breit, der Mund wird durch einen Einschnitt, der über das ganze Gesicht läuft, dargestellt. Der Musikant spielt auf einer Flöte aus drei Schilfrohren. Hierbei treten die Brustmuskeln so stark hervor, daß die Brust wie eine Frauenbrust erscheint und die Statuette daher oft für die Figur eines Hermaphroditen gehalten wurde. Doch die ithyphallische Darstellung spricht gegen eine solche Annahme. Diese, hier stark ausgeprägte Haltung sollte die magische Beschwörung der Zeugungskraft der Natur ver-

körpern, gleichzeitig auch eine Kraft, die Unheil abzuwehren vermochte. Bei den Festen, mit denen im Rahmen der ländlichen Fruchtbarkeitskulte die Zeugungskraft der Natur nach bestimmten Riten gefeiert wurde, hatten musikalische Darbietungen den Liebesrausch zu entfesseln und zur Paarung anzuregen. Solche Wirkungen kann der Flötenspieler erzielen, indem er auf der sardischen Flöte, deren tiefe und hohe Töne kunstvoll zu modulieren sind, den Rhythmus so sehr beschleunigt, daß die Musik den Zuhörer bis zum Paroxysmus zu führen vermag.
Die Annahme, die Statuette stelle den Archetyp eines Flötenspielers mit einem Musikinstrument dar, das der heute benutzten sardischen Launeddas entspricht, ist wahrscheinlich zutreffend.
Trotz der archaischen Merkmale neigt der Verfasser dazu, die Bronze auf das 6. Jahrhundert v. Chr. zu datieren, weil um diese Zeit die Begegnungen der einheimischen Bevölkerung Sardiniens mit der Außenwelt intensiver wurden. Einflüsse von außen her erfolgten in Verbindung mit dem Ausbau von Küstenorten zu Handelsplätzen und mit dem Einsetzen der Eroberung von Teilen der Insel. Daher ist nicht auszuschließen, daß die überkommenen lokalen Anschauungen, Kunst- und Kultformen von künstlerischen und religiösen Motiven aus dem Orient, besonders aus dem phönikisch-punischen Kulturkreis Anregungen empfingen. Die Modellierung der Bronzestatuette, die Form der Augenhöhlen, die unheilabwehrende »Deformität«, die sitzende Haltung, die Geste des Flötenspielens – all dies weist auf syrische und andere kleinasiatische Beispiele hin.

144 Stickerin in Ollolai

Barbagia Ollolai nennt man die obere Barbagia nach dem Hirtendorf Ollolai (927 m, 2200 Einwohner), das bis zum Ende des 15. Jahrhunderts eine wohlhabende Ortschaft war. Dann begannen Fehden, die fast zwei Jahrzehnte andauerten. Von ihren Verwüstungen und von Zerstörungen durch einen Brand, der damals das Dorf fast vollständig vernichtete, hat es sich lange Zeit nicht wieder erholt.
Im 19. Jahrhundert florierten in Ollolai mehrere Handwerkszweige, heute ist nur noch das Flechten von Schalen und anderen Gegenständen verbreitet. Auch der Nähkorb der alten Frau, die vor dem Kamin ihres Hauses sitzt, ist aus Asphodelos (Bild 68) geflochten. Sie näht auf eine Schürze, *su bardellinu*, eine bunte Borte, *sa vetta e corripiccu*, die den Schmuckstreifen, *corripiccu*, am unteren Schürzensaum verbreitern soll.
Die Frau trägt eine weiße Bluse, *sa 'amisa*, mit Spitzenkragen, der – in Kreuzstich – mit kleinen Herzen, *cun su 'oro*, bestickt ist, darüber ein Jäckchen, *tzippone*, das mit Erlenrinde, *su scappezzu*, weinrot gefärbt wurde. Der braune Rock, *sa 'este* oder *sa beste*, ist an der Hüfte gekräuselt. Die Art, in der das Kopftuch, *su miccadore*, und der Haarknoten, *su crundile*, durch eine runde, versteifte Form, *su cappiale*, kegelförmig hochgehalten werden, erinnert an orientalische Kopfbedeckungen.
Zur Festtagstracht von Ollolai gehört außer der Schürze, an der die Frau näht, ein dunkelroter Lodenunterrock, *su uddittu de cistone*, aus Ziegenhaar, *orbace*, mit farbenprächtigen Verzierungen, die unter dem Rock hervorschauen. Auf der Bluse wird ein kurzes, gesticktes Spitzenfichu, *su groppu*, getragen, an welchem der Schmuck befestigt wird. Für Amulette, *sa sabea e sa manufica*, war ein besonderes Stück buntbestickten Stoffes, *su puleu*, vorgesehen. Früher trug man auch die silbernen *spuligadentis*, Kettchen mit Parfumbehälter, Zahnstocher und Ohrenreiniger, als Kleinod (Bild 131).

145–147 Festtrachten von Orgosolo

Orgosolo – der rhythmische Name dieses Gebirgsdorfes, das in 591 m Höhe im Zentrum Sardiniens liegt, ist über die Insel hinaus bekannt. Unter seinen 5000 Bewohnern herrscht ein ungewöhnlich starker, fast unbändiger Drang, in der Abgeschlossenheit ihrer Bergwelt ungestört ein Leben zu führen, das nur den schon vor Zeiten in der *barbaricina* geltenden Gesetzen gehorcht. Zu den Grundlagen dieser Gesetze gehört die Blutrache, die Verpflichtung, in Sippen- oder Familienangelegenheiten Rache zu üben. Aus dem alten Ehrenkodex leitet man die noch heute gültigen Vorschriften für moralisches Verhalten ab. Diese Prinzipien schaffen wiederum Wertvorstellungen, die für den eigenen Bereich verbindlich sind, während sie für andere Menschen keine Gültigkeit besitzen. Aus solchen Denkformen und Sitten erklären sich die zahlreichen Fehden unter den Dorfbewohnern und deren Einstellung zu den Folgen: die Neigung, im Notfalle das Leben der »Banditi« zu führen, und die Bereitschaft, Banditen aus den eigenen Reihen zu unterstützen.
Nicht nur die Draufgänger aus diesem Gebirgsdorf geraten in Konflikt zur heute bestehenden Rechtsordnung. Oft kommt es bei den Auseinandersetzungen zu regelrechten Gefechten mit der Militärpolizei. Für den hohen Grad des Einsatzwillens der Leute von Orgosolo und der Konsequenz ihres Verhaltens mag die Tatsache von Bedeutung sein, daß sie das eigene wie auch das fremde Leben gering schätzen oder sogar verachten. Die Zahl der Grabstellen und die Grabsteine auf dem Friedhof von Orgosolo zeugen von diesem übertriebenen Ehrgefühl, das keine Beleidigung duldet, »weil man Blut – und nicht Wasser – in den Adern hat«, *su sambene non est aba*.
Fast scheint es, als zeichne sich diese Einstellung zum Dasein in den Gesichtszügen und strengen Trachten der Frauen von Orgosolo ab, die hier in ihrer Festkleidung zu sehen sind. Nur während des Efisio-Festes in Cagliari gelang es, eine Trachtenträgerin zu einem Lächeln zu bewegen. Das bastfarbene Kopftuch gibt sonst lediglich

Augen und Nase frei und drängt das Gesicht gleichsam in eine Nische zurück. Das Tuch wird zu Hause hergestellt: die Seide wird aus Fäden gewebt, die der eigenen Raupenzucht entstammen; der Extrakt, mit dem man die Seide färbt, wird aus sardischem Safran gewonnen.

Die Bluse, *sa 'amisa*, ist aus schneeweißem Leinen. Der Rand ihres Ausschnitts ist mit Stickereimotiven in Herzform geschmückt, *cun su 'oro*. Das Muster der über die Hand fallenden Ärmelspitzen erinnert an die Filigranketten von Oliena, *sunt appriccadas sar collanas d'Oliena*. Die Korsage, *sar palas*, aus einer Art schwarzem Plüsch, *sa perfa*, steht vorn weit offen. Sie hat die Form eines Boleros und oben abstehende Vorderkanten und ist mit breiten roten Streifen eingefaßt, *cun d'una vetta niedda orlada de pannu ruju*. Über die Bluse und die Korsage wird ein Jäckchen, *su zippone*, aus dickem scharlachfarbenem Tuch, *pannu ruju*, gezogen, das mit einem hellblauen Band, *sa vetta mescrina*, geschmückt ist.

Die roten Tuchärmel sind am Außenarm, bis zur Schulter hin, mit spitz zulaufenden Applikationen verziert, deren Muster an die Schließen von Silberketten, *sar puntas de 'adena*, erinnern. Sie bestehen aus hellblauen Bändern, *sas vettas*, und goldenen Posamentenstreifen, *s'ishala 'unzau*. Das Material des Rockes, *su sahittu*, d. h. das Säckchen, ist schwerer Loden aus Ziegenhaar, *orbace*, in bordeauxrot oder kaffeebraun. Der Rock hat an der Unterkante zwei grüne plissierte Volants aus Samt, die an den Rändern einen schmalen roten Streifen haben. Über den Rock wird eine Schürze, *s'antalena*, gebunden, deren Brokatstoff mit stilisierten Lotosblumen und aztekischen Zeichen in prächtigen lebhaften Farben mit Seide bestickt ist. Zur Tracht werden passende Strümpfe, *sar mizas*, und moderne Schuhe, *sas isharpas*, getragen.

Neben den Festtagsgewändern gibt es noch eine bescheidenere Tracht, die man bei der Arbeit anzieht, und außerdem die schwarze Witwenkleidung. Diese wird von der alten Frau getragen (Bild 145), die wie ein gespenstischer Schatten an einer grob geschichteten Granitmauer vorüberhuscht, ein Symbol für die Bedeutung des Todes, zu dem die Bewohner von Orgosolo eine besondere Beziehung haben.

148 Prozession am Johannistag in Fonni

Fonni (5200 Einwohner), auf 1000 m das höchstgelegene Dorf Sardiniens, wurde im 17. Jahrhundert gegründet und ist Mittelpunkt der Barbagia Ollolai. Hier lebt man noch vorwiegend – wie in alten Zeiten – von der Schafzucht und auch von der Rinder- und Kleintierzucht.

Viel besucht ist die Wallfahrtskirche »Santuario della Vergine dei Martiri« bei dem Minoritenkloster SS. Trinità im Ortsteil Logotza. In der Woche nach Pfingsten, wenn – wie seit alters her – die Hirten mit den Herden aus dem Campidano oder aus dem Küstenland in die Berge zurückkehren, findet dort, von Donnerstag bis Sonntag, ein großes kirchliches und weltliches Fest statt, das von den Klosterbrüdern vorbereitet wird. Das Kirchenfest besteht aus einer Prozession mit dem aus dem 17. Jahrhundert stammenden Bild der »Vergine dei Martiri«, das von Reitern mitgeführt wird. Viele Prozessionsteilnehmer tragen Tracht. Stark besucht sind auch der weltliche Teil des Festes und sein Markt.

Größer und interessanter in seinen folkloristischen Darbietungen ist das Fest Johannes des Täufers, das am 24. Juni zum Dank für das gute Erntejahr, *po' s'annada bona*, gefeiert wird und in dessen Bräuchen sich noch vieles von dem heidnischen Fruchtbarkeitskult bewahrt hat. Im Volksmund heißt der 24. Juni »Tag der Blumen«, *sa die e frores*. In den ersten Stunden dieses Tages, zwischen Mitternacht und Sonnenaufgang, macht man sich auf, um »das Wasser der Blumen«, *s'abba de frores*, zu schöpfen, dem Wunderkraft zugeschrieben wird. In früherer Zeit pflegten die jungen Burschen blühende Holunderzweige, *sammuhu*, zu sammeln, um während der Prozession, *sa prepessone*, Blätter und Blüten zu streuen. Stengel und Äste, denen man Heilkraft zuschrieb, wurden von den Älteren aufbewahrt.

Für das Fest backt man auch heute noch einen großen Kuchen aus feinstem Weizenmehl, Honig, Mandeln, Weißkäse und Quellwasser, *su cohone de frores*, (Durchmesser 40–45 cm, Höhe 20 cm). Der Kuchen wird mit 250 Vogelfigürchen, *sos puggiones*, verziert. In konzentrischen Kreisen werden sie um vier Hühnchen, *sas puddiinas*, verteilt, die um ein Nest, *su nidu*, mit fünf kleinen Vögeln, *sos puggioneddus*, angeordnet sind.

Die Prozession, von der hier nur ein Ausschnitt zu sehen ist, und die Trachten der jüngeren Frauen sollen genauer beschrieben werden.

Der Prozessionszug, dessen Weg festgelegt ist, setzt sich gegen 10 Uhr an der Pfarrkirche, die dem Heiligen Johannes geweiht ist, in Bewegung und endet dort wieder nach eineinhalb Stunden mit Gewehrsalven und Feuerwerk, *sos coettes*, unter dem Geläut der Sturmglocken. Die Landstraße, die er hier entlangzieht und in deren Hintergrund der M. Spada (1595 m) zu sehen ist, wurde inzwischen asphaltiert und zu beiden Seiten bebaut. Der in Doppelreihen angeordnete Zug wird von den Rittern der Vergine dei Martiri angeführt. Sie sind barhäuptig, in Tracht und tragen ihre Standarte, *s'istendardu*. Ihnen schließen sich die Kunstreiter, *sos currillos*, in Samtkleidung an, die am Abend ihre Künste, *sa harrela*, vorführen. Dann folgen Frauenvereinigungen verschiedener Kirchengemeinden und Mitglieder der Azione cattolica – alle mit ihrem Festtagsbanner. Vom Schlußteil des Zuges sieht man hier gerade noch ein paar weißgekleidete Ordensbrüder, *confrarius*, mit hellblauem Umhang, *su prapellissu*. Abordnungen der Vereinigung von S. Giovanni, deren Kassierer, *su casseri*, den großen Kuchen trägt, und Vertreter aus anderen Gemeinschaften, jeweils in verschiedenfarbigem Ornat, folgen mit ihrem Heiligenbild, dann die Priester der beiden Pfarrkirchen, der Bürgermeister und andere Vertreter der Gemeindeverwaltung mit der Nationalfahne. Weitere zivile und militärische Autoritäten gehen am Ende des Zuges, dem sich ein Strom von Betenden anschließt.

Der Teil des Zuges, den das Bild zeigt, ist besonders malerisch. Fast unverfälscht finden sich die alten Formen und Festkleider. Die beiden Trachten, die man sieht, unterscheiden sich nicht nur in ihrer Farbe und Machart, sondern auch in ihrer Herkunft und Geschichte. Die rote Tracht heißt *de brathallu*, die braune *de vardellinu*.

Die Tracht *brathallu* entwickelte sich aus der Arbeitskleidung der Frauen aus dem Volke. Diese Alltagskleider wurden mit der Zeit immer schmuckvoller und reicher ausgestattet. Nur wenige Teile dieser Tracht haben noch die ursprüngliche Form. Verändert hat sich die Kopfbedeckung aus Leinen oder Musselin, *tivaggedda*, die früher wie eine Bandage um Kopf und Kinn gewickelt wurde und das Gesicht nur über dem Kinn unverhüllt ließ. Sie hing an einem Stück Leinen, das die Haare zusammenhielt, *s'iscuffia*, und unter dem noch ein gröberes Leinentuch, *sa capithola*, am Nacken mit einer kleinen Kordel gerafft war. An Stelle dieser Kopfbedeckung wird heute ein einfaches braunes Seiden- oder Tibetkopftuch mit Goldstickerei getragen.

Mit einem weißen Bändchen, *su pettu*, wird der untere Teil der weißen Leinenbluse, *sa hamisa*, die am Ausschnitt mit Silberknöpfen, *butones de prata*, zusammengehalten ist, über der Brust gekräuselt, so daß der Busen sich besser abhebt. Das Mieder, *s'imbustu*, besteht aus zwei festen, bestickten Seidendreiecken, die als Büstenhalter, *sas pettorras*, dienen. Darüber wird ein rotes Tuchjäckchen mit Dreiviertelarm, *su cippone*, getragen, das an den Vorderkanten und um den Ausschnitt mit einem braunen blumenbestickten Samtstreifen, *ghettados*, verziert ist. Die Ärmelkanten werden unten von hohen schwarzen Seidenstulpen mit Blumenmuster überdeckt, die unteren Stulpenkanten wiederum von scharzen Samtmanschetten, welche mit Applikationen aus braunem Samt geschmückt sind. Der plissierte, lange Rock, der aus Hunderten von Fältchen besteht, *sa veste*, ist aus rotem Wollstoff, an beiden Seiten ist ein Streifen bordeauxroter Ziegenwolle eingesetzt und in der Vorderbahn ein hellblauer, bestickter Seidenstreifen. Der Rock bedeckt die Schuhe, *sos ussingios de cromo*. Der Schnitt der Schürze, unter derem Gurt die Mädchen ihre Hände gefaltet halten, ist ausgesprochen elegant: Ein schmales rotes Dreieck, dessen Spitze nach oben weist und das von einer hellen, breiten Seidenkante umrahmt wird, korrespondiert mit Form und Farbstellung der Gesamttracht. Die breite Seidenkante, entweder hellblau oder elfenbeinfarben, ist reich bestickt.

Die dunkle Tracht, *vardellinu*, ist spanischer Herkunft. Im 17. Jahrhundert wurde sie zunächst von Edelfrauen getragen, dann von Bürger- und Landfrauen, *sas sennoras*, übernommen, wenn sie sich vom allgemeinen Volke abheben wollten, dessen Frauentracht nunmehr kostbarer als die *vardellinu* ist. Die Kopfbedeckung, *su mucadore*, aus Tibettuch, mitunter auch aus brauner oder schwarzer Seide, wird um das Kinn gelegt und auf der linken Seite mit einer Goldnadel festgesteckt. Die Bluse wird oben mit Goldknöpfen, *butones de oro*, geschlossen und über den Hüften von einem Mieder, das gleichzeitig als Büstenhalter dient, zusammengehalten. Die Jacke ist aus schwarzem oder violettem Reliefsamt, *picau*, manchmal auch aus verziertem braunem Seidensamt. Sie steht vorn weit offen und hat lange Ärmel. Auf den Manschetten finden sich die gleichen Ziermotive wie am Rock.

Von der Bezeichnung für den Rock, *vardellinu*, aus *faldellinu* von falda, die Falte, leitet sich der Name für die gesamte Tracht ab. Der Rock besteht aus zwei Teilen. Der obere, anliegende Teil, bis zu 10 cm über das Knie reichend, ist aus braunem Wollstoff, oft aus dem gleichen Material wie die Jacke. Der untere, eng plissierte Rockteil geht bis zum Knöchel und kann aus einfacher Seide, aus Atlasseide, aus Samt oder aus Chenillesamt bestehen. Dieser Teil, den man wegen seiner Dekors *s'agrumento*, Zierteil, nennt, ist entweder weiß, elfenbeinfarben, hellblau, hellgelb oder mattgrün. Die Motive sind in Gold- oder bunter Seidenstikkerei, auch sogar in Ölmalerei ausgeführt. Die Schürze, *su saucciu*, ist aus schwarzer, durchbrochener Seide.

149 *Flumendosa-Tal bei Villanova Tulo*

Stille und etwas Feierliches liegt über dieser weiten Landschaft, in der sich der Flumendosa, einst *Saeprus flumen* genannt, südostwärts durch den Sarcidano schlängelt. Die mit Macchia bedeckten Hänge des Flußtals südlich der Ortschaft Pranu Crastus sind ein Teil des Basaltplateaus von Pranu Muru di Nurri (764 m), in der Ferne sind die Kalksteinstufen von Perdasdefogu und Escalaplano zu erkennen. Der Flumendosa, mit seinen 122 km einer der längsten Flüsse Sardiniens, entspringt unweit von Lanusei in dem fruchtbaren Becken von S. Cosimo, windet sich durch die entlegensten Gebirgsgegenden Sardiniens und bildet schließlich an der Ostküste bei Muravera ein sumpfiges Deltagebiet.

Die starken Schwankungen der Abflußmenge des Flumendosa von 15 bis zu 730 m^3/sec werden jetzt durch zwei Stauanlagen im Oberlauf bei Villagrande und durch eine weitere im Mittellauf bei Orroli geregelt.

150 *Aufforstungen im Pardu-Tal südlich von Gairo*

Diese kahlen Bergzüge am Unterlauf des Pardu sind typisch für Gebirgslandschaften an der Ostküste Sardiniens. Hier ist das Tal schon relativ breit, jedoch nicht ausgedehnt und fruchtbar genug, um den Menschen Anbauflächen zu bieten. Ortschaften findet man gelegentlich nur in höheren Lagen an geneigten oder steilen Hängen, in einer das Tal beherrschenden Position. Eine systematische Aufforstung dieser kahlen Berge, deren reicher Waldbestand von Menschenhand zerstört wurde, begann in den fünfziger Jahren. Sie wird von der italienischen Regierung und von der Autonomen Region Sardiniens durch Einsatz von finanziellen Mitteln und Arbeitskräften sowie durch Aufbau entsprechender Einrichtungen gefördert. Zunächst werden, wie das Bild zeigt, die Erosionstäler durch Anpflanzungen befestigt.

151 *Weingarten bei Ussassai*

Eine der landschaftlich schönsten Chausseen Sardiniens – die kurvenreiche Straße 198 – steigt von der Ostküste hinauf in die Berge der Barbagia. Dem weiten Bogen ihrer Trassenführung fügen sich die Furchen eines Weingartens ein, der in 500 m Höhe auf fruchtbarem Schwemmland angelegt wurde. Sie schillern im Sonnenlicht und zeugen von dem zähen Fleiß der Bewohner der Ogliastra. Durch Intensivierung von Landbau und Schafzucht versucht man hier, trotz isolierter Lage und naturbedingter Schwierigkeiten den Lebensstandard zu heben und der Auswanderung Einhalt zu gebieten, nachdem sich Industrialisierungsexperimente als nicht zu erfüllende Wünsche erwiesen haben.
Nur wenige Kilometer westwärts der Brücke über den S. Girolamo liegt Ussassai, ein Dorf von 1200 Einwohnern, das in 670 m Höhe an den Hängen des M. Arqueri (1109 m) gelegen ist. Links im Bild zeichnen sich die Konturen eines Kalksteinmassivs, des *tonneri* von Punta Comidai (1120 m) ab, rechts sind die Ausläufer des Tagliaferro (1104 m) zu sehen.

152 *Zwei Krieger, Bronze*

Höhe 14 cm. 8. Jahrhundert v. Chr. Fundstätte: Teti, Abini. Archäologisches Nationalmuseum Cagliari

Zwei Krieger in ihren Rüstungen mit dem Schild auf dem Rücken und dem Schwert in der Linken. Beide haben die Rechte erhoben – zur Begrüßung oder auch als Geste der Verehrung. Auffallend sind die langen, zopfartig geflochtenen Schläfenlocken (vgl. Bild 54) und die Unterschiede der kappenähnlich anliegenden Helme, der eine mit Hörnern geschmückt, der andere mit einem langen, weit nach vorn gezogenen Zipfel.
Die Gesichter und die Einzelheiten der Rüstung und der Waffen sind in geometrischem Stil sehr sorgfältig ausgeführt.

153 *Die Mutter des Getöteten*

Bronze, Höhe 10 cm. 8./7. Jahrhundert v. Chr. Fundstätte: Sa Domu e s'Orku, Urzulei. Archäologisches Nationalmuseum Cagliari

An der Steilwand des Kalksteinhanges, der das Dorf Urzulei in der nördlichen Ogliastra beherrscht, liegt der Zugang zu der heiligen Höhle »Haus des Orkus«, *Sa Domu e s'Orku*, in der man diese Bronzegruppe fand.
Die Darstellung einer Mutter und ihres toten Sohnes ist von ungemein starker Ausdruckskraft und vollendet im Zusammenklang von Form und Inhalt. Die Frau sitzt auf einem fünfbeinigen runden Hocker. Den rechten Arm hat sie zum Gebet erhoben, mit der Linken drückt sie den toten Sohn an ihre Brust. Das Haar fällt ihr in breiten Strähnen auf den Nacken. Der Sohn ist unbekleidet, jedoch mit seinen Standeszeichen ausgestattet, mit einer Kopfbedeckung, einer kleinen Kappe, wie sie meist von Stammesfürsten getragen wird, und mit einem auffallend großen, stark herausgearbeiteten Dolche (vgl. Bild 27).
Die voluminöse, zylindrische Form der Köpfe unterstreicht die Bedeutung der beiden Figuren. Die Gesichtszüge, geometrisch in der Linienführung, sind äußerst markant: tief und eckig die Augenhöhlen, betont der Bogen der Augenbrauen und stark unterstrichen das typische T-Schema der Nase. Weniger deutlich ist eine kleine Wunde am Mund. Nur das Kinn zeigt eine leichte Rundung. Strenge und Sparsamkeit der Form sind auf den tragischen und feierlichen Ausdruck der Gesichter abgestimmt.
Unbändig ist die Dramatik, mit der das Erbarmen der Mutter und das schmerzvolle Mysterium des Todes erfaßt sind, – Züge des »barbarischen Realismus«, jener künstlerischen Sprache, die der Natur Sardiniens und dem Brauchtum der Menschen des Nuraghenlandes entspricht. Man neigt dazu, in der Statuengruppe eine sardische Pietà zu sehen: nicht eine Madonna, jedoch eine jener Mütter, deren Sohn nach dem Gesetz der Blutrache im Eichenhain sterben mußte. Sie hüllt den Sohn in ihren Mantel, opfert ihn der Gottheit in Ergebenheit und besiegelt damit den Rachepakt, dem grausamen Kodex der Barbagia gehorchend, der mitunter noch heute Gültigkeit hat.
So unterscheidet sich diese Muttergestalt von der Mutterstatuette von S. Vittoria aus Serri (Bild 52), gemeinsam ist beiden aber das Gelübde an eine chthonische Gottheit.

154, 155 *Ulassai und seine »tonneri«*

Imposant und sagenumwoben ist dieser Teil der Ogliastra, der »sardischen Schweiz«, den man erreicht, wenn man südlich von Bari Sardo von der Chaussee 125, der Küstenstraße Ostsardiniens, an der Cantoniera di Genn'e crescia nordwestwärts abbiegt. Von dem gewaltigen Kalksteinmassiv, auf dem die kurvenreiche Straße verläuft, schaut man in ausgedehnte Täler oder auf turm- und burgenartige Kalksteinformationen, in der Ferne erblickt man das Küstengebirge von Tortoli, die rötlichen Felsen von Santa Maria Navarrese und die gezackten Granitporphyre von Arbatax. Diesen prächtigen Blick genießen auch die Bewohner einiger Gebirgsdörfer von ihren hohen, sauberen Häusern aus, an denen man auf der 16,4 km langen Strecke von der Cantoniera nach Gairo (539 m) vorüberfährt. Zunächst gelangt man nach Ierzu, dem größten dieser Dörfer (422 m, 3900 Einwohner), dessen Weinberge in dem hochgelegenen Quirratal und dem breiten Pelau-Tal weithin bekannt sind. Dann führt der Weg hinauf nach Ulassai (740 m, 2300 Einwohner), einem Dorf in einzigartiger Lage, auf einem Sattel am Rande der ausgedehnten Kalksteinpforte, ohne Schutz gegen den Wind. Die Bilder zeigen von Osten und von Westen die beiden mächtigen Kalksteinmassive, die *tonneri* von Brunku Matzeu (956 m, auf Bild 154 rechts, auf Bild 155 links) und von Brunku s'armidda (973 m, auf Bild 154 links, auf Bild 155 rechts).

In den zerfurchten Tälern östlich von Ulassai bemüht man sich, das Fortschreiten der Erosion durch Aufforstung zu verhindern. Am Westrande des Dorfes erhebt sich über dem Sattel gleichsam ein riesiges Amphitheater, geformt aus Dolomitsäulen, Riffen, Zacken und Türmen.

Auf der kleinen Straße, die am Fuße des Kalksteinmassivs Brunku s'armidda zu sehen ist (Bild 154), kann man die größte Karsthöhle der Ogliastra, die Grotte Su Marmuri, erreichen (3 km von Ulassai). Sie ist nicht nur wegen ihrer Ausmaße und der Größe ihrer Stalagmiten und Stalaktiten, sondern auch wegen ihrer Seen, Labyrinthe und Echos berühmt. Zu den seltenen endemischen Tierarten, die man hier findet, gehört ein blinder Käfer aus der Familie Silphidae, *Bathysciola gestroi*.

156 *Aufforstungen in der nördlichen Ogliastra*

Aufforstungen am Kalksteinhang des M. Attu (128 m) und an den Kuppen des Maoro (419 m), in dessen Karsttälern Eichen wachsen; man sieht den Mirenu, der weiter ostwärts in die Lagune von Tortoli mündet, und im Hintergrund in diffusem Lichte die Kalksteinhänge von Baunei (700 m).

157 *Granitporphyre von Arbatax*

Klippenreiche Ufervorsprünge, hochgetürmte Felszacken, dann wieder sanfte Linien weiter Buchten und weiter Sandstrände – zauberhaft und spannend zugleich ist dieser Wechsel im Landschaftsbild an der Ostküste Sardiniens im Bereich von Arbatax: nach Norden hin bis zu S. Maria Navarrese, einem kleinen, zu Baunei gehörenden Küstenort, nach Süden vorüber am Torre di Bari zum Küstenstreifen von Bari Sardo bis nach Baia di Gairo.

Das Photo zeigt den von rechts nach links abfallenden Grat der Porphyrprismen mit ihren rötlich gefärbten Spitzen, der weit ins Meer hineinragt und die kleine versteckte, stille Bucht begrenzt, in der man Fischerboote sieht. Unweit des Kaps Bellavista am Ende des Grates liegen an der Nordküste zwei Häfen: Arbatax (rund 400 Einwohner), ein kleiner Fischerhafen, dessen Name aus dem Arabischen abzuleiten ist und »14. Turm« bedeutet, und ein Industriehafen, wichtig für Versorgung und Ausfuhr einer nahen Papierfabrik, die das Landschaftsbild stört.

158 *Von einem Esel getriebene Schöpfanlage nördlich von Tortoli*

Felder und Obstplantagen Sardiniens wurden nach arabischer Art mit Wasser versorgt, bevor die Bewässerungsanlagen, deren abgestufte Beckensysteme auf dem Bild zu sehen sind, mit elektrischen Pumpen ausgestattet waren. Ein Esel hielt die Schöpfanlage in Betrieb, indem er auf einem grob gepflasterten Rand um den Brunnen herumlief. Durch gegenläufige Zahnräder wurde die Kreisbewegung auf ein senkrecht stehendes Rad übertragen, das dann eine geschlossene Kette mit mehreren Schöpfeimern rotieren ließ. Diese Schöpfanlage aus Eisen stellte gegenüber dem älteren traditionellen Bewässerungsverfahren mit Holzgeräten einen Fortschritt dar: An einer Holzwinde, die von Eseln gezogen wurde, drehten sich kleine Tonbehälter, sie schöpften das Wasser und schütteten es in ein Becken.

Heute ist die Küstenebene am Tyrrhenischen Meer nördlich von Tortoli, die im Westen von den Bergen von Baunei begrenzt wird, auf fast 5000 ha meliorisiert und liefert Zitrusfrüchte, Gemüse und eine orientalische Tabaksorte. Im Nordwesten, der unweit Lotzorai vom Kastell der Medusa beherrscht wird, sieht man Halden von Granitgeröll, das der Pramaera und der Mirenu aus den Bergen von Talana herantransportierten. Im Südosten begrenzt die ausgedehnte Lagune von Tortoli (2,5 km × 1,3 km) die be- und entwässerte Küstenebene.

159 *Der Engelsbogen – »Arco dell' Angelo« – nördlich von Campu Omu*

Wildheit und Einsamkeit der sardischen Bergwelt und auch die Kunst der Straßenbauer wirken faszinierend, wenn man auf der Chaussee 125 von der Ostküste der Insel südwestwärts, nach Cagliari hinunterfährt, zur Rechten die Berge des Sarrabus, zur Linken die auf 1023 m ansteigenden Sette Fratelli. Unterhalb der Straße windet sich zwischen saftig grünem, rot blühendem Oleander das weißlich schimmernde Bett eines Quellflusses des ungestümen Piccocca, dessen unbändige Kraft sich später in den Sümpfen von Colostrai, südlich von Muravera, verströmt. Der Name des reißenden Flusses im Bereich der Straßenkehre, der in den Campu

Omu, einen Zufluß des Piccocca, mündet, ist *Bacu is angiulus* (Engelsschlucht). Diese Bezeichnung verstümmelnd hat der Volksmund dann die Straßenkehre *s'arku de is angiulus*, Engelsbogen, genannt, weil die Natur an dieser Stelle ein bogenförmiges Gebilde aus roten Gesteinssäulen schuf, indem sich der widerstandsfähigere Granitprophyr aus dem Granitfelsen heraushob. Dem 537 m hohen Berg, dessen Wand durch den Straßeneinschnitt 130 m hoch aufgerissen wurde, gaben die Sarden ihren Namen für den Nordwestwind: *Bruncu bentu estu*. Die Straße schlängelt sich hier kilometerlang durch den düsteren, gruselerregenden Engpaß, vorüber an rötlichen Steinsäulen, schroffen Felsklippen und bizarren Felsspitzen. In diesem Gebiet, in dem jetzt schmächtige Ziegen auf der Suche nach aromatischen Kräutern an den Steilhängen umherklettern, gab es früher viel Großwild.

160 *Madre mediterranea*

Marmor, Höhe 30 cm. Um 2000 v. Chr. Fundstätte: Porto Ferro. Archäologisches Nationalmuseum Cagliari

In einem Hypogäum der Ozieri-Kultur entdeckte man diese Skulptur zusammen mit drei weiteren. Die tafelartig flache Marmorgestalt gehört, wie rund fünfzig andere Funde, zu einem Typus der *madre mediterranea*, der bereits in der Erläuterung zu Bild 50 beschrieben wurde. Sie ist kleiner als jenes Idol, im Stil eindeutiger geometrisch und in der Schematik noch stärker auf den Symbolgehalt bezogen. Solche Varianten des genannten Typus, die im Norden Sardiniens mehrfach gefunden worden sind, werden als »durchbrochene« oder »Wespentaillen«-Formen bezeichnet.

Die hier gezeigte *madre mediterranea* ist streng, steif, gleichsam hölzern in ihrem Zuschnitt, vollendet ausgewogen in ihrer Symmetrie, deren Achse von dem scheibenförmigen Kopf bis zu dem unteren, konischen Abschluß verläuft.

Die Augen und die lange, schmale Nase sind nur schwach angedeutet. Die Schulterlinie ist genau horizontal, während die Linien der angewinkelten Arme ganz sanft geschwungen sind. Der Raum zwischen ihnen und der trapezförmigen schmalen Büste, auf der in Höhe der Achseln die Brüste konisch angedeutet sind, hat die Form zweier symmetrischer Dreiecke. Durch eine vertikale Furche auf dem Rücken wird die Symmetrieachse der Figur betont. Auf den Schultern läuft eine Reliefleiste entlang, die sich auf der Rückseite an den Armen hinunter fortsetzt. Der Dekor unterstreicht den geometrischen Charakter und die magisch religiöse Bedeutung der Statuette.

In der Form des Kopfes und des konischen unteren Abschlusses erinnert diese madre an kleine Marmoridole von Kreta. Sie ist jedoch zeitlich später einzuordnen als Beispiele aus der Ägäis und in die Epoche um 2000 v. Chr. zu datieren. Denn hier zeigt sich eindeutig die sardische Ausdrucksart des Prozesses der Erstarrung, des Eklektizismus und der Abstraktion in der formalen Gestaltung.

LANDESKUNDLICHE SKIZZEN

Bearbeitet und durch einzelne Abschnitte ergänzt von Dora Fischer

Lage, Größe, Einwohnerzahl Sardiniens

Wochenlang kann man an »Marmorklippen« und einsamen Sandstränden dieser zweitgrößten Insel des Mittelmeeres umherstreifen, ohne eigentlich auf »Sardinien« zu sein. Flug- und Seehäfen, von denen aus die entlegen wirkenden, stillen Buchten ebenso leicht zu erreichen sind wie die bekannten Küstenstriche, liegen in Gebieten, deren historische Geschicke das Leben der Sarden im Innern der Insel nicht unmittelbar berührten. Fährt man von Olbia, der alten Römerstadt unweit des Golfo degli Aranci, durch bizarre Granitformationen zur Costa Smeralda oder zum Archipel La Maddalena, bewegt man sich in einer Landschaft, die von den frühesten Zeiten an ethnisch und kulturhistorisch eine Sonderstellung einnahm und stets stark zu Korsika tendierte (Text zu Bild 116/117). Landet man auf dem Flughafen von Alghero, um Küsten und Grotten im Nordwesten der Insel aufzusuchen, trifft man oft auf Menschen, die – wie ihre Vorfahren – Katalanisch sprechen. Rund 250 km weiter südlich liegt Cagliari, Hauptstadt der Region Sardinien, Ausgangspunkt zu weiten Sandstränden an einem ausgedehnten Golf mit Ruinen punischer und römischer Küstensiedlungen. Das turbulente Treiben und der moderne Lebensstil dieser Hafen-Großstadt sind für Sardinien durchaus nicht typisch, selbst wenn sich hier und in einer zweiten Großstadt, in Sassari, der »Metropole« des Nordens, jetzt fast ein Viertel der Bevölkerung der Insel konzentriert.

Die Mehrheit der eineinhalb Millionen Inselbewohner lebt noch immer in kleinen Ortschaften unter 10000 Einwohnern, verstreut über ein Territorium, das nahezu ein Zehntel der Fläche der Bundesrepublik umfaßt. Da sich die Sarden im Laufe der Geschichte aus den Küstensiedlungen auf das Land zurückgezogen und vorwiegend Ackerbau und Weidewirtschaft betrieben haben, gibt es heute außer den beiden Großstädten kaum Mittelstädte. Nur die alte Festungsstadt Alghero und die vor 40 Jahren gegründete Bergarbeiterstadt Carbonia, dazu Quartu S.Elena, eine Art Satellitenstadt Cagliaris, und die erst in letzter Zeit schnell gewachsene Provinzhauptstadt Nuoro erreichen eine Einwohnerzahl von 30000. Und nahezu alle Städte – Cagliari und Alghero ausgenommen – sind bisher integrierender Bestandteil der sie umgebenden Landschaft geblieben. Ihre Beziehungen zur ländlichen Umgebung scheinen sich nicht in der Funktion zentraler Orte zu erschöpfen, sondern durch den hohen Anteil an Ackerbürgern geprägt zu sein (Text zu Bild 99). Das Leben ihrer Bewohner und der Landbevölkerung vollzog sich bisher meist abseits der politischen und kulturellen Entwicklungen der Mittelmeerstaaten, obwohl gerade die zentrale Lage der Insel im westlichen Mittelmeer Gelegenheit zu aktiver Teilnahme der Sarden an diesen Vorgängen geboten hätte.

Die kulturhistorische Einführung dieses Buches und die Zeittafel zeigen, wie oft sich auf der Insel ethnische und kulturelle Elemente aus allen Randgebieten des Mittelmeeres trafen, mitunter auch vermischten – in ähnlicher Weise, in der sich hier Vegetationsformen von Ost und West, von Süd und Nord begegneten. Einflüsse von außen, soweit sie nicht nur die Peripherie erfaßten, wurden jedoch assimiliert, und der Rückzug der sardischen Bevölkerung ins Landesinnere war so total, die Abschirmung so stark, daß Sardinien noch immer »von Europa weiter entfernt« zu sein scheint als manche andere Mittelmeerinsel. Die Abschließung förderte das Entstehen und Bewahren eigenständiger Denk- und Daseinsformen in einem solchen Maße, daß Sardinien gegenwärtig noch als eine Art Museum gilt.

Die Möglichkeiten der Isolierung sind jedoch heute durch die moderne Informations- und Verkehrstechnik sowie durch den allgemeinen Wandel der Wirtschafts- und Sozialstrukturen erschwert. Die Fernsehantennen in den Gebirgsdörfern, die Erdölleitungen und Autostraßen inmitten der Berge Zentralsardiniens zeigen, daß sich die Inselbewohner seit Beginn der sechziger Jahre den strukturellen Veränderungen unserer Zeit nicht mehr entziehen können, eine Tatsache, welche selbst die spärlichen Angaben der Statistik bestätigen*. Dieser Wandel ist nicht so sehr auf häufigere Berührungen mit den Menschen, die von außen kommen, zurückzuführen – die Zahl auswärtiger Besucher nahm zwar in einem Jahrzehnt (1961/1971) beträchtlich zu, die Übernachtungen der Italiener vom Festland erreichte das Dreifache, die der Ausländer das Achtfache, es waren jedoch in der Mehrheit Touristen, die vorwiegend Küstengegenden aufsuchten.

Die Jugend Sardiniens strömt an die Universitäten von

Cagliari und Sassari, 1961/1971 stieg die Studentenzahl auf das Vier- bzw. Fünffache. Unter den Erwerbstätigen sinkt der Anteil der in der Landwirtschaft arbeitenden Menschen (1961/1971: 37,7%/21,6%), Reformen verändern die Agrarstruktur. In der sardischen Landschaft verschwindet das Bild der über die Hügel wandernden Schafherden, die Transhumanz geht zurück und beschränkt sich nur noch auf knapp ein Zehntel des gesamten Schafbestandes.

Ebenso wie die Isolierung der Insel gegenüber der Außenwelt ist die Isolierung einzelner ihrer Gebiete und Bevölkerungsgruppen heute in Frage gestellt. Daß eine solche Abschließung über lange Zeitspannen wirksam sein konnte, beruht auch auf den besonderen Naturverhältnissen dieses »Kontinents im Kleinen«, auf den tektonischen Besonderheiten und auf den Formen des Reliefs, die weite Teile der Insel nach außen abschließen und diese Hügel- und Berglandschaften wiederum in kleingekammerte Gebiete aufspalten.

Geologischer Bau

In seinem geologischen Bau unterscheidet sich Sardinien erheblich vom italienischen Festland. Die Insel gehört – wie Korsika und die Toskanischen Inseln – der Tyrrhenischen Masse an, die im Pliozän zertrümmert wurde. Die ältesten Gesteine der Insel entstammen dem Kambrium, Ordovizium und Silur und bestehen überwiegend aus Sedimenten – aus Paradoxides-Schiefern des Mittelkambriums, aus Graptolithen-Schiefern des Silur – Ablagerungen, die teilweise im Laufe der kaledonischen und variszischen Gebirgsbildung in Gneise und kristalline Schiefer umgewandelt wurden. Aufschlüsse dieser ältesten Gesteine Sardiniens finden sich an der Ostküste der Insel.

Jura-Kalke und -Dolomite überlagern an dieser Küste am Golf von Orosei auf weite Flächen hin die alten Gebirge und bilden im Innern der Insel zuweilen bizarre Reliefformen wie die *tonneri* von Ulassai (Bilder 154/155) oder die *tacchi* bei Sadali und Esterzili. Andere Aufschlüsse finden sich im Südwesten Sardiniens, in den kristallinen Schiefern des Iglesiente und des Sulcis.

Während der variszischen Gebirgsbildung dringen in die gefalteten Schichten der vorhergehenden Perioden ausgedehnte Granitmassen ein, die zwar größtenteils unter dem Mantel der metamorphen Überdeckung verborgen bleiben. Jedoch erreichen auch die Teile der Granite, die durch Abtragung freigelegt wurden, beträchtliche Ausmaße. Man findet sie in den Felsbrocken der Gallura im Nordosten der Insel und in verschiedenen Abschnitten der Ostküste, über 250 km hin, von der Insel Caprera im Norden bis zum Kap Carbonara im Süden (Bilder 116/117).

* Moro-Sabattini, a.a.O., S. 137, 157 (errechnete Werte)

In der Zeit, in der sich die Alpen auffalten, unterliegt der geologische Bau Sardiniens abermals Veränderungen. Eine neue Bruchphase erfaßt die bereits verfestigten Gesteinsmassen der Insel und gliedert sie in Schollen, die gesenkt oder emporgehoben werden, – es formen sich die Grundzüge des heute vorhandenen morphologischen Baus. In die sich hierbei bildenden Gräben ergießt sich im Oligozän Trachyt-Lava, die im Miozän von Kalken, Sandsteinen und Mergel überlagert wird. In dieser Entwicklungsphase wird Sardinien von Korsika durch einen zwölf Kilometer breiten Grabeneinbruch, die Meerenge von Bonifácio, getrennt. Ein anderer, hundert Kilometer langer Grabenbruch spaltet zu der gleichen Zeit, in der auch der Oberrheingraben entsteht, den äußersten Südwesten Sardiniens von der Insel ab. Im Quartär wird der Graben mit lockerem Schwemmaterial aufgefüllt, es bildet sich die Landschaft, die heute Campidano heißt. Weitere Reste dieser Ablagerungen finden sich in den ausgedehnten Terrassen, die sich im Zuge erneuter Hebungen der gesamten Insel formen.

Auch seit Beginn des Alttertiärs kommt Sardinien tektonisch nicht zur Ruhe. Die tektonischen Aktivitäten äußern sich unter anderem in Vulkanausbrüchen. An den Störungszonen steigt Basaltlava auf und erstarrt im mittleren, im westlichen und östlichen Teil der Insel zu ausgedehnten Basaltdecken. Durch intensive Abtragung entstehen aus solchen Decken die für Sardinien typischen *giara* und *gollei*, Hochebenen mit steil abfallenden Wänden (Text zu Bild 51, Bild 123). Die vulkanische Tätigkeit setzt sich im Jungtertiär fort und dauert bis ins Pleistozän hinein. Unter den kleineren Vulkanen, die an den alten Bruchzonen entstehen, bilden sich die des Logudoro, der sardischen Auvergne, sowie der M. Arci im Hinterland des Golfes von Oristano (812 m) und der M. Ferru, nordöstlich der antiken Siedlung Cornus, (1050 m), der als erloschener sardischer Ätna gilt.

Relief

Das Relief weiter Teile Sardiniens kann man gemeinhin als Mittelgebirge mit eingeschalteten Hochflächen bezeichnen. Eine andere geomorphologische Großform stellt die Ebene des Campidano in dem großen tertiären Grabenbruch dar. Vielfach wird das Landschaftsbild von Kuppen geprägt, die entweder den Hochflächen oder den Ebenen aufgesetzt sind. Auch tafelförmige Erhebungen, deren Ränder aus vulkanischen Gesteinen über Kreidekalken oder Dolomiten aufgebaut sind, überragen hin und wieder die Hochebenen. Sie treten als Inselberge auf, da die Tafeln durch steile talartige Eintiefungen, die an tektonischen Bruchlinien liegen, voneinander getrennt sind. Diese Formen werden *tonneri* oder *tacchi* oder auch *Kronen* genannt.

Kuppen und Inselberge liegen in Höhen von 300 m bis zu 1000 m, sie bilden jedoch keine zusammenhängenden Gebirgsketten. Selbst die Berge des Marghine kann man nur als einen ausgedehnten Höhenzug bezeichnen (35 km, Bild 81). Die Berge von Oliena und Orgosolo sind gleichfalls lange Bergrücken (20 km; Bilder 132, 136), ebenso der M. Albo bei Lula und Siniscola (17 km; Bild 137) und der M. Limbara in der Gallura (15 km; Bilder 101, 116/117).

Im Zentrum, im Südwesten und Südosten der Insel überragen isolierte Gebirgsmassive die Hochflächen oder Ebenen: in der Barbagia die Berge des Gennargentu (Punta La Marmora 1834 m, Brunku Spina 1829 m, Punta Paulinu 1729 m, u. a., darunter M. Spada 1595 m/Bild 148) und der M. Perdedu (1334 m), im Iglesiente der M. Linas (1236 m) und der M. Caravius (1110 m), im Sarrabus der Serpeddi (1067 m) und die Sette Fratelli (1023 m; Bild 159).

Ein Drittel der Inseloberfläche besteht aus Hügelland, Kalken und Mergeln. Hier entwickelte sich in der Zeit vor der Entstehung der Nuraghen und in der »Nuraghenzeit« eine Hirtenkultur mit allen für sie wesentlichen sozio-ökonomischen Merkmalen, jedoch kein bedeutender Ackerbau.

Der größte Teil der Ebenen, die nur ein Fünftel der Inseloberfläche bilden, wird von den Campidani eingenommen. Es sind die einzelnen Abschnitte des 100 km langen, bis zu 20 km breiten Campidano, eines fruchtbaren Landstreifens auf den känozoischen Sedimenten des großen, südostwärts verlaufenden Grabenbruchs. An seinem Rande fand man schon früh die für die Bronzegewinnung erforderlichen Erze. Die Campidani wurden später zur Getreidekammer der Punier und Römer und sind noch heute das Hauptanbaugebiet Sardiniens (Bild 30). Die restlichen, mitunter leicht gewellten Ebenen bestehen aus den »campi« im Innern der Insel (Bilder 45, 49) und aus den Küstenniederungen, zu denen die Nurra zwischen Alghero und dem Golf von Asinara im Nordwesten Sardiniens und die Mündungsgebiete einiger Flüsse gehören, das Tal des Coghinas an der Nordküste und die Täler von Siniscola, Cedrino, Mirenu und Flumendosa an der Ostküste (Bilder 96, 122). Mehrfach findet man hier Deltabildungen, Strandseen oder Lagunen, z. B. im Bereich der Touristenzentren zwischen Posada und S. Lucia, am Golf von Orosei und bei Tortoli.

Lagerstätten

»Der Bergbau in Sardinien erinnert an das Märchen von Dornröschen, welches nach einem hundertjährigen Schlafe in derselben Jugend und Schönheit wieder erwachte, deren es sich ehedem erfreut hatte«, – diese Bemerkung Maltzans, die er 1869 seiner Beschreibung der Bergwerke im Iglesiente voranschickt (Reise auf der Insel Sardinien, S. 165), könnte vielleicht eines Tages zu einer Voraussage für das Geschick der jüngst geschlossenen Gruben der Insel werden. Zu Beginn der siebziger Jahre wurde die Förderung von Eisen-, Mangan- und Antimonerzen weitgehend eingestellt, ebenso die Braunkohlegewinnung im Sulcis (1971: 256000 t)*. Die Braunkohle erwies sich als Energieträger und als Basis von Produktionszweigen chemischer Industrieanlagen nicht mehr als wettbewerbsfähig, nachdem Erdöl in größerem Umfange importiert wurde. Ihre Förderung war Ende der dreißiger Jahre im Bereich der damals gegründeten Siedlung Carbonia unter Einsatz erheblicher Mittel aufgenommen worden.

Für Wirtschaft und Einkommen der Region Sardinien hat die Bergbauerzeugung trotz dieser Stillegung mehrerer Förderungsbetriebe weiterhin eine wesentliche Bedeutung. Sie trägt dazu bei, daß Italien heute in der Statistik der Weltbergbauproduktion nicht nur mit Ziffern für Quecksilbergewinnung erscheint, sondern (1972) auch mit einem Anteil für Flußspat (5,8%), Baryt/Schwerspat (4,7%), Zink (1,8%), Antimon (1,7%), Blei (1,0%) vertreten ist**. Die Förderung von Flußspat und Schwerspat liegt in der Hand nicht-sardischer Unternehmen. Bleiglanz, Kieselzinkerde (Galmei) und Zinkblenden werden vorwiegend im küstennahen Teil des Iglesiente gewonnen, in dem sich unweit der Straße 126 von Guspini bis Iglesias die Bergwerke aneinanderreihen. Die Gewinnung von Bleierzen betrug 1971 33500 t, die Produktion von Zinkerzkonzentraten 152000 t*. Nur ein Teil der Erze wird auf der Insel aufbereitet. Bleierze werden in San Gavino Monreale, östlich Guspini, Zinkerze in Monteponi bei Iglesias verhüttet. Das Bergwerk Montevecchio, westlich Guspini, in dem man aus 600 m Tiefe Blei- und Zinkerze fördert, ist eines der ältesten tiefen Bergwerke Italiens. Im Iglesiente wird in bescheidenem Umfange auch Kupferbergbau betrieben.

Die Förderung von Bleierzen und die Silbergewinnung in Südwestsardinien haben eine sehr alte Tradition. Plumbea insula hieß die Insel S. Antioco zur Zeit der Römer, die diese Erze förderten und exportierten. Im Bereich der antiken Siedlung Metalla suchten die Pisaner – nach jahrhundertelanger Unterbrechung des Abbaus – in Bergwerken der Römer nach Silber. Nachdem die Minen wiederum Jahrhunderte stillgelegen hatten, wurden sie 1840 erneut aufgeschlossen. Ein weiteres Bergwerksgebiet zu römischer Zeit war in der Nurra der Bereich von Argentiera. Dieser Ort, in dem einst die Spanier die Silberförderung von neuem aufgenommen hatten, wird gegenwärtig zum Touristenzentrum ausgebaut. Im Bergbaurevier von Monteponi bei Iglesias, in dem auch Pyritblenden gefördert werden, entstanden außer den Verhüttungswerken chemische Betriebe (Schwefelsäuregewinnung).

Weit verstreut über die Insel sind Lagerstätten von Tonen und Kaolinen (Bild 45) – im Campidano, Sarcidano und Logudoro. Sie besitzen ebenso wie die Talkvorkommen bei Orani in der Barbagia nur lokale Bedeutung. In geringerem Umfange werden aluminium- und arsenhaltige Minerale gefördert.

---

* Sabattini-Moro, a. a. O., S. 162

** Schmidt, H., Kruszona, M.: Regionale Verteilung der Weltbergbauproduktion, Hannover 1975, S. 2, 48/49

Berühmt sind Reichtum und Vielfalt von Bau- und Werkstoffen Sardiniens, die Varianten von Granit, Granitporphyr und Schiefer, die Farbkombinationen des Marmors. Kalksteine, Basalte, Schlacken – Lava und Bimssteine – finden als Bausteine Verwendung (Bilder 108/109).

An der Versorgung Italiens mit Mineralsalzen hat die Produktion der sardischen Salinen einen hohen Anteil. Allein zwei Salinen von Cagliari, La Palma und Macchiareddu, liefern mit 450000 t Salz pro Jahr rund 5% der Kochsalzproduktion der Bundresrepublik Deutschland. Von den kleineren Salinen ist die Anlage bei Carloforte an der Küste der Insel S. Pietro zu erwähnen. Als Nebenprodukte werden Magnesiumchlorid und Bromcarnallit gewonnen.

Gewässer

Für die Hydrographie Sardiniens waren zwei Faktoren von entscheidender Bedeutung: Die lithologischen Verhältnisse der Insel begünstigten den Oberflächenabfluß und förderten in weiten Gebieten die Ausbreitung von Erosionserscheinungen. Geringe Niederschläge verhinderten das Entstehen breiter und tiefer Flußtäler. Die größeren Flüsse der Insel sind (Länge bzw. durchschnittliche Abflußmenge): Tirso (150 km, 20/1200 m^3/sec), Flumendosa (122 km, 15/730 m^3/sec) und Cedrino (70 km, 5/800 m^3/sec). Zu den kleineren Flüssen zählen der Mannu (Porto Torres), der Coghinas und der Temo.

Die Bäche spielen für den Wasserhaushalt der Insel eine größere Rolle als die Flüsse. Sie können im Herbst und Winter zu Torrentes, zu reißenden und gefährlichen Wildbächen, werden, während sie im Frühling und Sommer teilweise oder völlig austrocknen.

Da im Sommer Niederschläge fehlen und manchmal sogar fünf oder sechs Monate lang kein Regen fällt, wurden seit 1950 systematisch Aquädukte und Staubecken gebaut. Heute speichern 34 größere Stauseen insgesamt 1,7 Milliarden m^3 Wasser und dienen der Bewässerung, der Versorgung mit Brauchwasser, mitunter auch der Elektrizitätserzeugung. 1960 deckten sie 70% des Brauchwasserbedarfs der Insel.

Wichtig für die Trinkwasserversorgung Sardiniens sind die Quellen, die mindestens einen Hektoliter Wasser in der Minute schütten. Obwohl man auf der Insel 26000 Quellen gefunden hat, ist die Zahl der wirtschaftlich zu nutzenden großen Quellen gering; sie liegen verstreut in Gebieten, in denen Dolomite anstehen. Gegenwärtig werden aus ihnen 26 Millionen m^3 Wasser in das Versorgungsnetz eingespeist. Nur 2,5% des benötigten Trinkwassers wird aus der Tiefe gepumpt. In den Grotten findet man zahlreiche Karstquellen.

Einige der bisher entdeckten 336 Grotten Sardiniens sind von seltener Schönheit: die Neptunsgrotte und die Grüne Grotte (Grotta Verde) westlich Alghero (Bild 89), die Grotta della Conca Bulia südöstlich Castelsardo, die Grotta S. Giovanni bei Domusnovas, die man von Cagliari oder Oristano aus erreicht, die Marmorgrotte – Grotta su Marmuri – bei Ulassai und schließlich die weithin bekannte, von der See her zu erreichende Grotta del Bue Marino, in der die Mönchsrobben *(Monachus monachus)* lebten (Text zu Bild 123). Im Bereich der Grotten bieten sich oft einzigartige Landschaftsbilder: das Meer – klar und bezaubernd durch sein Farbenspiel; zerklüftete Steilküsten; weite gleißende Sandstrände*.

Eine Eigenart Sardiniens sind die riesigen Wasserflächen der Lagunen und Strandseen, die sich über 15000 ha ausdehnen (Bilder 2, 43). Hier haben Wasservögel – viele verschiedene, auch seltene Arten – ihre Nistplätze. Noch findet man an den Lagunen und Strandseen von Cagliari und Oristano Tausende von Flamingos, *Phoenicopterus ruber*, die dort Station machen oder überwintern. Zu den Vögeln, die man in Italien sonst nicht mehr antrifft, gehören Säbelschnäbler, *Recurvirostra avocetta*, und Sultanshuhn, *Porphyrio L.*. Gejagt werden Bekassinen und andere Schnepfenarten, Enten und Wachteln.

Der Wirtschaftswert der Lagunen besteht nicht nur in der Salzgewinnung. Wasserpflanzen, Sumpfkräuter und Binsen, Riedgras und Schilfrohr der Seen und Lagunen werden intensiv genutzt. Kähne und Hütten, wie sie in Cabras nordwestlich von Oristano aus Rohr gefertigt werden, sind weithin bekannt. Fischreusen und Langustenkörbe werden aus Binsen geflochten. Große Matten aus Schilfrohr haben verschiedenste Verwendungszwecke (Bild und Text 60). Körbe, Schalen und Taschen werden aus Binsen gearbeitet, in einigen Teilen der Insel auch aus Blättern der Zwergpalme, aus Asphodelosstengeln oder aus besonders präparierten Strohhalmen (Bilder 61, 68, 92).

Strandseen und Lagunen sind berühmt wegen ihres Reichtums an Fischen, Krebstieren und Weichtieren, – und jährlich werden hier 96000 Zentner Fisch gefangen, die ebenso wie die Seefische für den Export Sardiniens wichtig sind. Am größten ist der Fischbestand in den Strandseen von Tortoli und in den Lagunen im Bereich von Oristano. Der Thunfisch, *Thynnus thynnus*, wird im Mai und Juni sowohl an der Südküste (Bilder und Text 20/21) als auch an der Nordküste Sardiniens gefangen. Die Fischgründe der Sardelle, *Engraulis encrasicholus*, und der Sardine, *Clupea pilchardus*, deren Fang wirtschaftlich von geringerer Bedeutung ist, liegen vor der West- und Nordküste. An einigen Stellen, darunter im Golf von Olbia, wird die Miesmuschel, *Mytilus edulis*, gezüchtet. Typisch sardische Mollusken sind die Arten *Isselia* und *Tyrrenhiberus*. Zu den bekannten »Frutti di mare« Sardiniens zählen: Languste, *Palinurus vulgaris*; eine besondere Art der Forelle *Salmo*

---

* Fureddu, Antonio u. Maxia, Carlo: Grotte della Sardegna. Guida al mondo carsico dell' Isola. Cagliari: Fossataro 1964. 310 S.

trutta, italienisch »trota macrostigma«; Aal, *Anguilla anguilla*; Meeräsche, *Mugil spec*; eine von den Sarden »Conca de mallu« genannte Barbenart, *Cyprinodon calaritanus*.
Die »Riviera del Corallo« an der Südwestküste der Nurra ist ein Zentrum des Unterwassersports. Die Korallenstöcke wurden lange Zeit von den aus Torre del Greco kommenden Korallenfischern ausgebeutet (Bilder und Text 94/95).

Klima

Mitte August, wenn in Sassari das traditionsreiche Kerzenfest und überall auf der Insel Mariä Himmelfahrt gefeiert werden, herrscht auf Sardinien die größte Hitze des Jahres, es ist die Ferienzeit der Einheimischen. Mit dem ersten Regen, den der Südwestwind nach langen Wochen der Trockenzeit im September bringt, belebt sich die Natur von neuem, und der Tourist kann bis zum Ende des Oktober Sonnenwärme und Meerwasser genießen. Noch schöner ist jedoch die Landschaft der Insel im Frühling, wenn die Felder grün sind, die Macchia blüht und die großen Trachtenfeste stattfinden. Die Zeit von Ende April bis Ende Juni ist gewöhnlich niederschlagsarm und warm, der ausgleichende Einfluß des Meeres auf das Klima ist in weiten Teilen Sardiniens jedoch weniger wirksam als auf anderen Mittelmeerinseln, so daß die Luft nicht so mild und lieblich ist, wie es der Nordländer erwartet.
Die jahreszeitliche Verteilung der Regenfälle ist günstig für die Landwirtschaft, die höchste Niederschlagsmenge wird im Dezember erreicht. Der durchschnittliche Jahresniederschlag in Cagliari (423 mm) ist etwa halb so hoch wie in Rom (807 mm) und ein Viertel so hoch wie in Genua (1146 mm). Er betrug für Sardinien allgemein 1971 536 mm (58 Tage), 1972 709 mm (67 Tage), in den Gebirgen Zentralsardiniens 1400 mm, an der Limbarakette 1500 mm. Die Zahl der Tage, an denen der Himmel bedeckt und an denen er strahlend klar ist, hält sich in den Küstengegenden im Jahresdurchschnitt ungefähr die Waage. Für die Einwohner von Cagliari ist der Schnee ein ungewohnter Anblick, er bleibt allenfalls 24 Stunden liegen. In höheren Berglagen wie im Gennargentu schneit es durchschnittlich an etwa 25 Tagen, der Schnee kann sich dort bis in den Juli hinein halten.
Windstille herrscht auf Sardinien verhältnismäßig selten. Besonders wichtige Faktoren des Klimas der Insel sind die aus verschiedenen Richtungen wehenden Winde. Das Landschaftsbild gibt manchen Hinweis auf die beträchtliche Stärke, die sie erreichen können. Immer wieder sieht man die Folgen der Erosion, an der Westküste findet man stellenweise Dünen und überall die sich südostwärts neigenden Bäume (Bilder 43 und 100). Sie sind vom Mistral oder Maestrale gebeugt, dem Nordwestwind, der Geschwindigkeiten bis zu 110 km/h erreichen kann. Ebenso wie der Südwestwind, der Libeccio, der im Herbst und Frühjahr den ersehnten Regen bringt, richtet der Mistral mitunter im Ackerbaugebiet des Campidano große Schäden an. Obwohl er meist warm und trocken ist, wird er in der brütenden Sommerhitze doch als angenehm empfunden. Der Westwind, der Ponente, ist selten. Die Meeresströmungen, die er hervorruft, erscheinen günstig für die Annäherung der Thunfische an die Küste. Der Nordwind, Tramontana, wird meist durch Korsikas Berge abgeschirmt. Von den Ostwinden, dem Grecale, dem Levante und dem Scirocco, ist der letzte, vor allem im Süden, am häufigsten. Er kommt von der großen Syrte her, ist feucht-warm und wirkt ebenso unangenehm wie der Föhn. Außer diesen Winden spielen – auch für die Schiffahrt – die periodischen Land- und Seewinde in den Küstenzonen eine wichtige Rolle. An der See kennt man, besonders im Bereich von Strandseen und Lagunen, auch im Sommer Nebel, der sich zum Mittag hin auflöst. Durchschnittlich herrscht an 30 Tagen des Jahres in den Hügel- und Berggebieten des Inneren Nebel, überwiegend in der Winterzeit.
Den klimabedingten Landschaftsveränderungen sucht man jetzt durch systematische Anpflanzungen Einhalt zu gebieten.

Pflanzenwelt

Zu den ältesten Pflanzen, die man auf Sardinien gefunden hat, gehören die *Dombeya*-Bäume des versteinerten Waldes von Soddi, der vom Tirso-Wasser überschwemmt wurde, als vor einem halben Jahrhundert der Lago Omodeo angelegt wurde. Die Bäume, eine Gattung der tropischen Sterkuliengewächse, waren eingeschlossen in Trachyt-Tuff aus dem Miozän. Sie erinnern an die erdgeschichtliche Entwicklung der Insel, in der einmal die Flora und Fauna einen anderen Formenschatz hatte.
In die einst rein mediterrane Pflanzenwelt Sardiniens sind aus verschiedenen Richtungen, vom italienischen Festland, von der iberischen Halbinsel und von Nordafrika, fremde Elemente eingedrungen, die ihr besonderes Bild prägen.
Die für Sardinien charakteristische ursprüngliche Vegetation beherbergen noch einzelne Gebirgsgegenden: das Massiv des Gennargentu und die Gipfel einiger Gebirgsketten im Sulcis und im Marghine, auch die Höhen der Limbara-Kette in der Gallura. Berge und Hügellandschaften der Insel waren einst dicht bewaldet. Heute ist Sardinien genauso waldarm wie andere Mittelmeerländer. Seit Jahren werden Aufforstungen in großem Umfange durchgeführt (Bilder 150, 156). Typisch für Sardinien, das einen relativ hohen Anteil nichtkultivierter Flächen hat, sind die ausgedehnten Gebiete der Macchia und – auf ärmeren Böden – der Felsenheide, der Garrigue. In weiten Teilen der Macchia und der Garrigue ist die ursprüngliche Vegetation zwar zerstört oder durch weidende Schafe und Ziegen stark alteriert und verarmt, doch sind diese Formationen noch immer so reich an üppig wachsenden Pflanzenarten, daß sie

der Landschaft Sardiniens einen besonderen Zauber verleihen.

Die Anbauflächen Sardiniens sind vorwiegend mit Getreide bestellt. Daher unterscheiden sich im Landschaftsbild Hügelgebiete, Küstenniederungen, auch die langgestreckte Ebene des Campidano erheblich von den entsprechenden Landstrichen Siziliens oder des italienischen Festlandsgebietes. Subtropische Gewächse sind seltener, Orangen- und Zitronenbäume und auch die Olivenplantagen sind nur in einzelnen Gegenden anzutreffen (Text zu Bild 59/60). Es gibt jedoch genügend Gemüsefelder, Obst- und Weingärten, um die Inselbewohner mit Artischocken, Auberginen, Bohnen, Tomaten und Früchten zu versorgen und mit ihren alkoholreichen Weinen, dem hellen klaren Vernaccia oder dem berühmten Malvasier des Campidano.

Im Baumbestand der Insel überwiegen die Laubhölzer. An einigen Stellen der Süd- und Westküste der Insel, an die gerade der Tourist gelangt, sind Nadelhölzer anzutreffen: Waldungen der Aleppokiefer, *Pinus halepensis*, in Porto Pino westlich Teulada, in Santa Margherita südlich Pula, am Golf von Quartu und auch in Santa Caterina di Pittinuri nahe der Römersiedlung Cornus, nördlich Oristano. Andere Küstenstrecken schmücken die Schirmkronen der Pinie, *Pinus pinea*, und die kegelförmigen Kronen der Strandkiefer, *Pinus maritima*. Zypressen werden oft als Umzäunung angepflanzt. Kiefern und Zypressen gehören nicht zu den einheimischen Bäumen.

Als Windschutz weit verbreitet sind verschiedene aus Australien importierte Arten des Eukalyptus, darunter *Eucalyptus globulus* und *Eucalyptus pilosus*.

Typisch für den Baumbestand Sardiniens sind drei Eichenarten, die auf der gesamten Insel vorkommen: die Steineiche, *Quercus ilex*, die Flaumeiche, *Quercus pubescens*, und die Korkeiche, *Quercus suber*, die vor allem im Gebiet um Tempio gepflegt wird (Bild und Text 114).

In der Macchia findet man außer der Steineiche auch die Stieleiche, *Quercus robur*, und – heute immer seltener – die Kermeseiche, *Quercus coccifera*, mit ihren starren lederigen Blättern, gefährdet durch die Schildläuse, aus denen die Sarden früher ihre rote Wollfarbe gewannen. Herrlich sind manche Exemplare der Edelkastanie, *Castanea sativa*, die überwiegend im Umkreis der Flaumeiche vorkommt: Die Rotbuche, *Fagus silvatica*, ist auf Sardinien nicht vertreten.

In höheren Gebirgslagen oberhalb des Flaumeichengürtels fehlen die im Mittelmeerraum sonst in diesen Höhen bekannten Koniferen. In den Gebirgswäldern sind noch ab und an Arten der tertiären Gebirgsvegetation anzutreffen, die erst jetzt unter Naturschutz gestellt wurden: Eibe, *Taxus baccata*, und Stechpalme, *Ilex aquifolium*. In abgelegenen Bereichen der Granit- und Kalkberghöhen findet man endemische Ginsterarten, *Genista morisii* und *Genista corsica*.

Steineichen, Stileichen und immergrüne Sträucher, darunter vorwiegend der Edle Lorbeer, *Laurus nobilis*, sind die Pflanzen, die vor allen anderen den Baumbestand der Macchia prägen. Auf kieselreichen Böden gesellt sich zu ihnen der Erdbeerbaum, *Arbutus unedo*, den die Sarden ›*olioni*‹ nennen. Hin und wieder bildet er zusammen mit der Baumheide, *Erica arborea*, sardisch ›*tuvara*‹ oder ›*scova*‹, kleine Wäldchen. Im Frühling sind die hohen Sträucher der Baumheide überschüttet von weißen Blütenglöckchen, im Herbst wetteifern die zahllosen in Büscheln zusammenstehenden, erdbeerartigen großen Früchte des ›*olioni*‹ mit der Herbstfärbung der Macchia.

Als »Steineichen-Gürtel« zieht sich die Macchia von der Küste bis zu Höhen von 800 m, mitunter bis zu 1000 m hinauf. Man unterscheidet die hohe Macchia, den Buschwald von 4–5 m Höhe, von der niedrigen, die allenfalls 1,5 bis 2 m erreicht und oft ein Dickicht aus immergrünen Sträuchern und aromatischen Kräutern ist. Hier wachsen die Echte Myrte, *Myrtus communis*, sardisch ›*murtas*‹, der immergrüne Kreuzdorn, *Rhamnus alaternus*, die Steinlinden, *Phillyrea latifolia* und *Phillyrea angustifolia*, Arten eines Ölbaumgewächses, das die Sarden ›*aliderru*‹ nennen, und der Mastixstrauch, *Pistacia lentiscus*, der von den Sarden ›*chessa*‹ oder ›*modizzi*‹ genannt wird. Er bleibt vor der Zerstörung durch weidende Tiere verschont, weil sie seine tanninreichen Blätter nicht mögen, und ist als Lieferant für Harz und Öl einer der nützlichsten Sträucher der Macchia. Zusammen mit niedrigen Stämmen des Wilden Olivenbaumes, *Olea oleaster*, bildet er die »Ölbaum-Macchia«. Auf den Inseln Piana, südlich der Insel Asinara, und Foradada am Capo Caccia begegnet man dem Großblättrigen Ölbaum, *Olea latifolia*. »Die Lorbeer-Macchia«, in der oft Gemeiner Efeu, *Hedera helix*, und Stechender Mäusedorn, *Ruscus aculeatus* vertreten sind, findet man im Iglesiente südlich Fluminimaggiore, in der Barbagia im Bereich von Oliena, in der Anglona und in der Gallura. Einst erreichten der Zedernwacholder, *Juniperus oxycedrus*, und der Rotfrüchtige Wacholder, *Juniperus phoenicea*, mit ihren glänzenden braunroten Beerenzapfen, eine Höhe von 7 m. Sie bildeten in der Macchia sogar Wäldchen, die erst von Menschenhand zerstört wurden. In Küstengegenden findet sich der Großfrüchtige Wacholder, *Juniperus macrocarpa*.

Duft und Reichtum der weißen und roten Zistrosenblüten inmitten des saftigen dunkelgrünen Buschwerks sind ein unvergeßlicher Zauber der Frühlingsmacchia, Blüten von salbeiblättrigen Zistrosen, *Cistus salviaefolius*, von Montpellier-Zistrosen, *Cistus monspeliensis*, und von *Cistus villosus*. Sie bevorzugen kieselreiche Böden und kommen oft in Begleitung von Myrten, Lavendel und Ginster vor. Der Sarde nennt die Zistrose ›*murdegu*‹ oder ›*mudregu*‹.

Seltener findet man in der Macchia Wolfsmilcharten. Eine ihrer größten, die Baumförmige Wolfsmilch, *Euphorbia dendroides*, mit ihren bis zu 1,5 m hohen, armdicken Stämmen trifft man an den Küsten der Insel und in den unteren Bergregionen, meist auf kalkhaltigen Böden, zusammen mit dem Wilden Ölbaum und stattlichen, grauweißen Büschen des Baumförmigen Beifuß, *Artemisia arborescens.*

Die Zwergpalme, *Chamaerops humilis,* sardisch ›*sa pramma*‹, (Bild und Text 92), war einst sehr verbreitet, besonders in der Nurra und auf der Halbinsel Sinis sowie auf den ihnen vorgelagerten Inseln. Seit weite Teile der Nurra kultiviert wurden und die Palmblätter nicht nur für Flechtarbeiten, sondern auch fabrikmäßig zur Fertigung von Matratzenfüllungen genutzt werden, sind die Bestände sehr stark zurückgegangen.

Zu den schönsten Landschaftsbildern Sardiniens gehört die überwältigende rosafarbene Blütenpracht hoher Oleanderhecken, die sich an Wildbächen und Flüssen hinziehen – *Nerium oleander,* sardisch ›*leonaxi*‹.

Auf steinigen und armen Böden findet man an Stelle der Macchia die Felsenheide, die Garrigue, niedrige Büsche der gleichen Gehölze, die für die Macchia typisch sind, verkümmert und kaum 0,5 m hoch; zwischen ihnen aromatisches Zwerggebüsch, das auch im Unterholz der Macchia wächst: Rosmarin, *Rosmarinus officinalis,* mit seinen blauvioletten Blüten, der Echte Salbei, *Salvia officinalis,* der Muskatellersalbei, *Salvia sclarea,* und *Salvia verbenacea,* ferner Schopflavendel, *Lavendula stoechas,* mit den leuchtend violetten Hochblättern, die schirmblütige Birkwurz, *Ferula nodiflora,* verschiedene Heidearten, *Erica multiflora,* und vor allem Asphodelos, *Asphodelus ramosus* (Bild und Text 68), dessen hohe Blütenstände mit den weißen lilienartigen Blüten sich kontrastvoll von dem tiefblauen Himmel abheben.

An Stellen, an denen die Garrigue so stark abgeweidet wird, daß der Pflanzenbestand verkümmert, entsteht ein Vegetationsbild, das an die Steppenflora erinnert. Weite Strecken werden dann von Thymianarten überzogen, vom *Thymus vulgaris* und von dem Feldthymian, *Thymus serpyllum,* mit seinen kleinen purpurroten Blüten. Sein starker Blütenduft verschönt die karge Felsenheide.

Von den Kulturpflanzen steigt der Weinstock, *Vitis vinifera sativa,* in Nordsardinien auf 500 m Höhe, in Südsardinien bis zu 750 m Höhe. Ein Zentrum der Zitrusgewächse, vor allem der Orangen, *Citrus aurantium,* sind Plantagen nordöstlich von Oristano, die »Vega di Milis« (Text zu den Bildern 59/60). Die Kulturzone des Ölbaums, *Olea europaea,* reicht in Höhen von 450–500 m, an den Hängen der Berge von Oliena bis zu 650 m (Bild und Text 132). Besonders verbreitet ist der Birnbaum, der in der Macchia auch als Wildform vertreten ist.

Vom amerikanischen Kontinent stammen zwei Gewächse, die als Hecken angepflanzt werden, die Agave, *Agave americana,* und die Opuntie, *Opuntia Ficus indica,* deren Früchte als Nahrungsmittel genutzt werden.

Zu den Arten, die aus dem östlichen Mediterranbereich nach Sardinien gelangten, gehören die Bergminze, *Satureia thymbra,* und der Bergkümmel, *Laserpitium garganicum.* Aus dem westlichen Mittelmeer kommen der Balearische Buchsbaum, *Buxus balearica,* den es nur bei Carbonia gibt, die Balearische Waldrebe, *Clematis balearica,* und der Rote Fingerhut, *Digitalis purpurea.* Auf nahegelegenen Inseln sind vermutlich beheimatet: die in höheren Berglagen anzutreffende sardische Johannisbeere, *Ribes sardoum,* sowie eine der Kornblume verwandte Flockenblume, *Centaurea horrida,* und eine Meerträubchenart, *Ephedra nebrodensis.* Auf den höchsten Bergen des Gennargentu wächst der gelbe Enzian, *Gentiana lutea,* dessen Wurzelstock auch auf Sardinien als Heilmittel Verwendung findet.

Tierwelt

Die Tierwelt Sardiniens ist nicht nur für den Wissenschaftler und für den Jäger von besonderem Interesse. Sie besitzt eine Vielzahl endemischer Arten, die in Europa sonst nicht anzutreffen sind. Verschiedene dieser Arten leben heute nur noch in entlegenen Berggebieten des Gennargentu, der Sette Fratelli und des Sulcis und stehen jetzt unter Schutz. Zahlreiche Tierarten der Insel sind gegenüber den gleichen Arten auf dem Festland modifiziert, sie sind oft kleiner, unterscheiden sich in der Färbung oder weisen andere Abweichungen auf. Manche europäischen Tierarten, die auch auf dem italienischen Festland und auf nahegelegenen Mittelmeerinseln vorkommen, fehlen. Es gilt heute als sicher, daß fast die Hälfte aller Säugetiere und viele Arten von Vögeln, Reptilien und Amphibien, die es auf der Insel nicht gibt, Sardinien nie erreicht haben, obwohl einige von ihnen wie der Spatz, *Passer domesticus italiae,* bis nach Korsika gelangt sind. Es fehlen z. B. Bär, Wolf, Dachs, Fischotter, Maulwurf, Feldmaus und das echte Eichhörnchen.

Die Eigenarten der Fauna Sardiniens werden ebenso wie die Besonderheiten der Flora auf die spezielle erdgeschichtliche Entwicklung der Insel zurückgeführt. Fossile Reste wie die Knochen von Dickhäutern und Nagetieren (s. S. 9 – *Prolagus sardus*), die man in Schotter von Grotten, in verfestigten Steppensanden und in marinen Sedimenten fand, bieten Anhaltspunkte für die Theorien über Ursachen und Richtungen der Wanderungsbewegungen. Am Capo Figari, nordöstlich Olbia, entdeckte man in Schotter aus dem Quartär Knochen von Antilopen und Makaken, *Macacus maiori azzaroli,* einer Affenart, die dem Magot, dem Gibraltaraffen oder Berberaffen, nahesteht. Fossilien dieser auf Felsen lebenden Affenart waren in Sedimenten, die vermutlich aus dem Oligozän stammen, in der Grotte Is Oreris bei Fluminimaggiore/Iglesiente enthalten. Es erscheint möglich, daß sich die Tiere bis ins 9. und 8. Jahrhundert v. Chr., vielleicht auch noch in jüngerer Zeit, auf Sardinien erhalten haben. In Bronzeskulpturen aus der »Nuraghenzeit« sind diese Affen nachgebildet und auf Schiffsminiaturen zu sehen.

Von den noch heute lebenden endemischen Tierarten sind unter Schutz gestellt: der Mufflon, *Ovis ammon musimon*, der korsische Edelhirsch, *Cervus elaphus corsicanus*, und der Damhirsch, *Dama dama*. Der dunkelbraune Mufflon gehört zu den kleinsten Arten der Wildschafe, die in Europa sonst nur auf Korsika und Zypern heimisch sind. Verwandte Arten existieren in Nordafrika, in Klein- und Zentralasien und in Amerika. Charakteristisch für das männliche Tier ist das kreisförmig nach hinten gebogene Gehörn und ein großer weißlicher Sattelfleck am Winterkleid (Bild 46). Man schätzt die Zahl der Mufflons, die es heute noch auf Sardinien gibt, auf rund tausend Exemplare. Sie leben in den höchsten Teilen des Gennargentu und in steilen entlegenen Berggebieten Ostsardiniens, in der Quirra, im Sarrabus, am Capo Montesantu östlich Baunei am Golf von Orosei, an den Steilhängen der M. Albo-Kette und auf der Hochfläche von Budduso, nordwestlich Bitti.

Von den Edelhirschen existieren nur noch einige Exemplare in den Wäldern Südsardiniens, Damhirsche sind weniger selten.

Eine Abart des gewöhnlichen Schwarzwildes ist das sardische Wildschwein, *Sus scrofa meridionalis* oder *Sus scrofa sardous*, (Bild und Text 46), das gejagt werden darf. Wildschweinschinken gehört zu den Spezialitäten der sardischen Küche. Als Jagdbeute beliebt sind der rostrote sardische Hase, *Lepus capensis mediterraneus*, und das Waldkaninchen, *Sylvilagus cuniculus*. Endemisch sind ein rotbeiniges Wiesel, *Mustela boccamela*, das häufig in alten Gemäuern zu finden ist, eine Fuchsart, *Vulpes vulpes ichnusae*, eine Wildkatzenart, *Felis libyca sarda*, und der Siebenschläfer, *Pachiura etrusca*.

Die seltenste und interessanteste Tierart Sardiniens ist die Mittelmeer-Mönchsrobbe, auch »Seemönch« oder – von den Sarden – ›*bue marino*‹ genannt, *Monachus monachus*. Diese oberseits braungraue Robbe, die in den Felsküsten Ostsardiniens in Grotten haust und in einer Unterart nur noch an den Felsküsten Jugoslawiens existiert, ist in ihrem Bestand sehr gefährdet. Aus der Grotte bei Cala Gonone, die ihren Namen trägt, sind die Robben bereits verschwunden. Man schätzt, daß es noch knapp ein Dutzend Exemplare in der »Grotta del Papa« auf der Insel Tavolara (Bild 119) und in Küstenhöhlen zwischen Dorgali und S. Maria Navarrese gibt.

In den Felsgebieten Südsardiniens lebt in kleinen Gruppen der Königin-Falke, *Falco Eleonora*. Er trägt den Namen der bekannten Regentin des Judikats von Arborea, die bereits im 14. Jahrhundert Anordnungen für die Falkenjagd und Schutzbestimmungen erließ. Im Altertum waren die Falken im Süden Sardiniens so zahlreich, daß die Römer nach ihnen die Insel S. Pietro Accipitrum insula nannten. Auf Sardinien sind riesige Geier, die hier als »Greife« bezeichnet werden, heimisch: der fahlbraune Gänsegeier mit seiner weißen Halskrause, *Gyps fulvus*, der seltene dunkelbraune Mönchsgeier, *Aegypius monachus*, und der Bart- oder Lämmergeier mit grauschwarzem, an der Unterseite rostgelbem Gefieder und schwarzem Federbart, *Gypaetus barbatus*, der mit einer Flügelspannweite von fast 3 m ein eleganter Segler ist. Er wird von den Sarden ›*Achila ossaia*‹ oder ›*Gurtugliu ossaru*‹ genannt. Heute ist er äußerst selten geworden. Ein kleinerer Adler, *Aquila Bonelli*, hält sich in Sumpfgebieten auf.

Die Buschwald-Macchia Sardiniens ist eine ideale Niststätte für Feldhühner und Singvögel, die sich oft in Gattung oder Art von denen des Kontinents unterscheiden: Rebhühner, sardisch ›*perdixi*‹, Rothühner, *Alectoris rufa*, sardische Klippenhühner, *Alectoris barbara*, sardische Grasmücken, *Sylvia sarda* und *Sylvia conspicillata*, sowie Wachteln, *Coturnix coturnix*. Rebhühner, Wachteln und die als Zugvögel auf die Insel kommenden Drosseln werden in großen Mengen gefangen und verzehrt. Von den Sperlingsvögeln gibt es nur den *Passer hispaniolensis*. Endemisch ist eine kleine Abart des großen Rotspechts, *Dendrocopus maior linne*.

Flamingos und andere Vogelarten, die sich an den Strandseen und Lagunen aufhalten, wurden bereits genannt. – Auch auf einige Arten der Fische wurde schon hingewiesen.

Die Armut der Insel an Reptilien ist vermutlich eine der Folgen ihrer erdgeschichtlichen Entwicklung. Giftige Schlangen fehlen. Von den vier auf Sardinien vorkommenden Schlangenarten ist die Hufeisennatter mit heller Kettenzeichnung und hellgelben, hufeisenförmigen Ohrenflekken, *Zamenis hippocrepis*, am weitesten verbreitet. Sie kann eine Länge von 1,75 m erreichen. Auch die schwarze Zornnatter, *Zamenis gemonensis*, ist nicht selten. Die ungiftige Vipernnatter, *Natrix maura*, eine bis zu 1 m lange Wassernatter, wird wegen ihrer dunklen Zickzack-Zeichnung oft mit der Kreuzotter, *Vipera berus*, sardisch ›*sa pibera*‹ verwechselt. Eine schöne Eidechsenart, *Gongillus ocellatus*, findet man oft unter Steinen. Verbreitet ist auch die sardische Eidechse *Lacerta tiliguerta*, sehr viel seltener die Bedriaga-Eidechse, *Lacerta bedriagae*. Häufig anzutreffen sind Schildkröten: die Landschildkröte *Testudo hermanni*, die auf dem italienischen Festland fehlende *Testudo marginata* und die Sumpfschildkröte *Emys orbicularis*.

Sardinien ist nicht nur arm an Reptilien, sondern auch an Amphibien. Bekannt ist ein auf dem Kontinent äußerst seltener, lebhaft gefärbter Froschlurch, der sardische Scheibenzüngler, *Discoglossus pictus*, der noch auf Sizilien vorkommt. Auf der Insel leben zwei besondere und sehr alte Arten der Schwanzlurche: der Molch *Euproctus platycephalus* oder *Triturus Rusconi*. Er ist in einigen sauerstoffreichen Gebirgsgewässern zu finden. Seltener ist der braune Höhlensalamander *Hydromantes genei* oder *Geotriton fuscus*, ein lungenloser Molch mit funktionsuntüchtigen Augen, dessen nächste Verwandte merkwürdigerweise in Höhlengewässern Nordamerikas anzutreffen sind, *Typhlo-*

triton spelaeus. Sardinien ist das einzige Gebiet Europas, in dem unsere Frösche, *Ranidae*, nicht existieren.
Zu den Insektenarten, die nur auf Sardinien vorkommen, gehört der prachtvolle sardische Schwalbenschwanz, *Papilio hospiton*, ein Falter, dessen Raupen auf den hohen Dolden des Steckenkrauts, der *Ferula*, leben. Der schöne sardische ›Mai‹käfer, *Anoxia sardoa*, schwärmt nur Ende Juni. Eine sardische Skarabäus-Art ist der *Typhoeus histoius*, der sich nur in einsamen Gegenden aufhält. Bei der Bekämpfung der Malaria wurden viele Insektenarten ausgerottet oder in ihrem Bestand dezimiert.
Die Skizze von Besonderheiten der sardischen Fauna sei mit dem Hinweis auf zwei Tiere abgeschlossen, die in das Landschaftsbild dieser Insel gehören. Es ist einmal der kleine sardische Esel, der *Asinello sardegnolo*, der im Alltagsleben der Landbevölkerung eine wichtige Rolle spielt (Text zu Bild 102, auch 23, 158). Eine besondere Art mit weißem Fell lebt halbwild auf der Insel Asinara. Es ist zum anderen das kleine sardische Wildpferd, von dem heute vielleicht noch ein Restbestand von 300 Tieren auf Sardinien existiert. Das Wildpferd, sardisch *s'acchetta* genannt, gehört zu der Art *Equus przewalskij*, von der wenige Exemplare sonst nur in Zentralasien und der Mongolei in Freiheit zu finden sind. Es hat eine Schulterhöhe von etwa 1,20 m, vorwiegend braunes, grau-rötliches oder schwarzbraunes Fell und kräftige Hufe. Sie gestatten ihm langes Laufen über steinige Hochflächen und durch den Macchia-Buschwald, der ihm sein Futter bietet. Es ist genügsam, zäh und feurig. Meist streift es in Gruppen von 50 Tieren im Grenzbereich zwischen dem Sarcidano und der Marmilla umher, in jener Landschaft, in der noch so Vieles an das frühere Hirtendasein der Sarden erinnert. Wenn man am Horizont der *giara* von Gesturi, der langgedehnten Basalttafel, die kleinen Wildpferde als Silhouette dahinstürmen sieht, erlebt man eines der großartigen Naturschauspiele, die Sardinien zu bieten hat.

ANHANG

ZEITTAFEL I

Vor- und Frühgeschichte Sardiniens

Übersicht, zusammengestellt von Giovanni Lilliu

Zeitraum (v. Chr.)	*Zeitstufen*	*Merkmale der Kulturformen*	*Bild-tafeln*
6. Jahrtausend bis Anfang des 2. Jahrtausends	Jungsteinzeit und frühe Stein-Kupferzeit	VORNURAGHISCHE ZEIT – 2 Perioden –	
6. Jahrtausend bis Ende des 4. Jahrtausends v. Chr.	Frühe und mittlere Jungsteinzeit (Frühneolithikum, mittleres Neolithikum)	Traditionelle Wirtschaftsformen: Jagd und Fischfang. Primitive Formen des Ackerbaus. Impressokeramik und bemalte Keramik. Steinwerkzeuge vorherrschend. Erste Einflüsse aus dem östlichen Mittelmeerraum	
3. Jahrtausend bis Anfang des 2. Jahrtausends v. Chr.	Späte Jungsteinzeit u. frühe Stein-Kupferzeit (Spätes Neolithikum u. Protochalkolithikum)	Elemente der »galluresischen Kultur« (bzw. der »*Kultur von Arzachena*«), der *Kultur von Bonuighinu*« und der Kultur von *Ozieri*«. »Revolution« in der Landwirtschaft. Seßhaftwerden in Siedlungen. – Großartige Grabanlagen (Hypogäen) und offene Kultstätten (Beginn der Megalithbauweise). Skulptur und Malerei. Reichtum und Vielfalt an Gerät aus Stein. Spezialisierung und Gliederung der Keramik, sowohl in Form und Technik als auch in der Musterung (geometrische und anthropomorphe Symbole). Religiöse und kulturelle Einflüsse aus dem zentralen und östlichen Mittelmeerraum verbreiten sich allmählich über die gesamte Insel und erfahren in den einzelnen Gebieten jeweils eine lokale Eigengestaltung	50 67 78 79 80 88 89 97 105 160
Anfang des 2. Jahrtausends bis Mitte des 3. Jahrhunderts v. Chr.	Steinkupferzeit und Bronzezeit (Vollchalkolithische Phase und Bronzezeit)	NURAGHENZEIT – 4 Perioden –	
Anfang bis Mitte des 2.Jahrtausends v.Chr.	Hauptphase der Steinkupferzeit und erste Phase der Bronzezeit (Vollchalkolithische Phase, erste Phase der Bronzezeit)	»*Kultur von Abealzu-Filigosa*«, »*Glockenbecher-Kultur*« und »*Kultur von Bonnanaro*« (Bunnannaro). Ackerbau in traditioneller Form, Beginn der modifizierten Weidewirtschaft. Vielleicht Übergang vom Matriarchat zum Patriarchat. Der Bau von Hypogäen geht zurück. Die Megalithkultur setzt sich durch: erste Nuraghen, Dolmen, Ganggräber und Galeriegräber, Menhire und Menhir-Statuen. Schematische Felsgravierungen mit einer Symbolik, die dem Sinngehalt der Fels-Zeichnungen der westlichen Megalithkultur entspricht. Keramik, die nicht durch Ornamentik, sondern durch Gefäßformen gekennzeichnet ist. Rückgang der Herstellung von Steingerät, erstes Auftreten von Metallgerät (Kupfer und Silber). Es kommt zu starken Einflüssen aus dem westlichen Mittelmeer-	15 33 34 35 74 75 97

		raum und aus Westeuropa. Sie vermischen sich mit den Grundlagen der Kultur, die unter Einwirkungen aus dem östlichen Mittelmeerraum geformt worden waren. Dem kulturellen Pluralismus auf der Insel entspricht eine Vielzahl anthropologischer Formen. Die Inselbewohner leben in geschlossenen Gruppen, die allerdings Variationen aufweisen	
Mitte bis Ende des 2. Jahrtausends v. Chr.	Mittlere Phase (Hauptphase) der Bronzezeit	Die Kultur der Nuraghenzeit entwickelt sich völlig autonom: Nuraghen, Gigantengräber, erste Brunnentempel und Tempel anderen Typs, Siedlungen. Den einzelnen Regionen entsprechend bilden sich typische *Hirtentribus,* die sich in autarke Stammesgruppen unterteilen und somit Territorien mit Zwergstaatencharakter entwickeln. Die Bildhauerkunst tritt zugunsten der Errichtung von profanen und religiösen Bauten in den Hintergrund. Wirtschaftlich wird diese neue Richtung von den Hirten und Ackerbauern getragen. In der Keramikproduktion zeigt sich die Tendenz zu einer einheitlichen Formgebung auf der Basis einer ethnischen Einheit: einheitliches ideologisches und moralisches Bewußtsein auf der gesamten Insel. Die Fortschritte in der Metallbearbeitung können als Hinweis auf den kriegerischen Charakter und auf die zahlreichen Konflikte der sardischen Bevölkerung während der Nuraghenzeit dienen, in der sich die *tribus* untereinander befehden	48 49 51 66 74 75 76 77 82 126
Anfang bis Mitte des 1. Jahrtausends v. Chr.	Endphase der Bronzezeit und erste Phase der Eisenzeit	Die Hirten mit ihrer politischen und wirtschaftlichen Vormachtstellung bestimmen das Ausmaß der Siedlungen. Es beginnt eine Entwicklung, in deren Endphase die Siedlungen stadtähnlichen Charakter tragen und sich auf der Insel gleichsam eine einheitliche Nation formt. Es kommt zu Auseinandersetzungen zwischen den Einheimischen und Fremden (Phönikern, Karthagern), die versuchen, die Insel zu kolonialisieren. Kulturelle Einflüsse von außen haben sowohl positive als auch negative Folgen. Die große Baukunst der Nuraghenzeit erreicht ihre Blüte (Nuraghen-Festungen, hervorragend gebaute Gigantengräber, technisch vollendete Brunnentempel). Aus dieser Blütezeit stammen die einzigartigen kleinen Bronzeplastiken. Erstmals erscheinen jetzt große Steinskulpturen. Die Metallbearbeitung erreicht in ihrer Technik einen Höchststand, vor allem in der Herstellung von Waffen und anderem Kriegsgerät, die den Einheimischen zur Verteidigung dienen; sie ist im Mittelmeerraum durchaus konkurrenzfähig. Trotzdem müssen sich die Inselbewohner Mitte des ersten Jahrtausends vor Chr. den Karthagern ergeben	14 26 27 28 46 48 49 51 52 53 54 55 56 57 77 83 84 106 107 126 142 152 153
Mitte des 1. Jahrtausends bis Mitte des 3. Jahrhunderts v. Chr.	Zweite Phase der Eisenzeit	Die Träger der Nuraghenkultur ziehen sich in die Berge zurück und leben hier isoliert, ständig von Angreifern umzingelt. Dasein und Arbeit verlaufen nach den alten Traditionen, und die Grundformen von Bau- und Siedlungsweise sowie die herkömmlichen Ausrüstungen und Gerätschaften werden beibehalten. Die Menschen kapseln sich in der Familie ab und werden in ihrem gesamten Verhalten und im praktischen Leben zu Verfechtern des Widerstands. Das Wirtschafts- und Sozialgefüge dieser Hirtengesellschaft, ihr moralisches Bewußtsein und ein entsprechend strenger Codex schließen von vornherein jede andere Gesellungsform aus. Auf diese Weise gelingt es einem Teil der Einheimischen, sich dem Einfluß Roms zu entziehen, als 238 v. Chr. im Römischen Reich Bestrebungen einsetzen, Sardinien politisch und administrativ zu unterwerfen und kulturell zu beherrschen	

ZEITTAFEL II

Sardinien in historischer Zeit

Übersicht, zusammengestellt von Dora Fischer

9. Jh. v. Chr.– 6. Jh. v. Chr.	**Sardinien als Kolonisationsgebiet der Phöniker** Phöniker aus dem östlichen Mittelmeerraum gründen an den Küsten Handelskolonien
Vom 7. Jh. v. Chr. an	Ausdehnung des phönikischen Machtbereiches
6. Jh. v. Chr.–238 v. Chr.	**Sardinien unter punischer Herrschaft** Punier, Phöniker aus Karthago, bauen die Insel als Militär- und Versorgungsbasis aus. Befestigte Siedlungen, Tempelanlagen
238 v. Chr.–5. Jh. n. Chr.	**Sardinien unter der Herrschaft Roms** Weitere Erschließung der Insel als Weizenkammer und Erzlieferant durch Ausbau und Neuanlage von Siedlungen und Straßennetz. Mit jeder Verwaltungsreform des Römischen Reiches sinkt Sardiniens Stellung innerhalb der hierarchischen Ordnung des römischen Staatswesens. Assimilierung der Bevölkerung, vor allem in Küstenstädten, durch Verbreitung der lateinischen Sprache und zunehmende Verehrung römischer Gottheiten. Der Widerstand der Bewohner im Innern der Insel wird nicht endgültig gebrochen
325	*Christentum* in der Form der Lehre des Athanasius unter Konstantin d. Gr. staatlich anerkannt. Konstantin noch heute auf Sardinien verehrt (s. Sedilo, S'Ardia – Volksfeste S. 131)
455–534	**Sardinien als Provinz des Wandalenreiches in Nordafrika** unter der Leitung eines »Präses« Die Wandalen benutzen die Insel als Verbannungsort für: 1. aufständische Mauren (Maureddia im Sulcis) 2. Bischöfe, die Schriften gegen die arianische Lehre, der die Wandalen angehören, richten (s. Text zu Bild 12)
534–7. Jh.	**Sardinien unter der Herrschaft von Byzanz** Als Teil der Präfektur Afrika des oströmischen Reiches stehen die Küsten Sardiniens unter Zivilverwaltung, das Innere der Insel, die Barbagia, unter Militäradministration. Die Form der in Cagliari eingerichteten höchsten Verwaltungsinstanz der Insel, der Posten eines »Judex«, wird im 11. Jh. in vier autonomen Territorien der Insel übernommen (s. u.), Steuergesetze der Römer und der Wandalen werden erweitert und verschärft. Starke kulturelle Einflüsse aus Byzanz
Mitte des 6. Jhs.	*Ostgoten auf Sardinien* während der Herrschaft von Totila und Teja in Rom
Ende des 6. Jhs.	*Langobarden auf Sardinien*
Anfang des 7. Jhs.	Christianisierung des Innern der Insel, der Barbagia, unter Gregor I. (Gregor d. Gr.) erleichtert das Vordringen der byzantinischen Verwaltung. Einsatz von Basilianermönchen auf Sardinien

704–1016 **Versuche verschiedener Moslemgruppen, Sardinien dem Islam zu unterwerfen**

um 755 Die sardische Bevölkerung zieht sich aus den Küstenorten zurück. Während islamische Staatsbildungen verschiedener Dynastien seit 750 in Nordafrika, seit 755 in Spanien und seit dem 9. Jh. auf Sizilien bestehen, wird Sardinien nicht unterworfen

1015/1016 Abwehr eines erneuten Versuches, der von Mudjahid aus Denia (Küstenort zwischen Valencia und Alicante) unternommen wird. Der durch den Einsatz der Flotten von Pisa und Genua erzielte Erfolg wird in Italien als historischer Sieg gewertet

Mitte des 11. bis Mitte des 13. Jhs. **Sardinien politisch relativ autonom: Vier Judikate in einzelnen Teilen der Insel (Zentren der Judikate)**

im Süden Judikat Cagliari (Cagliari) bis 1257
im Westen Judikat Arborea (Tharros, später Oristano) bis 1410 (1478)
im Norden Judikat Torres-Logudoro (Porto Torres, später Ardara) bis 1259
im Osten Judikat Gallura (Olbia) bis 1298

Herrschaft von Richtern, »Judices«, denen Berater aus den obersten Rängen von Legislative und Exekutive sowie hohe Geistliche der damals relativ unabhängigen sardischen Kirche zur Seite stehen. Territorial sind die Judikate in Kuratorien untergliedert, die jeweils aus einer Gruppe von Siedlungen bestehen. Den Angehörigen führender Familien Pisas und Genuas gelingt es unter Nutzung verschiedener Machtkonstellationen, auf der Insel leitende Positionen zu gewinnen. Durch Schenkungen der Judices an die sardische Kirche, wie auch durch Dotationen von Landbesitz an die Domkirchen gelangt sardischer Besitz in andere Hände. Pisaner übernehmen leitende Ämter, mitunter die Stellung eines Judex. Nur das Judikat Arborea wahrt bis ins 15. Jh. seine Autonomie. Eleonora von Arborea, eine auf Sardinien noch heute verehrte Herrscherin,
1395 führt als Judex ein Zivilgesetzbuch, die »Carta de Logu« ein (s. S. 36, 120)

12./13. Jh. *Blütezeit der romanischen Baukunst auf Sardinien*
Enge Verbindungen zu Bauhütten in der Toskana, starke Einflüsse aus Pisa

12./13. Jh. Die Insel wird nicht nur in die Auseinandersetzungen zwischen den Adelshäusern Pisas und Genuas einbezogen, sondern auch in den Streit zwischen Kaiser- und Papsttum (Kaiser Friedrich II. Barbarossa ernennt einen Sarden zum »König von Sardinien«, Kaiser Friedrich I. verheiratet 1238 seinen Sohn Enzio mit der Erbin des Judikats Torres-Logudoro, s. Text zu 99, 112/113)

13./14. Jh. **Sardinien unter dem Einfluß von Adelsfamilien aus Genua und Pisa**

Nordsardinien ist Einflußbereich von Genua. Bereits im 12. Jh. beherrschen die Doria dort Küstensiedlungen, sorgen für Einführung und Einhaltung von Hafenordnungen (s. Text zu 90, 103/104) und grenzen die Handelsbereiche zu Wasser und zu Lande ab.
Pisaner gelangen zunächst im Süden der Insel, im Judikat Cagliari, später auch im Nordosten, im Judikat Gallura, zur Macht. Mit dem Siege Genuas über Pisa 1284 geht ihr Einfluß auf Sardinien zurück

(14. Jh.) 15. Jh.–18. Jh. **Sardinien unter spanischer Herrschaft**

1297 Papst Bonifatius VIII. belehnt das Haus Aragón mit der Insel, das zunächst im Nordwesten, in Alghero, einen Brückenkopf bildet (s. Text zu 90). Die Stadt zeigt bis heute spanisches Gepräge. Katalanisch ist als Sprache noch heute verbreitet. Mit dem Erstarken des Hauses Aragón, besonders nach der Vereinigung mit Kastilien, wird Sardinien seiner strategischen Lage wegen immer stärker in den spanischen Machtbereich einbezogen und wirtschaftlich ausgebeutet

1388 Nach dem Sieg der Spanier über die Pisaner in Südsardinien (1326) wird in Cagliari ein spanischer Vizekönig eingesetzt

1410 Die Spanier breiten sich an der Westküste Sardiniens weiter aus

1478 Mit dem völligen Ende des Judikats von Arborea – seit 1410 »Markgrafschaft« – ist das gesamte Westsardinien unter spanischer Herrschaft

15.–Mitte 16. Jh.	Auf Perioden wirtschaftlichen Niederganges, raschen Sinkens der Bevölkerungszahl und politischer Unterdrückung folgen Zeiten kultureller Entwicklung. Entstehen zahlreicher kleiner Ortschaften. Katalanische Malerei. Sardische Maler Katalanische Gotik
Mitte 16. Jh.	Ausbreitung der spanischen Sprache. Erste Druckerei
17. Jh.	Spanisches Barock. Anf. des 17. Jh. gründen Jesuiten die Universitäten Sassari und Cagliari 2. Hälfte 17. Jh. Pest auf Sardinien. Aufstände

1713–1720

Sardinien unter der Herrschaft der österreichischen Habsburger

1720 wird die Insel mit Savoyen gegen Sizilien eingetauscht

1720–1860

Sardinien unter den Herzögen von Savoyen, die den Titel »Könige von Sardinien« annehmen

Sie residieren auf der Insel 1798–1814, während ihr Kernland und Stammsitz Piemont in französischer Hand ist

um 1730	Die stark entvölkerte Insel erhält Ansiedler aus Griechenland, Malta, Genua (s. Text zu 20/21). Die Agrarwirtschaft wird gefördert, nicht jedoch die Weidewirtschaft. Viehdiebstähle nehmen zu (Abigeat)
1764	Das Toskanische wird Amtssprache
1821–1831	Unter Karl Felix von Savoyen werden Zivil- und Strafgesetzbuch eingeführt und Straßen gebaut, darunter die als Strada ›Carlo Felice‹ bekannte Nordsüd-Verbindung der Insel von Porto Torres nach Cagliari (heute Autostrada)
1847	Die Sarden entscheiden sich für einen staatsrechtlich engeren Zusammenschluß mit Piemont (erste Phase der Einigung Italiens)
1848–1849	Sardinien-Piemont, der einzige Staat Italiens, in dem die 1848 eingeführte Verfassung Italiens nach dem Scheitern der revolutionären Bewegungen auf der Halbinsel Italien bestehen bleibt, wird Zufluchtsstätte der Liberalen
1848 und 1860	Gründung von Bergbaugesellschaften
1860	Nach dem erfolgreichen Freiheitskampf übergibt Garibaldi seine Herrschaft in Neapel an König Viktor Emanuel II. und zieht sich nach Nordsardinien auf die Insel Caprera zurück

1861–1946

Sardinien als Teil des Königreichs Italien

Bei der Einigung Italiens ist das »Königreich Sardinien«, verbunden mit Piemont, Kern des neuen Staates. Das Königshaus stellt die Könige von Italien bis zum Ende der Monarchie

1864–1883	Sardinien erhält ein Eisenbahnnetz (Ausbau von Nebenbahnen bis zur Jahrhundertwende)
1871–1911	Die Bevölkerungszahl der Insel steigt von 654000 auf 868000 Einwohner
1877–1898	Agrargesetze, Landreformen
1. Weltkrieg	Der gemeinsame Kriegseinsatz von Sarden aller Stände und der Ruhm der tapferen »Brigade Sassari«, die hohe Verluste erleidet, stärkt das sardische Nationalbewußtsein
zwanziger und dreißiger Jahre	Verstärkte Bestrebungen um Autonomie und Sozialreformen. Widerstand gegen faschistische Diktatur

dreißiger Jahre	Die faschistische Regierung Italiens bemüht sich um die Sarden, indem sie kooperative Unternehmen einführt und Großprojekte zur Erschließung der Insel und zur Bekämpfung der Malaria fördert: umfangreiche Meliorationsarbeiten wie Arborea, Fertilia, Nurra (s. Text zu 96), Anlage von Stauseen, Elektrizitätswerken, 1938 Gründung der Stadt Carbonia zur Förderung des Erzbergbaus, von 1940 an Abbau der Sulcis-Kohle
2. Weltkrieg	Sardische Einheiten erleiden als Elitetruppen ungewöhnlich hohe Verluste
Sept. 1943	Englische und amerikanische Truppen besetzen Sardinien

Seit 1946 — Sardinien als Teil der Republik Italien

1948	Sardinien »Autonome Region« (1949 »Regionalrat« eingesetzt)
nach dem 2. Weltkriege	Erneute intensive Maßnahmen zur Ausrottung der Malaria
seit den sechziger Jahren	Ausbau von Touristenzentren (1962/63 Costa Smeralda)
1961–1971	Die Bevölkerungszahl Sardiniens (ortsanwesend) steigt von 1,373 Mio auf 1,446 Mio Einwohner, eine Zunahme, die dem Wachstum der beiden Großstädte Cagliari und Sassari nahezu entspricht
1977	Erweiterung der Rechte der Autonomen Region Sardinien

VOLKSFESTE SARDINIENS

Zusammengestellt von Dora Fischer

Über den Zeitpunkt der Feste, deren Daten verändert werden können, erteilen die Touristenbüros »EPT« der vier Provinzen genaue Auskunft. Die Ortsangaben beziehen sich auf die Entfernung – Straßenkilometer – von den betreffenden Provinzhauptstädten.

JANUAR

16.–17. 1.

Mamoiada, S. Antonio Abate
18 km südlich Nuoro
Maskenzug, s. Bilder und Text 140/141

FEBRUAR
MÄRZ
APRIL

Sonntag vor Rosenmontag und Fastnacht

Oristano
»Sa Sartiglia«
Turnier mit sehr alter Tradition nach festen Regeln, für deren Einhaltung »componidori«, Vertreter der Handwerkerinnungen, und die »Gremien«, die den Umzug organisieren, sorgen. Maskierte Reiter in sardischer Tracht versuchen im Galopp, einen an einer Schnur hängenden Metallstern mit dem Degen aufzuspießen. Mit dieser Geschicklichkeitsprüfung verbindet sich ein Ritus der Landbevölkerung: das Ergebnis der Probe wird als Voraussage für die neue Ernte bewertet

Mamoiada
18 km südlich Nuoro
Korso von Wagen mit allegorischen Darstellungen und von »Mamutones« mit ihren Masken (s. Bilder und Text 139/141); Volkstanz

Rosenmontag
Fastnacht

Tempio Pausania
84 km nordöstlich Sassari (60 km westlich Olbia, Straße 127)
Karneval

Santu Lussurgiu
38 km nördlich Oristano
»Corse Ippiche di Carnevale«
Karneval mit Reiterturnier

Karmontag

Castelsardo
32 km nordöstlich Sassari
»Luni Santu«
Prozession (seit dem 11. Jahrhundert); Mittelalterliche Kirchengesänge

Kardienstag
bis Karfreitag

Sassari
Verschiedene Prozessionen unter Teilnahme der Barmherzigen Bruderschaft in ihren alten Trachten

Karfreitag

Von den Prozessionen sind hervorzuheben:

Cagliari
Nächtliche Zeremonie

Iglesias
56 km westlich Cagliari
Nächtliche Prozession; Teilnahme der Barmherzigen Bruderschaft in ihren alten Trachten

Santu Lussurgiu
38 km nördlich Oristano
Prozession

Ostersonntag

Teulada
63 km südwestlich Cagliari
»S'Incontru«
»Begegnung von Christus und Maria«. Prozession in Trachten auf dem Hauptplatz des Ortes

Ostermontag

Tuili
65 km nördlich Cagliari, westlich Barumini
Exkursion auf die *giara* von Gesturi. Auf dieser Hochfläche, auf der noch die kleinen, für Sardinien typischen Wildpferde anzutreffen sind, streift man durch die Wälder und grillt Spanferkel und Lämmer

Oliena
12 km südöstlich Nuoro
»S'Incontru«
»Begegnung von Christus und Maria«, Prozession in Trachten

25.3.

Sarule, Nostra Signora di Gonari
33 km südsüdwestlich Nuoro
Reiterfest, s. Text zu 138

24.–25.4.

S. Antioco
90 km westsüdwestlich Cagliari/Insel S. Antioco
»Sagra di S. Antioco«
Prozession zu Ehren des Märtyrers S. Antioco, an der Trachtengruppen aus dem Sulcis und geschmückte Ochsengespanne, die »traccas«, teilnehmen. Es wird geweihtes Brot angeboten. Kulturelle, folkloristische und sportliche Veranstaltungen

MAI

1.–4.5.

Cagliari – Nora – Pula
»Sagra di S. Efisio«
Bedeutendstes Fest Sardiniens, seit 1657 ohne Unterbrechung gefeiert. Wichtigste Veranstaltungen am 1.5. (s. Bilder 3–11, Text zu 3/4)

1.–10. 5.	*Lula, S. Francesco di M. Albo* 52 km nordöstlich Nuoro (Abzweigung nordwärts von der Autostrada bzw. von der Straße 570 Nuoro–Siniscola) Wallfahrt zu der romantisch gelegenen Barockkirche. S. Francesco ist Schutzheiliger der Banditen. Dem Fest geht eine Novena, eine neuntägige innere religiöse Vorbereitung voraus. Am 10. 5. Rundtänze (rituelle Tänze duru-duru)
8.–10. 5.	*S. Caterina di Pittinuri, Cuglieri* Badeort 25 km nördlich Oristano in Nähe der Ruinen von Cornus Wettstreit von Stegreifdichtern in ihren Mundarten und andere folkloristische Darbietungen
15. 5.–15. 6. (wetterabhängig)	*Carloforte* ca. 85 km westlich Cagliari auf der Insel S. Pietro gelegen »Mattanza del tonno« Thunfischfang, s. Bilder und Text 20/21 *Portoscuso* gegenüber Carloforte, auf Sardinien gelegen »Mattanza del tonno« (s. o.)
15. 5.	*Tissi* 12 km südlich Sassari S. Vittoria-Fest
17. 5.	*Bono, S. Restituta* 84 km südöstlich Sassari (44 km westnordwestlich Nuoro) Trachten- und Reiterfest bei der Kirche S. Restituta oberhalb des Tirso, rund 6 km südöstlich Bono. Die Tracht von Bono gehört zu den schönsten der Insel
2. Dekade	*Olbia* 127 km östlich Sassari S. Simplicio-Fest
24. 5.	*Codrongianus, SS. Trinità di Saccargia* 18 km südöstlich Sassari (Abzweigung Richtung Ploaghe von der Autostrada Sassari–Cagliari) Wallfahrt, s. Bilder und Text 110/111
25. 5.–27. 5.	*Sorgono, S. Mauro* 70 km südsüdwestlich Nuoro (an der Straße 388) »Fiera di S. Mauro« mit Pferde- und Viehmarkt
Himmelfahrt bzw. Pfingsten	*Sassari* »Calvacata Sarda« (Einführung eines festen Datums geplant) Reiterfest – Palio; Sängerwettstreit und Volkstänze; Trachten aus zahlreichen Dörfern und Städten der Insel. Bedeutendes Fest Nordsardiniens, seit 1950, s. Text zu 99

Pfingstmontag	*Porto Torres, S. Gavino a Mare* 19 km nordwestlich Sassari Prozession zu einer kleinen Kirche am Meer, die – wie die berühmte Kirche von Porto Torres – den Namen des Märtyrers S. Gavino trägt. Trachtenschau
Donnerstag bis Sonntag nach Pfingsten	*Fonni, Nostra Signora dei Martiri, Ortsteil Logotza bei dem Minoritenkloster SS. Trinità* 33 km südlich Nuoro (an der Straße 389) Religiöses und weltliches Fest zur Rückkehr der Herden in die Berge, s. Text zu 148. Dem Fest geht eine Novena voraus
JUNI 15. 5.–15. 6.	*Carloforte – Portoscuso* »Mattanza del tonno« s. 15. 5.
1.–2. 6. (Datum schwankt)	*Portoscuso* 78 km westlich Cagliari »Fest des Schutzpatrons der Ortschaft und Fest des Thunfisches« Prozession von geschmückten Booten auf dem Meer. Kostenlose Verteilung von gekochtem Thunfisch. Folkloristische und sportliche Veranstaltungen
1. Dekade (Datum schwankt)	*Santadi* 64 km südwestlich Cagliari »Matrimonio Mauritano« Vorführung einer mittelalterlichen Hochzeit unter Teilnahme von Folkloregruppen aus verschiedenen Gebieten Sardiniens
9. 6.	*Sennori* 11 km nördlich Sassari Corpus Domini-Prozession mit Trachtengruppen
10.–11. 6.	*Villanova Monteleone* 40 km südwestlich Sassari »S. Leonardo« Religiöses und weltliches Fest
12.–13. 6.	*S. Teresa Gallura* 140 km nordöstlich Sassari »Festa di S. Antonio« Ländliches Volksfest
24. 6.	*Mara* 56 km südlich Sassari, nördlich Padria Johannisfest (Historisch interessantes Gelände, s. Einleitung: Bonuighinu – Gurulis Vetus)
23.–24. 6.	*Fonni, S. Giovanni Battista* 33 km südlich Nuoro (an der Straße 389) »Sa die e Frores« Johannisfest, »Fest der Blumen«, s. Bild und Text 148

3. Dekade (Datum schwankt)

Assemini
13 km nordwestlich Cagliari
»Matrimonio Asseminese«
In der byzantinischen Kirche S. Giovanni wird eine Landhochzeit, wie sie im Campidano üblich war, nach traditionellem Brauch gefeiert. Alte Volkstänze am Nachmittag

24. 6.

Domusnovas
43 km westlich Cagliari
Johannisfest
Prozession und Feier in einer Kapelle nahe der Grotte S. Giovanni. Folklore und Sportveranstaltungen

28.–30. 6.

Carloforte
85 km westlich Cagliari, Insel S. Pietro
»Sagra di S. Pietro«
Prozession mit geschmückten Booten, Trachtenschau, Segelregatta, Wettschwimmen

29. 6.

Ovodda, S. Pietro
55 km südsüdwestlich Nuoro
Gastmahl im Freien

JULI
6.–7. 7.

Sedilo, S. Antine
50 km östlich Oristano (auf halbem Wege der Autostrada Oristano–Nuoro)
»S'Ardia di S. Costantino«
Zu Ehren des Sieges von Kaiser Konstantin über Maxentius an der Milvischen Tiberbrücke im Jahre 312, bei dem ein Kreuz mit der Inschrift »In diesem Zeichen wirst du siegen« eine entscheidende Rolle gespielt haben soll, wird seit Jahrhunderten ein sehr ungezügeltes und gefährliches Reiterspiel veranstaltet. Eine Reitergruppe unter einem Anführer, der den Kaiser Konstantin verkörpern soll, versammelt sich an einem bestimmten Geländepunkt, der von einem alten Steinkreuz beherrscht wird, und unternimmt von dort aus eine Art Versuch, die außerhalb von Sedilo gelegene Kirche S. Antine, die das Kampffeld darstellt, im Sturm zu nehmen, indem sie siebenmal um sie herumjagt. Der Ritt ist gefahrvoll, weil in schwierigem Gelände dicht aufgeschlossen mit verhängtem Zügel galoppiert werden muß. Am Abend Volkstanz, Volksliedersingen, s. Text zu 65

2. Dekade (Datum schwankt)

S. Sperate
19 km nordnordwestlich Cagliari
»Sagra della pesche«
»Fest des Pfirsichs«. Die für das Campidano typischen Häuser sind mit Gegenständen des sardischen Kunsthandwerks geschmückt. Ausstellung und Verkauf von Früchten in Kiosken. Folkloredarbietungen

JULI/
AUGUST

Mogoro
36 km südsüdöstlich Oristano
Regionalschau von Teppichen, sardischen Gobelins und anderem Kunsthandwerk, s. Bilder und Text 62/63

AUGUST
2. 8.

Tissi
12 km südlich Sassari
Feierlichkeiten zu Ehren der »Nostra Signora degli Angeli« – Religiöses Fest und Volksfest

1. Dekade (Datum schwankt)

Calasetta
118 km südwestlich Cagliari, im Nordwesten der Insel S. Antioco
»Sagra del pesce«
»Fest des Fisches« mit Verteilung und Verkauf von gebackenem Fisch und lokalen Weinen, Folkloredarbietungen

1. Sonntag

Oliena, S. Giovanni
12 km südöstlich Nuoro
Wallfahrt zu der in 133 m Höhe gelegenen Kirche S. Giovanni (9,2 km von Oliena), Trachten, s. Text zu 132

10.–15. 8.

Palau
Küstenort, 131 km nordöstlich Sassari
Volksfest mit Gesang und Volkstanz unter Teilnahme verschiedener Trachtengruppen der Insel. Am 15. 8. Fest des Weines und des Käses

14. 8.

Sassari
»Festa dei Candelieri«
Kerzenfest, seit 1580 gefeiert. Vertreter der acht Handwerkerzünfte tragen acht hölzerne, drei Meter hohe Leuchter von der Chiesa del Rosario in der oberen Stadt nach »S. Maria di Betlem«. Einen goldenen Kerzenhalter erhält derjenige Festteilnehmer, der aus Sassari stammt und die weiteste Reise aus dem Ausland zum Fest unternommen hat, und einen silbernen Kerzenhalter derjenige, der vom entferntesten Punkt Italiens gekommen ist, s. Text zu 99

14.–16. 8.

Monti, S. Paolo l'Eremita
81 km östlich Sassari, 26 km südwestlich Olbia (an der Autobahn bzw. Straße 127)
Kirchen- und Volksfest in dem Ort, aus dem früher der bittere Honig kam

Guasila
48 km nördlich Cagliari
»Festa dell'Assunta«
Fest am Tage Mariä Himmelfahrt. Nach einem alten Ritus veranstalten unverheiratete junge Burschen vom Lande eine Färsenjagd. – Pferderennen

15. 8.

Ploaghe
23 km ostsüdöstlich Sassari
Festlichkeiten anläßlich Mariä Himmelfahrt. Umzug mit Kerzen. Interessante Trachten. (In der Sakristei der Pfarrkirche Pinakothek mit wertvollen Gemälden)

Orgosolo, Santuario dell'Assunta
28 km südlich Nuoro
Fest mit Trachtenschau am Tage Mariä Him-

melfahrt in dem alten Sanktuarium, das einen Schatz von goldenen und silbernen Votivgaben hat, s. Bilder und Text 145/147

Alghero
35 km südwestlich Sassari
»Ferragosto«, Feuerwerk

15. 8. *Nulvi*
32 km nordöstlich Sassari
»Ferragosto«
Kirchen- und Volksfest, Prozession mit zwei Votiv-Kerzen, unter Teilnahme von Hirten- und Bauern-Korporationen, Volksliedersingen, Volkstanz

29. 8. *Cabras*
6 km westnordwestlich Oristano
»Sagra di Giovanni in Sinis«
Weltliches und religiöses Fest in Nähe des Grabungsgebietes von Tharros, s. Bilder und Texte 40/42

Villanova Monteleone
40 km südwestlich Sassari
Johannisfest mit großem Reiterzug am Abend des 28. und am Morgen des 29. nahe der 6 km südwestlich des Ortes gelegenen Landkapelle der Madonna von Interrios

26.–30. 8. *Nuoro, Madonna de su Monte*
»Festa del Redentore« – »Erlöserfest«
Wallfahrt zur Waldkapelle am M. Ortobene. Pilger aus allen Generationen, s. Bild und Text 136

31. 8. *Bono, S. Raimondo*
84 km südöstlich Sassari, 44 km westnordwestlich Nuoro
Siegesfest für die 1796 erfolgte Abwehr von Truppen, die den Aufstand gegen den Großgrundbesitz niederschlagen sollten. Bono war Zentrum dieser Erhebung und Geburtsort ihres Vorkämpfers, Giovanni Maria Angioy (1761–1808). Satyrspiel; Festzug, von Reitern angeführt, mit Ochsenkarren und dem größten Kürbis der Erntezeit. Den Kürbis erhält derjenige, der beim Pferderennen letzter wird, s. Text 99

AUGUST/ SEPTEMBER *Samugheo*
47 km östlich Oristano
Schau des Kunsthandwerks der Landschaft Mandrolisai: Teppiche, Decken, geschnitzte Möbel u. a.

SEPTEMBER
1. Dekade *Calasetta*
118 km südwestlich Cagliari, im Nordwesten der Insel S. Antioco
»Sagra del'uva e del vino«
»Fest der Traube und des Weins«. Korso geschmückter Weinlese-Wagen, Weinverkauf in Kiosken, Folkloredarbietungen

1.–8. 9. *Sarule, Nostra Signora di Gonari*
33 km südsüdwestlich Nuoro (südöstlich Orani)
Reiterfest, s. Text zu 138

3.–4. 9. *S. Teresa Gallura*
140 km nordöstlich Sassari
Ländliches Fest an der Bucht S. Reparata im Umkreis der Römersiedlung Tibula und im Bereich Pisaner Küstenstationen. Unentgeltlich werden Brühe, Trippa, Fleisch verteilt

1. Sonntag *Cabras*
6 km westnordwestlich Oristano
»S. Salvatore«
500 Jahre altes Fest: Junge Leute – eine größere Gruppe – ahmen in einem Festspiel in den Ruinen des Dorfes ein Ereignis aus dem Kampf gegen die Moslems nach, der sich über Jahrhunderte hinzog. Barfüßig rennen sie 12 km lang mit der Erlöserstatue, die einst von Frauen gerettet wurde, als die Halbinsel Sinis von den Moslems unter Feuer genommen wurde

7.–8. 9. *Serramanna, Nostra Signora di Monserrato*
31 km nordwestlich Cagliari
»Festa della Madonna di Monserrato« Fest der Geburt Mariä, am 7. 9. Prozession mit Madonnenbild und mit geschmückten Ochsenkarren, traccas, von der Pfarrkirche S. Leonardo zu der Landkirche »Nostra Signora di Monserrato« und zurück nach Serramanna. – Korso von kleinen Eseln. Volkstanz. Traditionelle Gesänge. Wettstreit von Stegreifdichtern in ihren Mundarten

8. 9. *Oliena*
12 km südöstlich Nuoro
Fest Mariä Geburt bei der Bergkirche »Nostra Signora di Monserrato« (186 m), s. Text 132

Nule
92 km südöstlich Sassari, – nordnordwestlich Nuoro
Fest Mariä Geburt – Interessante Trachten

10.–12. 9. *Orosei, Madonna del Rimedio*
40 km östlich Nuoro (an der Ostküstenstraße 125, Nordteil des Golfes von Orosei)
Volksfest. Trachtenschau und -preiskrönung für Orosei und die umliegenden Ortschaften

12.–14. 9. *Berchiddeddu*
120 km östlich Sassari, rd. 17 km südsüdwestlich Olbia, östlich Monti
Fest des Bitteren Honigs

Oristano, S. Croce
»Sagra di S. Croce«
Prozession, früher Kirchen- und Volksfest, Messe mit Pferde- und Viehmarkt und Reiterspielen

2. Dekade (Datum schwankt)	*Quartu S. Elena* 6 km östlich Cagliari Fest der S. Elena mit Trachtengruppen; Korso geschmückter Weinlese-Wagen. Ausstellung von Wein, Brot und »dolce Quartese«. Wettstreit von Stegreifdichtern in einheimischen Mundarten und andere Darbietungen	Ende September (bis zum letzten Septembersonntag)	*Fonni, Nostra Signora de su Monte* 33 km südlich Nuoro (an der Straße 389) Religiöses Fest bei der Bergkirche auf 1253 Meter Höhe, die nur auf Maultierpfaden zu erreichen ist. Dem Fest geht eine Novena voraus. Anschließend ein Fest bei der Landkirche S. Cristoforo. Volkstanzwettbewerb am letzten Septembersonntag
(Datum schwankt)	*Selargius* 7 km nordöstlich Cagliari Alte Selarginische Hochzeitszeremonie. Korso geschmückter Wagen. Trachtenzug	29.9.–1.10.	*Bitti, Madonna del Miracolo* 38 km nördlich Nuoro (an der Straße 389) Volkstänze, Trachtenschau
25.–28.9.	*Mamoiada* »SS. Cosimo e Damiano« Fest mit Volkstanz und Gesang von Tenören bei der Kirche SS. Cosimo e Damiano, 7 km von Mamoiada	OKTOBER 31.10.	*Iglesias, Nostra Signora di Buoncammino* 56 km östlich Cagliari »Ottobrata Iglesiente« Trachtenschau, Wettgesang, Ausstellung von alten Silberarbeiten, Gemälden und Mineralien (Iglesias hat ein mineralogisches Museum)
26.9.	*Ozieri* 49 km ostsüdöstlich Sassari Fest der »Beata Vergine del Rimedio« Volkstänze, Volkslieder		

BIBLIOGRAPHIE

KARTENWERKE

Pracchi, R. – Asole, T.: Atlante della Sardegna. Cagliari 1971 ff. (Mehrere Bde, in Arbeit)

Carta Automobilista al 200000. Touring Club Italiano, Milano. Foglio 28, 29, 30

SPEZIELLE LITERATUR

Ausführliche Angaben über deutsch-sprachige Fachliteratur enthält folgende Bibliographie:

Sanna, S. A.: Sardinien – Bibliographie. Sardegna – Una Bibliografia. Deutsche Beiträge zur Erforschung der Insel. Pullach/München: Verlag Dokumentation 1974. 136 S.

Vorgeschichte, Geschichte

*Bellieni, C.:*La Sardegna e i sardi nella civilta dell'Alto Medioevo. Cagliari: Fossataro 1973. Bd I–II

Breve storia della Sardegna. Turin: ERI 1975 (Sammelbd)

Carta – Raspi, R.: Storia della Sardegna. Mailand: Mursia 1971. 972 S.

Lilliu, G.: La civilta dei sardi dal neolitico all'eta dei nuraghi. Turin: ERI [1]1963, [2]1967, 1972, 1975

Loddo Canepa, F.: La Sardegna dal 1478 al 1793. Sassari: Gallizzi Bd I 1974, Bd II 1975

Meloni, P.: La Sardegna romana. Sassari: Chiarella 1975

Moscati, S.: Fenici e cartaginesi in Sardegna. Mailand: »Il Saggiatore« 1968

La società in Sardegna nei secoli. Turin: ERI 1977 (Sammelbd)

Bauten, Kunst, Mythologie

Atzeni, E.: Nuovi idoli della Sardegna prenuraghica. In: »Studi Sardi«, XXIII, S. 3–51. Sassari: Gallizzi 1975

Barreca, F.: La Sardegna fenicio-punica. Sassari: Chiarella 1973

Biehl, W.: Kunstgeschichtliche Streifzüge durch Sardinien. In: Zeitschr. f. bildende Kunst, Jg. 48, N. F. Bd 24, H. 1, S. 17–24. – H. 2, S. 26–32, Leipzig: Seemann 1912

– Die Meister von Castelsardo. Beiträge zur Geschichte der sardischen Malerei im 15.–18. Jh. In: Mitt. d. Kunsthistor. Inst., Florenz, Bd 2, S. 118–148. Berlin: Cassirer 1916

– Toskanische Plastik des frühen und hohen Mittelalters. In: Italienische Forschungen. N. F. Bd 2, Taf. 47–52 (Cagliari). Leipzig: Seemann 1926

– Das toskanische Relief im 12., 13. und 14. Jh. Leipzig: Noske 1910. 83 S. (Diss. Heidelberg Phil. Fak.)

Delogu, R.: L'architettura del Medioevo in Sardegna. Rom: La Libreria dello Stato 1953

Gruber, K.: Pisanische Kirchen in Sardinien. In: Das Münster, Jg. 8, H. 5/6, S. 150–156, München 1955

Kerényi, K.: Das Mythologem vom zeitlosen Sein im alten Sardinien. In: Niobe. Neue Studien über antike Religion und Humanität. Zürich: Rhein-Verlag 1949. 284 S. – S. 185–207

Levi, D.: L'ipogeo di San Salvatore de Cabras in Sardegna. Rom 1949

Lilliu, G.: I nuraghi, torri preistoriche della Sardegna. Verona: ed. »La Zattera« 1962

– Sardinien. In: *Lilliu, G. und Schubart, H.:* Frühe Randkulturen des Mittelmeerraumes. Baden-Baden: Holle 1967. S. 29–95 (Kunst der Welt, Serie 2: Die Kulturen des Abendlandes)

– Sculture della Sardegna nuragica. Verona: ed. »La Zattera« 1966

Loga, V.: Ein Beitrag zur Quattrocentomalerei in Sardinien. In: Zeitschr. f. bildende Kunst. Jg. 48, N. F., S. 116, Leipzig: Seemann 1913

Maetzke, G.: Architettura romana in Sardegna. In: Atti del XIII Congresso di storia dell'architettura (Sardegna), Bd I, S. 155–169, Rom 1966

Maltese, G. – Serra, R.: Arte in Sardegna dal V al XVIII secolo. Rom: De Luca 1962

– Episodi di una civilta anticlassica. In: Sardegna (Electa ed.), S. 177–408. Venedig 1969

Pesce, G.: Sarcofaghi romani di Sardegna. Roma: »L'Erma« di Bretschneider 1957

– Sardegna Punica. Cagliari: Fossataro 1961

Peterich, E.: Italien. Ein Führer. München: Prestel. Bd 3: Apulien, Kalabrien, Sizilien, Sardinien, Malta. 1963. (S. 755–780)

Sardegna. Venedig: Electa ed. 1969. S. 37–408

Sardegna. Touring Club Italiano. Attraverso l'Italia. Mailand: Tipi del Bertieri 1954. 219 S. Illustrazione delle regioni Italiane. Bd XX (Bildband: Landschaft, Bauten, Kunst)

Thieme/Becker: Allgemeines Lexikon der bildenden Künstler. Leipzig: Seemann (1911–1912). *Darin:* Bd 5, S. 419, Brunelli, E.: Pantaleone Calvi d. J. Bd 6, S. 227/228, Biehl, W.: Cavaro. Bd 6, S. 593, Brunelli, E.: Gaetano Cima

Thimme, J. – Hewicker, F.: Frühe Plastik auf Sardinien. Aufn. v. F. Hewicker, Wiesbaden: Insel-Verlag 1956. (Insel-Bücherei Nr. 641)

Zervos, C.: La civilisation de la Sardaigne du début de l'énéolithique à la fin de la période nouraghique. Paris 1954 (Cahiers d'art)

Ausstellungskataloge

– Zürich, Kunstgewerbemuseum 1938: Sardische Teppiche

– Zürich, Kunsthaus 16. 1.–21. 2. 1954: Prähistorische Bronzen aus Sardinien. Text v. *G. Pesce*, Vorw. v. *C. Zervos*

– Hamburg, Museum für Kunst u. Gewerbe 1955: Frühe Plastik aus Sardinien. Text v. *G. Pesce*

Naturwissenschaften

Atti del X Congresso Internazionale di Studi Sardi. (Simposio sul Quaternario della Sardegna). Cagliari: Fossataro 1968. 275 S.

Maxia, C.: L'influenza dell'ereditarieta e dell'ambiente sui caratteri sociali dei sardi. In: La societa in Sardegna nei secoli. Turin: ERI 1977. S. 291 ff.

Mori, A.: Sardegna. In: Le regioni d'Italia. XVIII, U.T.E.T. Turin 1966. (Geologie, Geographie, Hydrographie, Klima)

Pratesi, F. – Tassi, F.: Guida alla natura della Sardegna. Verona: Mondadori 1973. (Flora, Fauna)

Scheu, E.: s. unter »Allgemeine Literatur«

Schliebe, K.: Die jüngere Entwicklung der Kulturlandschaft des Campidano. Tübingen 1972
Schmid, E.: Beiträge zur Flora der Insel Sardinien. In: Vierteljahrsschrift der Naturforschenden Gesellschaft in Zürich, LXXVIII, 1933
– Flora und Vegetation der Gebirge Sardiniens. In: Rikli, M.: Das Pflanzenkleid der Mittelmeerländer. Bern: Huber 1946. Bd 2, S. 556–571
Vardabasso, S.: Origine ed evoluzione del massiccio sardo-corso. In: Atti XII Congr. Geogr. Ital. S. 123–158. Cagliari 1935
– Il Quaternario della Sardegna. In: Actes IV Congr. Internat. Quaternaire, 2, S. 995–1018 (INQUA. Rom 1956)

Volkskunde, Sprache

Alziator, F.: Il folklore sardo. Bologna: ed. »La Zattera« 1957
Angioni, G.: Sa laurera, il lavoro contadino in Sardegna. Cagliari: EDIS 1976. S. 1–292
Cagnetta, F.: Die Banditen von Orgosolo. Porträt eines sardischen Dorfes. A. d. Französ. Düsseldorf–Wien: Econ 1964. 265 S.
Cirese, A. M.: Considerazioni sul mondo tradizionale sardo. In: Sardegna (Electa ed.). S. 165–176. Venedig 1969
– Poesia sarda e poesia popolare nella storia degli studi. In: »Studi Sardi«, XVII, S. 473–625. Sassari 1962
Delitala, E.: Materiali per lo studio degli esseri fantastici del mondo tradizionale sardo. In: »Studi Sardi« XXIII, Teil II, S. 306–354. Sassari 1975
Jenny, O.: Sardinien, Insel der Trachten. Frankfurt/Main: Societäts-Verlag 1970. 120 S.
Karlinger, F. (Hrsg.): Inselmärchen des Mittelmeeres. Düsseldorf–Köln: Diederichs 1960. 332 S. (S. 212–234)
– Sardinische Märchen. Kassel: Röth
Kriss, R.: Beitrag zur Wallfahrts-Volkskunde von Sardinien. In: Österreichische Zeitschrift für Volkskunde. Wien 1957. Bd 2 (Bd 60), S. 97–128
Oesch, H.: Die Launeddas, ein seltenes sardisches Musikinstrument. In: Jahrbuch für musikalische Volks- u. Völkerkunde. Berlin 1968. Bd 4, S. 9–24
Pigliaru, A.: Il banditismo in Sardegna. La vendetta barbaricina come ordinamento giuridico. Varese: Giuffré ed. 1970
Wagner, M. L.: La Lingua sarda (storia, spirito e forma). Bern: Francke 1951
– Das ländliche Leben Sardiniens im Spiegel seiner Sprache. Heidelberg 1921. XVI, 206 S.

Gegenwartsfragen, Wirtschaftsverhältnisse

Billows, E.: I minerali della Sardegna e i loro giacimenti. Cagliari 1941
Goscolo, A. – Brigaglia, M. – Del Piano, L.: La Sardegna contemporanea. (ed. Della Torre). Sassari: Gallizzi 1974
Pampaloni, E.: L'economia agraria della Sardegna. Rom 1947
Rolandi, G.: Das sardinische Blei und Zink in der EWG. In: Metall. Berlin 1964. Jg. 18, H. 5, S. 507–511
Sabattini, G. – Moro, B.: Il sistema economico della Sardegna. Analisi di alcuni dati sulle recenti tendenze evolutive dell'economia regionale. Cagliari: Fossataro 1973. XIX, 187 S.

ALLGEMEINE LITERATUR, BELLETRISTIK

Arquer, S.: Beschreibung der Insel Sardinien. In: Münster, Sebastian: Cosmographei oder Beschreibung aller länder, herschaften, fürnemsten stetten, geschickten, gebreuche, hantierungen etc. Basel 1550. S. 278–288
Deledda, G.: Romanzi e novelle. Hrsg. v. E. *Cecchi.* Mailand 1–6 1954–55. 4 Bde (Gesamtausg.)
– Deutsche Ausgaben von Büchern, deren Inhalt Sardinien betrifft:
–– Elias Portolu. Berlin: Maschler 1927
–– Die Mutter (La Madre). Leipzig: Keil's Nachf. 1922. 144 S.
–– Schilf im Wind (Canne el vento). Zürich: Manesse 1951. 376 S. (Manesse-Bibliothek der Weltliteratur)
Erben, W.: Gast auf Sardinien. München: Prestel 1964. 126 S.
Hörschelmann, F.: Geschichte, Geographie und Statistik der Insel Sardinien, nebst Schilderung ihrer Alterthümer, natürlichen Erzeugnisse und Bewohner. Berlin: Vossische Buchhandlung 1828. X, 534 S.
Job, J.: Sardinien. Ein Reisebuch. Erlenbach-Zürich, Stuttgart: Rentsch 1956. 310 S.
Jünger, E.: Auf den Marmorklippen. Hamburg-Wandsbek 1939. 156 S.
– Am Sarazenenturm. Frankfurt/M.: Klostermann [2]1955. 155 S.
– Sardische Heimat. In: Antaios. Stuttgart 1962. Bd. 3, S. 1 bis 18
La Marmora, A. F. (Della Marmora, Lamarmora): Voyage en Sardaigne 1819–25; description statistique, physique et politique. 5 Bde. 2. Aufl. Paris 1837–1857. (Bd 4 u. 5 als »Itinéraire de l'île de Sardaigne«. Turin 1860, italienische Ausg. Cagliari 1868)
Lawrence, D. H.: Sea and Sardegna. London: W. Heinemann 1956. X, 204 S. (Dt. »Das Meer und Sardinien« in: Lawrence, D. H.: Mexikanischer Morgen – Italienische Dämmerung. Hamburg: Rowohlt 1963. 559 S.)
– Pagine di viaggio. Mailand 1943
Maltzan, H., Frh.: Reise auf der Insel Sardinien. Leipzig: Dyk 1869. 586 S.
Sardegna. (Electa ed.) Venedig 1969. S. 37–408
Scheu, E.: Sardinien. Landeskundliche Beiträge. Leipzig: Hirt 1923. (Mitteilungen der Ges. f. Erdkunde zu Leipzig 1919–1922, S. 32–103)
Schneiders, T.: Sardinien. Ein Bildbuch. Einleitung v. E. Peterich. Zürich–Stuttgart: Fretz & Wasmuth 1958. 75 S.
Serra, M.: Il mondo dei Sardi. Geografia – storia – costumi. Cagliari: Fossataro [3]1975. 259 S.
– Das Volk der Nuraghen. Übers. v. Vera Macht Albrecht. Cagliari: Fossataro 1966. 112 S.

REISEFÜHRER

Sardegna. Guida d'Italia del Touring Club Italiano. Mailand [3]1952. 463 S. (Neuauflagen)
Sardinien. Von der Smaragdküste bis Cagliari. Wien–München: Schroll 1967. 64 Taf., 20 S. (Europas Ferienstraßen Bd 34)
Sardinien. Red.: W. Keller. Hamburg: Hoffmann & Campe 1972. 106 S. (Merian. Jg. XXV, H. 8)
Sardinien. München: Thiemig 1971. 189 S. (Grieben-Reiseführer Bd 249)
Sardinien. München: Polyglott-Verl. 1972. 64 S. (Polyglott-Reiseführer Bd 807)
Sicile – Sardaigne. Paris: Hachette 1970. 216 S. (Les Guides Bleus Illustrés)
Guadagna, I.: Sardinien. Bonn: Schroeder [2]1967. 287 S. (Schroeders Reiseführer)
Tetzlaff, I.: Einladung nach Sardinien. Ein Reiseführer. Hamburg: Fischer 1970. 141 S. (Fischer-Bücherei Bd 1128)

Veröffentlichungen mit Photographien von Tet Arnold von Borsig

Bildbände

Borsig, Tet Arnold von: Die Toscana · Landschaft, Kunst und Leben im Bild. Einleitung und Erläuterungen R. Bianchi-Bandinelli. Wien–München: Schroll, 5. neubearb. Aufl. 1964 (1. Aufl. 1938). 220 S., davon 164 Taf.

Salvini, R. – v. Borsig, T. A.: Toskana. Unbekannte romanische Kirchen. München: Hirmer Verlag, 2. Aufl. 1977 (1. Aufl. 1973). 136 S., davon 92 Taf.

Borsig, T. A. v.: Verborgene Kunstformen. Einleitung Adolf Portmann. Berlin-Grunewald: Herbig 1961. 15 S. Text, 80 Taf. Englisch: Designs in Nature. New York: The Viking Press 1962

Preast, Alan: Chinese Sculpture in the Metropolitan Museum of Art. Aufnahmen T. Borsig. New York 1944

Beiträge

Etruskische Plastik. Hrsg. u. eingel. von George M. A. Hanfmann. Stuttgart: H. E. Günther 1956 (Die Sammlung Parthenon). 16 S. Text, 56 Bilder auf 48 Taf.

Kempe, Fritz: T. A. v. Borsig – ein glücklicher Fotograf. Borsig-Photographien von Lanzarote u. Venedig. In: Foto Prisma, März 1968, H. 3, S. 126–129

Borsig, Tet A. v. – Roberto Salvini: Sant'Antimo. In: du, Jg. 29, Juni 1969, S. 408–419

Borsig, Tet A. v.: Die Pfarrkirche S. Pietro in Gropina. In: du, Jg. 32, Dez. 1972, S. 898–907

REGISTER

der Orts-, Landschafts- und Personennamen

Zt I/II = Hinweis auf Zeittafel I bzw. II, Vf = Hinweis auf die Übersicht der Volksfeste Sardiniens, Bildhinweise in kursiver Schrift. Die Akzente markieren lediglich die Betonung

Erläuterungen zu den folgenden Bezeichnungen:

Skizzen und Karten zeichnete Jutta Winter, München. Die Textabbildungen nach Skizzen in: G. Lilliu – H. Schubart, Frühe Randkulturen des Mittelmeerraumes, Holle-Verlag, Baden-Baden 1967.

LANDSCHAFTEN
SARDINIENS
I. de la Maddalena
I. di Caprera
S. Stefano
I. dell'Asinara
GOLFO
DELL'
ASINARA
Gallura
GOLFO
DI OLBIA
Olbia
I. di Tavolara
I. di Molara
Porto Torres
M. Limbara
Anglona
Turritano
M. Forte
Nurra
SASSARI
Logudoro
Alghero
Baronia
Barbagia di Bitti
M. Albo
Meilogu
Planargia
Goceano
Campeda
M.S. Padre
1026 m
Monti del Marghine
NUORO
GOLFO
DI
OROSEI
Barbagia di Ollolai
M. Ferru
Mandrolisai
Monti del
P. La Marmora
1834 m
Gennargentu
Ogliastra
Barbagia di Belvi
ORISTANO
Arborea
Sarcidano
M. Arcueri
Barbagia di Seulo
GOLFO DI
ORISTANO
Campidano
di Oristano
M. Arci
Marmilla
Quirra
Campidano
Trexenta
Gerrei
M. Linas
Iglesiente
Sarrabus
Iglesias
Campidano
di Cagliari
M. Sette Fratelli
Quartu
S. Elena
CAGLIARI
GOLFO
DI QUARTU
Carbonia
Sulcis
GOLFO
DI CAGLIARI
I. di S. Pietro
I. di S. Antioco
GOLFO
DI
PALMAS

SARDINIEN

LAGEPLAN ZU DEN BILDTAFELN

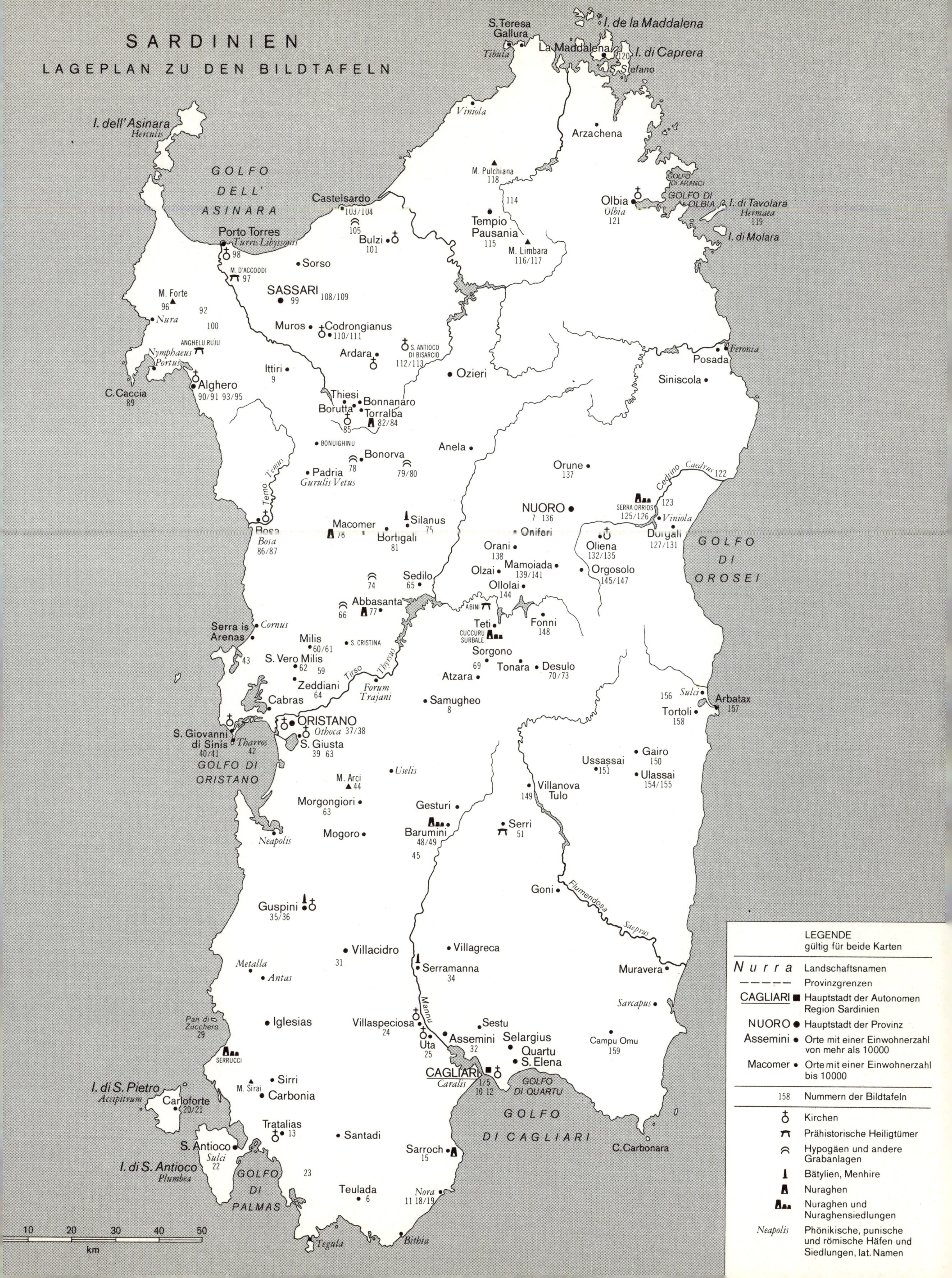

INHALT